내한선교사편지번역총서 **2**

유진 벨 선교 편지
1895~1897

내한선교사편지번역총서 **2**

유진 벨 선교 편지
1895~1897

유진 벨 지음
고영자 · 이은상 옮김

역자 서문

1.

유진 벨은 1868년 4월 11일, 켄터키주, 셸비 카운티, 스콧츠 스테이션(Scott's Station, Shelby County, Kentucky)에서 아버지 윌리엄 헨리 벨과 어머니 프랜시스 베나블 스콧 벨 사이에서 4남 2녀 중 둘째로 태어났다. 편지에 나오는 애칭으로 부른다면 2살 위인 스콧(Henry Scott Bell), 밑으로 애니(Annie Bell, 1871), 아치(James Archibald Bell, 1875), 마샬(Ida Marshall Bell, 1878)과 데이빗(David Brainard Bell, 1880)이 그의 남매들이다.

유진 벨이 한국에 선교사로 갈 때 그의 집안은 셸비 카운티 중심도시인 셸비빌에서 살고 있었다. 유진 벨의 조부의 무덤이 셸비빌에 있고, 농사를 지었다는 기록이 묘지 기록에 남아 있다. 대대로 켄터키에서 농업에 종사한 것으로 생각된다. 유진 벨의 편지에는 그가 농사 일을 하면서 성장했음을 보여주는 대목이 많이 나온다. 셸비빌은 미국 인구조사 통계에 의하면 1900년 인구가 3,016명이었다. 참고로 2010년 인구조사 때 인구는 14,045명, 2022년의 인구는 17,593명이다. 켄터키주의 주도인 루이빌에서 동쪽으로 50킬로미터 정도 떨어진 곳에 있다.

유진 벨은 1891년 켄터키주의 센트럴 대학을 졸업하고(문학사 B.A.) 버지니아주에 있는 유니온 신학교에 진학했다가, 켄터키주 루이빌 장로교 신학교로 옮겨 1894년 수료한 후(신학사 B.D.),[1] 목사 안수를 받았다. 켄터키주의 트로이, 헤브론, 월모어 등지에서 목회를 하다가 1895년 미남장로교의 선교사로 한국에 오게 된다. 한국으로 오기 전 1894년 6월 26일, 당시 루이빌 제일 장로교회의 목사이던 토마스 위더스푼의 딸 샬롯 "로티" 위더스푼과 결혼한다.

로티 벨은 저명한 남장로교 목사인 토마스 위더스푼과 어머니 샬롯 잉그램 사이에서 1867년 5월 13일 테네시주 멤피스에서 2남 5녀의 맏이로 태어났다. 아버지 위더스푼 목사는 남북전쟁이 발발하자 적극적으로 남부의 반란과 노예제를 옹호하는 설교와 글을 발표하고, 직접 의용군으로 참여하였다가 군목으로 전쟁이 끝날 때까지 복무하였다. 버지니아주 태브 스트리트 장로교회, 켄터키주 루이빌 제일 장로교회에서 목회하였고 후에 루이빌 장로교 신학교에서 교수하였다. 로티 벨은 버지니아주 스톤턴에 있는 메리 볼드윈 대학에서 수학한 후 아버지가 목회하던 켄터키주 루이빌에서 1894년 유진 벨과 결혼하여 1895년 남편과 함께 한국으로 오게 된다. 남편과 함께 적극적으로 선교에 공헌했는데 특히 부부가 목포로 선교 거점을 옮긴 후로는 더욱 그러하였다. 불행히 로티 벨은 1901년 4월 12일, 남편이 선교 여행차 집에 없는 사이에 목포에서 병으로 죽음을 맞이하게 된다. 시신은 서울로 옮겨져 양화진선교사묘원에 안장되었다.

---

1 미장로교 문서보관소 The national archive of PCUSA, 유진 벨-로티 벨 자료실 참조. https://www.history.pcusa.org/collections/research-tools/guides-archival -collections/rg-435

유진 벨은 로티의 사망 후 재혼하였는데, 두 번째 부인이 교통사고로 사망하고 다시 한 번 더 결혼을 하였다. 목포와 광주 등 전라남도 일대에서 선교 사역에 매진하여 많은 교회와 학교를 세웠다. 그는 평양신학교에서 교수하기도 하였다. 1925년 9월 28일 광주에서 사망하여 양림동 선교사묘지에 안장되었다.

로티 벨과 유진 벨 사이에서 헨리(1896년)와 샬롯(1899년)이 태어난다. 헨리 벨은 미육군 장교로서 제1, 2차 세계대전에 참전했다가 1967년 미시간주에서 사망했다는 군 관련 기록 외에는 현재로선 다른 자세한 기록을 찾을 수 없다.[2]

샬롯은 일제강점기 선교사로 한국에서 활동하던 윌리엄 린튼과 결혼한다. 그들의 자손들도 한국에서의 선교 사역을 이어간다. 특히 휴 린튼은 한국에서의 전쟁에 미군으로 참여했다가 순천을 거점으로 전라남도 일대에 많은 교회를 개척하고, 그의 부인은 결핵요양원 건설에 크게 공헌하였다. 그들 사이에서 태어난 스티브 린튼은 1995년 북한 의료선교를 위한 유진 벨 재단을 설립해 활동 중이고, 존 린튼은 의사로서 연세대 의대와 세브란스 병원에서 근무하고 있다. 유진 벨과 로티 벨로 시작된 한국과의 인연이 4대째 계속되고 있는 것이다.

2.

여기에 번역된 서신들은 유진 벨이 증기선 편으로 한국으로 오기 위해 샌프란시스코로의 여행을 시작한 1895년 2월부터, 한국에 도

---

2 https://www.fold3.com/page/653592237/henry-venable-bell-1896/photos 참조.

착해 서울에 거주하며 한국어 공부와 한국 사회 익히기, 여러 차례 단기 선교 여행 등 우여곡절을 거쳐 목포에 선교 거점을 마련하기 위한 계획을 추진해 가던 1897년 12월까지 미국에 있는 가족들에게 보낸 서신들이다. 장인에게 보낸 서신이 몇 통, 아버지와 여러 형제자매에게 보낸 서신들을 포함하는데, 가장 많이 편지를 써 보낸 것은 어머니와 누이동생 애니이다.

유진 벨은 한국에 정착하기 위해 살 집을 얻어서 미국에서의 거주 환경에 되도록 가깝게 고치고 정리해 가는 과정, 고향에서 익숙했던 채소들을 직접 재배하기 위해 텃밭을 가꾸는 일, 하인들을 고용하고 그들을 길들이기 위해 노력하는 과정, 사람을 고용하고 물건을 사는 데 드는 비용, 동료 선교사들 및 서울의 외국인 사회 인사들과의 교우, 한국어 공부의 어려움, 극복해야 할 여러 도전에도 불구하고 성과를 맺어가는 한국에서의 선교 사역 등등을 자세히 보고하면서, 한국의 정치 상황, 한국 사회와 한국인들에 대한 인상 내지 판단을 고향의 가족들에게 매우 솔직한 언어로 전달한다.

한국인들은 더럽고 게으르고 정직하지 못하고, 자기들 스스로의 힘만으로는 나라의 장래에 희망이 없다, 외부의 도움이 절대적으로 필요한데 신흥 일본은 한국을 진정 일으켜 줄 세력이 아니다, 한국의 장래가 암울하지만 유일한 희망은 기독교에 있고 그래서 우리의 선교 사역이 절대 요구된다, 등의 내용으로 그의 전언을 요약할 수 있을 것이다.

이 사람들은 매우 못생기고, 더럽고, 매력 없고, 엄청난 거짓말쟁이에 사기꾼들이다. 우리는 하인들이 포크, 숟갈, 음식 등 손이 닿는 대로 모든 것을 훔치기 때문에 그들의 손이 닿지 않도록 집 안의 모든 것을 단단히 잠가 놓는다. 그러나 바로 그러한 이유 때문에 우리가 이곳에 왔다. 만일에 그들이 온전한 사람들이었다면 우리가 이곳에 올 필요가 없었다. 우리는 그들에게 복음을 가르치고, 위대하고 사랑 많은 구세주에 대해 이야기하기를 원한다. 그들이 세상에서 죄를 짓지 않도록 능력을 주시고 다음에 올 세상에서 죗값을 받지 않도록 구해주시는 그분을. (1895년 4월 28일, 동생 데이빗에게)

대다수 민중들의 가난과 고난은 국가 권력의 무능함과 양반 지배 권력의 수탈 때문이라고 유진 벨은 생각한다. 어떻게 그렇게 많은 숫자의 양반들이 생산적인 일은 전혀 하지 않으면서도 여유를 누리며 살아가도 되는지 그는 이해할 수가 없다. 또한 몰락한 양반이 굶을지언정 손을 놀려 돈벌이를 하는 것을 수치로 여기는 것은 미국 중산층 출신의 그에게는 전혀 가당치 않은 일이었다. 그리고 당시 신흥세력으로 부상하던 일본이 그들의 제국주의적 야망을 포장하여, 그들의 한국 진출이 한국의 개화를 위한 것이고, 자기네들은 시혜자라고 서방세계에 선전하는 기만을 드러내기 위해, 유진 벨은 그의 사적 서신들과 미국의 선교잡지 등에 기고하는 글을 통해서 실상을 알리려는 노력을 부단히 한다. 그는 조금씩 확장되어 가는 기독교 선교 사역과 그가 만나게 되는, 서방적 기독교적 가치에 영향을 받고 동기가 순수한 소수의 한국인들 속에서 한국의 장래에 대한 희망을 본다.

3.

유진 벨은 이미 서울에 정착하고 있던 선배 선교사들처럼, 그리고 그들의 도움을 받아서, 거주환경을 미국에서의 그것처럼 만드는 일에 많은 노력을 기울인다. 한국의 전통가옥을 개조하고, 미국식 가구를 샌프란시스코, 일본, 상해 등지에서 구해 오고, 잔디가 있는 뜰을 가꾸고 텃밭을 일구어 토착종이 아닌 채소들을 재배하며 샌프란시스코의 상점에서 식료품 등 필요물품들을 구입하여 식생활을 미국에서의 그것에 다름없이 꾸며낸다. 주변에서 닭고기 및 육류를 조달하는 데 신경을 쓰며 그 가격을 미국에서의 그것과 계속적으로 비교해 본다. 한국의 선교사들은 일테면 그들만의 오아시스를 이루어 생활했던 것으로 보인다. 생경하고, 빈곤하면서 거칠고, 호의적이지 않은 환경에 불쑥 내던져진 젊은 선교사 부부에게 그러한 선교사 집단의 생활방식은 큰 안도와 위안이 되었을 것이다.

4.

기독교만이 진실한 종교이고 구원이라는 신학적 확신은 유진 벨에게 확고하다. 그가 한국에서 접한 타 종교는, 무속신앙이건 불교이건, 모두 우상숭배이고 사악한 것이다. 그런 사악한 종교들 때문에 한국 사회는 타락되었다. 기독교만이 개인과 한국 사회를 구원할 유일한 희망이다. 그 신앙의 확고함과, 한국인과 한국 사회의 구원에 일조하려는 열망이 그가 자원하여 선교사로 나서고, 전혀 낯선 곳에서의 고생과 좌절을 극복하게 한 보이지 않는 힘이었을 것이다. 그리고 그러한 신학적 신념은 이 시기 서양, 특히 미국에서 한국에 온 선교사들이 상당수 공유하였던 것이라 믿어진다. 모르긴 해도, 서구적 정치제도와 문명사회적 삶이, 다른 말로 하면 후진 한국 사회에서의 그들의 오아시스적 삶이 선교사들이 한국인들에게 물려주고 싶은 미래였던 것이 아니었을까? 유진 벨은 한국인들, 그들의 역사 사회적 뿌리와 고난의 깊이와 자기를 동일시하지 않았다. 한국인, 한국 사회는 타자이고 구원의 대상이었다. 그것은 이 시기 상당수 선교사들에게 공통되는 명제이기도 하다.

이 명제에 관해 그 뿌리를 청교도에서 근원하는 미국 중산층 개신교 윤리의식에서 찾는 흥미로운 논문이 있다. 그 논문의 개요의 일부를 번역한다.

…… 미국 선교사들의 중산층적 성격은 그들의 편안한 생활양식과 자본주의적 가치로 극명히 들어난다. 선교사들은 한국에서 중산층 공동체를 이룩하여 안전하고 편안한 삶을 영위했다. 그들은 그리스도에게만이 아니라 산업자본주의 정신에 개종한 사람들이었다. 그들은 미국 상품에 대한 욕구를 창조해 냄으로써 통상에의 길을 터주는 이들이 되었다. 어떤 선교사들은 실제 영리를 도모하는 일에 관여함으로써 상인들과 갈등을 야기하기도 하였다. 이러한 선교사들의 자본주의적 가치관은 이해하기 힘들다. 허나, 막스 베버의 저명한 명제가 17세기 뉴잉글랜드 청교도들의 돈에 대한 태도를 설명해주는 같은 방식으로 그것을 이해하는 데 도움을 준다. 베버의 명제는 선교사들의 자본주의적 복음이 한국의 기독교인들에게 준 영향을 설명하는 데 특히 유용하다.[3]

---

3 Dae Young Ryu, "Understanding Early American Missionaries in Korea (1884–1910): Capitalist Middle-Class Values and the Weber Thesis", *OpenEdition*

5.

백여 년 전 한 젊은 선교사의 내면을 가감 없이 자세한 부분까지 대하는 일은 무척 흥미로웠다. 이 번역을 진행하면서 이들을 선교사로 나서게 한 실존적 동기가 계속 궁금하였다. 내가 26살에 미국으로 온 것이 어떤 주체적이고 논리적인 판단의 결과이기 보다는 무언가에 떠밀려서, 또는 이끌려서인 것처럼 느껴지듯 그들도 그랬을까? 아마 아니었을 것 같다. 그럼? 메시아 콤플렉스만으로는 설명되지 않는 무엇이 있겠지만 나로선 알 수가 없다. 그리고 이들의 공과를 역사 사회적으로, 또 신학적으로 평가하는 일은 그 방면의 전문인들이 잘 해줄 것이다. 나로선 그때 그러한 국내 국제 상황 하에서, 그러한 사람들에 의해서, 그러한 일들이 일어났는데, 그 일련의 일들은 아마 구름이 몰려서 폭풍우가 되었다가 다시 잔잔해졌다가 하는 것과 비슷하지 않을까 생각된다. 나의 위치, 나의 작용을 더 깊이 돌아보게 된다. 좋은 기회를 주신 허경진 교수와 연세대학교 한국기독교문화연구소에 감사를 드린다. 유진 벨의 손글씨 편지를 전사해 놓으신 서머빌 선교사 부부(서의필, 서진주)와 자료를 제공해 주신 인돈학술원에도 감사드린다.

미국 몬태나에서
이은상

Journals, 2001년 1–3월 호, pp.93–117. https://journals.openedition.org/assr/20190

차례

일러두기

1. 인돈 학술원에서 소장한 1895, 1896, 1897년에 걸친 영인본 편지와 날짜별로 정리해놓은 데이터 목록을 저본으로 번역하였다.
2. 원문에서 삭제된 부분이나 글자가 보이지 않아서 읽어지지 않는 부분, 아니면 스펠링의 오류로 이해가 불가할 때는 "삭제됨", "해독 불가", 혹은 "?"로 표기했다.
3. 원문에 괄호 속 물음표(?)가 자주 나오는데 그것이 저자의 것인지 아니면 전사한 것인지 구분할 수 없어서 그대로 사용했다.
4. 이해가 가능한 오타나 오류가 있을 때는 각주를 달든지, 그냥 번역을 하고 그 옆에 원본의 스펠링을 덧붙였다.
5. 원문에서 오타나 오류가 아니더라도, 번역문의 이해를 돕기 위해 필요할 경우에는 한글 단어 옆에 원문의 단어를 덧붙였다. 괄호를 사용하지 않은 것은 원문에 저자가 수시로 사용하는 괄호들과 구분하기 위함이었다.
6. 번역의 뜻을 명백하게 하기 위해 필요할 때는 원문에 없는 단어나 구절을 [   ] 속에 기재했다.
7. 본문 뒤의 추신들은 같은 저자의 글이므로 본문과 같은 서체로 표기했다.
8. 한국인의 실제 이름과 영문 표기가 일치하지 않는 경우에 한국 역사에 알려진 이름일 경우에는 그 이름으로 표기하였고, 그렇지 않은 인물의 이름은 영문 표기로 된 발음대로 로티가 한국이름이나 단어

들에 익숙해 가면서 주위 사람들이나 단어 스펠링을 여러 가지로 다르게 표현한다. 예를 들면 그의 조리사 '조 맹세계' 그리고 개인적으로 후원해주던 어린이 '부승이'를 영어로 표기할 때이다. 이럴 경우, 편지의 날짜가 늦어갈 때 변함없이 똑같은 스펠링으로 쓴 이름들을 택했다 (예: 맹세계, 부승이).

9. 원문에는 괄호( ), 따옴표 " ", 밑줄, 하이픈-, 이음줄 -- --, 콤마, 등을 자주 사용했는데, 번역문에도 최대한 그 부호들을 그대로 사용하여 직역을 하고자 했다. 그러나 저자의 구어체형 문장의 직역이 불가능할 때는, 전체 문장의 뜻과 의도를 최대한 살려서 의역을 했다.

10. 여러 개 나오는 도면이나 이미지는 스캔을 해서 영문 글자 옆에 손글씨로 번역글자를 삽입했고, 대부분은 타이핑으로 친 번역 글자를 오려서 영문 글자 위에 붙였다. 크기가 작거나 간단한 도면은, 도면의 위치별로 설명하여 번역을 했다.

11. 로티는 남편의 어머님과 아버님께 편지를 쓰거나 다른 편지에 언급하는데, 그럴 때는 본인의 어머니와 아버지와 구별하기 위해서 "어머님"과 "아버님"으로 번역했다.

1. 유진 벨의 삶과 한국 선교[1]

유진 벨(Eugene Bell, 1868~1925)은 1895년 미국의 남장로교에 의해 한국으로 파송되었던 선교사이다. 1868년에 4월 11일 켄터키주 스콧츠 스테이션(Scott's Station, Kentucky)에서 아버지 윌리엄 헨리 벨(William Henry Bell)과 어머니 프랜시스 베나블 스콧(Francis Venable Scott) 사이에서 태어났다. 1891년에 켄터키주 리치몬드의 장로교 학교인 센트럴 대학교(Central University)를, 1894년에 루이빌(Louisville, Kentucky)에 있는 루이빌 신학교를 졸업하였고, 같은 해에 목사 안수를 받았다.

벨은 1893년에 루이빌 신학교 은사인 토마스 드와이트 위더스푼(Thomas Dwight Witherspoon)의 딸 샬롯 위더스푼(Charlotte Ingram Witherspoon, 애칭 "Lottie," 이하 "로티 벨")과 결혼하였다. 로티 벨은 버지

---

1 유진 벨의 일생과 선교 활동에 대해서는 다음 자료를 참고하여 정리하였다. 주명준, 「유진 벨(Eugene Bell) 선교사의 목포선교」, 『전북사학』 21·22 합집, 1999, 795-825쪽; 최영근, 「미국 남장로교 선교사 유진 벨(Eugene Bell)의 선교와 신학」, 『장신논단』 46(2), 2014, 137-163쪽; 유진벨재단, https://www.eugenebell.org: 50008/load.asp?subPage=140; 한국민족문화대백과사전, https://encykorea.aks. ac.kr/Contents/Item/E0073717.

니아에 있는 어거스타 여자신학교(Augusta Female Seminary)를 졸업하였고 남편 유진 벨과 함께 남장로교 한국 선교사로 임명되어 한국 사역에 발을 내딛게 된다. 그리하여 1895년 2월 12일 유진 벨과 로티 벨은 오세아닉(Oceanic)호를 타고 샌프란시스코를 떠나 하와이와 일본을 거친 후 마침내 4월 9일 제물포 항에 도착하게 된다.

벨 부부가 입국하기 약 10여 년 전부터 이미 한국에는 여러 개신교 선교사들이 활동하고 있었다. 특히 미국 북장로교에서 선교사로 파송되어 1884년에 입국한 알렌(Horace N. Allen), 1885년에 입국한 언더우드(Horace G. Underwood)가 서울에서 의료 및 교육 사업을 하고 있었으며, 1890년에 입국한 사무엘 모펫(Samuel A. Moffett)이 서북지역을 중심으로 활발한 선교 활동을 펼치고 있었다. 또한 감리교 선교사 아펜젤러(Henry G. Appenzeller)와 스크랜튼 여사(Mary F. Scranton) 등도 활동 중에 있었기에, 벨 부부는 이들로부터 따뜻한 환대와 도움을 받으며 한국에서의 삶을 시작할 수 있었다.

서울에 도착하자마자 유진 벨은 자신과 아내를 위한 한국어 선생을 구하여 본격적인 한국어 학습에 들어갔고 이 기간 동안 자신이 담당할 선교지를 알아보기 위해 군산, 나주, 목포 등지를 여행하였다. 남부 지역 주민들의 외국인에 대한 거부감으로 인한 반대와 관리들과의 갈등으로 인해 여러 가지 우여곡절을 겪은 후, 벨 부부에게는 교단 담당 지역의 중복을 막기 위해 남장로교에게 할당되었던 전라도 지방이 담당 선교지로 주어졌다. 그리하여 1897년부터 유진 벨은 전라도의 곳곳에서 활발한 활동을 벌여 나간다.

그러나 1901년 유진 벨에게 갑작스러운 시련이 닥치게 되는데, 그가 순회 전도여행을 하던 중에 목포에 남아있던 아내 로티 벨이 그들의 자녀 헨리와 샬롯을 남기고 심장마비로 갑자기 생을 마감하게 된 것이다. 유진 벨은 이에 대한 충격으로 한국에서의 선교활동을 지속하기 어려워 두 자녀와 함께 미국으로 돌아가 안식년을 가졌다. 그리고 2년이 지난 후 그는 두 번째 아내 마가렛 벨(Margaret Withtaker Bull Bell, 1873~1919)과 함께 다시 목포 선교지로 돌아오게 된다.

목포로 다시 돌아온 유진 벨은 직접적인 선교 사업뿐 아니라 교육 문제에도 큰 관심을 가지게 되어 1903년 목포 양동 목사관에서 영흥서당(현 영흥고등학교)을 열어 근대 교육의 혜택을 지역 주민들에게 제공하였다. 영흥서당은 1905년에 영흥소학교로 명칭을 바꾸고, 1907년에는 중등부까지 규모를 넓혔으며 학제를 개편하여 정부의 인가를 얻었다. 또한 목포 양동의 선교사 부속 건물을 이용하여 정명여학교(현 목포정명여자고등학교)도 세우게 되었다.

유진 벨이 목포에서 교육 사업을 시작하던 중에 광주에도 남장로교 선교부가 설치되었고 이에 따라 그는 1904년 광주로 옮겨와 광주교회를 이끌게 되었다. 또한 광주의 교육 사업을 출발시켜 1907년에는 숭일학교(현 광주숭일고등학교)를, 1908년에는 호남지역 여성 교육의 산실이 되는 수피아 여학교(현 광주수피아여자고등학교)를 세우게 된다. 교육선교뿐 아니라 의료선교에도 큰 관심을 가져, 그는 광주 최초의 서양식 종합병원인 제중원(현 광주기독병원)을 건립하여 많은 소외된 환자들에게 의료혜택을 제공하였다.[2]

---

2 유진 벨의 선교는 당시 장로교 선교의 특징적인 방식을 따른 것으로서, 거점지역을 중심으로 순회하며 현지 한국인을 선교의 객체가 아닌 주체로 세우며 전도, 교육, 의료 봉사를 병행하는 방법이다. 이에 대해서는 다음을 참조. 최영근, 앞의 글, 146-148쪽.

그러나 유진 벨은 또 한 번의 큰 시련의 시기에 놓이게 되는데, 이러한 활동을 하는 중에 두 번째 부인인 마가렛 벨이 만세 운동을 했다는 이유로 수많은 교인들이 일제에 의해 학살당했던 제암리 교회 사건을 살펴보고 돌아오던 중에 교통사고로 숨을 거두게 된 것이다. 유진 벨은 미국으로 돌아갔으나 1921년 다시 광주로 돌아왔고 1925년 9월 28일에 별세할 때까지 교육 사업과 의료사업을 계속해 나갔다. 유진 벨의 유해는 광주 양림동 선교사묘지에 안장되었다.

유진 벨이 사망한 후 그의 한국 선교 사역은 그와 로티 벨의 딸 샬롯 벨 린튼(Charlotte Bell Linton, 1899~1974)을 통해 이어졌다. 2살 때 어머니를 잃고 아버지와 함께 미국으로 갔던 샬롯 벨은 그곳에서 성장기를 보내고 학업을 마쳤고 졸업 후 선교사를 자원하여 아버지 유진 벨이 있는 한국에 돌아오게 된다. 그리고 이미 한국에 와 있었던 젊은 선교사 윌리엄 린튼(William A. Linton, 1891~1960)을 만나 1922년에 결혼하고 한국에 정착하였다. 이리하여 유진 벨의 한국 선교는 샬롯 벨 린튼과 윌리엄 린튼 부부를 통해 다시 이어지게 되었다.

린튼 부부의 전라도 선교 사역은 이들의 삼남 휴 린튼과 그의 아내 베티 린튼으로 인해 다음 세대에도 지속되었다. 이들의 삼남 존 린튼은 한국에 구급차[ambulance]를 최초로 도입한 의사이자 80년 광주 민주화 항쟁을 외국 언론에 알린 인물이며, 차남 스티브 린튼은 현재 유진 벨 재단을 이끌면서 북한 결핵 퇴치 운동을 행하고 있다. 삼남 존 린튼은 연세대학교 의과대학 국제진료센터 소장으로 있으며 유진 벨 재단의 대북 지원 활동에도 적극 참여하고 있다. 이들의 활동을 통해 감화되고 영감을 받은 수많은 한국 기독교인들에 의해 유진 벨이 보여 준 그리스도의 사랑은 이 땅에서 계속 꽃을 피우고 있다.

2. 인돈학술원 소장 유진 벨의 편지들

본서에 담긴 유진 벨의 선교 편지는 한국 인돈학술원이 소장하고 있는 편지로서, 유진 벨이 아내 로티 벨과 함께 한국으로 출발하기 직전인 1895년 2월 6일부터 목포 선교지로 이주 준비를 하던 1897년 12월 27일까지 써졌다. 가족과 친척에게 약 3년간 보낸 130여 통의 개인적인 편지이며 간간이 쓴 엽서와 전보 그리고 한 선교지에 내었던 기고문도 포함되어있다. 책의 제목에서처럼 "선교 편지" 모음이니만큼 우리는 이 편지 모음집 안에서 당시 미지의 나라였던 한국에 들어와 그리스도 메시지를 전하였던 용감하고 신실한 선교사 유진 벨을 만날 수 있다.

그렇지만 이에 더하여 초반 부분의 〈유진 벨의 선교편지〉는 선교사로서의 유진 벨뿐 아니라 보다 다양한 모습의 인간 유진 벨을 만날 수 있는 특별한 기회를 우리에게 선사한다. 편지를 읽기 시작하자마자 만나는 벨은 다른 이들에 대한 호기심도 많고 체스 게임을 좋아하며 한국의 비위생적인 환경과 문화가 주는 충격과 혐오와 당혹감을 거리낌 없이 솔직하게 드러내는 20대 후반의 보통 미국 청년이다. 또한 집 안의 가구 배치와 의상에 신경을 쓰고 텃밭 가꾸기와 들짐승 사냥을 즐기며, 가족의 편지와 본국 소식을 늘 기다리고 미국 가족의 흑인 도우미들을 당시 흔한 표현이었던 "Darkies"로 부르는 미국 남부 출신의 지식인이다. 또 다른 측면은 한국 상황에 대한 관심을 두고서 제국주의 열강들 사이에서 표류하던 이 나라를 제3자의 입장에서 보고 서술하는 한국 거주 외국인으로서의 유진 벨이다.

본서의 편지 글들은 유진 벨이 선교 사역을 본격적으로 시작하기 전 언어 훈련과 적응 단계에서 한국어를 배우고 정착할 선교 지역을 찾아 한국 남부를 답사하며 지내던 기간 동안 가족들과 나눈 대화가 담겨있다. 여러 진솔한 대화 속에는 벨이 당시 한국과 한국 사람들에게 가졌던 초기의 인상과 의견과 함께 자잘한 살림살이의 일상이 주는 기쁨, 아내에 대한 사랑과 다른 선교사들에 대한 존경심 등에 대한 표현으로 가득 차 있다. 그래서 편지 글을 읽다 보면 선교사이기 이전에 남편, 아들, 형, 오빠로서의 벨, 그리고 아직 한국 문화에 깊이 침투해 들어가기 전 이방인 관찰자로서의 그가 다각적으로 나타난다. 우리는 한국살이를 막 시작한 19세기 말 미국 남부 청년으로서의 유진 벨을 당시의 시대로 돌아가 직접 만나는 듯한 느낌을 가지게 된다.

그런데 시간이 흘러 한국어에 익숙해져 한국어 선생과 하인들과 좀 더 직접적인 의사소통을 하게 될수록 유진 벨은 한국 문화와 정치적 상황에 보다 깊게 들어가게 된다. 그리하여 당시 격동하는 세계정세 속에서 표류하면서 점차 일제의 먹잇감이 되어가는 구한말 한국의 광경에 주목하기 시작한다. 이즈음에서 우리는 한국 생활 초기의 그가 보였던 담담한 제3자적 서술 같은 설명 안에 어느 틈엔가 스며들어가 있는 깊고 먹먹한 울림을 듣는다. 을미사변과 단발령의 혼란에 대해 편지를 쓸 때 벨의 눈앞에는 무력한 정부의 주도권이 개혁세력과 왕권파 사이에서 이리 저리 바뀜에 따라, 매질이 두려워 급히 잘라 까치집처럼 된 머리 위에 차마 내버리지 못했던 머리칼 뭉치를 대충 올려 다시 상투를 만든 이가 아른거린다. 어느 날은 거리에서 한 한국인에게 무지막지한 욕설과 폭행을 행하던 일본인과 이를 어찌하지 못하고 보고만 있던 다수의 한국인 구경꾼들을 목격하고 이를 잊지 못해 [편지에] 적는다. 선교지 답사를 위한 남부 여행을 하면서 유진 벨은 문명의 혜택과 국가의 보호로부터 철저하게 배제된 한국을 좀 더 깊게 경험한다. 가난과 무지, 게으름과 간교한 악행에 찌들어 있는 하층민 한국인들을 그저 혐오하는 대신, 벨은 이것이 육체노동에 대한 수치감에 젖어 일하지 않는 식자층, 하층민들을 쥐어짜 자신과 자신의 가족을 풍요롭게 하는 것이 당연하다고 믿는 부패한 관리들, 그리고 외세에 의존하여 자기 권력 지키기에만 골몰하는 무능한 정부와 연결되어 있음을 깨닫는다. 이러한 한국 상황을 개혁할 훌륭한 인재가 한국에 충분치 않다고 생각하면서 이를 안타깝게 여기는 벨의 마음을 우리는 편지 곳곳에서 발견한다.

그러던 중 유진 벨은 한국에 돌아온 서재필 박사를 만나게 되고 그가 이끄는 독립협회와 독립신문의 발간을 계기로 새 희망을 가지게 된다. 그리하여 『크리스천 옵저버』 1896년 9월 23일 자 기고문을 통해 벨은 한국의 개혁 가능성이 일본에 의해 한국 밖에서는 철저히 가려져 있음을 폭로할 수 있게 된다. 당시 일본은 불쌍한 한국을 성공적으로 개혁시키기 위해서는 일본의 보호가 전적으로 필요하다고 선전하고 있었다. 이러한 일본 언론 매체의 거짓된 주장만을 믿는 미국의 기독교인들에게 벨은 한국의 자력적 개혁 가능성을 신뢰해야 한다고 역설한다. 그는 잔인하고 폭력적으로 한국인을 대하는 일본인들이 오히려 일본에 대한 증오와 외국인에 대한 두려움을 낳게 하여 한국 개혁을 더디게 만들고 있다고 주장한다. 한국은 일본 이외의 다양한 나라들로부터 이미 개혁의 도움을 받고 있지만 무엇보다도 기독교 정의에 따라 개혁이 인도되어 자력적으로 이루어져야 하고 따라서 보다 많은 사역자들을 한국으로 보내야 한다고 호소한다.

한국 정치 상황과 한국인들의 상황에 대한 이해가 깊어지고 한국을 식민지화 하려는 주변국들, 특히 한국에 대한 세계 뉴스를 철저히 통제하는 일본에 대한 불신이 커짐에 따라 유진 벨의 마음속에는 어서 복음을 전해야 한다는 조급함이 생겨나고 한국어가 빨리 늘지 않는 것에 대한 답답함도 커져간다. 그럼에도 불구하고 그는 복음을 진심으로 깨닫지 않은 채 당장 필요한 재물을 목적으로 기독교 입회를 원하는 "쌀 기독교인" 받아들이기를 거부한다. 한국인들이 지니지 못한 재물이나 사회적인 힘을 선교사들에게서 보고 이것만을 위해 세례를 받고자 하는 사람들에게 그는 "기다리라"고 한다. 그리고 그는 자신이 소유하고 있는 물질이나 권력이 아닌 선교사인 자신의 인격적 삶을 있는 그대로 보여줌을 통해 선교가 이루어지는 것임을 굳게 믿는다. 당장 교인 수를 늘려 선교의 양적 성과를 올리는 일만 생각했다면 유진 벨은 한국인들에게 본회퍼(Dietrich Bonhoeffer)가 우려했던 "값 싼 은총"을 대량 생산하는 전례를 전라도 지방에 일찍부터 남길 수도 있었을 것이다. 그러나 벨은 이를 처음부터 철저히 거부하였다.

가족들과 일상적이고 소시민적인 기쁨을 나누던 초반의 편지글이 당시 한국의 역사적 상황과 이러한 상황에 엮이어 고통 받는 한국인들의 삶을 더 명증하게 드러내게 될 때, 우리는 유진 벨의 선교가 왜 지금까지 우리에게 흔치 않은 깊은 울림을 자아내고 있는지 그 이유를 깨닫게 된다. 그의 기독교 정신은 식민지 시대로 진입하고 있던 비극적 상황 속에서 지극히 건조하고 척박한 삶을 살아가는 당시 한국인들의 정신에 깊이 침투해 들어가 신앙과 사회정의에 대한 분별력을 함께 세우는 복음의 단비를 내리게 하였다. 만일 우리가 이후 유진 벨의 자손들이 세운 학교가 무엇 때문에 폐교를 감수하면서까지 일제의 신사참배를 거부할 수 있었는지, 어떻게 해서 80년 광주의 외침을 외면할 수 없었고 또한 왜 여전히 북한의 결핵 환자들에 대한 인도주의적 사랑을 지속하고 있는지 묻고자 한다면, 유진 벨의 한국살이 처음 3년의 이야기가 담긴 본서의 편지 글들을 읽는 가운데 이미 충분한 답을 얻을 수 있을 것이다.

작성자: 임현진

1895년

1895년 2월 6일, 수요일 오후, 1시 15분
네바다, 서든 퍼시픽 열차

사랑하는 애니

우리 기차는 이제 네바다주를 반쯤 건넜다. 이 편지에 캔자스시티에서 우리가 지나온 경로를 보여주는 철도 지도를 동봉하겠다. 덴버, 샤이엔과 옥덴을 지나왔다. 내일 아침 목요일 9시 45분에 샌프란시스코에 도착할 예정이다. 모든 면에서 아주 즐거운 여행이었다. 식당 칸에서의 영수증도 동봉하겠다. 이 차의 식당 칸은 이틀 전의 기차처럼 유럽식인데, 어제의 음식은 한 끼당 1불이었다. 돈이 많이 들어서, 이제는 되도록 뜸하게 적은 양을 주문한다. 오늘 저녁은 식당 칸에 가지 않고 승무원을 시켜서 우리 침대 칸으로 테이블을 가져오게 해서, 레모네이드를 우리가 직접 만들고 점심때 남은 음식으로 때웠다.

콜로라도, 와이오밍, 유타, 네바다를 거쳐 오는 동안 바깥 풍경은 거의 모두 혹독히 신에게 저주받은 듯한 느낌의 산과 사막이었다. 오늘은 지나쳐 온 이곳저곳의 역에서 적지 않은 수의 인디언들을 보았다. 100마일을 지나도록 집을 두세 채 겨우 보게 되는 때도 있는데, 그마저 그것도 작은 오두막 같은 집이었다. 불행히도 경치 좋고 흥미로운 곳들은 대개 밤에 지나왔다. 아직 우리는 로키산맥, 한 이틀 해발 8,000피트의 고지대를 지나 지금은 해발 5,000피트 되는 곳을 지나간다. 물론 철도는 그 중 평평한 곳을 통과하지만, 멀리에 눈 덮인 산봉우리들을 볼 수 있었다. 몇 번 매우 발육불량처럼 보이는 소나 말 떼를 보았고 양 무리도 한두 번 보았다.

빠르게 달리는 기차 안에서 편지를 쓰기가 너무 힘들어서 이만 끝내겠다. 답신을 보낼 때, 네가 우리 서신을 제대로 다 받았는지 알 수 있도록, 우리에게서 받는 엽서와 편지를 언급해 주어라. 매일 모든 식구들에게 꼭 소식을 전하고 있다.

너의 사랑하는 형제
유진 벨

1895년 2월 8일
샌프란시스코 옥시덴탈 호텔

사랑하는 어머니

어머니께 편지 드릴 시간도 없이 이제야 겨우 엽서로 소식 드리게 되어 죄송합니다. 그간 무척 바빴습니다. 여건이 되는 대로 곧 길게 편지 드리겠습니다. 어제 아침 정시에 이곳에 도착했고, 저희 각각 둘 다 상태가 매우 좋습니다. 여행은 아주 즐거웠고, 모든 일이 순조로웠습니다. 우리 큰 짐과 가방들은 모두 무사히 이곳까지 왔습니다. 사촌 F를 기차에서 보았습니다.

아주 바쁘게,
당신의 사랑하는 아들
유진 벨

1895년 2월 10일, 일요일 저녁
샌프란시스코, 캘리포니아 옥시덴탈 호텔

사랑하는 어머니

이제야 처음으로 어머니께 소식 드릴 시간이 생긴 것처럼 느껴집니다. 엽서로 말씀드린 것처럼 목요일 아침 이곳에 도착했습니다. 그 후 저희는 매일 그리고 어제 밤까지 몹시 바빴고, 호텔에 들어왔을 때는 완전히 지쳐 있어서 오늘은 쉬고 있습니다.

저희 여정을 캔자스시티에 도달했을 때부터 소급해서 말씀드리겠습니다. 저희는 그곳에 일주일 전, 토요일 저녁 6시에 도착했습니다. 닐 씨가 기차까지 저희를 맞으러 와서 곧장 역에서 2마일쯤 떨어진 자기 집으로 저희를 데려갔습니다. 거기서 기차여행의 먼지를 씻어내고 저녁 식사를 했습니다. 식사 후 여성 해외선교회 회원 몇몇이 찾아와서 늦게까지 있었습니다. 주일 아침에는 닐 씨와 주일학교, 그가 가르치는 성경공부반에 갔습니다. 로티는 나중에 리지와 함께 교회로 왔습니다. 예배 시작 때 닐 씨와 함께 강단으로 올라가서 선교에 대해 짧게 이야기했습니다. 닐 씨가 설교를 부탁했지만 제가 너무 피곤해서 사양했고 그도 더 이상 고집하지 않았습니다.

로티가 어머니께 루이스 자매가 저희를 만나러 왔던 것, 또 오필리아 하우드와 다른 사람들도 왔던 것을 말씀드렸지요. 그날 저녁 저는 리지와 함께 청장년회 모임에 가서 이야기했습니다. 닐 씨가 아침과 저녁예배에서 설교했는데, 늘 그랬던 것처럼 두 번의 설교 다 그분의 특성이 잘 드러난다는 설교였습니다.

매우 추운 날이었음에도 많은 회중이 모였습니다. 목회를 잘 하고 계신 것 같았습니다. 그분은 성실한 목회자로, 교인 개개인을 잘 알고, 교회를 잘 조직해 놓으신 듯했습니다. 물론 그런 기성 교회에 대해 제가 좋아하지 않는 많은 면들이 있지요. 그 교회에도 <u>세를 낸 지정석</u>이 있고 <u>고용된 성가대원들</u>이 있는데, 그들 중 어떤 이는 어느 교회에도 속하지 않은 사람들입니다. 닐 씨에게 그에 대해 어떻게 생각하느냐고 물어보았습니다. 그의 대답은 그 역시 격렬히 반대한다고, 교회가 지정석 세 주는 것을 계속 고집했을 때 그 교회를 떠나려고 했었다고, 그런데 동료 목사들이, 하나님이 그의 사역을 축복해 주셨는데 남아있으라고 조언했다고 했습니다. 그분과 두세 번 긴 대화를 나눴습니다. 그가 특별히 어머니와 다른 사람들에 대해 물었습니다. 사람들을 기억하고 있고 그들과 관계를 유지하는 일에 저보다 나은 것 같습니다. 교회에 관한 일을 일반적인 것부터 어떤 것은 특정한 부분까지 대화를 나누었습니다. 그가 흥미 있는 많은 이야기를 해주었고, 로티도 그랬던 것처럼 저는 그와 보낸 시간이 온전히 즐거웠습니다. 닐 부인이 집에 없었던 것이 유감이었습니다. 로티가 그녀를 좋아했을 것을 압니다. 닐 씨가 저녁예배 설교에서 한 말 중 하나는 어머니를 놀라게 할 것입니다. 가장 고매한 동기에서 비롯한 올바른 행위에 대한 설교였습니다. 그가 말하기를, 지옥의 공포에 대한 생각이 그에게 큰 영향을 행사했던 때를 기억하지만 이젠 그런 생각에서 벗어났다. 이제는 지옥이 불의 호수든 아니든 상관없다. "석탄을 그 위에 쌓아 놓아 불타게 하십시오. 저는 거기에 가지 않을 것입니다"라고 했습니다.

리지가 저희를 위해 점심을 싸주었고, 닐 씨는 월요일 아침 저희와 기차역까지 동행해서 거기서 오렌지와 바나나 두세 다스를 사주었는데, 여기 도착할 때까지도 먹고 남았습니다. 캔자스시티에서 여기까지 즐거운 여정이었지만 별로 흥미롭지는 않았던 것이 거의 모든 풍경이 눈 덮인 산과 사막뿐이었습니다. 사실상 루이빌에서부터 캘리포니아주에 들어설 때까지 계속 땅이 눈으로 덮여 있었던 것으로 생각됩니다. 목요일 아침 해가 뜰 무렵 캘리포니아에 들어서서부터 초원과 밀밭과 기차역 마당에 핀 꽃들을 볼 수 있었습니다. 따뜻하고 기분 좋은 기후입니다. 난방을 필요로 하는 사람의 숫자는 아주 적고, 한여름에도 기온이 지금과 거의 비슷하다고 합니다. 도착해서 오늘까지 날씨가 아주 좋았는데 지금은 비가 오고, 로티와 저는 눅눅한 날씨에 감기 들지 않도록 약간 불을 피웠습니다. 정말 꽃 종류가 많고 거리는 꽃 판매대와 꽃 행상인으로 넘쳐납니다.

샌프란시스코는 어머니께서도 아시다시피 길고 가느다란 반도의 끝 부분에 있습니다. 기차가 바로 만 건너에 있는 도시인 오클랜드까지 오고, 거기서 페리를 타고 이곳으로 왔어야 했습니다. 그런데 저희 기차가 오클랜드에 도착하기도 전에 객차 전체가 페리에 올라타 만의 다른 쪽을 건너서 배로 수송되었습니다. 프랭크 사촌은 오클랜드에서 저희를 만나서 같이 페리로 이곳으로 와서 호텔까지 와주었습니다. 이 기품 있는 호텔에 좋은 방을 아주 싼 값에 얻었는데, 호텔 주인이 선교사들의 절친한 친구이기 때문이랍니다. 프랭크 사촌과 샐리 사촌이 목요일 저녁에 들렀습니다. 로티와 저는 이곳에서의 대부분의 시간을 쇼핑에 할애했습니다. 화물 운송료가 꽤 저렴한 것을 알고는, 애초에 일본에 가서 구할 수 있으리라 생각했던 물건들을 여기서 사가기로 결정했습니다. 일본에서 겪게 될 외환과 외국어로 인한 어려움을 겪지 않아도 되는 것이죠. 루이빌에서 여기까지 저희 화물 750파운드의 운송료가 21불이었는데, 여기서부터 일본까지 같은 양의 운송료가 8.7불 밖에 안 합니다. 증기선 화물 운송료는 1톤 당 12불입니다. 무게가 아니라 부피로 따집니다. 40입방피트가 1톤입니다.

침상과 침실용 옷장과 세면대를 21불에, 식당 의자 6개를 개당 1.375불에 샀습니다. 이 가구들은 물론 분리되어서 배에 실릴 것입니다. 책상도 하나 구했고(로티의 결혼선물을 헐어서!), 매트리스, 조리용 스토브, 난방 스토브, 부엌용 가구, 목공도구 세트, 식탁, 접시 세트, 화장실 세트, 램프 두세 개, 등, 액자 둘, 식료품 등을 구입했습니다. 물건 가격은 대체로 저렴하고 가진 돈도 아직 많이 남아 있어서, 이곳에서의 물건 구매에 대해 아주 만족합니다.

어머니의 편지와 물건들을 같이 받고 아주 기뻤습니다. 수표는 돌려드려야 하겠습니다. 아버님의 편지는 어제 도착했습니다. 너무 기뻤다고, 할 수 있는 한 빨리 답신하겠다고 전해 주십시오. 로티도 두세 번 집에서 소식을 들었습니다.

목요일 저녁 6시 프랭크, 샐리 사촌들과 저녁 식사를 했습니다. 사촌들도 좋은 호텔을 가지고 있지만 저희가 묵는 호텔만큼 크지는 않습니다. 어제 오후에는 저희에게 관광을 시켜주었습니다. 바다 구경을 했고 다른 주목할 만한 흥미로운 것들을 많이 보았습니다. 나중에 더 말씀드리겠습니다. 오늘 아침에는 교회에 갔었고 저녁 식사 후에는 중국선교학교에 갔습니다. 이곳 전체 인구 350,000명 중 30,000명이 중국인입니다. 이곳은 여러 인종을 만날 수 있는 곳이라 주목할 만합니다. 하지만 벌써 많이 썼네요. 이만 그쳐야 하겠습니다. 저희들 진정 평안합니다. 내일이나 모레쯤 다시 쓰겠습니다.

저희 둘의 사랑을 담아서
당신의 사랑하는 아들
유진 벨

1895년 2월 12일, 오전 11시 45분
샌프란시스코

어머니께

오늘 오후 3시에 출발하는 증기선을 타기 위해 준비하고 있습니다. 처리해야 할 일이 생각보다 훨씬 많아서 한참 서두르고 있습니다. 저희 두 사람 다 안녕하고 기분도 좋은 상태입니다. 어머니와 모두들 안녕하시기 바랍니다. 안녕히 계세요. 저희 둘의 사랑을 매티와 모두에게 전합니다. 프랭크, 샐리 사촌이 증기선까지 저희와 함께 갑니다.

당신의 사랑하는 아들
유진 벨

1895년 2월 18일 월요일, 오전 10시
증기선 오세아닉호에서

나의 사랑하는 애니에게

이제 샌프란시스코에서 1,800마일쯤 왔고, 내일에는, 아마도 정오쯤 돼서 호놀룰루에 도착할 것 같다. 프랭크와 샐리 사촌이 증기선까지 배웅 나왔고 우리는 지난 화요일 오후 3시 30분쯤 미국을 향해 손을 흔들어 작별을 고했다. 지난 일요일과 월요일에는 비가 왔는데, 화요일에 비는 그쳤지만 바람이 심하게 불어서 바닷길이 험했다. 로티는 갑판에서 육지의 마지막 모습을 보기를 간절하게 바랐지만 그러지를 못했다. 육지의 마지막 풍경이 시야에서 사라지기 전에 로티는, 그 말의 복합적 의미에서, "[심한 멀미로] "완전히 늘어졌다went under." 우리 배가 바다 멀리까지 나아갔을 때 배가 심하게 요동쳤고 나도 곧 멀미를 시작했다. 로티는 저녁 식사에 가지 못했다. 나는 용기 있게 가서, 맛있는 저녁이라기보다는 오히려 6시 30분에 제공하는 정찬을 먹었다. 그러나 곧 멀미가 나서 몇 분 안에 <u>다 토해냈다.</u> 우리 둘 다 잠은 잘 잤지만 아침 식사에는 가지 않았다. 식사하러 안 간 것은 그때가 유일하지만 목요일까지는 버터 바른 토스트 외에는 별로 먹지 못했다. 로티는 여러 끼를 차와 토스트만으로 견디며 목요일까지 식사에 가지 않았다. 첫날 아침 식사에는 1등 선실 25명 중 단지 5~6명만이 식탁에 앉아 있었다. 수요일 온종일 몸이 안 좋았는데 목요일에는 많이 괜찮아졌고 이젠 입맛도 좋고, 보통 좋을 때보다 더 많이, 상태가 좋다. 로티는 나보다 좀 더 안 좋아서 금요일이 되어서야 좋아지기 시작했다. 하지만 많은 승객들이 우리 둘보다 더 심하게 멀미를 했다.

네가 지도에서 볼 수 있듯이 우리는 호놀룰루에 도달하기 위해 많이 남쪽으로 항해해야 하는데 남쪽으로 갈수록 바다는 더 잔잔해졌고 승객들이 모두 괜찮아졌다. 날씨도 따뜻해지고 지난 하루 이틀은 정말 좋았다. 오늘은 바다가 조용하고 아주 아름다운 봄날 같다. 로티는 오늘 몸 상태가 썩 좋지는 않지만, 하루나 이틀 후면 좋아질 것 같다. 로티는 지금 갑판 위에서 긴 의자에 누워 있고, 나는 식당으로 내려와 식탁에 앉아 편지를 쓰고 있다.

우리 배는 꽤 크고 좋은 배이다. 424피트 길이에 가장 넓은 부분의 폭이 40피트이다. 해수면 위로 3층이 있는데 각 층이 7피트 높이이고, 수면 밑으로 25피트가 잠기는데 거기 화물칸과 3등 선실이 있다. 앞에서 말했듯이 1등 선실에 25명이 탔는데 이 중 둘이 일본으로 귀국하는 일본인이다. 한 사람은 멕시코 이민감독관으로 미국에서 교육을 받았다. 그는 기독교인으로 매우 관심이 가는 인물이다. 중국인도 한 사람 있는데, 대형 수출업자로 사업차 뉴욕에 갔다가 귀국하는 길이다. 처와 작은 여자아이, 그리고 대리인을 동행하고 사업차 일본과 중국으로 가는 유대인도 같이 탔다. 굉장한 부자라고 알려져 있는데, 겉보기에도 그렇다. 그리고 런던에서 온, 아내와 같이 세계여행을 하는 영국인 승객이 있다. 대서양을 건너서 미국에 왔고, 일본, 중국, 또 다른 아시아의 주요 나라들을 방문한 후 런던으로 돌아갈 것이다. 런던의 겨울 날씨가 아주 안 좋기 때문에 해마다 긴 여행을 다닌다고 한다. 작년에는 나일강을 거슬러 올라갔다고 한다. 또 한 사람 영국인 승객이 있는데, 공사관과 관련된 일로 베이징으로 가고 있다. 아일리프 목사는 홍콩으로 가는데, 거기에서 영어를 사용하는 중국인들을 상대로 사역하는 선교사 형제가 영국의 고향으로 휴가를 가고자 하여 그 자리를 메우러 간다. 덴버에서 온 하우Howe 씨는 유람여행차 일본과 중국으로 간다. 빈리 씨는 필라델피아의 와나메이커 백화점 구매대리인으로 사업차 중국으로 간다. 코튼 함장의 부인은 호놀룰루로 가는데, 최근의 사태 때 그곳으로 파견된 필라델피아호의 함장인 남편과 함께하기 위해서이다. 프랭크 사촌이 그와 아는 사이라 배를 타기 전에 우리를 그에게 소개해 주었다. 65세에서 70세 정도로 보이는 히글리 부부는 둘 다 재혼으로 결혼한 지 두 주 정도 밖에 안 됐는데, 오마하[3] 출신들로, 호놀룰루에 가는데 남자는 딸을, 여자는 거기서 사업하는 아들을 방문하기 위해서이다. 네브래스카주에서 온 또 다른 4명의 일행이 중국으로 가고, 한 젊은 여자는 혼자 일본으로 가고, 등등 …… 같이 여행하는 이들이 대강 어떤 사람들인지 짐작이 갈 것이다. 간혹 외로워 질 때 서로 심심치 않게 그런 정보들을 주고받는데, 이렇게 한 곳에 갇혀 있을 때 우리가 모두 얼마나 말을 하고 싶어 했는지 조금은 놀랍다.

이 밖에 아시아인 3등 승객으로 중국인 125명이 타고 있다. 대부분의 시간을 아래층에서 지내는데, 밥, 야채, 차, 그리고 가끔 고기도 배식되는데 뱃삯 50불에 그것들이 포함된다. 8~10명의 유럽인 3등 승객들도 있다. 내가 알기로 그들의 뱃삯은 75불이고 선실은 꽤 쾌적한 편인데 식탁으로 식사하러 오지는 않고, 남은 음식들을 선실에서 제공받는다. 이들 중에 부인과 네 명의 어린 자녀를 거느린 감리교

---

3 네브래스카주의 도시.

선교사가 있다. 콜로라도 사람인데 일본으로 돌아가는 중이다. 오랫동안 일본에서 살았었다. 그들은 크리스천 사이언스 신자이다. 내 짐작에 기관의 후원 없이 독립적으로 가는 선교사인데, 그들의 상태가 그것으로 설명된다. 아이 하나가 계속 아팠는데 의사 보기를 거절한다. "신유"를 믿기 때문이다.[4]

갑판 종업원이 30명쯤 되는데 대부분은 중국인이다. 12~15명 정도의 식당 종업원들도 한 둘의 일본인을 빼고는 모두 중국인인데 훌륭하다. 스튜어드는 흑인 남자인데 84세라고 들었다. 그의 자기관리 능력이 놀랍다. 스튜어디스는 - 그가 스튜어드의 아내라는 뜻은 아니다 - 는 미국인으로 보이는데 아주 친절하다. 선원이 6~7명인데 선장, 사무장, 의사, 기관장, 조타수 등이다. 우리 선실은 편안하고 깔끔하지만 좀 작고 일인용 침상이 이층으로 놓여 있다. 식당은 매우 크고 5~60명이 앉을 수 있다. 일급 호텔급의 서비스에 비한다면 뱃삯은 매우 싼 편이다. 커피는 빼고 하는 말인데, 커피가 정말 맛이 없어 그걸 마실 수 있는 사람이 몇 안 된다. 차와 초콜릿은 썩 괜찮다.

네가 만일 우리 식단이 얼마나 공들인 것인지 알면 놀랄 것이다. 어제 직접 보았는데 살아 있는 양이 25~30마리가 우리에 있고, 여러 개의 닭장에 엄청난 숫자의 닭, 이 모두가 항해 도중에 소비될 것들이다. 내가 듣기로 이 배에 필요한 석탄이 하루 50톤! 그리고 하루 운항비가 1,000불. 모든 것이 어떻게 정교하게 가동되는지를 보기 전에는 믿기 어려운 숫자이다. 식당에 피아노가 있다. 어제는 영국 국교의 의식을 따라서 아일리프 목사가 인도해서 예배를 보았다.

---

4 감리교와 크리스천 사이언스는 전혀 다른 두 종교이다. 필자의 오해로 생각된다.

시간이 얼마나 빨리 지나가는지 놀랍다. 여행을 한다기보다는 어딘가 어느 집에 갇혀 있는 느낌이다. 사람들을 모두 알게 된 지금에는 아주 즐겁다. 뱃멀미가 멈춘 후라 더욱 그렇다. 뱃멀미는 정말 끔찍했었다. 그 끔찍함을 묘사하기란 불가능하다. 그것이 그렇게 가볍게 끝나지 않았다면 어떻게 견뎠을지 상상이 안 된다. 파도가 심할 때 배가 전후좌우로 요동치는 것 또한 묘사하는 것이 불가능하다. 이런 배들의 대부분은 앞뒤 방향으로만 오르락내리락 움직이는 것으로 알고 있는데, 우리 배는 워낙 길고 폭이 좁아서 좌우로도 흔들린다. 처음 36시간 동안 바람의 방향 때문에 배가 파도를 비스듬히 맞으면서 상하 좌우의 복합 움직임이 정말 심했다. 그런 풍랑에 배가 뒤집히지 않는다는 것이 정말 믿기 힘들다. 접시나 식탁 위의 모든 것들은 미끄러져 떨어지지 않게 작은 선반 받침대 안에 놓아야만 한다. 침상은 측면을 판으로 막았다. 그렇게 하지 않으면 아무리 조심해도 굴러떨어질 수 있다. 하지만 우리 두 사람은 다 잠보들이라 밤을 잘 견딘다. 아침 식사가 8시 반, 점심은 1시, 저녁은 6시 반이다.

이 편지를 호놀룰루에서 부치면 우리가 일본에 닿을 때쯤 네게 도착할 것으로 기대한다. 너와 식구들 모두에게서 한동안은 소식을 듣지 못하게 될 것 같다. 우리가 다음에 타야 할 배가 손상을 입어 항해를 못 하고 그 다음 배는 3월 1일에야 출항하게 되기 때문이다.

이 편지를 종이 앞뒤 쪽에 다 쓸 생각이었는데 암만해도 종이가 너무 얇은 것 같다. 네 생각에 양쪽에 다 써도 괜찮을지 알려주면 고맙겠다. 프랭크 사촌이 이 종이를 많이 주었는데 한쪽을 완전히 못 쓰게 되는 것은 유감일 것이다. 그렇다고 읽기 힘든 편지를 보내고 싶지는 않다. 이 편지로 시작해서 내가 집으로 보내는 모든 편지를

간수하기를 바란다. 내게 이 편지들이 필요해서 하는 <u>부탁이다</u>. 번거
롭겠지만 꼭 그렇게 해 주기를 바란다.

1895년 2월 19일 화요일, 오전 10시 30분

이제 이 편지를 마무리 하고 호놀룰루에 도착하면 부칠 수 있도록
준비해야겠다. 어떤 섬들은 벌써 보이기 시작했는데 호놀룰루가 있
는 섬은 12시 전까지는 보이지 않을 것이고 5시 전에는 상륙하지
못할 것이다.

어제 ＿＿시[5]에 중국에서 돌아오는 "갤릭"호와 마주쳤다. 우리가
본 두 번째 배인데, 물 밖에 보이는 것이 없기 때문에 다른 배와 마주
치는 것은 하나의 사건이었다. 모두들 갑판 위에 올라가서 100야드
저쪽으로 지나가는 배를 향에 손을 흔들었다. 그 배가 우리 배를 위해
항로를 비켜 주었는데 짐이 많지 않은 것 같았다. 우리 배엔 4천 톤
정도의 화물을 실었는데, 일본행 밀가루가 2,200톤, ＿＿[6]로 가는
석탄 1,500톤, 기타 300톤이다. 4,500톤이 적재한도이다. 갤릭호가
어제 [호놀룰루에] 정박했었다면 이 편지를 그 배편으로 부칠 수 있었
을 텐데 그렇게 하지 않았다. 다른 배 하나가 수일 내로 호놀룰루를
출발할 것이니 너도 곧 이 편지를 받게 될 것이다. 어제 밤엔 항해가
거칠었고 배가 좌우로 많이 흔들렸다. 나는 처음으로 밤잠을 잘 수
없었다. 하지만 오늘 아침에 괜찮아졌고, 내일 오후까지는 출발하지
않을 것이므로, 호놀룰루의 풍경을 즐길 수 있으리라 기대한다.

---

5 원문에 시간이 빠져있다.
6 원문에 빠져있다.

우리 둘 모두의 사랑을 너와 매티와 모두에게 보내며

너의 사랑하는 형제

유진 벨

1895년 2월 20일, 오전 7시
하와이 주, 호놀룰루

사랑하는 어머니

이번에 나가는 우편물에는 애니한테 길게 쓴 편지를 보냈습니다. 그것을 모두 함께 돌려 보기를 기대하고 쓴 것이지만, 지금 아침 식사를 기다리는 동안 어머니께 짧게 쓰겠습니다.

저희는 어제 3시 반에 생각했던 것보다 일찍 이곳에 도착했습니다. 오늘 12시 전까지는 출발하지 않을 것입니다. 어제 관광을 했는데, 오늘도 아침 식사가 끝나는 즉시 다시 구경을 나가려고 합니다. 육지에 다시 발을 딛는다는 것이 즐겁습니다. 호놀룰루는 원주민the aborigines, 중국인, 일본인, 영국인, 미국인 등으로 구성된 인구 25,000의 도시입니다. 주민 대다수는 영어를 사용하는 것 같습니다. 토착민들the natives은 피부가 구릿빛이지만 외모가 수려합니다. 여러 면에서 이곳은 제가 평생 본 중에서 가장 아름다운 곳입니다. 온갖 열대식물들이 무성하게 자랍니다. 어제 산책할 때, 오렌지, 코코넛, 바나나를 재배하는 것을 보았습니다. 온갖 다른 열대과일도 재배합니다. 기후는 완벽하고 저는 여름 속옷을 꺼내 입었습니다.

아침 식사 준비가 다 되어서 이만 쓰겠습니다.

어머니의 사랑하는 아들,
유진 벨

1895년 2월 22일, 오후 2시 30분
증기선 "오세아닉호"에서

사랑하는 아버님

아버님 편지를 저희가 샌프란시스코를 떠나기 전에 받고 기뻤습니다. 저희는 현재 호놀룰루에서 700마일을 지나와 일본 요코하마로 가는 길입니다. 원래 일정은 요코하마에 3월 3일 도착하는 것으로 되어 있지만, 4~5일 전에는 도착하지 못할 것으로 생각됩니다. 저희는 이제 물 위에 있는 것에 익숙해졌고, 할 수 있는 한 이 여행을 즐기고 있습니다.

저희는 20일, 수요일, 12시에 호놀룰루를 떠났습니다. 너무 더워서 속옷을 여름 것으로 입었는데도 더위 때문에 고생이 심했습니다. 오늘 갑판에 있는 온도계가 80도를 가리키고 있습니다. 3~4개의 섬에 살고 있는 하와이 원주민은 십만 명에 달하고, 이 중 25,000명이 오아후섬에 위치한 호놀룰루에 살고 있습니다. 호놀룰루는 어머니께 보낸 편지에서 말했듯이, 제 인생에서 본 가장 아름다운 곳입니다. 아주 예쁜 건물과 집들이 있지만, 그 아름다움의 첫째 연유는 나무, 열대식물과 꽃입니다. 정말 꽃의 나라인데, 마당과 뜰이 놓인 방식이, 만개한 꽃들과 익어가는 과일들이, 아름다운 주변풍경과 어우러져 말로는 표현할 수 없는 경치를 만들어 냅니다. 건물과 뜰의 아름다움으로 손꼽을 수 있는 것들 중의 하나가 미국 공사관입니다. 아주 멋진 궁궐을 보았고 폐후가 된 전 여왕[7]이 갇혀 있던 방도 보았습니다.

배가 상륙지로 가까이 다가 갈 때 저희가 배 위에서 목격한 이곳의 진기한 광경 하나를 이야기 해드리겠습니다. 배가 부두로 다가가는데, 10~12명의 원주민 사내아이들이 물속에서 수영하면서 배에 가까이 와서는 갑판의 승객들을 올려다보며 "니커", "니커" 하고 외쳤습니다. 승객 중 한 명이 니켈[8]을 물에 던질 때마다, 그들 모두가 머리부터 잠수해서 1분 정도 사라지는데, 다시 물 위로 떠올라 왔을 땐 거의 예외 없이 그 중 한 명이 니켈을 손으로 높이 쳐들어 승리의 표시를 합니다. 그들이 어떻게 그렇게 할 수 있는지 저에겐 완전 수수께끼입니다. 수심이 15 내지 20피트(저희 배가 갈 수 있는 최저 수심)이고, 어떤 땐 니켈이 그들이 있는 곳으로부터 15 내지 20피트 떨어진 곳으로 던져지기도 합니다. 제가 오랜만에 목격한 최고로 유쾌한 볼거리였습니다. 아랫도리를 가린 천을 빼고는 완전 알몸이었고, 잠수해 내려갈 때 마지막으로 보이는 것은 니켈을 쫓아가는 발과 다리들이 혼돈스럽게 엉켜진 덩어리뿐이었습니다

그러나 저희는 이러한 묘기나 경치보다 훨씬 실질적인 면으로 호놀룰루 방문을 즐기고 있습니다. 그곳에 있는 동안, 배는 신선한 과일과 야채를 충분히 공급받았고 우리는 그것들을 최대한으로 즐기고 있습니다. 매일 식탁에 딸기, 토마토, 오이, 껍질째 구운 옥수수, 완두콩, 파인애플 등이 나옵니다. 훌륭한 주식에다 사과, 오렌지, 바나나, 건포도 및 견과류가 함께 나오니, 아버님께서도 저희가 음식에 관해서는 부족함이 없음을 아시겠지요.

---

7 궁궐은 1882년에 갓 완공된 이올라니 궁궐인 듯하고 폐후는 '알로하 오에'를 작곡한 릴리우오칼라니 여왕을 칭하는 것 같음.
8 니켈로 만든 5센트짜리 미국 주화.

호놀룰루에서 영국인 일행이 배에 올랐는데 아주 "멋쟁이들"[9]로 그들이 여행하는 스타일이 굉장합니다. 일행 중 한 명인 여자는 개인 하녀가 수종하고, 남자 둘도 각자 남자 하인이 있는데, 그들 중 하나는 어디를 가나 자신만의 욕조!를 가지고 다닙니다.

항해의 흥미로운 것들 중 하나는 선박을 따라다니는 새입니다. "갈매기들"인데 이들은 해안에서 약 200마일까지 우리를 따라옵니다. 그들은 야생 오리군에 속하는 커다란 새인데 오리처럼 헤엄을 칩니다. 그들이 사라진 후 우리 뒤로 25~50마리 정도의 부비새가 따라왔습니다. 이들도 오리군에 속하는데, 단지 더 크고 바다에서 삽니다. 그들은 우리를 따라오거나 배에서 던져진 온갖 음식 부스러기들을 물어갑니다. 이들이 물과 함께, 우리를 즐겁게 해주는 풍경의 일부입니다.

아버님께 잊어먹고 말씀드리지 않았는데, 호놀룰루에서 아버님께 서류를 부쳤습니다. 그것을 아버님께서 받으실 수 있기를 바랍니다. 호놀룰루는 여러 출판물 외에 세 개의 일간 신문이 있고 썩 재미있는 곳입니다. 거기서 어머니께 드리는 메모를 동봉한 편지도 애니에게 부쳤습니다. 저희에게 편지를 쓰실 때, 반드시 저희에게서 받은 편지 하나 하나를 언급해 주십시오. 그러면 저희가 보내는 편지를 받으셨는지 저희가 알 수 있을 것입니다.

오늘은 2월 22일인데, 밤에 승객들이 뮤지컬과 문학작품 쇼를 한다고 합니다. 성악과 기악, 낭송 등으로 구성되어 있습니다. 제가 이 식당에서 편지를 쓰는 동안 사람들이 여기서 피아노 연습, 노래 연습

---

9 밑줄과 따옴표 원저자.

을 하고 있습니다.

갑판에서는 영국인 친구들과 또 다른 이들이 훌륭한 영국 게임인 크리켓을 즐기고 있습니다. 크리켓은 테니스와 야구를 절충한 게임 같습니다. 공이 배 밖으로 나가는 것을 막기 위해 망을 쳐 놓았지만, 그래도 어쩌다 하나씩 공이 넘어갑니다. 이 밖에, 카드놀이가 주요 오락이 되는 것 같은데, 그냥 놀이로 하기도 하고 실제로 도박도 합니다. 여자들까지도 도박에 참여합니다. 또 다른 도박도 하는데 10~15명이 각각 1달러씩 모자에 던져 놓고, 하루가 끝나갈 때 그날 저희 배가 항해한 마일의 수를 가장 가깝게 추측하는 사람이 그 돈을 다 갖는 것입니다.

저희는 지금 태평양 한가운데쯤 와 있다고 생각됩니다. 저는 그것을 실감할 수가 없습니다. 육지가 더 이상 보이지 않게 되는 순간 저희는 항상 바다 한가운데 있는 것으로 보입니다. 물과 파도는 어디서나 똑같기 때문입니다. 가끔씩 파도가 조금 더 높아지는 것뿐입니다. 어제는 처음으로 파도가 윗층 갑판까지 올라왔습니다. 파도가 15 내지 20피트의 높이어서 마침 거기 있었던 사람들이 파도에 젖었습니다. 그러나 파도가 배의 맨 위까지 넘친다고 해도 배는 물에 가라앉지 않도록 만들어져 있습니다. 오늘은 순항입니다만, 너무 덥습니다. 그러나 일본을 향해 점차적으로 북쪽으로 가고 있으니까 날씨가 서늘해질 것으로 기대합니다.

3월 5일, 화요일 오전, 10시 30분

샌프란시스코를 떠난 지 3주가 지났고 저희는 여전히 물 위에 있습니다. 이 편지를 쓰기 시작했을 때는 순항이었고 며칠 동안 바다가 계속 평온했었는데, 그 이후로 바다가 꽤 거칠어졌습니다. 바람이 세고 맞바람이어서 속도를 낼 수 없었습니다. <u>나흘 늦게</u> 내일 아침에나 요코하마에 도착하게 됩니다. 목적지까지 약 300마일 남았는데, 아마 오늘 밤에 도달할 것이지만, 날이 새기 전에는 상륙할 수 없었다고 합니다. 날씨가 좋은 날에는 일반적으로 하루 24시간 동안에 300마일을 가며, 어느 날은 330마일까지 갔지만, 지난 4~5일 동안은 하루에 약 210마일 밖에 가지 못했습니다. 거친 날씨로 인해 저희 두 사람 다 두 번 더 뱃멀미를 했는데 각각 3일 정도 지속됐습니다. 그래도 저는 식사를 한 끼도 놓치지 않았는데, 로티는 여러 번 거르고 방에서 차와 토스트로 때웠습니다. 저는 뱃멀미로 아주 크게 고생하지는 않았지만, 더 이상 멀미하기를 원하지 않습니다. 꽤 지독해요. 선원들은 이보다 더 거친 항해도 했다고 말하면서도, 이번의 항해는 가장 어려운 것 중의 하나라고 말합니다. 바람이 셀 때 배가 상하로 동요하는 것은 어떻게 설명할 수 없습니다. 때로는 배의 선두(船頭)가 공중으로 40피트 올라가고, 다시 내려올 때는 즉시 다음 파도에 부딪치게 됩니다. 그때 파도는 여러 방향으로 갈라지고 어떤 때는 파도가 너무 크고 그 큰 파도가 다른 파도와 만나면 배는 정지상태가 됩니다. 파도는 산처럼 보입니다. 그러나 저는 배가 좌우로 흔들리는 것도 똑같이 나쁘다고 믿습니다. 그것은 때때로 좌우 45도 각도로 흔들립니다. 오늘은 많이 좋아졌는데, 이제 더 이상 거친 항해가 되지 않기를 바랍니다.

벨직호가 내일 요코하마를 떠나 샌프란시스코로 갈 예정이기 때문에, 그 배편으로 이 편지가 바로 본국으로 돌아갈 수 있기를 바랍니다. 할 수만 있다면 일주일 정도 일본에 머물며 그 나라와 주요도시들을 둘러보고 싶습니다. 일본에서 다시 편지 드리겠습니다.

　이 편지와 동봉해서 저희가 타고 가는 배의 작은 사진을 보냅니다. 우리 배가 얼마나 큰지 아는 데는 도움이 되지 않겠지만, 그래도 배가 어떻게 생겼는지는 볼 수 있습니다. 선원들이 돛을 올리기 위해 돛대를 오르는 모습이 멋있습니다. 사진에서는 볼 수 없는 철사 줄로 된 밧줄로 만든 사다리를 타고 올라갑니다. 맨 위 가로대 끝까지 그들이 가는 것을 보았습니다. 그곳을 그림에 "A" 자로 표시해 놓았습니다. 강풍이 불 때면 배가 심하게 요동치고 배에 서 있는 것은 거의 불가능하게 됩니다. 배의 길이가 424피트이니, 대강 배가 얼마나 높은 지 비율로 따져 보실 수 있으실 겁니다.

　아버님께서는 우리가 다시 육지를 보는 게 얼마나 기쁠지 아실 것입니다. 항해가 예상했던 것보다 나쁘지 않았지만, 이 항해가 끝나는 것이 절대로 아쉽지 않을 것입니다. 사람들 말에 여름에는 주로 순항을 하지만 이때쯤은 일반적으로 험하다고 합니다.

　한 가지 잊고 있었는데, 제가 체스를 두는 데 많은 시간을 보냈습니다. 핀으로 밑을 고정시킨 선상용 보드에 맞추어 만든 체스 말이 준비되어 있습니다. 대부분 체스 게임에서 줄곧 이겼습니다. 게임마다 지던 하루를 제외하고는 말입니다. 수석 엔지니어와 여섯 번을 두어서 세 번을 이겼는데 그는 배에서 최고의 체스 선수로 간주되며, 이 여행 중에 제게 진 것 외에는 한 번 밖에 더 진 적이 없습니다. 승객한 사람이 지금 체스에 관한 책과 말을 가지고 새로운 수를 연구하고 있는 것이 보이네요. 가서 한 게임 하자고 해야 할 것 같습니다. 저도 책으로 배우고 있는 중이고, 그것이 많은 도움이 되었습니다. 이 편지를 나중에 끝내겠습니다.

[그러나 다시 생각해보니] 스탬프 하나로 보낼 수 있는 만큼은 다 쓴 것 같으니 이만 편지를 끝내겠습니다.

저희 두 사람의 사랑을 아버님과 어머니께 보내며,

당신의 사랑하는 아들
유진 벨

1895년 3월 14일, 목요일 오후, 8시
일본, 고베

사랑하는 스콧[10]에게

내가 마지막 편지에 쓴 대로, 우리는 토요일에 요코하마를 떠나 저녁 6시 나고야에 도착했다. 이곳의 우리 선교사 중 한 사람인 뷰캐넌 씨가 마중 나와서 그의 집으로 우리를 데려갔다. 거기서 한국행 다음 배가 22일까지는 떠나지 않을 것이라는 고베에서 보낸 전갈을 받고, 조용히 즐거운 시간을 보내며 기다리고 있는 중에 증기선 하나가 오늘 14일 떠난다는 전보를 받았다. 그래서 서둘러 출발해 하루 종일 기차를 타고서 어젯밤 7시에 여기 도착했다. 오늘 가방과 화물을 배에 실을 준비를 하느라 종일 열심히 일했는데, 마지막 순간에 그 배는 외국인 운송허가가 없기 때문에 우리가 탈 수 없다는 것을 알게 되었다. 여기서 한국으로 가는 기선이 정기적으로 운행되지만, 지금은 전쟁 중이라 정부가 일본인 소유인 그 기선들을 모두 국가 복무에 투입했다. 그래서 배 운행이 매우 불규칙하게 되고 혼선이 많다. 오늘 우리가 타려고 했던 것은 새 회사에 속한 것이다. 그러니 배를 얻을 때까지 일본에서 기다려야 하고, 그게 언제가 될지 모르나 1주일 내지 10일 내에는 가능할 것으로 본다. 한국 도착은 4월 중순쯤이 될 것 같다.

나고야에서는 선교사들이 우리를 돌보아 주었는데, 여기 고베에서

---

10 스콧은 유진의 두 살 위의 형이다. 존칭을 하지 않고 번역한다.

는 예전에 선교사였던 한 여성이 운영하는 훌륭한 하숙에 머물게 되었다. 값이 매우 저렴해서 일본에 머무르는 동안에 큰 비용이 들지 않을 것이다. 배를 기다리는 동안 몇 차례 이 나라의 내륙지방으로 여행할 계획이다. 매우 즐거운 여행이 될 것이다. 만일에 형이 좋은 일본 지도를 구해서 요코하마, 도쿄, 나고야 그리고 고베를 찾아보면 우리가 방문한 주요 도시들을 보게 될 것이다. 전부 기차로 다녔는데, 우리가 꽤 많이 이 나라를 보았다는 것을 알 수 있을 것이다. 한국행 기선을 타게 되면 나가사키를 거쳐서 한국 부산까지 가고, 거기서 제물포, 그리고 마지막으로 서울까지 가게 된다.

우리가 나고야로 가기 위해 요코하마를 떠날 때, 호텔 종업원이 우리와 함께 역으로 가서 기차표를 구입하고, 짐을 실어 보내고, 우리가 제대로 기차에 타는 것까지 봐주었기에 거기까진 모든 게 잘 되었다. 그러나 그 후 우리는 영어를 한 단어라도 말하거나 이해할 수 있는 사람이 하나도 없는 곳에 있게 되었다. [기차가 멈추고 시간이] 얼마 가지 않았는데 한 열차 직원이 급하게 와서 몸짓으로 무엇을 표현하였다. 우리는 그것을 "차를 갈아타시오"로 해석했다. 기차표를 그에게 보여줬는데도 그는 하던 몸짓 표현을 계속했다. 그래서 우리는 밖으로 나왔지만 다른 기차는 보이지 않았다. 기차의 앞쪽으로 갔더니 같은 기차의 앞 칸에 타도록 안내되었다. 나는 뻣뻣한 모자를 벗고 편한 여행용 모자로 바꿔 썼었다. 일이 분 지났을까, 다른 기차 칸에 모자를 두고 내린 것을 깨달았다. 그래도 그것을 찾아보다가 차를 놓치고 밖에 혼자 남게 될 것이 두려웠고 물론 나는 내 모자를 영원히 잃어버릴 거라고 생각했다. 그런데 기차가 출발하지 않는지라 나는 밖으로 나와서 [역원에게] 내 여행모자를 보여주고 또 맨머리를 두드리며 먼저 탔던 기차간을 가리켰다. 그러자 잠시 후 한 사람이 내 모자를 가져왔다. 내가 마지막 편지에서 말했듯이 기차여행에는 세 등급이 있다. 일등은 1마일에 1.5센트이고, 이등은 1마일에 1센트, 삼등은 1마일에 0.5센트이다. 내 생각에 이 등급제는 정부가 철도교통을 통제하기 때문에 가능한 것 같다. 나는 미국의 인민당이 이런 제도를 가능케 할 수 있기를 바란다.

일본 시골의 강과 산과 들판은 아름답다. 들판은 작은 구역으로 나뉘어 있고, 농지는 일반 농장 같아 보이기보다는 루이빌 주변에서 볼 수 있는 텃밭처럼 보인다. 이 나라에는 울타리가 전혀 없다. 한 사람의 농지가 흙으로 쌓은 둔덕으로 다른 사람의 것과 분리된다. 말이나 소를 짐 운반하는 일에 사용하지만 농장의 모든 작업 하나하나가 사람의 손으로 행해지는 것 같다. 그들이 어떻게 그렇게 하는지 놀랄 따름이다. 이곳은 지금 겨울이지만 들판에는 여러 가지 푸른 것들이 자라고 있고 일하는 사람들도 많다. 이곳저곳 역에 깃대가 서있는 것을 보았다. 최근의 승리를 축하하는 전투 깃발이 달려있었다. 어제는 기차 안에서 많은 군인들을 보았고, 칸마다 말을 가득 싣고 전쟁터로 가는 화물열차를 보았다. 일본은 평화를 추구할 생각이 없어 보인다. 그렇지 않니?

나고야는 인구 약 32만 5천명의 도시이지만, 투표권자는 삼백 밖에 안 된다. 도시 전체에 투표권을 행사하기에 충분한 재산을 가진 사람이 그것밖에 안 되기 때문이다. 일본에서는 남성이 투표할 수 있으려면 일정의 과세 재산이 있어야 한다. 그들은 매우 충성스럽고 애국적인 국민인 것 같다. 선교사들이 일본 내륙 본토를 두루 여행할 때 그들이 일본인들에게 들은 바로는, 나라가 필요로 한다면 그들의 마지막 한 사람까지도 군대에 나갈 것이라고 했고, 중국에 완패를 안겨주기 전에는 전쟁을 끝내지 않을 것이라고 한다. 나고야에는 우리 장로교 선교사 여섯이 있고, 다른 여러 교단의 선교사들도 많이 있다. 나고야는 가장 번성하고 고무적인 우리의 선교 기지 중 하나이다. 일요일 아침에는 한 장로교 교회에 갔는데, <u>온전히</u> 원주민의 손으로 지어진 꽤 큰 교회로, 원주민 목사가 큰 회중 앞에서 설교하는 것을 들었다. 물론 우리는 한마디도 알아들을 수 없었지만, 그들의 예배드리고 찬송하는 모습을 보는 것이 흥미로웠다. 그들은 우리 곡에 일본말을 부쳐서 부른다.

선교 지역에서 어떤 일들이 가능한지, 이교도들도 진실로 개종되어 헌신적이고 성별된 기독교인이 될 수 있다는 것을 보는 것은 매우 고무적이다. 뷰캐넌 씨 댁에 머무는 동안 몇몇 일본인들이 우리를 방문했고 우리는 통역을 통해 그들과 대화를 나누었다. 뷰캐넌 부부 두 사람 모두 일본말을 아주 잘 한다. 어느 날 밤, 외진 산악 지역에서 사역하는 원주민 전도사가 찾아와서 개종한 사람들에 대해 이야기했다. 그는 뷰캐넌 씨가 그곳에 와서 그 사람들에게 세례를 베풀어 주기를 바랐다. 그들이 어떻게 개종되었는지 아주 흥미 있게 들었다. 나이든 이 전도사는 매우 헌신적이고 진지한 기독교인으로, 그의 사역에 열정적인 듯싶었다. 일요일 오후에 나는 선교사들에게 설교했다. 증기선에서 보낸 일요일에도 설교했다. 뷰캐넌 씨가 지난 일요일 밤에 통역을 통해서 원주민에게 설교하라고 부탁했지만 나는 그것을 시도하지 않았다. 우리는 그곳에 있는 동안 선교사들과 저녁 식사하러 초대받았다. 또 그곳에서 가장 큰 도자기 공장 중 한 곳을 방문해서 어떻게 그들이 내가 본 것 중 가장 아름다운 도자기를 만드는지 볼 수 있었다. 나고야는 주요 도자기 산지이다. 도자기는 모두 손으로 만들어지는데, 그 만들어지는 방법이 경이롭다. 여기서 생산된 도자기들은 가격이 매우 저렴해서 미국은 그들과 경쟁하기 위해 45%의 관세를 부과하는 데, 그럼에도 불구하고 다량을 미국에 판매하고 있다. 미국 남부에서 생산된 면(棉)이 리버풀로 팔려 가고, 그것이 일본으로 와서 이익을 남기고 팔린다.

일본인의 삶과 관습에 대해 많은 것을 보았다. 그들의 집 안에는 의자가 없고 바닥에 앉는다. 심지어는 차에 타서도 다리를 밑으로 내리지 않고 좌석 위에 두 다리를 틀고 앉는다. 일본인은 중국인처럼 젓가락을 사용하지만, 그들과 중국인의 큰 차이점은 일본은 음식의 모든 것이 깨끗하고 맛깔스럽게 차려지고, 매우 깨끗하게 사는 사람들이라는 것이다. 모든 도시에는 공중목욕탕이 있다. 애니에게 위더스푼 댁에 편지하게 해서 『일본식 실내장식Japanese Interior』이라는 책을 구해서 읽어 봐. 그 책은 내가 읽은 일본에 대한 책 중에 가장 잘 일본인의 삶을 말해주고 있다. 꼭 그 책을 읽어보기를 바란다. 『일본인 신부The Japanese Bride』라는 책은 적은 돈으로 구입할 수 있는 작은 책이다. 매우 흥미 있는 책이니 가능하면 읽어야 한다.

뷰캐넌 부인이 우리와 함께 고베까지 동행해 주어서 언어에 아무런 문제없이 지냈다. 그가 일주일 동안 이곳에 머무를 것이다. 고베에 있는 선교사 중 한 명인 맥알파인 씨가 오늘 쇼핑에 동행해 주었다. 내가 본 것 중에 가장 좋은 매트를 1야드에 11센트cts. 씩 주고 40야드를 샀다. 로티는 미국에서의 값에 반 정도를 주고 그릇들을 샀다. 이곳으로 오는 기차 안에서 작은 오렌지 10개를 2.5센트를 주고 샀다. 사람들은 지금 전쟁 중이라 물건 값이 올랐다고 하나, 그래도 내가 이곳에서 구입할 기회가 닿는 물건들은 대부분 가격이 매우 싸다. 석탄과 밀가루 같은 어떤 물건들은 제대로 값이 높다.

나고야는 내륙도시이며, 항구로서 많은 외국인들이 사는 요코하마나 고베와는 완전히 다르다. 우리 두 사람 다 잘 지내고 있고 매 순간을 즐기고 있다. 이곳을 떠나기 전에 더 많은 것을 보게 될 것으로 기대한다. 지금 나는 존슨 씨로부터 꼭 오라는 긴급 초청을 받은 상태이다. 그는 인근의 다른 섬에 있는 마쓰야마라는 곳에 산다. 그곳에 갈 것 같다. 우리는 또한 일본의 대도시들 중 두 도시, 교토와 오사키에도 가 보려고 한다. 우리는 이상하고 호기심 가는 많은 것들을 경험하는데, 그 모든 것들을 이야기해주는 것은 절대로 불가능하다. 불현듯 나는 세상의 많은 것들을 본 것 같은 느낌이 들기 시작하는데, 할 수 있는 한 이 모든 견문지식이 내게 도움이 되었으면 좋겠다.

우리가 한국에 도착할 때까지는 고향의 소식을 들을 수 없어서 유감스러우나, 식구들 모두, 우리가 한국에 도착했을 때 많은 편지가 우리를 기다리고 있도록, 정기적으로 편지를 써주어야 한다. 지난 토요일 일본을 떠난 우편으로 어머니께 편지를 드렸다. 어머니께서 받으셨기를 바란다. 편지를 부칠 기회가 한 번 더 있었는데 그것을 알았을 때는 이미 늦었었다. 우리는 기회가 있을 때마다 편지를 보낼 것이다. 이제 그만 중단하고 내일 아침에 마감해서 아침 9시에 나가는 우편물에 이 편지를 부치겠다.

3월 15일, 금요일 아침

이 편지를 보내려면 빨리 서둘러야 한다. 한국에 도착한 후, 소의 혈통 정보 등을 아버님께 보내드릴 텐데, 그것들을 나를 위해 보관해 달라고 아버님께 전해 줘.

로티도 함께 식구들에게 사랑을 전한다.

사랑하는 형제

유진 벨

1895년 3월 18일, 월요일
일본, 고베

나의 사랑하는 마샬

우리는 내일 밤 이곳을 떠나, 미국에서 오는 증기선을 타고 나가사키로 간다. 지도를 보면 나가사키는 일본 남서부 끝에 있고 거기서 한국이 멀지 않은 것을 알 수 있을 것이다. 아마 3월 21일 목요일 아침에 나가사키에 도착할 것이다. 거기서 3월 23일 떠나는 다른 증기선을 타고 한국의 부산으로 가고, 거기서 제물포로 간다. 부산은 한국 남동부 해안에서 찾을 수 있고, 제물포는 서울에서 약 25마일 떨어진, 한국의 서해안에 있는 항구이다. 나가사키에서 사흘 내지 나흘이 걸리므로, 서울에 정착하기까지 오래 걸리지 않기를 바란다. 미국으로 가는 우편물이 언제 나갈지 모르지만, 어쨌든 다음 편으로 가기를 바라면서 일단 편지를 여기에 남겨 두겠다. 스콧이 며칠 전에 부친 내 편지를 받았기를 바란다.

지금 일본에 12일째 머무는데, 나는 이상하고 신기한 것을 많이 보고 또한 아름다운 풍경을 보면서 이곳에서 기다리는 시간들을 즐기고 있다. 며칠 전에 로티, 그리고 뷰캐넌 부인과 함께 이곳 근처의 산으로 긴 산책을 나갔다가 일본에서 유명하다고 하는 한 곳을 보았다. 그곳은 아름다운 폭포였는데, 실상은 세 개의 다른 폭포로, 거의 나이아가라 폭포만큼이나 아름다웠다. 우리가 지금 머물고 있는 곳은 산 쪽으로 올라와 있는 곳인데 앞 창문을 통해서 만이 내려다보이고 항구에 15 내지 20척의 배가 정착해 있는 것이 보이고 또 오고 가는 다른 배들도 보인다. 우리는 여러 번 길을 따라 내려가서 낯선 가게들과 거기서 파는 아름답고 신기한 물건들을 구경했다. 물건들이 싸고 대부분 예뻐서 돈을 쓰고 싶은 유혹이 크다. 거리에는 거지들이 꽤 많다. 그 중에는 맹인과 절름발이들이 있고 일부는 괜찮아 보이는 사람들도 있고, 아이들도 있는데 그 아이들은 돈을 얻기 위해 그런 행색을 하는 것 같다. 거지들은 누가 타지인인지 바로 알아보는 것 같다. 죽을 만큼 괴롭힘을 당하지 않는 한, 거지에게 무엇이든 주는 것은 큰 실수이다. 한번은 불쌍한 사람 하나에게 무엇을 주려고 서 있는데 내가 주머니에서 돈을 꺼내기도 전에 다른 쪽에서 또 한 사람이 와서, 할 수 없이 두 사람에게 다 돈을 주었다. 한 어린 아이가 오랫동안 나를 따라오면서 구걸하고 가장 불쌍해 보이는 태도로 애처로운 소리를 해서 마침내는 그 아이를 떼어 버리기 위해 얼마를 줄 수밖에 없었다. 그런 다음엔 네다섯 살 되어 보이는 여자아이가 등에 작은 아기를 없고 따라붙었다. 우리가 일본의 단빵[11]을 사려고 가게에 들렀을 때도 거지들이 따라왔는데, 우리는 죽도록 괴롭힘을 당하지 않기 위해서라도 그들에게 단빵을 나눠 주었다. 마지막까지 한두 아이가 달라붙었는데, 할 수 없이 그들을 쫓기 위해 우산으로 때리려는 시늉을 할 때까지 따라왔다.

어제는 유니온 교회에 예배 보러 갔다. 외국인들만을 위한 교회로, 영어로 예배가 진행되었다. 침례교 선교사 톰슨 씨가 설교했다. 또한 이곳에는 큰 일본 교회들이 꽤 많은데, 원주민 목사들이 섬기

---

11 속에 으깬 밤을 넣고 구운 밤만주를 칭하는 것 같으나 여기서는 그냥 단빵이라고 번역한다.

는 자립한 교회들이다. 모두 선교사들의 사역의 결과이다.

이상한 일 중의 하나는 이곳에서 말, 소, 또는 노새가 눈에 띄지 않는다는 것이다. 이제껏 나는 말 한두 마리 그리고 소 한두 마리밖에 보지 못했다. 모든 무거운 짐은 사람이 끈다. 거리를 따라가다 보면 말로 끌어야 할 무거운 짐을 한 사람이 끄는 것을 볼 수 있다. 어떤 때는 남자가 한쪽에, 다른 쪽에는 여자가 함께 짐을 끌기도 한다. 어제 예배 보고 돌아오는 길에 나는 그들이 사찰을 짓기 위해 거대한 돌을 운반하는 것을 보았다. 돌 하나 끄는 데 약 20명이 필요했다. 로티는 몸이 좋지 않아서 교회에 가지 않았는데, 지금은 괜찮다.

가끔 우리가 이곳에서 보는 명소들을 고향의 친지들과 함께 보고 싶다는 생각을 한다. 세상 이곳저곳의 사람 사는 습관과 풍습을 볼 수 있는 것은 큰 특권이다. 진실로 너도 일본을 볼 수 있으면 좋겠다만, 지금 네가 그럴 수 없으니 이번 우편물에 사진 몇 개를 보내겠다. 내 생각에는 이 사진들이 내가 글로 설명하는 것보다 훨씬 더 이곳의 모습을 잘 보여 줄 수 있을 것 같다. 사진들을 받으면 나를 위해 그것들을 잘 보관해 주기 바란다. 왜냐하면 내가 고국으로 돌아가서 교회들을 순회하며 사람들에게 이곳 상황을 전해 줄 때 필요하기 때문이다. 그러니 반드시 사진들을 보관해다오. 또한 나는 가끔씩 다른 것들도 보내려고 하는데, 너와 애니가 함께 진열장 같은 것을 하나 마련해서 내가 보내는 물건들을 보관하고 그것을 사람들이 구경하게 하는 것이 어떨지 모르겠다. 그러나 그 일은 나중에 할 시간이 충분할 것 같다. 작지 않은 물건들을 보내는 데 운송비가 많이 들 테니 말이다. 로티도 자기네 식구들이 내가 보내는 사진들을 보게 되기를 바라니, 우리가 우선 로티 식구들한테 그 사진들을 먼저 보내고 그들에게 사

진들을 너한테 보내라고 부탁하겠다. 이제 보낼 사진들 일부를 설명해 보도록 하겠다:

"집 밖 광경Business away from home"이라는 사진에 흥미 있는 것이 많다. 아기를 등에 업은 여자에서 그들이 아기를 평소 어떻게 데리고 다니는지 알 수 있다. 그가 신은 샌들에서 어떤 식으로 그들이 첫 발가락과 둘째 발가락 사이에 끈을 사용해서 신이 벗어지지 않게 만들었는지를 볼 수 있다. 사진의 남자가 쓴 모자는 일본에서 보통 쓰는 모자이다. 그가 입에 문 파이프도 여기서 사람들이 담배 피울 때 사용하는 것이다. 그가 왼쪽 손에 조그만 포켓북 같은 것을 들었는데 담배를 거기에 넣어 가지고 다닌다. 그가 어린애와 트렁크를 어깨로 받친 막대기로 운반하는데, 그것이 일반적으로 여기 사람들이 무거운 짐을 운반하는 방식이다. 작은 여자아이가 일본식 우산을 들고 있는데 그것이 여기서 비올 때 모두들 쓰는 우산이다. 그들이 옷을 많이 입지 않는 게 내게는 이상하다. 네가 사진에서 보다시피 모든 사람이 거의 맨발이다. 지금 3월이라 어떤 날은 너무 추워서 겨울 덧신을 신고도 내 발이 시릴 때가 있는데, 이 사람들 대부분이 그렇게 맨발 차림으로 다닌다.

"손님에게 차 대접Offering tea to a guest"이라는 사진은 그들이 어떻게 손님을 맞는지 보여준다. 누구를 방문할 때 주인이 항상 차 한 잔을 대접하는데, 이 차에 관심을 쓰지 않거나 마시지 않는 것처럼 이들을 모욕하는 것이 없다. 차는 크림이나 설탕을 타지 않은 것인데, 두세 번 약을 마시듯 마셔야 했던 이유는 이 차를 안 마시면 절대로 안 되는 것을 알고 있었기 때문이었다. 방문객이 집 안으로 들어와서 자리에 앉을 때는 반드시 머리가 바닥에 닿도록 절을 해야 한다. 사진 전면에 보이는 작은 도자기는 내 생각에 선물인데, 남을 방문할 때엔 선물을 가지고 가는 것이 관습이다. 내부 모습이 우리나라의 현관 비슷하게 보이지만, 실제로 이것이 일본식 집의 실내 모습이다. 가구는 없고 모두들 바닥에 앉는다. 잘 때는 매트리스나 깔개 같은 것을 바닥에 펴서 자고 아침에는 접어서 보관해 둔다. 이 사진에서 또한 그들의 정장이 어떠한 모습인지 (잘) 알 수 있다. 부유한 일본 여성은 항상 커다란 장식 띠를 등 뒤에 묶는데, 그래서 꼽추처럼 보이기도 한다. 왼쪽에는 숯 난로에 차 주전자가 올려져 있고 바닥의 쟁반에 다기가 놓여 있다.

"다이부쓰 히오고Daibutsu Hiogo"라는 사진에 다이부쓰는 우상의 이름이고 히오고는 장소이다. 이 사진으로 이교도 우상 중 하나가 어떤 모습인지 아이디어가 생길 것이다. 왼쪽에 사찰로 들어가는 문이 있고, 파란색으로 보이는 오른쪽과 왼쪽에 하나씩 있는 물체는 석등이다. 어떤 사찰들의 주변엔 이 같은 석등이 수백 개씩 있다. 도쿄의 한 사찰에는 이 등들이 모두 청동으로 만들어졌는데 아마도 많은 비용이 들었을 것이다. 천황이 죽으면 그의 명의로 세워진 사찰에 청동이나 돌로 된 등을 많이 만들어 놓고 거기서 제사를 드린다. 등이 이들의 종교의식과 어떤 관계가 있어서, 어느 종교 축제에는 등에 불을 밝힌다.

일본 사찰들 사진에서는 이 등들이 조금 더 많이 보이고, 또한 사찰의 계단에서 예식을 드리고 있는 사람들도 볼 것이다. 그들은 사찰에 오면, 신들의 관심을 끌기 위한 것인 양 한두 번 손뼉을 마주 친 다음 무릎을 꿇고 기도한다. 그들은 항상 헌금 상자에 돈을 넣는데, 그렇게 하지 않으면 기도를 들어주지 않을 것이라고 믿기 때문이다. 이 돈은 사제들을 지원하는 데 쓰인다. 우리는 도쿄의 몇몇 커다란 사찰들을 방문했는데 사찰 안에는 신발을 신고 들어가지 못하게 해서 우리도 신발을 벗어야 했다. 사실, 일본인들은 누구도 집 안에서 신을 신지 않기 때문에, 일본인들의 집에 들어갈 때 신을 신고 들어가는 것은 <u>매우 무례한</u> 행동으로 간주된다. 그래서 이곳에 사는 선교사들은 일본인의 집을 방문할 때 늘 슬리퍼를 따로 가지고 가서 신고 신발은 밖에다 둔다.

"시골 길가 풍경The country roadside scene"이라는 사진은 여기 시골에서의 삶을 잘 보여준다. 농부들은 짚으로 만든 겉옷을 입는다. 황소 위에 얹은 두 짐 꾸러미는 아마도 쌀일 것이다. 왜냐하면 그들이 시장에 쌀을 팔러 갈 때 그렇게 하고 가기 때문이다. 그러나 황소 뒤에 가는 남자들에게서 보듯이 이들은 대체로 짐을 사람이 지고 간다. 사진 왼쪽에 인력거 여러 대가 손님을 기다리고 있는 게 보인다.

"집을 떠남Leaving Home"이라는 사진을 산 이유는 인력거와 그것을 끄는 사람들을 좀 더 보여주고 싶어서였다. 사진 앞쪽의 남자에게서 보듯, 이들은 샌들 외에 다른 것을 신지 않으며, 흔히 그들의 무릎 아래[12]는 맨다리이다. 또한 이들은 보통 맨머리이다. 작별 인사를 하는 두 여성은 이들이 어떻게 절을 하는지 보여주는데, 단지 사진에서보다 더 낮게 머리를 숙인다. 그들이 신은 나무로 만든 샌들은 밑에 나무 조각 두 개를 가로로 댄 종류인데, 진흙으로부터 신발을 보호하기 위함이다. 대부분의 사람들이, 남자, 여자, 어린이 모두 이런 신발을 신는데, 이런 신발을 신고도 문제없이 잘 다니는 것이 놀랍다.

---

12 원문은 "above the knees"인데 "무릎 아래(below)"로 해야 할 것 같다.

다음 편지는 한국에서 보내게 될 것이니, 이것이 일본에서 보내는 마지막 편지[13]이다. 모두들 우리처럼 잘 있기를 바란다.

로티와 함께 모두에게 우리의 사랑을 전하며,
너의 사랑하는 형제
유진 벨

---

[13] 실은 이 편지가 일본에서의 마지막 편지가 되지 않았다

1895년 3월 22일, 금요일
일본, 나가사키

사랑하는 아치

우리는 화요일 저녁 6시 고베에서 이곳에 오기 위해 "엠프레스 오브 차이나Empress of China"호에 올랐다. 배는 밤 12시까지 고베를 떠나지 않았고(그러나 우리는 깊이 잠들어 있었다.), 어제 아침 식사 시간에 이곳에 도착했다. 우리는 배에서 아침 식사를 했고, 이곳에서 한동안 머물기 위해 호텔로 왔다. "엠프레스 오브 차이나"호는 내가 본 배 가운데 가장 크고 훌륭한 배인데, 캐나다 밴쿠버에서 요코하마, 고베, 나가사키, 상하이, 홍콩까지 운행한다.

샌프란시스코에서 우리가 타고 온 "오세아닉"호가 좋은 배라고 생각했었는데 "엠프레스 오브 차이나"가 더 크고 모든 면에서 더 좋다. 그것은 떠다니는 궁전 같다. 나는 선상에서 이토록 편안하게 지낼 수 있으리라고는 상상하지 못했다. 선박료는 동일하기 때문에, 귀국할 때는 밴쿠버행 증기선으로 갈 것으로 예상된다.

이런 배가 어떻게 생겼는지 짐작할 수 있도록, 이 배의 크기를 말해 주겠다. 길이 486피트, 넓이 60피트이다. 정확하게 듣지는 못했지만, 만재되었을 때 30 내지 40피트 수면 아래로 잠기는데, 그 길이만큼 수면으로 올라가야 하니 그 규모가 짐작이 갈 것이다. 배가 얼마나 빨리 가는가에 따라서 하루에 60 내지 110톤의 석탄이 소요된다. 평균 90톤. 210명의 승무원이 있다!

화요일 저녁 6시에 고베에서 승선해서 저녁을 배에서 먹고 목요일 아침 식사 후까지 배에서 내리지 않았으니, 식사 다섯 끼에다 200 내지 300마일을 타고 오는데 1인당 티켓이 6불밖에 안 되었다. 그뿐 아니라 책, 침대, 옷, 트렁크 네 개 및 우리가 고베에서 구입한 물건 전부해서 2,000파운드 이상의 가방과 화물을 싣고 겨우 1불만 추가 지불했다.

지도를 보면 고베는 깊은 만 안에 위치하고 있다. 거기에서 우리는 내해를 통해 나가사키에 왔다. 이 내해는 아주 큰 강보다 넓지 않은데, 그 안에 많은 섬들이 있다. 오는 길에 우리는 또한 많은 작은 일본 선박과 큰 증기선 몇 척도 보았다. 바다는 유리처럼 매끄러웠고, 모든 면에서 즐거운 여행이었다.

우리는 배에서 여섯 명의 다른 선교사들을 만나게 되었다. 세 남자와 한 명의 젊은 여자는 중국으로 가고 있었다. 남자들은 북장로교 교인들이었고, 젊은 여자는 버지니아주에서 온 감리교인이었다. 이 여자는 캔자스시티에 있는 선교사 훈련학교에서 훈련을 받았는데, 그 학교는 켄터키주 리치몬드 출신인 미스 벨 베넷이 설립한 바로 그 학교이다.

그리고 한국으로 가는 여성이 둘 있었다. 한 사람은 여의사-정식의사-인데, 메인Maine 주 출신이다. 다른 여자는 스웨덴에서 낳고 자랐으며, 미국에는 5년밖에 안 있었는데 영어를 아주 잘해서 우리는 그가 외국인인지 몰랐다. 그녀는 또한 노르웨이의 언어도 구사하는데 한국에 가면 한국말을 배울 테니, 그녀는 곧 4개 국어를 하게 될 것이다. 그녀는 간호사 훈련을 받은 사람이다. 두 사람 모두 북장로교 선교사인데 서울로 간다. 그 둘은 지금 우리와 함께 호텔에 머물러 있고, 우리가 한국으로 갈 때 같이 갈 것이다.

내일, 23일에 출발하기로 한 한국행 배가 가지 않게 된 것을 알았다. 일본 정부가 이 배를 전쟁용 수송선으로 징발했기 때문이다. 하지만, 다른 배가 <u>아마도</u> 25일이나 26일에 떠나는데, 우리가 그 배로 갈 수 있을 것으로 기대한다.

내가 잊어버린 게 하나 있는데, 화요일 저녁에 "엠프레스 오브 차이나"호에 타고 있을 때, 시모노세키 해협을 통과했는데, 내해의 아주 좁은 곳이다. 이곳 나가사키와 고베는 훌륭한 항구로 15 내지 20척의 다른 배들과 더불어 8 내지 10척의 대형 선박("군함")이 항상 정박해 있다. 큰 배를 댈 수 있는 선착장이 없으며 수심이 충분하지 않아 해안에서 1~2마일 떨어져서 닻을 내려야 하고, 승객들은 노를 젓거나 증기로 가는 작은 보트로 해안까지 이동한다.

이곳은 캐나다의 태평양 노선 증기선들이 석탄을 채우는 곳인데, 어제 아침 7시에 "엠프레스 오브 차이나"호가 멈추자마자, 석탄을 가득 실은 일본 돛배들에 의해 빙 둘러싸였다. 남자, 여자, 소년, 소녀로 된 <u>엄청난 무리들</u>이 탄 배가 아마 15 내지 12척은 되었다. 그들의 모습은 내가 본 중에 가장 거칠었다. 내게는 한 천 명쯤 되는 것처럼 보였는데, 한 선원이 말하기를 800명 정도라고 했다. 그들이 석탄을 선적하는 것을 지켜보는 것은 흥미로운 광경이었다. 온전히 한 사람의 손에서 다른 사람의 손으로 석탄을 전해주는 방식으로 석탄을 배의 둥근 창으로 넣었는데, 그들이 그것을 얼마나 빨리 하는지 너는 상상할 수 없을 것이다. 사람마다 발을 떼지 않고 한 자리에 서서 사람에서 사람으로 <u>바구니에</u> 담긴 석탄을 전달하고 창으로 넣는 그 과정이 얼마나 빨리 움직여지는지 놀랍다.

그런 식으로 해서 8시간 만에 <u>1,400톤</u>을 실었다. 한 선원에 의하면 미국에서 증기의 힘을 이용해서 8일 동안 실을 수 있는 양의 석탄을 이 사람들은 24시간 안에 해낸다고 한다. 네가 만일 그 장면을 실제로 보았더라면 그 선원의 말을 믿을 수 있게 될 것이다.

고베의 하숙집에 머무는 동안 한 신문기자와 다섯 번 체스를 두어서 그 중에 네 번을 이겼다. 이곳으로 오는 배 안에서는 한국으로 가는 여자들 중 하나와 여섯 번 체스게임을 해서 여섯 번 다 이겼다. 상하이에서 온 남자와도 두 번 두었는데, 한 번 이기고 한 번 져서 무승부로 헤어졌다. 최근에 내가 체스 공부를 아주 많이 했기 때문에, 만일 기회가 되어 너와 함께 붙는다면 아주 심하게 이겨서 네가 다시는 체스게임을 하지 않으려 할 것 같다.

고베에 있을 때 요를 하나 주문하여 만들었는데, 한국에서 설교여행을 다닐 때 가지고 다니며 잘 때 쓸 것이다. 이곳의 요는 단순히 매우 두꺼운 솜이불로, 두께가 1피트, 폭 3피트, 길이 6피트이고 그 안에 25파운드의 솜이 들어 있다. 거기다 샌프란시스코에서 산 군용 담요와 고무 담요가 있기 때문에 한국에서의 잠자리는 괜찮을 것이다.

또 고베에서 한 야드당 9.5센트를 주고 매트 80야드도 샀다. 이 매트는 내가 보아 온 어느 것보다 질이 떨어지지 않는 것인데, 고국에서라면 야드당 50 내지 60센트는 주어야 했을 것이다. 또한 아주 좋은 양탄자(9피트×12피트)를 5불 주고 샀다. 한국의 방바닥은 매우 거칠고 흙이 드러나 있어서, 따뜻하게 하려면 바닥에 매트를 깔고 그 위에 양탄자를 올려놓아야 한다.

고베에서 중국인 재단사에게 여름 정장 두 벌을 맞췄다. 한국에 있는 선교사들이 내게 쓴 편지에, 한국은 매우 더우므로 내가 일상

입는 옷들을 그곳에서는 입을 수 없으니 고베에서 옷을 해오라고 했다. 양복 한 벌에 4불 50센트 들었는데, 모직과 면이 반반씩 섞인 천이다. 이 양복들을 늘 입고 지내게 될 테니, 일주일에 하나씩 세탁할 수 있을 것이다. 그 재단사가 내 주문을 받고 내 몸에 잘 맞게 만들어 주어서, 나는 이 양복을 가지게 된 게 아주 기쁘다.

고베에서 만난 한 남자가 그가 상하이에 있을 때 거기서 주문해서 만든 질 좋은 오버코트를 보여주었다. 그것은 스코틀랜드 사람들의 코트와 비슷하긴 하나 모든 면에서 더 나은데 값이 15불 밖에 안 된다. 그 사람이 또 그의 아들 것으로 상하이에서 맞춘 폭넓은 정장 양복도 15불 들었다고 했다. 그러니 옷이라면 고국에서 보다 이쪽이 훨씬 싼 것을 알 수 있다.

그래서 말인데, 만일 네가 내 정장 코트와 조끼를 원하면 내가 보내 줄 수 있을 것이다. 스콧의 코트를 한번 입어보면 내 것이 네게 맞을지 알 수 있을 것이다. 고국을 떠날 때 너무 서둘러서 그 생각이 들었을 때는 이미 너무 늦어버렸는데, 그렇지 않았다면 그것을 네게 남겨 놓고 올 수도 있었겠다. 그것을 소포로 보낼 수 있을지 확실하지 않으니, 확실한 기대는 접어라. 하지만 귀국하는 선교사 편으로 보낼 수 있을지도 모른다.

우리는 지금 관광을 나가려고 하기 때문에 이 편지를 마감해야겠다. 명심해서 곧 긴 답장을 해주기 바란다. 내일 샌프란시스코로 가는 우편물이 나가니, 네가 이 편지를 곧 받게 되기를 바란다.

우리 두 사람 다 계속 잘 있고, 로티가 나와 함께 식구들 모두에게 사랑을 보낸다. 우리는 이제서야 집에서 상당히 멀리 떠나 왔다는 느낌이 들기 시작하고, 간절한 마음으로 식구들에게서 소식 듣기를 원한다.

　빨리 답장을 보내다오.
　네가 사랑하는 형
　유진 벨

1895년 3월 26일, 화요일
일본, 나가사키, 벨뷰 호텔

저의 사랑하는 어머니

어머니께 따로 편지를 드린 지가 오래됐습니다. 그러나 제가 집으로 보내는 모든 편지는 누구에게 보냈던 간에 똑같이 어머니의 것도 된다고 느끼시기를 바랍니다. 식구들 한 사람 한 사람에게 편지를 쓰려고 하는데, 그렇게 식구들에게 편지를 보낼 때 어머니께 개별 편지를 따로 보내겠다고 생각을 했었는데, 한 사람에게 긴 편지로 제가 하고 싶은 말을 다 쓰고 나면, 그때마다 어머니께 따로 쓸 것이 없게 되었습니다. 제 편지가 갈 때 우선 수신인이 먼저 받아 읽고 그 편지에 특정한 비밀이 없는 한 그 편지를 모두 돌려 보기로 어머니와 식구들이 모두 제게 약속해 주십시오.

저희는 아직 이곳 나가사키에 갇혀서 한국행 배를 기다리고 있습니다. 지금의 전망으로는 일주일 정도 더 걸릴 것 같습니다. 그래도 다음 주 초에는 떠날 수 있다고 확신합니다. 저희는 관광해야 할 곳도 대강 다 둘러보았고, 여행길에 오른 지도 꽤 오래되었다고 느껴지면서, 이제는 그만 목적지에 도착하여 정착하고 싶은 마음이 가득합니다. 그래도 여기 사정이 편안하고, 쉽고 편한 마음으로 배를 기다리고 있는데, 저희가 할 수 있는 일이라고는 기다리는 것밖에 없기 때문입니다. 저희가 미리 알았더라면 고베에서 이곳까지 타고 온 "엠프레스 오브 차이나"호로 곧장 중국 상하이로 가서 거기서 한국행 배를 탔더라면, 지금 저희의 일정보다 일주일 정도 빨리 도착했을 것입니다.

물론 상하이로 가는 길이 꽤 우회를 하는 것이었겠지만, 그래도 그렇게 가는 것이 이곳에서 기다리는 것보다 비용이 더 들지는 않았을 것입니다. 그러나 그때 저희는 그것을 알 길이 없었고, 알았을 때는 이미 늦었습니다.

"차우차우후"라는 배가 어제 한국으로부터 와서 이곳에 도착했습니다. 이 배는 고베까지 갔다가 돌아와야 하는데, 선박회사 측에 의하면 3월 31일 한국으로 떠난다고 합니다. 그런데 일본 사람들이 3월 31일 떠난다고 할 때는 실제로는 4월 2~3일 정도에 떠나는 것으로 생각하면 됩니다. 그러니 저희는 내주 화요일이나 수요일 이전에 이곳을 떠나리라고 기대하지 않습니다. 저희의 어려움을 설명하자면 이렇습니다. 본래 니폰 유센 가이샤라는 일본 증기선 회사가 좋은 숙박시설을 갖추고 정기적으로 열흘에 한 번씩 여기서 한국까지 배를 운행했는데, 지금은 전쟁 중이라 일본 정부가 모든 선박을 징발해서 전쟁용으로 쓰고 있습니다. 지금 배들이 전부 중국 북부 해안에 가 있습니다. 그런데 이 회사에서 자기 회사의 정기 선박 대신, 빌릴 수 있는 배는 모두 빌려서 한국으로 보냅니다. 이 "차우차우후"호는 선박회사가 고용한 작은 독일 배이며, 일등 승객을 위한 숙박시설은 되어있지 않고, 보통은 삼등 승객들만 싣고 가는데, 그들 말로는 저희들을 위해 최선을 다하겠다고 합니다. 그래서 무한정 기다리는 것보다 이 배를 타기로 했습니다. 어제 그 배가 여기 항구에 정박해 있어서 어떤가 살펴보러 갔었는데, 꽤 나쁘다고 말할 수밖에 없습니다. 그러나 안전성으로 따지면 완벽하게 안전하고, 한국까지 사흘밖에 안 걸리니 잘 견딜 수 있기를 바라고 있습니다. 한국에 도착해서 당분간 저희들 편지가 불규칙하게 오더라도 어머니께서 놀라지 마시라고 상황을 상세히 설명해 드리는 것입니다. 그러나 평화가 회복되는 대로 모든 것이 다시 잘 될 것입니다.

어머니께서 고국에서 신문으로 이곳 뉴스를 듣는 것이 저의 편지로 듣는 것보다 훨씬 빠르기에, 저는 그동안 전쟁에 대한 것을 쓰려고 하지 않았습니다. 이홍장이 이곳에 와서 평화협상을 하는 중에 총에 맞은 것은 일본으로서는 정말 불행한 일인 듯합니다. 일본인 일반이 진심으로 유감스러워 할 것으로 생각합니다. 제가 이제껏 보아 온 바로는 일본인들은 자만하는 경향이 있고, 그들이 이룩한 것에 대한 자부심이 대단합니다. 저의 개인적인 소견으로는 패배를 맛보기까지는 계속 그럴 것입니다. 그들은 정말 훌륭한 사람들이고 그들이 지난 25년 내지 30년 안에 이룩한 발전은 놀랍습니다. 여러 작은 부분에서 이들은 저희들이 만들어 놓은 것을 개선하였습니다. 다른 나라가 수백 년 걸려서 한 일을 자기들은 단지 25년에 성취했다고 생각하는 것 같습니다.

어제 오후에 방금 한국의 서울에서 이곳에 도착한 헐버트 씨를 만나게 되어 매우 기뻤습니다. 그는 한국의 감리교 선교사인데 업무차 이곳에 왔고, 상하이에 들러서 한국으로 간다고 합니다. 그가 어젯밤에 저희를 찾아왔고, 저희는 한국에 대해 그와 길고 흥미로운 대화를 나눴습니다. 그는 10년 동안 그곳에서 살았으며, 한국의 기후는(여름에 최악의 날씨 6주를 빼고) 세계 최고라고 합니다. 물론 저희는 그 말을 듣고 기뻤습니다. 그는 한국에서는 저희 외국인들이 필요한 살림살이와 가구를 거의 아무것도 구할 수 없다는 사실을 확인해 주었습니다. 그의 조언대로 저희는 여기서 몇 가지 더 장만해 갈 것입니다. 로티는 그릇들을 넣을 장 같은 것 하나를 구입해야 할 것입니다.

저는 책상 하나와, 책장을 만들 목재를 구입할 것입니다. 헐버트 씨의 말에 의하면 한국에서 평범한 널빤지 값이 같은 무게의 금과 거의 맞먹는다고 합니다.

그는 상하이를 향해 오늘 오후에 떠났는데, 그에게 거실에 놓을 고리의자 두 개를 거기서 사다 달라고 부탁했습니다. 거기에서 온 의자들을 몇 개 보았는데, 매우 좋고 가격은 저렴했습니다. 여기에서 얇은 천으로 만든 양복을 하나나 둘 더 맞추려는 생각입니다. 헐버트 씨 말이, 서울은 너무 더워서 여름 내내 얇은 양복을 입어야 하고, 일주일에 한 번 이상 갈아입어야 한다고 합니다. 아마 면 크레이프로 만든 두 벌의 정장을 구해 갈 것입니다. 헐버트 씨는 또한 제물포에서 서울로 이동할 때의 어려움을 알려주었습니다. 제물포는 어머니께서 아시다시피 저희가 상륙할 항구인데, 거기서 서울까지 25 내지 30마일입니다. 그에 의하면 로티는 남여[14]를 타야 하고 저는 조랑말을 탈 수 있는데 제 두 발이 거의 땅에 닿을 거라고 합니다. 언덕을 넘어서 가는 길 외에는 다른 길이 없는 것 같습니다. 짐은 모두 그 먼 거리를 사람 손으로 옮겨야 하고, 물론 <u>매우 비쌀 것</u>입니다. 그러나 그 모든 것을 실제로 본 후에 상황이 어떤지 나중에 자세하게 말씀드리겠습니다.

다른 두 여성도 여전히 저희와 함께 기다리고 있으며, 저희를 따라 험한 항해를 할 것입니다. 날씨가 좋으면 이곳에서 제물포까지 곧장 이틀이 걸리지만 저희는 중간에 한 섬과 부산에 들리게 되어,

---

[14] 남여는 닫힌 공간의 가마와는 달리 의자를 가마 형식으로 만들어서 위와 옆이 트였다. 여자 선교사들이나 경우에 따라 남자 선교사들이 남여를 이용하여 행보를 했던 것 같다.

아마도 바다에서 적어도 사흘을 지낼 것 같습니다.

3월 27일, 수요일

이 편지를 언제야 보낼 수 있을지 모르나, 배편이 생기는 대로 부칠 수 있도록 좀 더 써 놓겠습니다.

오늘 하루는 주로 일본 상점에 들려 그들이 파는 물건들을 구경하며 지냈습니다. 저는 (조끼는 없이) 얇은 면 크레이프 천으로 된 양복 두 벌을 중국 재단사에게 주문했습니다. 제 사이즈를 재고 꼭 맞게 만드는 데 양복 한 벌에 금화 1.75불을 주었습니다. 아주 싼 값이지만 나중에 보니 1.5불에도 가능한 것을 알았습니다. 다른 샘플도 보았는데 금화 10불에 맞출 수 있는 최상의 양복을 주문할 수도 있었겠지요. 물론 그것은 일본 돈으로 20불이 넘으니, 고객에게보다는 그들에게 더 이익이 되겠지요.

저희가 이제는 항상 일본 돈을 사용하려고 하니까, 언젠가 일본 화폐단위 표를 보내드리겠습니다. 이들의 달러가 엔이라고 이미 말씀드렸지요. 현재의 환율로 1엔은 저희 돈으로 48센트입니다. 1엔이 되려면 100센이 필요합니다. 저희 돈으로 1불이 100센트인 것과 마찬가지입니다. 제 생각에 이곳 일일 노동자들이 하루에 40 내지 45센을 버는 것 같습니다. 적어도 이곳에서 인력거를 끄는 사람들 하루 벌이가 45센이고, 물론 그들은 자기 소유의 인력거가 있어야 하는데, 인력거 한 대에 30 내지 40엔이 듭니다. 그러니까 현재의 환율로 계산해서 저들이 하루 노동의 대가로 20 내지 25센트를 버는 게 됩니다. 물론 환율은 시간에 따라서 다르지요. 어떤 땐 1엔을 바꾸기 위해 저희 돈 80센트가 필요할 때도 있습니다. 운 좋게 저희는 엔화가 쌀

때, 1엔에 48센트씩 환전을 했습니다.

저희가 나고야에 있을 때 들렀던 뷰캐넌 씨 부인은 여자 조리사 하나, 두 자녀를 돌보는 여자 유모 하나, 그리고 필요한 모든 일을 시키는 남자 하인 하나, 그렇게 하인 셋을 두고 있습니다. 부인은 자기 소유의 2인승 인력거를 가지고 있어서, 남자 하인이 아무 때나 어디든지 원하는 대로 그녀와 두 아이들을 태워다 줍니다. 저희가 떠나는 날 그녀와 로티 둘이 그것을 타고 1마일 되는 기차역까지 갔습니다. 그녀의 세 하인들 모두 다 아주 잘 훈련을 받았고 효율적인데 그 세 명의 급여의 합계가 한 달에 14엔이니 저희 돈으로 약 금화 7불에 불과합니다. 이런 면에서 한국에서의 전망은 그리 좋지 않은 것이 유감입니다. 그러나 우리의 그곳에서의 생활비가 이곳보다 더 드는 만큼, 저희들의 월급도 더 많습니다.

저희가 지난 수요일에 고베에서 올 때 로티와 저는 "엠프레스 오브 차이나"호의 의사로부터 예방접종을 받았습니다. 양팔 모두에 주사를 맞았는데, 팔이 계속 아팠으나 최악의 통증은 이제 지난 것 같습니다. 예방접종 없이 더 이상 멀리 여행하는 것이 안전하지 않다고 생각했고, 그 생각이 나서 예방접종을 하게 되어서 기쁩니다. 로티가 감기에 걸렸는데, 이런 것들 빼고는 저희 둘 다 잘 지내고 있습니다. 한편으로는 저희가 집으로부터 멀리 멀리 떠나온 것처럼 느껴지고, 다른 한편으로는 생각보다 그렇게 멀리 떨어져 있는 것 같지 않습니다.

저희는 외국인과 영어를 하는 사람들을 꽤 많이 만납니다. 이 호텔은 이탈리아 여인이 특별히 외국인을 위해 경영하는 곳입니다. 제 생각엔 이 호텔이 40 내지 50명의 손님을 수용할 것 같은데, 저희가 투숙한 이후로 계속 거의 꽉 차 있습니다. 투숙객들의 대부분은 이곳 항구에 정박하고 있는 여러 군함이 속한 나라들의 해군들과 관계가 되어있는, 해군 장교의 부인 등등입니다. [그 외에] 다른 이들은 여행 중에 이곳에서 배를 갈아타야 하는 사람들입니다.

나가사키는 아주 좋은 항구라, 자국의 항구들이 겨울에 얼어붙는 러시아는 이곳에서 대부분의 함대가 겨울을 나게 하는 것이 관습이 되어 있습니다. 그런데, 제가 이해하기로 일본이 지금부터는 일국의 군함 두 척 이상이 동시에 정박하는 것을 금지하는 공지를 내렸습니다. 제 짐작에, 일본이 만일에 러시아와의 관계가 안 좋아질 경우, 러시아가 이곳에 많은 군함을 가지고 있게 되는 이점을 미리 막는 처사라고 생각합니다. 그러나 제가 처음부터 말씀드리려고 하는 것은, 저희들이 많은 영어권 사람들을 만나고, 또 그들이 지구의 이쪽에 와서 사는 것에 만족하고 행복해하는 것을 보는 것이, 저희들로 하여금 고향에서 너무 멀리 떨어져 와있다는 느낌이 들지 않게 만든다는 것입니다. 더욱이, 저희들을 친절하게 대해 주는 선교사들이 이곳에도 여럿이 있습니다.

미국 감리교는 이곳에 큰 여학교를 운영하고 있습니다. 미국 네덜란드 개혁교회Dutch Reformed Church of America도 꽤 커다란 선교 지부가 있고, 여학교와 남학교도 운영합니다. 지난 일요일 밤 로티와 저는 올트만스 목사와 저녁 식사를 했는데, 그분은 지난겨울에 디트로이트에 계셨었습니다. 월요일에는 피터즈 목사와 저녁 식사를 했습니다. 일본의 저희 선교사 중 한 분인 그리난 씨가 지금은 미국에 있는데, 네덜란드 개혁교회의 남학교에서 신학을 가르치기 위해 이번 가을에 이곳에 옵니다. 그는 전에, 그의 부인이 그곳에서 사망하기까지, 고베에 있었습니다. 그는 이제 이곳에 와서 선교 학교를 돕게 되는데, 저희 남장로교회 사역을 하는 원주민 목사들 대부분이 이 학교 출신이기 때문에, 저희 선교부에서는 이들을 훈련시키는 일을 돕는 것이 바른 일이라고 생각했기 때문입니다.

샌프란시스코를 떠나 온 이후 저희는 세계 각 곳에서 온 사람들을 만났고, 세계일주 여행을 하는 사람들을 많이 만났습니다. 그래서 저희는, 결국 세상이 그렇게 큰 곳이 아니라는 생각이 들기 시작했습니다. 그러나 또한 저희는 어느 때보다 더 세계의 커다란 부분이 물인 것을 깨달았습니다. 한국에서는 일본에서보다 훨씬 더 고립된 느낌이 들겠지만, 서울에 머무르는 한 다른 많은 외국인들과 관계를 맺게 될 것입니다. 저희가 어떤 사고나 불행한 일 없이 저희의 모든 소유물을 되찾고 또 좋은 집을 얻는 데 성공한다면, 저희도 그곳에서 완전히 편안한 삶을 살 수 있습니다. 그곳에 어서 도착해서 모든 일이 어떻게 진행될지 알 수 있게 되기를 원합니다. 집에서 오는 소식을 간절히 듣고 싶지만, 서울에 도착할 때까지 그걸 기대할 수 없기 때문에, 서울에 도착했을 때 저희를 기다려주는 편지 몇 통이 없으면 저희들의 실망이 매우 클 것입니다. [그곳에 우편물이 와 있기를 기대하는 것은] 우편물이 종종 군함이나, 승객을 태우지 않는 다른 배들을 통해서 보내지기 때문입니다.

스튜어트 부인을 만난 한 선교사로부터, 그녀가 영국을 경유해서 고국으로 돌아가기 위해 중국을 출발했다고 들었습니다. 어머니는 저도 언젠가 그런 식으로 해서 집에 가 볼 계획인 것을 알고 계시지요.

1895년 4월 3일, 수요일 오전, 10시

마침내 저희는 한국으로 가는 확실한 전망이 생겼습니다. 저희가 탈 "차우차우후"호가 오늘 아침 고베로부터 이곳에 도착하였고, 오늘 오후 4시쯤 출발합니다. 다음 주 월요일 밤에는 서울에 도착할 것을 바랍니다.

제가 여기서 마지막으로 구입한 것들을 알려드리지요. 로티는 씽어 재봉틀을 $7.68(금화)에 샀어요. 이것은 손재봉틀인데, 언제든지 원하면 발재봉틀로 만드는데 필요한 부품을 붙이면 됩니다. 이 재봉틀은 미국 제품인데 특별히 일본에 수출하기 위해 만들어졌습니다. 서울의 노블 선교사 부부가 미국으로 귀국하는 길에 어제 이곳에 도착했습니다. 그들은 미국에서 교육시키기 위해 한국 사람 한 명을 데리고 갑니다. 제가 양복 두 벌을 하나에 1.75불씩 주고 산 것을 말씀드렸나요? 또한 책장도 만들게 해서 가지고 갑니다. 떠나기 전에 제가 몇 가지 할 일이 있으니 이제 그만 줄이겠습니다. 저희들 예방주사 맞은 팔은 아직 완전하게 회복되지 못했으나, 그것 외에는 저희들 잘 있습니다. 제 생각에는 저희가 일본에 머무는 동안 둘 다 살이 좀 붙은 것 같습니다. 한국에 도착하면 될수록 빨리 집에 편지를 하겠습니다. 그러나 정기적으로 가는 증기선 하나가 오늘 출발하지 않으므로 이 편지는 4월 18일까지는 일본을 떠나지 못할 것입니다.

많은 사랑을 모두에게 보내며,
어머니의 사랑하는 아들
유진 벨

추신. 데이빗에게 제가 곧 편지하겠다고 말씀해 주십시오.

1895년 4월 4일
부산

어머니께

나가사키로부터 16시간의 즐거운 항해 끝에 오늘 부산에 도착했습니다. 우리 배가 몇 분 후에 곧 떠납니다. 토요일 정오쯤에 제물포에 도착할 겁니다. 주일을 거기서 지내고 월요일에 서울을 향해 출발해야 합니다. 우리 두 사람 다 잘 지냅니다. 로티가 저와 함께 안부 전합니다.

매우 서둘면서,
당신의 사랑하는 아들
유진 벨

1895년 4월 14일, 오전 10시
서울

사랑하는 어머니

저희들은 지난 주 화요일 아침에 이곳에 도착했지만 증기선편이 없고 또 무척 바쁘기도 해서 진작 편지를 쓸 생각을 못 했습니다. 지금 쓰는 이 편지도 아마 일본에서 며칠 기다려야 할 것 같습니다. 전에 부산에서, 또 제물포에서 각각 저희가 무사히 도착했다는 소식을 엽서로 보냈습니다. 그 엽서들을 받으셨기를 바랍니다.

지난번에 말씀드렸듯이 저희는 4월 3일 수요일 오후 6시에 나가사키를 출발했습니다. 생각했던 것과는 달리 쓰시마섬에서는 서지 않고 직접 부산으로 가서, 거기에 목요일 12시 반에 상륙했습니다. 부산에서 처음으로 한국의 땅과 한국 사람들을 볼 수 있었습니다. 북장로교 선교회 지부가 거기 있어서, 저희는 언덕 위에 바로 바라보이는 선교사들의 집으로 갔습니다. 거기서 장로교 선교회의 베어드 부부, 어빈 의사 부부, 그리고 호주 장로교 선교회의 미스 페리를 만났습니다. 베어드 씨와 우체국에 함께 가서 제물포에 저희가 토요일 거기 도착한다는 전보를 치고, 어머니께 보내는 엽서도 부쳤습니다.

부산에서 즐겁게 주위를 돌아본 후에 오후 4시에 부산을 떠나서 한국 남단을 돌아 서해안을 타고 올라와 제물포에 도착한 것이 4월 6일 토요일 1시쯤이었습니다. 저희 선교회의 드루 의사와 전킨 씨가 저희들의 배가 닻을 내리자마자 배에 올라와서 저희를 맞아주었고, 삼판이라 불리는 작은 노 젓는 배를 타고 육지로 왔습니다.

일본에서 너무 오래 지체했기 때문에, 이곳에 오기 위해 아무 배편이라도 타고 올 작정이었습니다. 그래서 좋은 배편을 기다리지 않고 1등 승객에게도 아무런 편의제공이 없고 본래 객선이 아닌 "차우차우후"라는 배를 탔습니다. 그러나 선장이 저희 부부에게 선장실을 내어 주어서 저희는 좋았는데, 함께 탄 두 여자는 각각 조그만 방에 들었고 방에서 이가 여러 마리 나온 일로 편하지 못했습니다. 그 일 이외에는 음식도 괜찮았고 바다도 매우 잔잔해서 뱃멀미도 하지 않았습니다. 날씨는 항해하는 동안 계속 좋았고, 해안을 따라 많은 섬들이 보였지만 멀리서 보이는 광경이라 그 섬들에 대해서 자세한 말씀을 드릴 수가 없습니다.

그렇게 제물포에 도착했는데, 알고 보니 저희가 일본에서 기다리는 동안에도 아주 좋은 증기선 한두 대가 일본을 출항해서 제물포에 도착했다는 말을 듣고 몹시 약이 오르기도 했습니다. 매일 선박회사에 가서 알아보았었는데, 그들이 왜 저희에게 배편이 있다는 말을 하지 않았는지 이해할 수 없습니다. 어쨌든 저희는 제물포에 도착했고, 한동안은 증기선 때문에 신경 쓸 일은 없을 테니 기쁩니다.

어떤 지도에는 제물포라는 곳이 표시되어 있지 않아서 어머니께서 지도에서 제물포를 찾을 수 없을지도 모르는데, 한강, 어떤 때는 서울강이라고도 불리는 강의 하구, 서울에서 거의 정서(正西) 방향에 있습니다. 고국을 떠날 때 이곳에 계신 전킨 씨에게 저희가 언제쯤 출발할지, 그리고 일본에서 직접 한국으로 항해하게 될 것이라고 썼었습니다. 그래서 드루 의사가 3~4주 전에 저희를 만나려고 제물포로 왔다가 저희를 못 보고 그냥 돌아갔습니다. 그러나 그 후 일본에서 제물포로 오는 다른 선박이 있다는 소식을, 제가 전보를 치기 전에 듣고 드루 의사와 전킨 씨 두 사람이 제물포로 갔었습니다. 저희들을 찾을 수 없자, 저희들이 올 때까지 거기서 기다리기로 마음을 먹었습니다. 그래서 저희가 토요일에 그곳에 도착했을 때는, 그들이 그 전 월요일부터 저희를 기다리고 있었던 것입니다. 어머니께서 만일 상륙해서 많은 짐을 육지로 운반해야 할 때 그 고장의 말을 한마디도 못 하는 어려움을 아신다면, [저희들을 위해] 배로 마중 나온 사람이 있다는 것이 얼마나 중요한지, 그들을 보는 게 얼마나 반가운 일이었는지를 아실 것입니다.

해변에 도착하여 호텔에 다다를 때까지의 모든 것을 이야기해드리고 싶지만, 그건 불가능하겠지요. 상상이 되시도록 몇 가지만 말씀드리겠습니다.

첫째, 저희와 함께 삼사백 명의 남녀 일본인들이 배에 탔는데, 전쟁 초기[15]에 한국을 떠났다가 지금은 다시 사업을 계속하려고 한국으로 돌아오는 이들로, 배마다 이런 사람들이 있습니다. 이들이 정어리 쌓여 있듯이—말 그대로—있었습니다. 다들 침구와 몇 개씩의 짐을 가지고 있었습니다. 배가 육지에서 꽤 떨어진 곳에 닻을 내렸기 때문에, 전에 말씀드렸듯이 삼판으로 해변까지 가야 했습니다. 그렇게 상륙할 때의 혼잡은 난생 처음 겪는 그런 것이었습니다. 한마디도 알아들을 수 없는 언어로 사람들은 지껄여대었습니다. 트렁크, 책 상자, 그리고 일본에서 구입한 물건들로 된 짐이 로티가 25개, 제가 30개였습니다. 제가 직접 화물칸으로 내려가서 어떤 것이 저희 짐이고 어떤 것이 동행하던 두 숙녀의 짐인지 알려주어야 했습니다. 마침내 모든 짐을, 나중에 다시 찾으러 와야 했던 짐 하나만

---

15 청일전쟁을 가리키는 듯.

빼고, 작은 배로 옮겨 싣는 데 성공했습니다.

그렇게 해변에 도착하니 거기에도 사람들로 가득했습니다. 세관원 두셋과 일본 경찰이 몇, 그리곤 저희의 짐을 호텔까지 운반하는 특권을 차지하기 위해 경쟁하는 엄청난 숫자의 한국인 인부들이 있었습니다. 저희는 별 문제없이 세관을 통과했고 모든 짐들을 인부들의 등에 지워서 저희가 다시 길을 떠날 월요일까지 묵을 호텔로 옮겼습니다. 가방이나 짐을 여기서는 모두 인부들이 <u>등짐</u>으로 나르는데, 얼마나 많은 짐을 등으로 나르는지 보신다면 저희가 그랬듯이 어머니께서도 <u>놀라셨을</u> 겁니다. 저희 트렁크가 150파운드에서 200파운드까지 나가니까 둘이서 하나씩 함께 나를 거라고 생각했는데, 한 사람이 그 무거운 트렁크를 등에 지고 가는 것을 보았을 때 제가 얼마나 놀랐는지 어머니는 상상 못 하실 거예요. 그보다 더한 것은, 어떤 <u>남자 하나가</u> 커다란 저희 책 상자를 등에 지고 <u>언덕 위의</u> 호텔로 400야드를 올라오는 것을 보고 저는 완전히 아연실색했습니다. 그 책 상자를 루이빌에서 무게를 쟀을 때, 실제 무게가 500파운드였습니다.

저희가 일요일에 묵었던 호텔은 증기선에서 승무원으로 일하며 서양식 조리를 배운, 그래서 스튜어드Steward라는 호칭으로 통하는 중국인이 운영하는 서양식 호텔이었습니다. 저희는 일요일을 편안하게 쉬며 해변을 걷고 제물포 교외 쪽도 돌아보았는데, 제물포는 작은 도시였습니다.

매티 벨이 저희가 어떻게 제물포에서 서울까지 갈 것인지 알고 싶어 했었습니다. 육지로 가면 27마일쯤 되고, 강을 따라 배로 가면 대략 60마일에서 80마일, 아마 70마일 정도 될 겁니다. 가는 방법은 다섯 가지, 여행자에게 선택의 여지가 많다고 해야겠지요. 첫 번째는 걷는 것, 두 번째는 인력거, 세 번째는 한국식 조랑말, 네 번째는 한국식 가마Korean Chairs[16], 다섯 번째는 작은 삼판으로 강을 오르는 방법입니다.

첫 번째 방법은, 여자들이 걷는 것에 익숙지 않기 때문에 생각해 볼 여지조차 없습니다.

두 번째, 인력거로 가는 것은 매우 불편할 것입니다. 한국은 언덕 과 산들이 많고 사람이 다니는 좁은 길 외에는 도로가 나있지 않아 서, 바퀴가 달린 것들은 어느 것이나 다 심히 덜컹거릴 것입니다. 또한 도중에 2.5마일 거리의 모래 습지가 있어서 누구나 그 진흙길 을 걸어서 건너야 합니다. 그러나 어차피 비가 왔었다면 여자들도 그런 식으로 진흙탕을 걸을 수밖에 없습니다.

세 번째 방법은 남자들이 짐이 많을 때 일반적으로 택하는 방법입 니다.

네 번째 방법은 돈이 많이 들고, 자신만의 편안한 남여가 없는 한 매우 불편할 것입니다.

그래서 저희 일행은 이유를 길게 설명할 필요 없이 다섯 번째 방법 을 택했습니다. 그러나 그 방법에도 심각한 불편함이 따랐습니다. 원 하는 모든 음식을 일일이 저희가 지참해야 했고, 하룻밤을 강 위에서 작고 불편한 침상에서 지내야 했습니다. 저희 일행 (여섯)은 월요일 아침에 짐을 삼판 세 척에 싣고 11시쯤 제물포를 떠났습니다.(삼판은 20피트에서 25피트 길이의 소형 배로 배 뒷전에 달린 노를 저어서 갑니다. 한국의 이 지역에서는 흔히 사용되는 배인데, 제가 이때까지

---

16 한국식 가마(Korean Chairs): 남여(藍輿).

목격한 어느 것과도 다릅니다. 또 작은 돛이 있어서 바람의 방향이 맞으면 세울 수 있습니다.) 저희가 11시까지 기다린 이유는 조수가 밀물이 될 때까지 기다려야 했기 때문이었는데, 이상하게 들릴 테지만 밀물이 서울을 지나서 더 위에까지 올라갑니다. 물이 상류로 밀려갈 때 배가 갈 수 있고, 밀물이 그치면 배가 멈춰야 합니다. 저희는 배 한 척당 세 사람의 인부를 사서, 서울에서 15마일 되는 곳까지 뒷바람까지 있어서 순조롭게 그날 밤 6시에 도달했습니다. 그때 물이 빠지기 시작하여 목적지를 바로 앞에 두고 배를 멈추었는데, 어차피 그 시각엔 서울로 들어가는 도성 문이 닫히기 때문에 도시 안으로 들어갈 수가 없었습니다.(허나 그 법이 최근에 바뀐 것으로 알고 있습니다.)

거기 강둑에 배를 대고 저녁 식사를 하기 위해 저희가 싸온 음식을 가지고 근처의 호텔로 갔는데, 한국의 호텔이 어떤 식인지 호기심도 있었고 또 한편으론 저녁을 집 안에서 먹고 싶기도 해서였습니다. 제가 "호텔"이라고 할 때 어머니께서 고상한 생각을 하실 수도 있을 텐데, 여기 호텔이라는 것이 대부분 흙바닥으로 되어있고, 보통의 검둥이들darky들이 사는 오두막만큼도 편하지 않을 만큼, 조잡한 집입니다.

강가를 산책한 후 잠을 자려고 삼판으로 들어갔습니다. 미스 제이콥슨과 미스 화이팅이 하나, 드루 의사와 전킨 씨가 또 하나, 그리고 로티와 제가 하나 이렇게 배를 나눴습니다. 각각의 배는 한쪽에 조그맣게 가려진 잠자리가 있는데, 넓이 3피트, 길이 6피트, 높이 3피트입니다. 제게 요 하나와 담요가 몇 장 있어서 <u>쉬기에</u> 썩 괜찮았으나, 잠은 많이 못 잤습니다. 다시 "B."[17] "B.s"(로티는 B.s라고 부릅니다.)의 방문을 받았고, 또 배꾼 하나가 무언가 한국 맥주[18]에 잔뜩 취해서 신경을 쓰게 만들었기 때문입니다.

다음 밀물이 밤 12시쯤 밀려오기 시작하여, 배꾼들이 아침 일찍 우리를 깨워 서울에서 3마일쯤 떨어진 나루터에 내려 주었습니다. 거기서 여자들은 서울에서 보내온 남여를 타고, 미스 제이콥슨과 미스 화이팅은 미스 아버클 집으로, 로티는 미스 테이트 집으로 아침 식사를 하러 떠났고 드루 의사도 그들과 함께 떠났습니다.

그동안 전킨 씨는 짐을 서울로 싣고 갈 우차를 구하러 갔습니다. 5마일 거리를 걸어 우차를 찾다가 돌아온 전킨 씨 말이, 그 동네 우차들은 다 그날 아침 짐을 싣고 서울로 갔기 때문에 정오 전에는 돌아오지 못한다고 했습니다. 그래서 저희는 강 상류로 1마일 마포Mowpo까지 가서 짐을 내려놓고 거기서 우차를 기다려야 한다고 했습니다. 그 근처에 당장 아침을 먹을 곳이 없어 보여서, 크래커와 전날 남았던 삶은 계란 네다섯 개로 식사를 했습니다.

잠시 후에, 인디애나주 하노버에서 온 모펫 씨와(리슬 씨네를 알고 있습니다.) 무어 씨 등 북장로교 선교사들이 우리를 도우러 서울로부터 왔습니다. 10시쯤 되어 전킨 씨가 자기는 무어 씨와 기다렸다가 짐을 가지고 오고, 나와 모펫 씨는 그냥 걸어서 출발하는 게 낫겠다고 결정했습니다. 그래서 모펫 씨가 저를 미스 테이트 집으로 데려갔고, 거기서 12시에 소고기 스테이크와 커피를 너무 <u>고맙게</u> 잘 먹었습니다.

---

17 벌레(bug)들을 줄여서 그렇게 부른 것이 아닐까 짐작된다. 헛소리, 거짓말 등을 뜻하는 비속어 bullshit을 젊잖게 말할 때 "비 에스b/s"라고 하는데 로티가 B.s라고 부른다는 뜻이 그 것이라 짐작된다.

18 무언가 한국 맥주(some sort of Korean beer): 아마도 막걸리나 아니면 다른, 그때의 한국 술이 아니었을까?

오후 1시 30분

미스 테이트 집에서 점심을 먹은 후, 로티와 저는 저희를 위해 마련된 집이 보고 싶었으나, 미스 테이트 집에 편지와 카드들이 저희를 기다리고 있는 것을 알았고, 집으로 오기 전에 거기 앉아서 그것들부터 읽었습니다. 집에서 온 소식을 접했을 때 저희가 얼마나 기뻤는지 말씀드릴 필요가 없겠지요. 그것에 신경을 쓰지 않으려 노력했지만 그래도 자주 편지를 받았으면 했습니다. 어머니와 고향의 모두가 안녕하시고 폴린도 나아지고 있다고 하니 기쁩니다. 어머니와 모든 식구들이 저희의 편지를 반겨 읽으신다면, 저희도 마찬가지로 어머니로부터 소식 듣는 것이 기쁜 일입니다.

이번 우편으로 저는 어머니와 매티의 편지를 받았고, 로티는 친정으로부터 온 편지와 엽서, 그리고 애니가 보낸 엽서도 받았습니다. 그 후에 도착한 우편으로는 제가 어머니의 편지를, 로티는 플로렌스의 편지와 장인의 엽서를 받았습니다. 고국으로부터 오는 소식을 듣게 되어 너무 기뻤습니다. 매티의 상태가 좋아지는 것이 기쁘다고 매티에게 전해 주시고, 저의 사랑도 듬뿍 보내 주세요. 윌 섬럴에게 제 대신 축하한다고, 비록 가약을 맺어주는 기쁨을 제가 누릴 수는 없었지만 그의 새 출발을 기뻐한다고 전해주십시오.[19]

조금 휴식을 취한 후 저희는 그들이 마련해 둔 집을 보러 갔습니다. 10개 내지 12개의 방이 모두 한 층에 있는 아주 큰 일층 집이었습니다. 저희는 방 두세 개만 필요했기에 이 집의 한쪽을 택해서 침실과 식당, 부엌에 짐을 풀어 놓고, 옷장도 많아서 또 두세 개의 방

---

19 원문의 "tying the know for him"은 "tying the knot for him"의 오타로 생각한다.

에 트렁크와 상자들을 쌓아놓았습니다.

4월 16일, 오후 8시 30분

언더우드 부부가 친절하게도 저희를 초대해서 살림살이가 정돈될 때까지 자기들 집에서 머물라고 했습니다. 언더우드 박사는 북장로교 초대 선교사인데 저희 집 바로 옆에 살기에 저희로서는 아주 편리합니다.

그분들 집에서 일주일 머문 후 오늘 처음 저희 집에서 저녁 식사를 할 수 있었습니다. 소고기 스테이크, 식빵, 버터를 바른 따뜻한 비스킷, 커피, 치즈와 잼으로 성찬이 된 식탁에 앉자 그 어느 때보다도 어머니가 그리워졌습니다. 저희 둘만이라는 것이 아주 생소하게 느껴졌습니다. 허나 저희에겐 편하고 훌륭한, 그 안에서 우리가 행복해 하는 집이 있습니다. 하인이 둘 있습니다. 남자 조리사 하나와 하우스보이입니다. 전부터 선교사들과 함께 살았고 훈련이 잘 되어 있어서, 말로 통하지 않는 것은 손짓으로 합니다. (우표 하나로 부칠 수 있게, 해야 할 이야기들을 축약해서 이 페이지에 다 담도록 노력했는데 그렇게 될 것 같지 않아서, 위에서 한 이야기 몇 개를 더 자세하게 쓰겠습니다.)

여기 도착한 날 오후 2시에 미스 테이트가 선교회 소속 사람들을 모두 초대해서 저희와 만나도록 했습니다. 그녀의 형제와 레이놀즈 씨는 전도여행차 남쪽으로 가 있어서 이곳에 없는데, 저희도 언젠가는 그리로 갈 것입니다. 그러나 드루 의사 부부, 전킨 씨 부부, 미스 데이비스와 레이놀즈 부인 등 남은 사람들은 다 왔습니다. 모두들 즐거운 시간을 보냈습니다. 그들 모두 오랫동안 저희를 기다렸기에 저희가 도착한 것을 진심으로 기뻐해 주어서, 저희도 매우 유쾌했습니다. 정말 좋은 사람들입니다. 저희 필생의 사역에 이런 벗과 동료가 있다는 것은 진정 기쁜 일입니다.

그날 오후부터 언더우드 집으로 가서 금요일 밤까지 묵다가 저희 집으로 온 뒤로는 잠은 집에서 자고 식사는 그 집에 가서 했는데, 오늘 밤으로 이주가 다 끝났습니다.

전킨 씨가 우리를 위해 하인 두 명을 구해 주어서, 목요일부터 와서 짐을 풀고 정리하는 것을 도왔습니다. 샌프란시스코에서 사서 화물로 부친 먹거리와 그 밖의 짐들이 저희보다 먼저 도착해서 저희를 기다리고 있었습니다. 짐 하나를 빼고는 모두 제대로 도착했습니다. 아직 도착하지 않은 짐은 침대에 필요한 평판과 측면 판자였는데, 아직 제물포에 있는 것으로, 별 탈 없이 배달될 것으로 믿어도 좋을 만한 이유가 있습니다. 선교사 한 분이 침대프레임을 하나 빌려주어서 저희들의 침대가 도착할 때까지 기다리는 데에 문제가 없습니다. 접시, 액자, 유리 제품들이 하나도 깨진 것 없이 도착했습니다. 없어진 물건도 없었고 큰 불편함도 없었습니다. 이 모든 일을 주관해주신 좋으신 하나님 아버지께 큰 감사를 드립니다. 이곳에서 편안하게 정착하는 데 필요한 모든 것이 저희에게 있습니다.

날씨는 계속 좋았는데, 햇빛은 밝으며 작은 불을 피워야 할 만큼만 약간 쌀쌀합니다. 저희 부부 모두 온전히 잘 있으며 두 하인과 더불어 모든 것을 저희 힘으로 고쳐놓을 수 있었습니다. 다만 식탁에 필요한 볼트와 덮개 등은 일본인 대장장이에게 부탁해 만들게 했습니다. 스토브 두 개를 설치할 때 <u>약간의</u> 어려움이 있기는 했습니다. [조리용] 스토브 설치는 파이프 없이는, 그리고 약간의 인내심에 대한 시험이 없이는 될 수 없을 것으로 짐작됩니다. 파이프는 운송해 왔지만 연결되지 않은 채로였기 때문에 제가 해야 했습니다. 지금은 다 잘 되었습니다. 부엌의 스토브가 일을 제대로 하고, 식당의 난방용 스토브에 오늘 처음 불을 피워 보았는데 일을 잘 했습니다.

다음번에 편지 드릴 때에는 집과 뜰을 어떻게 꾸밀지 자세히 이야기해 드리겠습니다. 모든 게 고향의 저희 집과는 너무도 다릅니다. 뜰이 아주 넓고, 텃밭이 훌륭하고 큼직해서 좋습니다. 지금은 이른 철에 심어야 하는 것들을 심기에는 좀 늦었지만 그래도 내일 한 사람을 시켜서 심어보려고 합니다. 언더우드 박사께서 제가 원하는 씨앗은 모두 제공하겠다고 하셨습니다. 닭도 몇 마리 기르고, 꿀벌도 치고 싶습니다.

너무도 하고 싶은 말이 많아서 무엇을 쓰고 무엇을 빼야할 지 모르겠습니다. 차츰 저의 일상생활에 대해, 그리고 한국과 한국 사람들에 대해 할 수 있을 만큼 모두 말씀 드릴 수 있겠지요.

지금 가장 중요한 일은 한국말을 배우는 것입니다. 오늘 아침부터 제 선생님과 함께 시작했습니다. 지금부터 아침에는 늘 선생님과 함께 시간을 보낼 것입니다. 집 안에 모든 것이 고쳐지고 준비가 되면 선생님을 오후에도 오라고 할 작정입니다. 로티는 자기 선생님과 모레부터 한국어를 배우기 시작할 것입니다.

저의 모든 사랑을 드리며,
어머니의 사랑하는 아들
유진 벨

추신. 로티와 제가 생각하건대 제 쪽의 식구들과 로티 쪽의 식구들이 같은 이야기라도 저희 각자로부터 따로 듣기를 원할 것 같습니다. 그래서 로티가 자기 식구에게, 자기 편지를 어머니께 보내달라고 부탁할 것입니다. 그러니, 어머니께서도 식구들이 모두 제 편지를 읽은 후에 처갓집에 보내시면, 그쪽에서 다 읽은 다음 다시 돌려 드릴 때, 이 편지를 사촌 라이드에게 보내주세요. 그런 후 꼭 그로부터 편지를 다시 받아두세요. 어머니께서 저를 위해 저의 모든 편지를 보관해 주시기를, 제가 원하는 것 알고 계시리라고 믿습니다.

1895년 4월 21일, 오후 8시
서울

존경하는 박사님[20]

박사님께 저희가 이곳에 도착하여 목격한 선교 조건과 주변 환경에 대해 편지를 드리기 전에 우선은 약간의 정착이 필요했습니다. 다음 주 화요일이면 이곳에 온 지 2주가 되고, 저희 집에서 살림하기 시작한 지 1주가 됩니다. 새로운 집에서 정착하는 것이 어떤지 박사님께서도 아시겠지만, 저희도 아직 완전히 정착한 느낌은 들지 않습니다. 그러나 저희는 운 좋게 도착한 지 하루나 이틀 만에 좋은 하인들을 구할 수 있었기에 모든 일이 쉬워졌습니다.

로티가 박사님께 편지 드렸던 것처럼, 저희 부부는 바로 옆집에 사는 언더우드 박사 집에서 첫 일주일을 지냈습니다. 그래서 하루 종일 저희 집의 일을 하는 데 편리했습니다. 이젠 집수리가 대강 끝나서 나머지 일들은 잠시 미루어도 될 것 같습니다. 그래서 아침엔 한국어를 배우는 데 전념하고, 나머지 집을 꾸미는 일들은 기회가 되는대로 하려고 합니다. 저는 지난 월요일부터, 로티는 목요일부터 각자 한국어 선생님을 보기 시작했습니다. 제 선생님은 9시에 와서 12시까지, 로티의 선생님은 10시에서 12시까지 가르칩니다. 집안일이 진척되는 대로 저는 오후에도 2시간 더 선생님을 모실 계획입니다.

---

20 "My Dear Dr."는 다른 서신들에 의거하여 유진 벨의 장인인 위더스푼 박사로 추정. 4월 27일 유진 벨이 어머니에게 쓴 편지 참조.

선생 지원자들은 넘쳐났었습니다. 이 일이 한국인들에게는 이상적인 직업인 것이 분명한데, 선교회에서 지불하는 월 8불의 급료가 주원인일 것으로 생각합니다. 선생을 구하는 일을 전적으로 전킨 씨에게 일임했고 그가 기꺼이 그 일을 맡아 주어서 몇 명이나 지원했는지 확실히는 모르지만, 전킨 씨의 말로 추측건대 이삼십 명은 되었을 것입니다. 지원자들은 선교사 중 자기가 아는 이들을 찾아가 추천을 부탁합니다. 모펫 씨는 그가 추천해 줄 수 없는 지원자 한 사람에게 시달리다가, 마침내는 그에게 지원자가 <u>완전히 어리석기</u> 때문에 추천한다는 추천서를 써주었습니다. 그 지원자는 좋은 추천서일 것으로 믿고, 지원서와 함께 그것을 드루 의사에게 제출했습니다.

최근에 개종한 사람들이 많이 지원했는데, 개종한 사람들 중 많은 이들이 선교사들에 의해 고용되는 사실 때문에, 사람들 간에는 기독교인이 되면 높은 급료로 선교사의 하인이나 선생으로 고용된다는 통념이 있습니다. 그 때문에 저희는 선생을 기독교인 중에서는 구하지 않는 게 좋을 것이라 생각했습니다. 저희들 선생님은 둘 다 기독교인이 아닙니다. 저희가 원하는 대로 세례를 받을 수도 있고 안 받을 수도 있다고 그들이 말을 한다는 것이 무지한 일이지요. 언뜻 개종자들을 고용해서 그들을 돕는 것이 좋은 일이라고 생각될 수도 있지만, 그들 마음에 저희가 돈으로 기독교인을 만든다는 잘못된 생각을 조금이라도 갖게 하는 것은 심각한 일임을 이해하실 것입니다.

로티의 선생님은 비교적 젊은 남자인데, 25살 정도이고, 결혼을 했습니다. 전킨 씨의 가까운 한국인 친구들 중 한 사람의 아들입니다. 지금은 기독교인이 아니지만, 오늘 아침 그가 성경을 손에 들고 전킨 씨의 예배에 참석한 것을 보았습니다. 그가 우리와 헤어지기 전에,

그를 그리스도께 인도하는 도구로 하나님께서 저희를 사용해 주시도록 저희와 함께 기도해 주기를 부탁드립니다. 전에 누구를 가르친 적이 없고 지금은 시험기간이지만, 제 생각에 좋은 선생님이 될 것 같습니다. 글씨를 잘 쓰고 발음도 명백합니다.

모든 선교사들이 선교 지역의 언어를 배울 때 가장 어려운 점은 좋은 선생을 구할 수 없다는 것인데, 어떻게 <u>가르쳐야</u> 하는지에 대한 개념이 전혀 없는 것이 일반적이기 때문에, 가르치는 방법을 우리가 먼저 그들에게 가르쳐야 합니다. 그것은 거의 마른 저수지에서 조금이라도 물을 얻으려고 펌프질을 하는 것과 비교할 수 있습니다. 물론 저희는 경험이 없어서 저희들의 경우 어떻게 진행될지 아직은 모르겠지만, 지금까지는 꽤 만족하고 있습니다. 저의 선생님[21]은 얼마 전 입교를 신청했었다가 거절당했는데, 부인이 둘인데 그 중 하나도 포기할 수 없다고 해서 그렇게 됐습니다. 자기는 법적 부인은 사랑하지 않고, 다른 부인이 자기의 모든 아이들의 어머니라고 했습니다.

그 당시 전킨 씨에겐 다섯 명의 입교 신청인이 있었는데 그 중 셋이 이런 저런 이유로 입교를 거절당했습니다. 초기의 선교사들은 후에 부적격자로 판명될 이들에게 세례를 주고 입교시키는 실수들을 했습니다. 지금은 모두들 매우 조심스럽습니다. 서두르지 않고, 입교 신청자들이 진심이라고 어느 정도 확신이 선 후에야 세례를 줍니다. 상류층에서는 남자가 생계를 위해 무슨 일이든 한다는 것은 가장 수

---

21 원문은 My teacher(YeSabang)("Sabang meaning Mr.")로 되어있다. Sabang은 서방의 음차로 생각된다. 이 선생님을 유진은 Ye Sabang이라고 적다가 점차 Yi Sabang라고 적고 로티는 그의 편지에서 처음부터 Yi Sabang이라고 적고 있다. 그런 맥락으로 봐서 선생님은 "이 서방"이었을 것으로 생각된다. 앞으로는 Ye Sabang 과 Yi Sabang 모두 이서방으로 번역한다.

치스러운 일로 간주됩니다. 그들은 생계를 위해 일을 하기보다 먼저 구걸을 하거나 도둑질을 할 것입니다. 그런 이유로, 적어도 우리 장로 교회에서는 한 남성을 입교인으로 받아들이기 전에 분명한 생계수단이 있음을 보여줄 것을 요구합니다.

이 서방은 한국어 선생 경험이 꽤 많은 편으로, 전킨 씨와 레이놀즈 씨를 각각 다른 때에 가르쳤고, 이제는 한국에서 몇 안 되는 훌륭한 선생님 중 하나로 알려져 있습니다. 그래서 이 서방을 선생으로 둔 것에 대해 특별히 운이 좋았다고 생각합니다. 만일 로티의 선생님이 더 이상 만족스럽지 않게 된다면, 그를 해고하고 둘 다 한 선생님에게서 배우게 될 수도 있습니다.

한 남자와 한 방에 앉아서, 그가 말하는 것을 한마디도 알아듣지 못하면서 그의 언어를 배운다는 것은 완전 새로운 경험이었습니다. 그가 먼저 자기의 이름을 말하고 제가 제 이름을 말하는 것으로 시작했습니다. 제 이름은 한국말로 파레 서방Pare Sabang입니다. 그런 다음 제가 가리키는 대로 방에 있는 물건들의 이름을 그가 가르쳐줍니다. 그리고 걷기, 쓰기처럼 그가 또는 제가 하는 행동의 이름을 가르쳐줍니다. 그런 식으로 당장 필요한 말들을 꽤 많이 배웠고, 한국어 알파벳도 배워서 제가 배운 말들을 한국어로 쓰는 것을 배우고 있는데, 어떤 한국말의 소리는 그것을 음역할 영어 알파벳이 없어 영어로 표기하는 것이 아예 불가능하기 때문입니다. 로티는 하인들과 소통할 때 필요한 단어와 어구들을 배우고 있습니다.

저희는 또 조리사와 다른 집안일을 하는 하인을 구하는데 특별히 운이 좋았습니다. 그 두 하인 모두 전에 선교사들과 살았기 때문에 무엇을 어떻게 하는지 알고 있었습니다. "새 빗자루가 깨끗이 쓴다"

는 말이 있지만, [경험 있는 저희의 하인들이] 아직까지는 잘 하고 있습니다.

저희가 살고 있는 이 집은 북장로교 선교회 소유 건물인데, 당장의 용도가 없는 관계로 저희에게 제공되었습니다. 저희 필요 이상으로 방이 아주 많은, 서울의 선교사들 집 중 좋은 집 가운데 하나입니다. 여름철에는 아무 문제없이 편안할 것이고, 약간의 수리를 하면 겨울철에도 똑같이 편안할 것이라 생각합니다.

처음에는 저희가 뜰을 사용할 수 없었습니다. 북장로교 선교사들 중의 누구 하나가 뜰을 쓰기를 원하는 것으로 생각했었기 때문이었습니다. 그런데 이번 봄에 장소가 불편하다는 이유로 그들 중 누구도 이 뜰을 원하지 않는 것이 확인되자, 저희에게 사용을 허가했습니다. 비옥한 토질에 저희들이 필요한 것보다 훨씬 넓은 훌륭한 텃밭입니다. 한국의 토양에 대해 잘 모르긴 하지만, 고국에서 이런 모습의 땅을 보았다면 최고의 토양이라고 말했을 것입니다. 이 땅을 가꿀 수 있게 되어 너무 기쁩니다. 저희가 이른 작물을 심기에는 좀 늦은 철에 도착했지만, 그래도 하인 하나에게 뜰 일을 하게 하였고, 벌써 상추, 무, 비드, 파슬리, 케일, 순무, 양파, 파스닙, 우엉, 두세 종류의 콩, 완두콩, 이른 옥수수early corn, 감자를 꽤 많이 심었으며, 수박, 머스크멜론, 블랙베리 등도 심었습니다. 구스베리, 라즈베리, 포도나무도 뿌리를 내리고 있고, 토마토, 미숙 양배추, 그리고 셀러리를 상자에 심어서 밤마다 집 안에 들여놓습니다. 사람들 말로는 셀러리가 이곳에서 잘 자라는데, 장마철인 여름에 비가 많이 와서 습도가 높기 때문이라고 합니다. 만일 텃밭 가꾸기에 문제가 생긴다면 그건 너무 습지거나 배수가 안 좋기 때문일 것이리라 생각됩니다.

구스베리, 블랙베리, 포도 등을 지금 뿌리내리기 시작하는 이유는 언제든 남쪽 우리의 정착지로 이사하게 될 때 가져가기 위해서입니다. 넓은 뜰에 살구, 체리 등 과일나무도 여럿 있습니다. 물론 저희들이 씨앗을 가져온 것은 아닙니다. 텃밭이 있을 거라는 생각을 못 했으니까요. 그런데 언더우드 박사와 전킨 씨가 씨앗들을 많이 주었고, 그들 모두가 모든 면에서 아주 친절하게 대해줍니다.

이곳에 도착한 이후 화창한 봄 날씨를 즐기고 있습니다. 저희 부부는 건강하며, 새 집에서 친절한 친구들과, 편안하고 즐겁게 해주는 많은 일들로 매우 행복합니다. 감사할 일들이 아주 많습니다. 레이놀즈 씨와 테이트 씨는 박사님도 아시겠지만 선교 여행차 남쪽에 가 있습니다. 화요일에는 전킨 씨와 드루 의사도 계획대로 6주 기한으로 남쪽으로의 여행을 시작하게 되고 그러면, 제가 우리 선교부에서 서울에 남아 있는 유일한 남자가 될 것입니다.

앞의 선교사는 육로로 갔지만, 전킨 씨와 드루 의사는 제물포로 가서 삼판 한 척에 네 명의 배꾼을 1인당 하루 은화 1불씩에 고용해서 해안선을 따라 내려갈 것입니다. 이 여행들의 결과로 남쪽에 영구적 선교 지부를 세울 기초를 만드는 것이 저들이 바라는 바입니다. 그들 중 어떤 이들은 올 가을에 남쪽으로 이사해서 전라도 남서쪽 해안의 한 도시에 자리를 잡게 되리라 <u>생각합니다.</u> 저로서는 확신할 일은 아니지만 그들의 말을 듣고, 그것이 그들이 바라는 것이라 <u>생각된다</u>는 뜻입니다.

하고 싶으나 다 하지 못한 이야기는 많지만, 차츰 조금씩, 이곳에서의 저희들의 삶의 모습이 잘 이해되실 수 있도록, 서신으로 가능한 것은 모두 알려드리겠습니다. 모두에게 저희 두 사람의 사랑을

전하며,

진심으로
유진 벨

추신. 지난번에 편지 드린 후 박사님으로부터 아직까지 답신을 받지
못했습니다. 며칠 전에 우편으로 신문들이 왔습니다. 저희 우편물이
타코마에서도 오기 때문에 샌프란시스코 편에만 의지하실 필요가 없음
을 알려드립니다. E.B.

1895년 4월 27일, 토요일 오후, 8시
한국, 서울

사랑하는 어머니

이 편지를 쓰려고 며칠 동안 애썼지만, 할 일이 너무 많다 보니 날짜가 너무 빨리 지나갑니다. 저는 아침에 일어나서 아침 식사를 7시에 합니다. 9시에는 한국어 선생님이 와서 12시까지 공부합니다. 점심 식사를 오후 1시에 하고, 오후 시간은 집 안에 고칠 것들을 고칩니다. 이곳에 도착한 후 할 일이 너무 많아서, 온종일 열심히 일을 하다가 밤이 되면 너무 피곤해서 편지를 쓸 수가 없습니다. 며칠 전에 어머니께 편지를 쓰기 위해 앉아서는 집 안, 뜰, 그리고 정원 설계도를 그렸는데 그러고 나니 너무 피곤하고 졸려서 편지는 쓰지 못했습니다.

며칠 동안 고향에서 편지가 오기를 기다렸는데, 오늘 애니와 스콧한테서 3월 9일 자로 보낸 반가운 편지와 사촌 조시한테서 길고 멋진 편지를 받고 제가 얼마나 기뻤는지 어머니는 상상하실 수 있으시겠지요. 로티는 식구들한테서는 아무것도 못 받았지만, 뉴욕에 있는 친구로부터 편지 하나를 받았습니다. 그리고 또 『미셔너리』 3월 호, 그리고 선교잡지 『리뷰 오브 더 월드』와 체스터 의사의 편지를 받았습니다. 스콧과 애니에게 제가 편지를 받고 얼마나 기뻤는지, 거기 소식들이 얼마나 반가웠는지 전해주십시오.

이번에 제가 받은 편지들은 모두 <u>타코마</u>[22]를 통해서 왔는데, 제

---

[22] 미 워싱톤주에 있는 항구도시.

생각에 로티가 식구들의 편지를 못 받은 이유는 그들은 늘 편지를 샌프란시스코 쪽 기선을 통해서만 보내기 때문인 것 같습니다. 그러니 어머니는 샌프란시스코 쪽 증기선에만 의지하지 마시고, 제게 편지 쓰시고 싶으실 때 아무 때나 써서 부치시면 타코마에서 먼저 떠나는 증기선이 있을 땐 그쪽으로 보내질 것입니다. 그래서 저희가 고향으로부터의 소식을 더 자주 듣게 되기를 바랍니다. 증기선편은 밴쿠버에도 있는데, 그 배는 대체로 미국의 우편물을 우송하지 않는 것 같습니다. 애니에게, 제가 말한 우편료가 정확하지 않고 『미셔너리』에서 본 정보가 맞는다고 말씀드려 주세요.

단 한 가지, 『미셔너리』에 있는 조언을 따라서 미국 공사관 전교로 편지를 보내서는 안 됩니다. 그건 단지 전쟁 동안의 일이었고, 전쟁 중이라 해도 불필요하게 조심했던 것입니다. 그러니 어머니는 이제껏 하셨듯이 편지를 모두 한국, 서울, 장로교 선교회로 보내십시오. 그리고 제가 잊어먹기 전에 말씀드리는데, 오늘 애니와 스콧으로부터 온 편지들의 봉투가 삼면이 열려져서 왔습니다. 그러니 일본에서 "공식봉인"을 해 주지 않았다면 그 속의 편지를 모두 잃어버릴 뻔 했습니다. 간단히 말해서 봉투가 다 닳아버렸기 때문입니다. 로티가 받은 편지 몇 개도 봉투가 거의 다 닳아서 왔습니다. 그러니 질이 좋은 봉투를 쓰는 것이 필요합니다. 제가 보낸 편지봉투는 도착 시 어떤 모양이었는지요?

우편 요금에 대해서 말씀드릴게요. 제가 생각하기로 편지의 우송을 시작하는 곳에서 무게를 한 번 잰 후에는, 그 어디서도 다시 무게를 재지 않습니다. 만일에 윌 섬럴[23]이 우송을 시작한다면 별 문제가 없습니다. 이제까지 받은 편지에 대해 돈을 더 지불한 적이 없고,

만일 앞으로 그럴 일이 있게 되면 어머니께 알려드리겠습니다.

이제부터는 저희 두 사람에 대해서 말씀드리겠습니다. 그것이 어머니께서 알고 싶어 하는 것일 테니까요. 제가 서둘러서 그린 도면에서 저희 집이 대강 어떤 모습인지 알 수 있기를 바랍니다. 첫째로, 저희 집 전체가 두께 2피트, 높이 7피트의 돌담(돌과 벽토)으로 둘러싸여 있습니다. 정원은 본래 언더우드 박사 집에 속한 부분이어서 그의 정원과 같은 담 안에 있습니다. 길에서 저희 집으로 들어오려면, 먼저 바깥쪽 대문을 통해 우물이 있는 닫힌 공간, 바깥뜰이라 할 수 있는 곳으로 들어오는데, 거기에 커다란 문이 하나 더 있어서 그것을 통해서 안뜰로 들어오게 됩니다. 저희 집 앞뜰은 어머니의 앞뜰만큼 넓고 뒤뜰도 꽤 넓습니다. 정원의 텃밭은 저희가 마음대로 쓰고 싶을 만큼 써도 될 만큼 넓습니다. 위더스푼 박사(유진 벨의 장인)에게 쓴 편지에 제가 거기 심은 것에 대해 모두 적었습니다. 그가 그 편지를 어머니께 보낼 때 읽어보십시오. 언더우드 박사의 집이 저의 집의 한쪽에 있고, 다른 쪽에는 미국 공사관이 있고, 저희 집 뒤에는 빈톤 의사의 집이 있습니다. 그래서 저희 집은 온전히 외국인[24]들에 의해 둘러싸여 있습니다.

제가 그린 도면[25]에 반은 저희 집 뜰에, 반은 언더우드 박사네 뜰에

---

23 고향의 지인으로 우편 일을 하는 사람으로 생각된다. 뒤에 다른 편지에 그의 이름이 또 나온다.

24 외국인(foreigners): 한국인이 아닌 사람들을 지칭하는 것으로 이해할 수 있는데, 유진 벨은 중국인이나 일본인은 'foreigner'라 하지 않고 'Chinese, Japanese'라고 하는 것을 보아서, 서양인을 지칭하는 것으로 이해된다.

25 인돈학술원 데이터에는 이 편지에 도면이 포함되어 있지 않다. 그러나 유진의 다른 어떤 편지에 아무런 관계없이 첨부된 도면. 둘이 여기서 유진이 서술하는 집 모양과 흡사한 면이 있어서 여기에 첨부해 놓는다. 1번 도면은 날짜를 정확하게 읽을 수는 없으나 1895년 5월 10일에 그린 도면으로 추측된다. 두 번째 도면도 1895년

걸쳐 있도록 그린 교회는 전에 언더우드 박사가 세운 교회로, 거기서 요즘엔 일요일에 언더우드 박사가 한국인 신도들에게 설교를 하고, 다른 선교사들이 주관하는 몇 가지 예배들이 주중에 열립니다. 교회엔 남자와 여자 입구가 따로 있습니다. 이 관습은 이곳에선 보편적인 관습입니다. 예배실 안에서도 남녀 각각 다른 방에 앉고, (설교자는 물론 남자 쪽에 있는데) 설교자 앞에 작은 열린 공간이 있어서 양쪽에서 모두 들을 수 있게 되어 있습니다. 사람들은 모두 앉아서 예배를 보고, 설교자까지도 앉아서 설교합니다. 적어도 저희가 이제까지 가 본 유일한 한국어 예배, 지난 일요일 전킨 씨가 설교하는 예배에 갔을 때 그랬습니다. 다른 선교사들도 일요일 오후에 감리교 학교에서 자기들의 예배를 인도합니다. 주중에는 돌아가면서 집에서 기도모임을 합니다. 저는 5월 2일에 언더우드 박사 집에서 열리는 기도회를 인도하고 5월 5일에는 설교를 하기로 되어 있습니다. 돌아가면서 그렇게 합니다.

　제가 그린 저희 집 도면이 모든 면에서 다 정확한 것은 아닙니다. 그러나 어머니께서 대강 짐작이 가실 것입니다. 그리고 제가 저희 집에 대해 설명할 때에 저희 집은 보통의 한국 집보다 훨씬 월등하게 좋은 집이라고 말씀드렸습니다. 한 외국인 가족이 이 집에 살 때 집을 개조해서 아주 편안하게 만들었어요. 이 집이 북장로교 선교회에서 여학교로 사용했던 집이기 때문에 집이 커서, 두세 가족이 함께 살아도 될 정도입니다. 이 지역에 있는 모든 집이 그렇듯 저희 집도 단층입니다. 아마도 서울 전체에 2층짜리 집은 두세 채 이상은

　11월 10일에 그린 것인데 그때는 이미 서소문으로 이사 간 후였으나 도면을 나중에 그릴 수도 있었으므로 여기에 첨부해본다.

되지 않을 것으로 생각합니다.

집 벽은 대부분 나무판자와 진흙으로 되어있고, 벽의 남은 부분은 얇은 격자문으로, 한국인들은 그것을 종이paper로 바르는데, 저희 집 문은 유리로 되어있습니다. 침실과 식당의 앞문이 모두 이런 유리문으로 되어있습니다. 그러나 제가 말씀드리는 "유리문"은 어머니께서 상상하시는 미국의 그런 유리문이 아닙니다. 문의 격자로 나누어진 작은 창마다 작은 유리를 맞추어 붙인 것입니다. 그런데 <u>금이 간 것이 많습니다.</u> 왜냐하면 <u>그 어떤</u> 문이나 어느 것 하나 맞는 것이 없습니다. 그리고 많은 집의 구조가, 방문이 잠겼을 때에 들어가거나 나가야 할 필요가 있으면 종이문을 발로 차거나 튼튼하지 않은 벽을 부수면 됩니다. 지붕은 1피트 정도의 두터운 진흙층 위에 기와를 얹었습니다. 한국 사람들은 지붕을 오래 가게 아주 잘 만드는 대신, 지붕 자체가 <u>매우</u> 무겁습니다. 무거운 지붕을 받쳐주기 위해 방대한 통나무들을 사용하여 아래위로 그리고 옆으로 대어줍니다. 방의 한가운데 위쪽의 지붕 꼭대기 높이가 15 내지 18피트 이상 가지 않습니다. 고향의 집들처럼 천장이 따로 있는 것이 아니고, 이 지붕 자체가 천장을 겸하고 있고 서까래가 실내에서 그대로 보입니다. 어느 서까래도 6피트 내지 8피트 이상 길지 않기 때문에 넓은 지붕을 만들기 위해서는, 제가 편지 가장자리에다* 별표를 손으로 그려 넣었음.(서까래 이음모습 – 손으로 그림) 서까래의 조합을 여러 군데 만들어야 합니

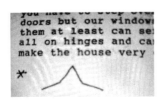

다. 그리고 실내에 이 서까래들과 지붕을 받쳐주는 방대한 통나무들이 드러나 있습니다.

한국인들은 저희들이 고향에서 쓰는

것 같은 문이 없고, 단순히 경첩에 달린 창문 같은 것을 열고 닫고 해서 1피트 내지 2피트 높이의 문턱board을 넘어서 드나듭니다. 저희 집의 문들은 고향의 것과 같은 문들이지만, 창문은 모두 경첩으로 달려있어서 그 창문들을 드나드는 문으로 사용할 수 있습니다. 저희 집 앞 유리문들도 모두 경첩으로 되어 있고, 문을 열어서 접어 놓을 수 있도록 만들어져 있어서, 여름에는 집 전체가 시원하게 활짝 열리도록 할 수 있는 것이 매우 즐거울 듯싶습니다.

저희의 침실은 이 집에서 가장 좋은 방으로 마당에서 위로 올려서 지어져 있으며, 여러 모로 이로운 면이 많습니다. 이 방은 아주 높아서 실상은 위층 방이나 마찬가지입니다. 본래 이 방은 이교 사당이었고, 집에 속한 것이 전혀 아니었습니다. 침실로 쓰는 방이 집의 다른 부분과 독립된 것은 그로써 설명이 됩니다. 제가 한 면에 "찬장cupboards"이라고 표시한 곳은 방 한 면 전체가 벽장, 혹은 찬장인데 거기에 제사를 위한 조상의 위패(位牌)를 보관합니다. 그러니까 저희는 사당(祠堂)에서 잠을 자는 것이지요. 만일 저희가 귀신들을 두려워한다면 사당을 침실로 쓰는 것은 좋지 않은 일이겠지요, 그렇지 않겠습니까?

저희 방에 제가 표시해 놓은 한쪽 구석은 옷장과 옷걸이 등이 있는 커다란 벽장입니다. 방의 바닥에는 일본에서 구입한 매트를 깔고 가운데에 큰 일본 양탄자를 깔았습니다. 그리고 장모님Mrs. Witherspoon께서 뜨개질로 만드신 깔개 둘을 하나는 문 앞에, 다른 하나는 침대 앞에 깔아놓았습니다. 침대와 세면대, 경대, 책상도 이 방에 들여놓았습니다. 방의 정면에는 3~4피트 넓이의, 지붕이 있는 현관porch이 (석조로 된) 방 전체 길이로 있습니다. 이 방의 가장 불편한 점은 집의 다른 쪽 건물로 갈 때 뒤 현관문으로 나가서 계단 둘을 내려서 가야 하는 것입니다. 처음에는 이 방을 침실 겸 거실로 쓰려고 했는데, 곧 그것이 너무 불편한 것을 깨닫고 식당을 거실로 겸용하기로 했습니다. 식당은 아주 훌륭한데, 저희가 원하는 대로 개조작업이 끝나면 훨씬 더 좋아질 것 같습니다. 식당 벽의 벽지는 낡고 더럽고 침실에 있는 벽지만큼 좋은 것이 아닙니다.

식당의 정면과 또 식당과 침실 사이에 침실 정면에 있는 것과 비슷한 현관이 있는데, 그 사이 공간을 다 채우는 것은 아니지만, 4피트 폭의 길고 지붕이 덮인 멋진 현관입니다. 현관의 창 하나가 저의 서재 쪽으로 열립니다. 식당 한쪽에 제가 창문을 그려 넣은 곳은 벽 전체의 삼분의 일 길이쯤 움푹 들어간 아주 좋은 공간입니다. 식당은 위치가 아주 편리하고, 도면에서 보시듯이 그릇장이 있고 식료품 저장실로 열리는 문이 있습니다. 저희들이 이 식당을 거실로 겸해서 쓰게 되니, 하인이 식사 준비를 하러 오면 로티는 일어나서 필요한 식료품을 내어주고 <u>다시 문을 잠그기만 하면 되는데</u>, 여기서는 그렇게 하는 것이 절대 필요합니다. 이 방엔 식탁 외에, 샌프란시스코에서 구입한 일인용 박스 매트리스에 제가 다리를 만들고 로티가 오늘 예쁜 커버를 씌운 소파lounge와, 일본에서 구입한 큰 책장, 쓰던 나무 상자로 제가 만든 작은 책장, 접시를 놓는 사이드 테이블 등등이 있습니다. 사이드 테이블도 제가 만들었습니다. 식료품 저장실과 부엌 사이에 쓸모 있는 장이 하나 더 있습니다.

저희 부엌은 단연 최고입니다. 단지 하나 불편한 것은 부엌이 집에서 너무 멀리 떨어져 있다는 것입니다. 그래서 가까이 있는 세탁실을 간이부엌으로 사용하고 있기도 한데, 실제 부엌만큼 좋지 않고, 크지도 않습니다. 부엌에는, 저희가 고향에서 가져온 스토브 등 보통의 부엌기구들 외에, 제가 나무 상자로 만든 테이블 둘과, 비스 킷기계를 올려놓는 스탠드가 있습니다. 부엌 뒤쪽으로 멋있고 지붕 이 있는 현관이 있습니다.

서재에는 아직 아무런 가구가 없습니다. 곧 책상과, 의자, 책꽂이 등을 들여올 겁니다. 이 서재는 딱 제가 원하는 그런 방입니다. 식당 은 바닥 한가운데는 미국식 깔개가 깔려 있습니다. 또 집에서 가져온 난방용 스토브가 있는데, 요즘엔 이른 아침과 밤에만 필요합니다. 식당에 식당의 뒷부분을 막고, 거기에 있는 문들도 막은 후 자물쇠를 걸어서 그 방을 새롭고 좋게 꾸밀까 하는 생각을 하고 있습니다. 창고 와 작업실에다 낡은 상자, 트렁크, 잡동사니들을 저장했습니다. 그 방에 제 작업대, 온갖 목공도구와 정원용 도구들이 있습니다. 항상 어디에 무엇이 있는지 쉽게 찾을 수 있게끔 거기에도 자물쇠를 채워 놓았습니다. 스콧에게 이런 호화로움을 마다할 것 같으냐고 한번 물 어보세요.

집의 다른 부분들은 전혀 사용하지 않고 있습니다. 안뜰inner court 이 있도록 집을 짓는 것이, 제가 설명한 것처럼, 대체로 동양에서 집을 짓는 방식입니다. 그곳이 지금은 사용되지 않고 있기에, "안뜰" 에 빨랫줄을 매어 놓았습니다. 그리고 그것을 빙 둘러서 있는 지붕 있는 현관은, 비가 올 때, 비 맞지 않고 무엇을 걸어둘 수 있는 좋은 장소일 것입니다. 세탁을 맡은 하인이 원한다면 거기서 세탁을 하게 할까 합니다. 거기는 부엌에서 나오는 더운 물을 직접 쓸 수 있지요. 이런 설명으로 어머니께서 저희들의 거처에 대해 어느 정도 상상할 수 있기를 바랍니다. 이제 밤이 늦었고 로티가 잠든 지 오래되었으니 저도 이제 안녕히 계시라는 인사를 해야겠습니다.

일요일 아침

이제 이 편지를 끝내고 데이빗에게 편지를 쓰겠습니다. 오랫동안 데이빗한테 편지를 쓸 생각이었습니다.

지금 보니 집의 가구 중에서 유일하게 빠뜨린 것이 의자입니다. 저희는 샌프란시스코에서 식탁용 의자 여섯 개와 증기선용 의자 두 개를 샀습니다. 로티가 일본에서 잘 만들어진 나즈막한 흔들의자를 샀고, 이곳의 감리교 선교사로 최근에 중국 여행에서 돌아온 헐버트 씨가 저희를 위해서 아주 좋은 고리버들의자 둘을 구입해다 주었는데 아주 저렴합니다. 그래서 이 열 개의 의자로 충분합니다.

로티가 부탁하기를, 제가 쓴 이 편지를 어머니께서 자기 친정에 보내주시고, 친정 쪽에서도 지금 로티가 쓰고 있는 편지를 어머니께 보내게 하겠답니다. 제 편지들을 로티의 부모가 다 본 후에 다시 돌려달라고 해서 어머니께서 원하시면 다른 친척들에게도 보여 주십시오. 제가 간절히 원하긴 해도, 그분들 모두에게 따로 이런 편지를 쓸 시간이 결코 없을 것이기 때문입니다. 항상 그렇듯이, 편지를 다 써놓고 보면 늘 하고 싶은 말은 많은데 쓴 것이 너무 적다는 느낌입니다. 그러나 차츰 저희가 느끼는 한국의 첫인상들과 저희들의 사는 모습을 할 수 있는 한 자세히 알려드릴 수 있기를 바랍니다.

모두에게 많은 사랑을 전하며
어머니의 사랑하는 아들,
유진 벨

1895년 4월 27일
한국, 서울

사랑하는 스콧[26]

형은 집에서 아주 멀리 몬타나까지 가서 산 경험이 있는 사람으로서, 형도 말했듯이, 어제 형의 편지를 받고 우리가 얼마나 기뻤는지 알 것이다. 한국이 헬레나(몬태나주의 주도)보다 훨씬 먼 그만큼 우리의 반가움도 큰 것 같다. 많은 소식 반갑게 들었다. 나도 월 섬럴이 그만둔다는 소식을 들었다.

또한 집에 대한 계획이 좋은 것으로 생각된다. 다만, 형도 제안했듯이, 임대계약을 한 번에 일 년 이상 하는 것은 큰 실수일 것이다. 내 충고대로 일 년씩 임대해라. 결혼을 해서 형 자신의 집을 갖는 것이 진정 좋은 일이기 때문이다. 난 전에 상상했던 그 이상으로 지금 그것을 절감한다.

농담은 그 정도 해두고, 우리 집이 있다는 게 정말 좋다. 로티와 나는 그걸 한껏 즐기고 있다. (식구들이 이곳에 와서 나를 보는 꿈을 꾸듯이,) 나도 종종 집에 돌아가 있는 꿈을 꾼다. 내가 이곳에서 고향식구들의 방문을 받는 꿈을 한번 꾼다면, 내가 고향집에 돌아가서 식구들에게 우리가 본 모든 것을 이야기해주는 꿈은 열두 번쯤 꾼다. 왜냐하면 내가 그 생각을 너무 많이 하기 때문이다. 식구들 모두를 만나서, 편지로 쓰는 일은 꿈조차 꾸지 못할 것들에 대해서 이야

---

26 스콧은 유진보다 두 살 위의 형이다. 그러나 번역문은 존대어를 쓰지 않기로 한다.

기할 수 있기만을 자주 <u>바라고 갈망한다.</u> 허나, 필사적인 노력을 기울여, 우리가 보는 것들에 대해 이야기하기를 시도하겠다.

벤 매튜에게 내 조언대로 조그만 집 하나를 짓고 거기서 살되, 함께 식탁 맞은편에 앉아서 커피를 따라줄 사람을 구하라고 해라. 그렇게 사는 것이 얼마나 좋은지, 실제로 해볼 때까지는 절대로 알 수 없다고 해라.

삼나무를 또 하나 베게 된 것을 축하한다. 나도 [지금] 거기에 있으면서 낡은 헛간이 부서지고 새 헛간이 세워지는 것을 형과 같이 본다면 얼마나 좋을까.

형이 여기 와서 우리 집 정원이 얼마나 좋은지 볼 수 있기를 바라본다. 내가 그려서 어머니께 보낸 도면을 보면 우리 집 바깥 대문 옆에 문지기 하인이 사는 집이 있다. 이 하인을 "문은[하?]엔[27]"이라고 쓰고, 내가 쓴 철자가 맞는 것으로 생각하는데, "문하인[28]"이라고 부른다. 문지기라는 뜻이다. 여기 한국에선 낮엔 문을 지키고, 밤엔 잠가놓는 일을 하는 문지기는 필수이다. 통상 이곳에서 정원[29]은 아주 사적인 공간이어서 문하인은 볼 일 없는 사람들이 들어오지 못하게 지키고, 밤에는 대문을 잠가두는데, 밤에 언제라도 필요할 땐 문을 열어줄 수 있게 바로 대문 옆에 산다. 그게 문하인의 주요임무

---

27 "은" 자로 보이는 글자가 "ㅎ"에 'ㅏ'를 부치는 것을 잘못 표기한 것일지도 모른다.

28 영어 철자로 "moon hein"이라고 적었다. 문하인을 그렇게 적은 것이라 생각된다. 번역을 문하인으로 통일한다.

29 "정원"이라는 단어에 채소를 심는 커다란 텃밭과 잔디와 꽃들이 심긴 뜰이 포함되는 것 같으나, 특별히 꽃밭이나 텃밭을 구별하지 않을 때는 "정원"으로 번역한다.

이지만 석탄을 나르고, 장작을 패고, 물 길어 나르기, 쓰레기 치우기, 심부름하기와, 내가 가장 기꺼워하는 것 – 즉, 밭일도 한다. 나는 우리 집 하인들을 항시 텃밭에서 일하게 해서 잡초가 하나도 자라지 못하게 할 생각이다. 이곳 여름은 우기(雨期)라 정원에 배수(排水)를 위해 크게 도랑을 만들고 흙이 마른 상태를 유지하기 위해 북을 돋워 주어야 해서(형이 고향에서 겪는 문제와는 정반대), 우리 텃밭은 잘 가꾸어진 양파 밭으로 가득 찬 것처럼 보인다. 흙은 양질이어서 비옥하다. 밭을(아니면 밭의 대부분) 파서 뒤집었을 때 흙이 잘 부서져서, 형의 주먹보다 더 큰 흙덩이는 하나도 없었던 것으로 생각된다. 문하인이 다른 할 일이 그리 많지 않으니 밭일에 전념할 수 있을 것이다.

내가 말한 것처럼 이런저런 심부름을 하는 것도 그의 임무인데, 심부름 시킬 일이 얼마나 많은지 형이 알면 그게 뭘 뜻하는지 이해하게 될 것이다. 예를 들면, 우체국은 2마일 떨어져 있고, 우리가 무엇이든 필요한 물건을 살 수 있는 가게들도 전부 그 정도 떨어져 있다. 거기다가, 어떤 선교사들은 멀리서 살기 때문에, 그들로부터 무엇이 필요할 때는 문하인을 통해서 메모를 보낸다. 로티가 외출할 때 동행해서 길을 안내하는 것도 그의 일이다. 좁고 꼬불꼬불한 길이 하도 많아서, 여기서 아주 오래 살지 않는 한 대개 혼자 어딜 찾아가는 것은 한마디로 불가능이다. 이곳에서 산 지 오래된 어떤 여자들은 혼자서 길을 다니기도 하지만, 그것이 로티에게는 좋은 방법이 아닌 것이, 로티는 한국말을 모르기 때문이다. 항간에 듣기로는 외국인 여자들이 자기 나라에서보다 이 나라에서 더 안전하다고 말하는데, 나는 그들이 그렇게 생각하는 것을 조심해야 할 것 같다. 그래서 로티가 어느 여자를 만나기 위해 외출하기를 원하는데 내가 동행할 수 없으면 문하인이 같이 간다. 이 모든 일을 하는데 한 달 급료가 4엔이고, 그가 사는 방은 무료로 제공받는다. 4엔은 지금 환율로 금화 2불이다.

조리사도 있어서 한 달에 금화 3불, 하우스보이는 한 달에 금화 2불이 조금 넘게 준다. 언뜻 생각하기에 하인 셋을 거느리는 게 많아 보이지만, 그들에게 드는 돈이 한 달에 7불밖에 안 되니까 결코 많은 것은 아니고, 특히 하인들이 다른 하인의 일들은 결코 하려고 하지 않기 때문에 셋 다 필요하다. 문하인은 둔 지 한 달이 못 되지만, 다른 두 하인은 아직까지는 일을 훌륭하게 잘 한다.

모두들 말하기를 하인을 두는 데 있어서 가장 어려운 일은 그들이 틈만 생기면 언제든 물건을 훔치는 것이다라고 하는데, 우리는 훔칠 만한 물건들은 모두 자물쇠로 잠가둔다.

사람들이 대개 문하인을 시켜 모든 장을 보는데, 그 이유는 토박이가 우리 외국인보다 훨씬 싸게 물건을 살 수 있기 때문이다. 문하인들이 물건 값에서 어느 정도는 뒤로 챙긴다고 하는데, 그렇다 하더라도 우리가 직접 장을 보는 것보다 싸게 먹힌다. 나는 아직까진 우리 하인에게 장보기를 그리 많이 시키지 않았는데, 무엇이 얼마나 하는지 일일이 알게 될 때까지는 그들에게 장을 보라고 시키지 않을 작정이다. 5센트(금화)짜리 계란 한 다스(한국 계란 한 다스는 열 개이다.)를 사려 할 때, 하인이 반이나 사분의 일 센트(금화)를 훔쳐갈 게 분명하다고 느껴도, 그 때문에 1마일을 걸을 마음은 거의 생기지 않는다. 하지만, 나는 곧 모든 물가를 알아낼 테니, 만일 하인이 장을 보면서 무언가를 얻으려면, 그걸 가게 주인한테서 얻어야 하게 될 것이다. 지금 문하인으로 고용된 이 사람을 그 전에 일용직으로 밭일을 시켜

보았는데 일당 금화 14센트를 받으면서 일을 아주 잘 했다. 이곳의 보통 일당이 그렇다.

지금 너무 피곤해서 이쯤해서 마감해야겠다. 셸비빌에 가서 포인터 씨나 쉬닉 씨에게 내가 샌프란시스코에서 부친 엽서를 받았는지 알아봐 주면 좋겠다. 그들한테『센티널』과『위클리 커리어 저널』을 일 년간 부쳐달라고 하면서, 청구서를 내게 보내 달라고 부탁했었다. 당장 그렇게 해달라고 부탁해라. 둘 중 하나도 아직 못 받았다. 그들에게 우편물을 우선은 종이봉투로 부치라고 말해 줘. 헝겊봉투에 보내야 할지도 모르는데, 그게 필요할 경우엔 내가 그들에게 알려주겠다. 그들에게 헝겊봉투에 넣어서 보내야 한다고 썼었는데, 와서 보니 종이봉투에 들은 것들도 제대로 오는 것을 알았다. 신문을 받아 보고 싶어 죽을 지경이다. 꼭 바로 이 일에 신경 써 주기를 진정으로 부탁한다.

매티 벨에게 쓰는 편지가 거의 보낼 준비가 되었다. 조시 사촌한테 편지를 너무 반갑게 받았다고, 곧 답장을 하겠다고 전해 줘. 이 편지들을 조시에게도 보여 주기를 바란다. 친척 모두에게 우리에게 편지를 하라고 말해줘.

모두에게 사랑을 보내며
너의 친애하는 형제
유진 벨

1895년 4월 28일, 일요일
한국, 서울

사랑하는 데이빗

우리가 처음 서울에 도착했을 때, 다른 편지들과 함께 너의 편지가 우리를 기다리고 있어서 너무 반가웠다. 우리가 항상 바빠서 답장을 더 빨리 못 해 준 것에 대해 마음 상하지 않기를 바란다. 일이 바쁘다 보니 시간이 있을 때 생긴다는 외로운 감정이나 향수병에 걸릴 겨를도 없었다. 지금은 우리가 대체로 자리를 잡고 우리들만의 집에서 편안하게 살고 있어서, 어떤 때는 우리가 고향집에서 멀리 떠나 있다는 생각을 못 한다. 다만 거리에서 이상하게 보이는 사람들을 많이 보고 기묘한 것들을 많이 볼 때는 우리가 고향을 떠나 왔구나 하는 것을 알게 된다.

서울은 루이빌과 비슷한 인구의 도시이지만, 루이빌에 비하면 서울은 거의 돼지우리에 비할 만큼 나쁘다. 어떤 길은 버기[30] 두 대가 지나갈 만큼 넓고(만일 여기에 버기 같은 것이 있다면), 다른 몇몇 거리는 그보다 더 넓기도 하고, 어떤 곳은 버기 하나 다닐 정도가 되지만, 대부분의 거리는 너무 좁아서 그 길을 가면서 양쪽 팔을 벌리면 양쪽의 집이 거의 손에 닿을 듯한데, 많은 길에서는 실제로 양쪽 집이 손에 닿는다!

그래도, 그것이 최악은 아니다. 길이 깨끗하다면 길이 좁은 것 자

---

[30] 버기(Buggy): 보통 말 한 마리가 끄는 이륜 혹은 사륜의 1~2인승 마차.

체는 큰 문제가 되지 않을 수도 있겠으나, 모든 거리가 지저분하고 더럽기가 말로 형용할 수 없다. 한국의 거리는 우리 미국과는 달리 하수 시설이 되어 있지 않아서 <u>온갖 오물!!</u>이 길을 따라 파헤쳐진 개천에 그대로 버려지는데, 개천이 어떤 곳은 길을 따라 옆으로 나 있고 어떤 곳은 길 한가운데로, 또는 갈지자로 이쪽저쪽을 왔다 갔다 하면서 나있다. 개천에 버려지는 온갖 쓰레기로 거리에는 <u>악취가</u> 진동한다.(다른 말로 형용할 길이 없다.) 어떤 때는 그 냄새가 너무 지독해서 거의 코를 막고 가야 한다.

길이 우리나라의 길처럼 고르고 편평하지 않고 거칠고 울퉁불퉁하고 길 가운데 돌이나 쓰레기 무더기가 쌓여있을 때가 많아서, 옆으로 피해 갈 틈이 있으면 피해 가고 그나마 피해 갈 수가 없으면 그것들을 밟으면서 넘어가야 한다. 그래서 이곳의 도로는 미국 도시의 거리 같다기보다는(적어도 거의 대부분이) 돼지가 다니는 길처럼 보인다.

한국에는 상점이라 할 만한 것은 없고, 다만 짚신, 나무신, 갓, 야채, 계란, 쌀과 몇몇 다른 것들을 파는 작은 구멍가게만 있다. 그러나 적지 않은 수의 일본인들이 한국에 와서 대장간, 정육점, 식료품점 등을 경영하기 때문에 우리가 쓸 수 있는 물품들을 거기서 살 수 있다. 중국인 목수를 사서 창문에 유리를 대고 식탁의자 두 개를 고치게 했는데 일을 썩 잘했다.

너도 아마 알고 있겠지만, 한국인들은 거의 모두가 흰색 옷을 입는다. 남자들은 통이 아주 넓은 바지에, 재킷 종류 같은 것을 안에 입고, 길게 흐르는 듯한 코트를 겉에 입는다. 겨울에는 이 옷들을 솜으로 채운다. 어떤 종류건 속옷을 입는 것으로 <u>생각되지 않는다.</u>

발에는 양말 비슷한 것을 신는데, 그것은 우리의 표백한 목화 제품과 비슷해 보이는 천으로 만든다. 이것도 추울 때엔 솜을 넣어서 신는다. 신발은 짚신이나 나막신을 신는데, 집에 들어갈 때는 항상 신발을 벗는다.

남자도 여자처럼 머리를 길게 기르는데, 머리를 틀어 올려서 매듭을 지어 머리 위에다 묶어 놓는다. 한국인 남자는 누구도 결혼하기 전에는 모자[31]를 쓰는 것이 허용되지 않는다. 그리고 남자가 한번 모자를 쓰면 잘 때까지 벗지 않는데, 높이가 길고 챙이 넓으며 검은 말 털로 만들었다. 그것을 끈으로 턱 아래에 묶는데, 집 안으로 들어갈 때도 절대로 벗지 않는다.

결혼하지 않은 남자는 모자를 쓰는 게 허락되지 않는다고 했는데, 또 결혼하기 전까지는 머리를 틀어 올릴 수 없다. 다만 이런 법이, 많은 남자들이 평생 혹은 아주 오랫동안 맨머리로 다니도록 강요하지 않는 이유는, 이곳의 절대 다수의 남자들이 아주 일찍, 12살 내지 14살이면 결혼을 하고, 아내를 여럿 거느린 남자도 아주 많기 때문이다. 어떻게 그런 식으로 차례가 가도록 여자 수가 충분한지 모르겠다. 아마 충분치 않을 것이니, 그것이 바로 우리가 땋은 머리를 등 뒤로 길게 늘어뜨리고 다니는 나이 많은 총각을 심심치 않게 보게 되는 이유일 것이다.

이 사람들의 옷은 우리들의 옷처럼 단추가 있는 것이 아니라, 대신에 끈으로 묶는다. 또한 우리 옷처럼 바느질로 만드는 것이 아니라, 대부분의 옷을 일종의 풀로 붙여서 만든다. 빨면 조각조각 떨어지기 때문에 다시 붙여야 한다. 그러나 그것을 자주할 필요가 없는 게,

---

31 영어로 "hat"이라고 적었다. 갓으로 번역하기보다 그냥 모자로 번역한다.

그들은 옷을 자주 빨지 않는다. 옷들이, 처음에는 흰색이었지만, 대부분, (적어도 가난한 사람들과 평민들의 경우에는,) 흙처럼 더럽고 뒷목 부분에 까맣게 기름때가 끼어있는 것이 그대로 보인다. 가난한 사람 중에 많은 이들이 옷 한 벌을 가지고 입기 때문에 세탁해서 입기가 힘들고, 두 벌의 옷밖에 없는 사람들이 그보다 좀 더 많다.

한국 사람들의 의복에서 가장 중요하고 또 값이 많이 나가는 것이 모자인데, 남자들에게 그것은 결혼과 품격의 상징으로 자부심이 대단하다. 가령 네가 한국 남자에게 그 어떤 짓을 해도-때려눕히고, 발로 차고, 짓밟고 해도 그가 그다지 신경을 쓰지 않을 수가 있지만, 네가 만일 그들의 모자를 어떤 식으로라도 건드린다면 당장 한바탕 싸움을 각오해야 한다.

여자들도 남자들과 비슷하게 옷을 입는데, 여자들은 바지 위에 또 치마를 입고 갓은 쓰지 않는 게 다르다. 상류 계급 여자들은 외출할 때에 머리와 얼굴을 가리는 가운 같은 것을 쓴다. 실제로 아주 높은 지위의 여자들은 한밤중 말고는 나다니지 않는다. 그러나 평민 출신의 어떤 여자들이나 가난한 여자들은 머리에 아무것도 쓰지 않고 거리에 나온다.

어린 아이들은 주로 분홍색 옷을 입는데, 더운 날씨에는 그들이 어떤 옷이건 별로 많이 입는 것 같지 않다. 얼마 전에 거리에서 한 어린 아이가 허리까지 오는 작은 윗도리 하나만 걸치고 나온 것을 보았을 때 우리가 함께 있던 드루 의사에게, "저 꼬마는 더위를 맞을 준비가 되어 있네요"라고 말했다. 그러자 그가 대답하기를, "오! 아니오. 여름이 되면 그 웃옷도 벗을 것이오"라고 했다.

남자가 상중일 때는 대나무로 만든 큰 모자, 모자라기보다는 머리 위에서 우산처럼 보이는 것을 쓴다.

그런데 내가 지금 너에게 책 하나를 채울 만큼 많은 것을 말해 주려고 애쓰고 있구나. 그러다보니 꼭 말하고 싶은 것이, 한국에 대한 책을 하나 구해서 읽어 보라는 것이다. 그중 가장 좋은 책은 조지 길모어 목사가 쓰고 장로교 출판국에서 출판한 『수도에서 본 한국Korea from Its Capitol』[32]이라는 책이다. 장로교 출판국은 1334 Chestnut St. Philadelphia, Penn.에 있다. 가격은 $1.25로 생각된다. <u>반드시 이 책을 구해라.</u> 네가 구해 읽을 수 있는 어느 책보다 한국에 대해 좋은 정보를 줄 것이다. 그 책에 있는 사진들도 매우 좋다. 그 책 246쪽에 전킨 씨네 집에 갈 때 늘 통과해야 하는 서소문의 멋진 사진이 있다. 104쪽에는 도시의 성벽과 몇몇 상점이 보이는 좋은 사진이 있고, 또 다른 흥미 있는 사진들이 그 책에 많이 있다. 그러나 이제 이것으로 편지를 마감해야겠다.

이 사람들은 매우 못생기고, 더럽고, 매력 없고, 엄청난 거짓말쟁이에 사기꾼들이다. 우리는 하인들이 포크, 숟갈, 음식 등 손이 닿는 대로 모든 것을 훔치기 때문에 그들의 손이 닿지 않도록 집 안의 모든 것을 단단히 잠가 놓는다. 그러나 바로 그러한 이유 때문에 우리가 이곳에 왔다. 만일에 그들이 온전한 사람들이었다면 우리가 이곳에 올 필요가 없었다. 우리는 그들에게 복음을 가르치고, 위대하고 사랑 많은 구세주에 대해 이야기하기를 원한다. 그들이 세상에서 죄를 짓지 않도록 능력을 주시고 다음에 올 세상에서 죗값을 받지

---

32 이 책은 1958년 『향토 서울』이라는 잡지에서 조용만 번역으로 3회에 걸쳐 「수도 서울」, 「서울에서 본 한국」, 「한국의 초기 선교사업」이라는 제목으로 연재되었다.

않도록 구해주시는 그분을.

너의 사랑하는 형제,
유진 벨

1895년 5월 5일, 오후 7시 30분
한국, 서울

나의 사랑하는 애니

네가 스콧과 함께 쓴 편지를 약 1주일 전에 받았다. 지난번에 스콧한테 편지를 했으니, 이제는 너에게 할 차례이다. 우리들의 편지가 집에 도착하는데 4주 내지 5주가 걸린다는 것을 깨닫기가 쉽지 않았다. 너에게서 편지가 올 때 우리 두 사람은 네가 말하는 것을 어제 일어난 일처럼 읽는다. 우리에게는 처음 듣는 것들이기 때문에 그것들이 새로운 소식으로 들린다.

신문도 마찬가지다. 『리터러리 다이제스트 The Literary Digest』가 많이 오는데 지난 호들도 모두 큰 관심을 가지고 본다. 너도 알듯이 주간지인데, 보통 나는 한 번에 두 호씩 받는다. 내 생각에, 『리터러리 다이제스트』가 내가 언제든지 읽고 싶어 하는 꼭 그런 종류의 신문이다. 요약된 형태로 뉴스가 나오는데 시대의 흐름을 잘 포착하는 것 같다. 『옵저버』도 한 부 받았으니, 우리 주소를 제대로 변경한 모양이다. 그간 다른 선교사들로부터 신문을 빌려보았으니, 시간이 지나서이지만 뉴스를 제대로 접하는 편이다. 로티와 내가 매티 벨에게 긴 편지를 썼고, 어머니께도 엽서를 썼는데 둘 다 어제 부쳤다. 편지가 제대로 도착하기를 바란다.

나는 지난 목요일 밤에 언더우드 박사 집에서 기도 모임을 인도했고 오늘 오후에는 선교사들과 공사관 사람들을 위한 성만찬식에서 설교를 했다.

미스 테이트는 방금 샌프란시스코로부터 여러 가지 물건을 받았고, 자기가 필요하지 않은 씨앗들을 어제 가져다주었다. 먼저 번에 심은 상추는 나오지 않아서 씨를 다시 심었다. 그리고 머스크멜론 씨를 조금 더 심었다. 무, 사탕무, 양파, 순무, 옥수수와 콩이 잘 자라고 있다. 완두콩은 올라오는 대로 이웃집의 비둘기들이 쪼아 먹어서 전망이 안 좋다. 언더우드 박사가 여섯 개의 토마토 모종을 주어서 그것들을 밖에다 내놓았다. 상자에 심은 것들이 싹이 나서 잘 자라고, 양배추도 잘 자라고 있다.

맨 처음에 보낸 편지들 중 하나에 내가 닭을 키울 거라고 했는데, 사람들이 족제비 때문에 문제가 많을 거라고들 말해줘서 그 아이디어는 포기했다. 그래서 필요한 대로 하나씩 사다 먹을 것이다. 일주일 전에 한 마리 사서 살을 찌우고 있다. 우리 돈으로 40센트(금화 20센트)[33]가 들었다. 주로 우리가 먹고 남는 것들로 키울 생각인데, 이런 말하는 것이 이상하지만 한국 닭들이 우리 음식 남은 것을 거의 먹지 않는다. 레이놀즈 부인 말이 옥수수 가루 반죽을 바로 옆에 두고도 굶어 죽은 닭들에 대해 알고 있다고 한다. 우리들의 집이 생기면 족제비가 들어올 수 없는 닭장을 지어서 닭을 길러 볼 것이다. 사람들 말에 의하면 이곳의 족제비 문제가 아주 심각해서 낮에도 닭을 잡아 간다고 한다. 유일한 방법이 닭장을 기둥 위에 4 내지 5피트 높이로 짓고, 기둥은 양철로 씌워서 족제비가 기어 올라가지 못하게 하는 것이다. 이곳의 닭들은 하얀색, 까만색, 갈색 등 고국의 닭들

---

33 원문엔 It cost 40 ct our money 920 cts gold으로 되어 있다. 920의 "9는" ("의 오타로, 그래서 본래 문장은 It cost 40 cts our money (20 cts gold).이었을 것으로 생각된다.

과 같아 보인다. 나는 여기서 우리나라 야생 닭과 똑같아 보이는 닭들을 보았고, 한두 마리 우리의 흰색 레그혼처럼 보이는 암탉도 보았다. 칠면조, 집오리, 집거위 등은 아직 보지 못했다.

그러나 우리가 제물포에서 강을 타고 오던 날 <u>수백 마리</u>의 야생 오리와 거위, 그리고 아주 큰 백조의 떼를 한두 번 보았다. 드루 의사가 소총을 가지고 있어서 한 번 커다란 오리 떼를 향해 쏘았는데, 물론 맞추지 못했다. 모두들 하는 말이, 이 나라는 사냥하기에 세계에서 가장 좋은 곳이라고 한다. 그렇게 누구나 말하는 것을 들으니, 내가 총을 가져오지 않은 것이 약간 후회된다. 드루 의사 말로는, 시골로 다닐 때는 꿩과 오리가 사납기 때문에 자기 방어로 총을 들고 다녀야 한다고 한다.

여기는 아직 꽤 서늘하다. 아직 불을 조금 피고 있다. 여기서 좀 오래 산 사람들이 말하기를, 이번 봄이 비정상적으로 늦다고 한다. 이제껏 본 이곳의 기후가 나를 기분 좋게 한다. 이곳의 여름이 내가 생각하는 것보다 아주 나쁘지만 않다면, 이곳의 기후는 켄터키의 기후를 철저히 능가한다. 우리 고향과 달리 이곳 기후는 갑자기 변하지 않는다. 아직 날씨가 서늘하지만 꾸준히 조금씩 따뜻해진다. 비가 오는 때도 있었지만 한 번에 하루나 이틀 이상으로 오지는 않았다.

우리 두 사람은 계속 건강하고, 로티는 내가 이제껏 보아 온 그 어느 때보다 좋아 보인다. 나도 어떤 옷은 입기에 너무 작아지는 것 같으니, 내가 너무 살이 쪄가는 것 같다.

지난번에 네게 편지를 한 후 나는 내 서재에 놓기 위해 책상과 책장을 하나로 합해서 만들었고, 내가 만든 다른 책장은 페인트 칠을 했다. 우리 집이 차츰 가정적으로 보인다. 미스 제이콥슨(우리와 함께 온 여자 중 하나)이 어제 오후 늦게 방문해서 우리와 저녁 식사를 함께했다.

이곳의 모든 선교사들이 함께하여(감리교와 장로교) 유니온 교회로 알려진 교회를 형성한다. 이는 우리가 모여서 같이 예배를 드린다는 것을 뜻한다. 일 년에 한 번씩 목사를 선출하는데, 목사의 임무는 매 주일 오후 설교할 사람을 구하는 일이다. 다른 임원들도 있다. 어제 밤에 올해 일 년 일할 임원들을 선출했다. 로티가 주일학교 교장, 비서, 경리, 교사 모두를 아우르는 자리에 선출되었다. 그 일이 이루어지는 방식은 이렇다. 서울에 여섯 명 정도 선교사들의 어린 자녀들이 있는데 유니온 교회에서는 이들을 위한 교사를 선출하고, 아이들은 매주 일요일 아침, 선출된 교사의 집에서 만나 주일학교 공부를 한다. 이렇게 해서, 로티는 한국어를 할 수 없는 상황에서도 무언가 할 수 있게 되었다.

1895년 5월 12일, 일요일 저녁, 7시

지난 일요일 밤에 이 편지를 일시 중단했을 때, 내가 이렇게 오래 방치해둘 거라곤 생각 못 했었다. 그래도 마음에 조금 위로가 되는 건 지난 주에 편지를 부쳤건 지금 부치건 네가 같은 날에 받으리라고 생각되는데, 결국은 일본에서 같은 증기선에 실릴 것으로 생각되기 때문이다. 여기서 제물포까지는 인편으로 매일 우편물이 나가지만 제물포에서 일본까지는 배편이 어떻게 되는지 깜깜이인 게, 정기적 배편이 아직 없기 때문이다. 우편 체계가 모두 일본의 관할 아래 있다. 한국에는 우편제도라 할 만한 것은 전혀 없다.

너는 아마도 왜 우리가 전쟁에 대해서는 언급을 안 하거나 거의 하지 않는지 조금 이상하게 생각할 것 같다. 실은 거기에 대해서 아는 것이 너무 없기 때문이다. 우리가 너희보다 전쟁의 실제 상황에서 가깝지만, 그 소식을 듣는 것으로 따지면 너희가 열 배는 빠를 것이다. 전쟁에 대한 뉴스를 우리는 주로 『재패니스 메일』이라는 일본에서 발간되는 영자신문에 의존한다. 이 신문은 질이 썩 좋지 않으며 매우 비싸기까지 해서 우리는 구독하지 않는다. 그러니 그 정보통마저 우리에겐 없다. 얼마 전에 평화가 선포되었다는 소식을 들었는데, 근래에 와서는 그 평화협정이 러시아와 영국과의 관계에서 부작용이 있음을 암시하는 말을 들었다. 고국에서 출간한 신문들을 받아보면 그때 자초지종을 알게 될 것이다. 그렇더라도, 우리가 너희보다 이쪽 세상에 대해 출간된 언설에 관해서 유리한 위치에 있는 것이, 바로 그 사실, 여기서 미국 통신사로 사실이라고 보내지는 소식이, 거의 매번 풍문일 뿐이며, 어떤 때는 진실과 아주 거리가 멀기 때문이다.

허나, 우리가 전쟁에 대해서는 오직 아는 것만 적을 뿐 아니라, 여기 도착한 이후로 자주 느낀 것이, 우리가 살고 있는 이 도시에 대해 우리는 거의 아무것도 모르고 있다는 것이다. 말을 모르니까, 우리가 길거리에서 실제로 보는 것과 약간씩 여러 선교사들이 말해주는 것 외에는 이곳에서 무슨 일이 일어나는지 전혀 모른다. 직면한 문제가 실제로 현실에 어떻게 반영되는 가에 대해서는, 한국은 매우 평온하다는 것이 내 생각이다. 적어도 이 도성에서는 그렇다. 우리는 고국에 있을 때와 똑같이 안전하게 느낀다. 드루 의사 말로는, 작년 여름에 전쟁이 시작되었을 때, 안전을 위해서 모든 가능한 일을 하라는 국제전신이 해외선교위원회에서 왔는데, 그 전신이 오던 날 여기 사람들은 도시 인근 산에서 소풍으로 하루를 보내고 있었다고 한다. 선교사들은 종종, 고국에서 일어나는 파업과 폭동 때문에, 자신들보다는 고국의 식구들에 대해 더 염려를 느낀다고 말한다. 그렇지만, 내 생각에 한국 정부가 매우 불안정한 상태이며 북부 지방에서 일어나는 주민들의 반란 때문에 상당한 어려움을 겪었다.

레이놀즈 씨가 5월 10일 금요일 2개월간의 남부 여행을 마치고 돌아왔다. 그는 꽤 큰 도시이자 전라도의 도성인 전주에서 대부분의 시간을 보냈다. 전라도는 우리 선교부에서 사역할 지방이다. 이곳에서 200마일쯤 남쪽에 있는데, 가을에는 아마 선교사 몇 명이 그곳에 가서 거주하게 될 것이다. 레이놀즈 씨가 이곳으로 돌아오는데 월요일 아침부터 금요일 오후까지 걸렸다. 그는 침구와 옷 등을 실을 조랑말과 한국인 하인이 있었다. 한 시간 걷고 한 시간은 말을 타고 그런 식으로 해서 시속 3마일 정도로 다닐 수 있었다고 한다. 한 낮에 항상 한 시간 반 또는 두 시간을 쉬어야 했는데, 말먹이를 끓이고 그걸 식혀서 말이 먹을 때까지 기다려야 하기 때문이다.

그런 이야기를 하다 보니, 한국 돈에 대해서도 이야기해야겠다. 내가 말했듯이, 우리는 일본 돈을 사용하는데(서울과 다른 세 곳의 개항지에서 사용할 수 있다.) 모든 면에서 우리의 돈만큼 편리하다. 그러나 한국인에게는 한 가지 주화밖에 없는데, "현금"[34]이라고 부른다. 구리로 만들었는데 우리 돈 2센트짜리 크기에 중앙에 사각형 구멍이 있다. 우리 돈 1센트가 한국 현금 25개이다. 다른 주화가 없기 때문에 그 불편함이 어떨지 상상이 갈 것이다. 누가 여행을 갈 때

---

34 "cash"라고 썼는데 다른 편지에도 계속 이 말을 쓴다. 상인들이 사용하는 어음에 대비되는 표현이다. '동전'이라고 번역하면 뜻이 더 분명하지만, 원문 표기를 살려서 '현금'이라고 번역했다.

돈을 많이 지참해야 하면 조랑말 여러 마리를 데리고 가야 하는데 한 마리가 질 수 있는 무게가 우리 돈 20불이기 때문이다. 선교사가 내륙으로 여행을 할 때 그들은 여행에 필요한 모든 돈을 "현금"으로 여러 마리 조랑말에 싣고 간다. 나머지는 대개 은덩어리로 가져가서 여행이 끝날 때에 판다. 한국인에겐 이런 목적으로 만든 은덩이가 있는데, 말굽 두 개를 붙여서 만든 모양이다. 은덩이 하나의 가치가 대략 은화 75불이다. 그러나 여기 서울에서는 그런 문제가 없다. 일본인이 운영하는 은행이 있어서(우리 은행과 같은 방식으로 운영되는) 거기에 어제 약간의 돈을 입금했다.

어제는 일본인 정착지로 가서 몇 가지 물건을 샀다. 우리가 사용할 수 있는 물건들이 거기 많이 있는 것에 놀랐다. 이런 줄 미리 알았더라면 우리가 지참하지 않아도 좋았을 작은 물건들이 많았다. 예를 들면 아주 좋은 램프가 37.5센트, 그런 식이다.

나는 마침내 (세 사람을 거친 후에) 문하인moonhein을 다달이 계약하기로 했다. 이 사람은 아직까진 분명 효율적인 하인이다. 건장한 몸에, 재빠르고, 열심히 일한다. 우리 뜰이 넓기 때문에 여름에는 월 50센트를 더 주기로 했는데, 그렇게 되면 한 달 임금이 금화 2.5불이다. 그는 밭일을 월등히 잘하고, 매우 겸손하고 내가 그에게 원하는 일을 무엇이든 즐겁게 하는 것 같다. 나는 그에 대해서 전적으로 만족한다. 어제 (나의 통역관 노릇을 해준) 레이놀즈 씨를 통해서 그가 대문 옆의 방으로 이사와도 좋다고 내가 말했는데, 그가 이사 올 건 자기 한 몸밖에 없다고 했을 때 이 불쌍한 사람이 정말 안쓰러웠다. 아내가 그를 버리고 떠나서 식구가 없고, 식사는 시켜서 먹어야 하고, 바닥에서 이불도 없이 자야 한다. 그의 처지가 딱하다, 그렇지 않니?

그러나 수백 명의 한국인의 처지보다 더 나쁜 것은 아니다.

(우표 하나로 부칠 수 있는 만큼의 쪽수를 다 채웠기에, 이제는 뒷면에다 몇 줄 더 쓰겠다.)

우리의 생각이 미치지 않는, 그러나 네가 알고 싶어 하는, 그런 것들에 대해서 반드시 물어보기를 원한다.

로티와 내가 둘 다 어제 몸무게를 재었다. 로티는 123파운드니까 지난여름보다 12파운드가 더 나갔고, 나는 138파운드이니 내 생전 어느 때보다 더 나갔다. 그러니 한국이 우리에게 맞는 것이 틀림없다.

허나, 네가 읽기가 힘들 테니까 그만 여기서 그치고, 굿 나이트라고 말할게. 로티가 나와 함께 모두에게 사랑을 전한다.

너의 사랑하는 오빠가

유진 벨

1895년 5월 6일, 월요일 저녁, 8시
한국, 서울

사랑하는 애니에게[35]

나는 어제 밤에 네게 몇 쪽의 편지를 썼으나 오늘 밤 그걸 끝내기에는 너무 피곤하다. 오늘 밭일을 할 새 사람을 두었는데 오늘 오후 그에게 무엇을 해야 하는지 보여주느라고 꽤 많은 시간을 보냈고 그러면서 뜰 일을 많이 하게 되었다. 배수로를 여럿 파서 만들었는데, 내가 할 수 있는 것은 모두 했지만 그래도 어떤 곳엔 물기가 너무 많을 것이라고 생각된다. 7월이나 8월에 이곳의 습기를 고향의 네 밭으로 보내 줄 수 있다면 얼마나 좋을까.

너와 식구들이 내가 이렇게 몇 번째 엽서를 보내는 것에 대해 뭐라고 말할지 알고 있다. 그러나 나는 내가 최근에 긴 편지들을 써 보냈으니 이렇게 엽서 쓰는 것을 식구들이 허용해야 한다고 생각한다.

우리 두 사람 다 잘 지내고 적응도 잘해가고 있다고 알리기 위해 이 엽서를 쓴다. 우리 두 사람 모두 한국어 배우는 데 힘쓰고 있으며, 아침 시간을 선생님과 한국어 공부하는데 쓴다. 레이놀즈 부인의 아기가 꽤 아팠으나 이제는 좀 낫다. 그 외에는 우리 선교사들이 모두 잘 있다.

로티가 나와 함께 모든 식구들에게 많은 사랑을 보낸다. 나에게서

---

35 이 엽서는 데이터에 보관된 유일한 친필 편지이다. 다른 것들은 모두 타이핑으로 옮겨 쳐서 사진을 찍은 형태로 남아 있다. 해독이 쉽지 않았다.

곧 네게 편지가 갈 것을 기대해라. 이 엽서와 함께 그 편지가 도착할 지도 모른다.[36]

너의 사랑하는 형제
유진 벨

---

36 이 엽서 바로 앞, 5월 5일 자 편지를 유진은 5월 5일 시작해서 중간에 쉬었다가 5월 12일에 마감한다.

My dear Aunie: Seoul, Korea, May 6. '95
                    Monday 8 P.M.

I wrote several pages on a letter to you last night but I am too tired tonight to finish it. I have had a new man in the garden today and I have had to be with him a good deal this afternoon to show him what to do & have done a good deal myself. I have been having some ditches dug for draining, but in spite of all I can do, I think part of it is going to be too wet. I wish I could transfer some of the moisture to your garden about July or August. I know what you all are going to say when you see that I have written you a few postals. But I think you might allow me to write a few postals when I have been sending such long letters recently. And this is just to tell you that we are both well & still continue to get along nicely. We are both hard at work on the language and spend the mornings studying with our teachers. Mrs. Reynolds' baby has been quite sick but is better now. With that exception we are all well in the mission. Lottie joins me in much love to all. You may expect a letter soon and perhaps it may come in the same mail with this.

          Your affectionate brother
               C. Eugene Bell.

1895년 5월 13일, 월요일 저녁, 7시 30분
한국, 서울

나의 사랑하는 사촌 조시

로티와 내가 방금 전에 배달된 너의 긴 편지를 읽고는 우리 둘 다, 너만큼 편지를 잘 쓸 수 있었으면 좋겠다고 생각했다. 고향에서 이렇게 멀리 떨어져 산다는 것이 어떻다는 것을 네가 알게 되면, 우리가 고향에서 오는 편지들을 얼마나 고맙고 반가워하는지 충분히 이해하게 될 것이다.

우리는 머나먼 이 땅에서 우리만의 집을 얻고 대충 안정이 되었다. 많은 것이 새롭고 낯설지만 또한 고향에서와 똑같은 것들도 아주 많다. 6시 30분에 저녁 식사를 하고, 하인들이 설거지를 끝내고 돌아간 후, 로티와 나는 지금 식탁에 램프 불을 켜고 앉아 있다. 로티는 샌프란시스코에 사는 사촌 샐리 벨에게 편지를 쓰고 있다. 편지가 고향 친구들과의 유일한 소통 방법임을 제외하고는, 우리는 매우 편안하고 행복하다. 그래도, 나는 종종, 집에 잠시 들러서 이쪽 세계에서 보는 이상한 것들에 대해 이야기해주고 싶고, 또는 고향에서 너희가 이곳에 잠시 들러서 우리의 훌륭하고 편안한 집을 볼 수 있었으면 하고 생각한다. 자주 고향에 가 있는 꿈을 꾸는데, 잠에서 깨어날 때는 무언가 열심히 한국에 대해 이야기하고 있는 나를 발견하게 된다.

네가 전해 준 모든 소식을, 특히 매티가 계속 좋아지고 있다는 것을, 듣고 기뻤다. 우리가 얼마 전에 보낸 편지[37]를 매티가 받았기를 바란다. 너는 캘리포니아가 앨버트가 가 있기에는 집에서 아주 아주 먼 곳이라고 생각하겠지만, 이곳에 멀리 떨어져 사는 우리에게는 그만한 거리쯤이라면 바로 집에 있는 것처럼 느껴질 것 같다.

셸비빌에 수도, 전깃불, 증기로 하는 세탁소 등이 생기면서 훨씬 진취적인 도시가 되어가고 있는 것에 대해 들어 기쁘다. 나는 스콧에게, 자신의 집을 소유한다는 것이 얼마나 좋은 일인지 안다면 그가 지금 짓고 있는 집을 월 섬럴 씨에게 한 번에 일 년 이상은 임대하지 않을 것이라고, 또 5년이 만료되기 전에 보다 나은 방법을 강구할 것이라고 편지했다.

집을 떠나오기 전에 베시 위클리프의 결혼에 관한 소문을 들었었다. 지금은 모든 것이 다 끝났을 거라고 생각한다. 월 스콧이 주일학교 교장[38]으로 선출되었다는 네 말을 듣고 아주 많이 놀랐다. 허나, 전에 닐 씨가 존 로건 씨를 그 자리에 임명했을 때에 생겼던 일과 같은 일이 생긴다면, 월 스콧이 그 자리를 수락하는 것이 좋은 일일 수도 있겠다.

호그 박사의 축하행사가 대단한 일이었을 것이다. 그러나 아직까지는 너에게서 들은 것이 우리가 아는 것의 전부이다. 고향으로부터의 신문이 머지않아 소식을 가져다 줄 것이다. 고국의 소식이 얼마나 느리게 우리에게 전달되는지 이것으로 짐작할 수 있겠지.

스콧 하비슨 씨의 병에 대해 듣고 마음이 아팠다. 그러나 우리는 네 편지 후로는 더 이상 들은 것이 없다. 로티는 미스 주디스 베나블

---

37 이 편지는 번역 목록에 포함되어 있지 않다.

38 원문은 "S. S. Supt."인데, Sunday School Superintendent의 약자로 추정된다.

의 죽음, 브로더스 박사의 죽음 및 기타 루이빌의 소식에 대해 내가 들은 것들을 알려준 그 이후로 [그것들에 대한] 편지들을 받았다. 조이스네 집에는 자주 불행이 찾아오는 듯싶다. 그리고 브로더스 박사의 죽음은 기독교계 전체에 얼마나 큰 손실이 되었겠는가! 나는 그보다 훌륭한 사람이 실제 몇 안 된다고 생각한다. 노라 오코너의 연애 사건은 우리들로 하여금 이들 여자들이 다음엔 무엇을 할 것인가라고 묻게 한다.

너도 내가 고향으로 보낸 모든 편지를 보았거나, 거기에 내가 쓴 모든 것에 대해 들었으리라 생각한다. 그러니 똑같은 이야기들은 네가 벌써 아는 소식일 것이다. 그래서 그런 전제하에 몇 가지 새로운 주제로 나아가기로 하겠다. 내가 이곳 토착민 교회에 대해서는 많이 이야기하지 않았다고 믿는다. 지난 일요일 로티와 나는 도성 밖 전킨 씨가 사는 곳으로 내려가서, 레이놀즈 씨가 원주민들에게 설교하는 것을 들었다. 언어를 충분히 익히고 사역의 기초를 쌓은 다음에 선교사들이 하는 일은, 자기들 뜰에 작은 예배실이나 교회를 짓고 …… 초대한다. …….

(나머지 편지는 누락됨.)

1895년 5월 15일, 수요일 오후, 8시
한국, 서울

사랑하는 플로렌스에게

어제는 우편물이 오는 날이었는데, 오후 늦게 우리를 제외한 모두가 우편물을 받았기 때문에 좀 울적해졌었다. 드루 부인이 모든 우편물을 받아 놓는데, 그에게 갔다가 우리에게 온 것은 하나도 없다는 말만 듣고 왔다. 그래서 미스 테이트로부터 새 『옵저버』를 (4월 3일과 10일 치) 빌려와 둘이서 마치 우리에게 온 사적 편지인 양 읽었다.

오늘도 우리 하인 하나를 사무실에 보내서 혹시 우리 편지에 대해 문의해 보라고 했는데, 돌아와서는 그들이 늘 하기 좋아하는 말, "없소upso"라고 대답했다. 무엇을 잃어버리거나 못 찾을 때, "없소"라고 하고, 빵을 거의 다 먹어갈 때(아직 그런 일은 없었음.) 우리가 부엌에서 더 가져오라고 할 때 "없소"라고 대답하고, 우리가 누구를 만나러 갈 때 그들이 집에 없으면 "부인pueen과 대인Tain 없소"라고 한다.

그러나 다시 편지 이야기로 돌아가자. 우리가 집으로부터 이렇게 멀리 떨어져 산다는 것이 어떤 것인지 네가 이해할 때에야, 우리가 10일 내지 14일 만에 한 번씩 오는 우편을 기다리고 기다리다가, 우리에게 온 편지가 하나도 없을 때의 우리의 그 느낌을 네가 온전히 이해할 수 있을 것이다. 그렇게 네가 우리의 그런 감정을 상상할 수 있다면, 오늘 아침 우리들이 선생님과 열심히 공부하고 있을 때, 10시 반쯤 공사관의 하인이 [놀랍게도] 편지 셋과 신문 세 개를 가져왔을 때의 우리의 마음상태가 어땠는지 설명될 것이다. 편지는 4월 8일

자의 네 편지, 어머니와 애니가 함께 내게 쓴 편지, 그리고 다른 하나는 조지아주 어거스타에서 온 미스 채피의 결혼청첩장이었다. 신문은 『옵저버』 둘과 『리터러리 다이제스트』 하나였다. 이번에는 고국에서의 우편물이 없다고 포기한 후였기에 우리는 너무 놀라웠고, 보통 때보다 더욱 더 기뻤다. 공사관에서 우편물을 하루 묵혀놓고 있었기 때문이었다. 그래서 로티가 너에게 썼듯이, 우리에게 편지를 보낼 때 공사관으로 보낼 필요가 절대로 없다. 결혼청첩장의 수신인은 "벨 목사와 부인Rev. & Mrs. Bell께, 닥터 A.D. 드루 댁, 서울, 한국, 중국!"으로 적혀 있었다. 우리는 편지를 받고 둘 다 쉬는 시간(우리가 학교에 있는 것처럼 느껴지기 때문에)을 내서 편지 읽는 기쁨을 만끽했다.

너는 로티가 고베에서 보낸 편지를 금방 받았더구나. 너희들의 편지가 우리에게 만족스러운 것만큼 우리의 편지가 너에게 만족스러우면 우리도 만족스러울 것이다. 내가 일본에서 겪었던 "모자" 사건에 대해 네가 언급했는데, 그 일이 어느덧 오래전 일이었던 것처럼 거의 잊어먹고 있었다. 그러나 그런 일이 여기 한국에서도 일어난다면 [이제는] 전혀 문제가 없을 것이 내가 나가서, "내 갓kot이 없소"라고 말하고 우리가 방금 내린 기차간을 가리키면 될 테니까.

내가 한국말을 짧은 시간에 그만큼 습득했다고 하지만, 그래도 한국말은 아주 어렵다. 첫 번째는 한국어는 우리 알파벳으로는 표기할 수 없는 소리들이 있다. 그들은 입술과 이로 말하는 경우가 극히 적고, 대부분의 소리가 목구멍 안에서 만들어진다. 또, 귀가 잘 훈련된 외국인이나 구별해서 알아들을 수 있는 변별된 소리들을 만들어낸다. 그 소리들을 우리가 내는 것은 더더욱 어렵다. 그 모든 것 외에도 구문 구조가 우리 것과는 완전히 다르고, 아주 미묘한 존칭어제도가 있다. 말하는 사람이나 듣는 사람들에 따라 모든 동사와 형용사가 다양한 형태로 되어 있다. 만일 하인이 문을 두드리고 내가 그가 들어오기를 원하면 나는 "들어와라terrerrar"라고 하고, 문을 두드리는 사람이 하인의 계급보다 높으면 나는 "들어와terrer"라고 말해야 한다. 만일에 손님이 내가 예의를 지키고 존경해야 하는 사람이면 나는 또 다르게, "들어오시오terrushio"라고 해야 한다. 만일 그가 누구인지 모를 때는 중립적인 방식으로 말할 수 있는 형태가 있다. 고위 공직자나 상관들에게 사용해야 하는 다른 형태가 한참 더 많이 있다.

그러나 실용적이기 위해 나는 존댓말의 형태를 세 가지로 나눈다. 하나는 "하대low talk"로 하인들에게 하는 말이고, 하나는 "중간 말middle" 형식으로 친한 사람들에게 하는 말이고, 세 번째 형태는 "높임말high talk"로 손님이나 정중한 대화를 해야 할 때 사용한다. 로티는 하인들에게도 높임말을 할 것을 주장한다. [그러나 그것은] 우리가 만일에 검둥이 하인에게to one of our darkies "죄송하지만 친절하심으로 제게 비스킷 한 접시 가져다주는 겸손함을 주십시오"라고 말하는 것처럼, 하인들이나 한국 사람들에게는 우리가 하인들에게 높임말을 쓰는 격이 되듯이 [혼동스럽고 우습게] 들릴 것이다.

오늘 오후에 누가 우리 대문에 와서 "평안하시오?"라고 물었는데, 그것은 "높임말"로 "평안을 가지고 계십니까? have you peace?"라는 뜻이다. 그렇게 묻는 사람이 누군지 보지는 못했지만 선생님의 말소리처럼 들려서, 그에게 배운 것을 내가 기억하는 것을 보여주고 싶은 생각에서 즉각 똑같이 "평안하시요?"라고 대답했다. 계란을 팔러 온 사람으로 판명된 그에게 내가 "높임말"을 쓰는 것을 보고 하인들이 놀랐었다. 물론 하인들은 상황을 알고 그럴 만도 했겠다고 이해하지만, 다른 사람들은 이해를 못 하고 터무니없다고 생각할 것이다. 본래는 "평안하시오?"라고 대답하지 않고, 사람들이 보기에 그가 나보다 열등한 위치에 있기 때문에 "잘 있느냐 Chalinanya?"라고 전혀 다른 말을 썼어야 했었다.

한국 사람들은 확실히 이상한 사람들이다. 그들은 너도 알다시피 거의 하얀 옷만 입는다. 며칠 전에 검은 겉옷을 입은 사람이 거리에 많은 것을 보고 매우 놀랐다. 물어보니 그들 대답이 왕이 모두에게 "검은 겉옷을 입으라"고 명령했으며, 법이 바로 어제 5월 14일부터 발효된다고 했다. 어제 아침 로티의 선생님은 긴 검은 색 겉옷을 입고 나타났는데, 나의 선생님은 평상시와 같이 흰색 옷을 입고 나타났다. 우리가 그들 옷 색깔에 대해 언급하고 왕이 검은 색을 착용하도록 명령한 것이 사실인지 물었더니 그들 대답이, 그것이 사실인데, 오늘 5월 15일이 유예의 마지막 날이라고 대답했다. 그래서 우리가 묻기를, 만일 누가 검은 옷이 "없소" 하고 그 명에 순종하지 못하면 왕이 어떻게 하겠냐고 했더니, 불순종하는 사람들은 누구나 매를 맞는다고(이 매 맞는다는 말을 적절한 몸짓으로 설명하며) 대답했다. 그래서 우리는 흥미로운 정보를 알아내는 동안 많지 않은 우리의 한국어 지식을 사용할 수 있었다. 오늘 아침엔 내 선생님도 검은 색 겉옷을 입었고 조리사도 그랬다. 그러나 오늘 오후 로티가 몇 군데 방문해야 할 일이 있어서(나는 안 가도 되는) 자기 하인boy에게 같이 가자고 했더니, 그가 검은 옷이 "없소", 그래서 붙잡혀 매 맞고 감옥에 끌려갈까 봐 거리에 나서는 것이 두렵다고 했다. 그래서 그녀가 "문하인gateman"에게 가자고 했더니 그가 응했다. 우리가 어떻게 그는 흰

옷차림으로 나가는 것을 두려워하지 않는지 물어보았다. 그는 검은 옷을 입어야 하는 왕명에서 제외된 낮은 계층에 속한 것 같았다. 그 법은, 막노동꾼coolie층만 제외하곤 누구든 긴 겉옷을 입을 땐 검은 색으로 입어야 한다는 법인 것 같았다. 미스 테이트가 나중에 로티에 게 설명하기를, 하인boy이, 조리사는 긴 검은 겉옷을 입고 있는데 자기는 짧은 흰 옷 상의를 입고 거리에 나가야 하는 것에 자존심이 상했을 것이라 했다. 그러나 하인이 그의 월급의 얼마를 미리 달라고 어제 밤에 부탁한 것을 보면 그도 곧 검은 겉옷이 생길 것 같은 생각이 든다.

5월 19일, 일요일 저녁, 8시

오늘 아침 나는 로티와 함께 성 밖 전킨 씨 집으로 가서 전킨 씨가 그 집 마당에 세운 예배실에서 레이놀즈 씨가 설교하는 것을 들었다. 나는 로티와 함께 예배실로 들어갈 수가 없었다. 그뿐 아니라, 보통 한국 시골의 교회당에서처럼 로티가 한쪽에, 내가 다른 쪽에 앉을 수도 없었다. 로티는 전혀 다른 방으로 가서 여자들과 함께 있고, 나는 또 다른 방에서 남자들과 같이 바닥에 앉았다. 레이놀즈 씨는 의자에 앉아서 설교했지만, 전킨 씨가 설교할 때는 바닥에 앉아서 했다. 그들은 찬송가 몇 곡을 우리들의 찬송가 곡에 맞추어 불렀는데, 가사는 두루마리 종이에 적어서 벽에 걸었다. 설교자 가까이에 여자 들이 앉아있는 방 쪽으로 문이 있어 예배 동안 열려 있었는데, 그들 여자들의 모습이 보이지 않게 하기 위해 문에는 커튼을 드리웠다.

어제 우리가 참석했었던 결혼식에 대해서는 이미 로티가 이야기 했다. 신부는 내 생애 이제까지 본 것들 중에서 가장 섬뜩한 광경

중의 하나였다. 그녀는 짙게 얼굴 전체와 머리 뿌리까지 한두 겹 흰색으로 화장을 해서 그녀의 얼굴색이 실제로 어떤지 아는 것이 불가능했다. 양쪽 뺨에는 우리의 은전 크기로 밝은 빨간색 동그라미가 칠해져 있었다. 그리고 이마에도 빨간 동그라미가 칠해져 있는데 크기는 뺨의 그것보다 작았다. 입술도 빨갛게 칠해져 있어서 얼굴 전체의 흰색과 이상한 대조를 이루었다.

1895년 5월 26일, 일요일 저녁, 7시 30분

이 편지를 끝내기까지 이렇게 오래 걸릴 줄은 몰랐는데 지난 주는 비정상적으로 매우 바빠서 편지를 쓸 시간이 전혀 없었다. 월요일에 레이놀즈 씨가 묻기를 화요일에 그와 함께 산으로 가서 우리가 여름을 보낼 장소로 생각하고 있는 곳에 가보지 않겠냐고, 아니면 적어도 제일 맘에 안 드는 면이 어떤 건지 알아보러 가지 않겠냐고 했다. 그곳을 우리에게 소개해준 이가 내 선생님이었기에, 레이놀즈 씨는 선생님이 동행해서 길을 인도하기를 원했고, 나도 이사 온 이후 도시 밖으로 나가 본 적이 없기에 같이 가기로 했다.

그래서 로티는 이틀 동안의 점심을 충분히 준비했고, 나는 잠자리용으로 이불과 담요 두 장과 고무 베개를 준비하고 화요일 아침에 "문하인"에게 짐을 들게 해서 출발했다. 레이놀즈 부부가 지금은 성 밖의 전킨 씨네 머무르고 있기 때문에, 우리 일행은(레이놀즈 씨, 선생님, 나와 문하인) 거기로 가서 만나서 열 시쯤 길을 떠났다. 매우 좁고 더러운 구불구불한 거리를 빠져나와 도시로 향하는 주요 도로 중 하나인 것처럼 보이는 큰 길로 들어섰다. 늦은 시각이라 농작물과 다른 것들을 가지고 도성으로 오는 큰 무리를 보지는 못했지만, 길을 따라 다른 흥미로운 것들이 있었다. 미국에서 종종 보는 큰 도시로 들어오는 석탄을 실은 긴 열차 대신, 우리는 땔감이 가득 실린 많은 소들을 보았다. 산에서 베어온 작은 삼나무와 소나무 덤불과 다른 작은 관목들이 소의 등에 실린 땔감들이었다. 어떤 경우엔 나뭇잎과 풀로만 된 것으로 보이는 커다란 짐 두 개가 소 등의 양쪽으로 얹혀있었다. 길을 가다가 소의 한쪽 짐이 다른 쪽보다 무겁다 싶을 때는 가벼운 쪽에 돌을 넣어서 양쪽 균형을 맞추었다. 가끔씩 상당한 양의 목재를 등에 실은 소도 보았다. 때때로 지붕을 엮을 볏짚을 실은 짐이 보였는데, 그것들은 짚으로 된 빨대들을 싣고 가는 듯 보였다. 그 볏짚 짐이 하도 커서 좁은 길에서는 비켜 가기가 거의 불가능하다. (이 모든 것이 새끼줄로 묶여 있다.) 소들은 코에 걸린 동그란 고리에 매인 긴 줄에 의해 움직여진다. 가끔씩 소가 끄는 매우 조잡하게 만들어진 수레가 있어 단조로움을 깨기도 했다.

가다가 벽돌을 등에 진 아주 많은 조랑말을 만났다. 그 벽돌은 시골의 가마에서 구운 것으로, 지금 세워지고 있는 프랑스 공사관 건물에 사용될 벽돌이었다. 이 벽돌들도 조랑말의 등에 맞추어 만든 패딩을 댄 나무틀에 새끼줄로 묶여 있었다. 너무 많이 실어서 보는 사람 마음에는 말의 등이 부러질 것 같았다.

조랑말에 쌀을 싣고 도시로 들어가는 긴 일본 군인들의 행렬이 꽤 군사적인 모습으로 보였다. 도시에서 몇 마일 떨어진 곳 길 근처의 집 안팎에서 매우 화려한 옷을 입은 한국인들이 주석 프라이팬과 같은 것을 치면서 기이한 소리를 내는 것을 보았다. 레이놀즈가 이들은 불교 스님들인데 절을 세우거나 수리하는 데 드는 기금을 마련할 때 보통 쓰는 방법이라고 설명했다. 조금 더 멀리 와서 우리는 폭이 15

내지 20피트 되고 깊이가 어떤 데는 1피트 내지 2피트 되는 작은 냇물을 만났다. 우리처럼 도보여행객들 중에 신발과 양말을 벗고 물을 건너기를 원하지 않는 사람들을 건네주려고 남자들이 기다리고 있었다. 우리 일행 셋은 한 사람당 1/25센트를 주고 그렇게 건넜다. 문하인이 그의 신발을 벗어들었고, [시내를 건넌 후] 멈춰 서서 신발을 신은 뒤에 곧 우리들을 제쳤다.

3마일 떨어진 강에 도달하기 전에 우리는 발이 빠지는 잔 모랫길을 오래 걸어야 했다. 그 길을 걷기가 힘들고 몹시 피곤했다. 우리는 나룻배ferry편으로 일인당 1/4센트를 주고 강을 건넜는데, 거기서 통나무로 만든 뗏목들이 길게 강둑을 따라 떠있는 것을 보았다. 선생님이 레이놀즈 씨에게 설명하고 레이놀즈 씨가 내게 통역했던 바로는, 그것은 전쟁 중에 만들어진 다리로, 긴급 상황에서 왕이 남여에 탄 채 지체되지 않고 강을 건너야 할 때를 대비해 만든 것이라고 한다. 강 건너 언덕에서 예사롭지 않게 훌륭해 보이는 집이 눈에 띄었는데, 왕이 그 근처에 모신 조상의 산소에 성묘하러 올 때 들르던 집이라고 했다.

강 건너서 한참은 보통 오솔길들보다 넓은 길이었는데 이 서방(선생님) 말로는 그 도로는 왕이 더 멀리 있는 다른 조상들의 무덤에 제사지내러 갈 때 사용하는 길이라고 했다. 우리는 곧 큰 길을 벗어나서 오솔길로 접어들었는데, 어떤 때는 논과 논 사이의 둑이 길이었다. 곧 산기슭을 오르게 되었고 산이 시야에 들어왔다. 거기서 7마일을 오르는 동안은 그렇게 나쁘지 않았는데, 마지막 3마일은 꽤 가팔랐고, 특히 우리의 여름 거처가 될 마지막 높은 산 정상까지는 꽤 힘들었다. 산의 많은 부분이 거의 수직으로 되어있어서, 이제는 바위

위에 희미하게 난 자취를 따라, 좁은 길을 갈지자로 이쪽에서 저쪽으로 왔다 갔다 하면서 오를 수밖에 없었다. 최근에 나는 걷는 연습을 많이 하지 않아서 이 등반이 꽤 어려웠지만 나의 첫 여행에 쓰러지지 않으려고 마음을 다잡고 겨우 목적지(어떤 절)인, 도시에서 10마일 떨어진 절에 오후 2시 반경에 도착했고, 앉아서 조금 휴식을 취한 후에 점심 바구니를 열어 푸짐하게 식사를 했다. 거기에 밥도 덤으로 먹었는데, 그것이 스님이 우리에게 베푼 정성들인 식사였고 우리가 먹을 수 있는 유일한 것이었다. 다른 음식들은, 기름에 튀긴 해초, 짠지, 채소 대용의 잡풀some sort of weeds served as greens, 매운 고춧가루를 넣고 구운 콩baked beans, 그리고 그들이 밥과 함께 먹는 아주 매운 소스 등이었다.

이곳이 우리가 6월 15일이나 아니면 7월 1일에 와서 한 5주간이나 두 달쯤 머물 절이다. 전킨 씨가 이곳을 한 달 전쯤에 돌아보았는데, 그의 탐방이 완전히 만족스럽지 않았었기 때문에 우리가 무엇을 할 수 있을지 알아보기 원했다. 오늘 성공적으로 드루 부부, 레이놀즈 부부, 그리고 전킨 부부가 각각 쓸 사방 8피트짜리 방 세 개와, 세 벽이 막힌 35피트 길이에 20피트 넓이의 커다란 방 하나를 확보했다. 큰 방을 분할해서 한쪽은 부엌으로 쓰고 다른 쪽은 식당으로 쓸 계획이다.

우리가 본 방들은 하나를 제외하고는 한국인들이 쓰던 방인데 깨끗하거나 시원스레 보이지 않았다. 그래서 나는 스님으로부터 앞쪽 현관의 일부를 11피트 길이에 8피트 폭으로 막아서 로티와 내가 쓸 방으로 만드는 것을 허락받았다. 문과 창문 등을 설치하는데 2불 내지 3불 정도 밖에 들지 않는데다, 무엇보다 이 방은 땅바닥에서 5피트 올라와 있고 내다보는 풍광이 아주 좋다. 이렇게 완벽히 편안하고 건강에 유익한 장소에 머물게 될 기대로 아주 만족해 있다. 산이 높아서 말라리아는 없다고 생각한다. 듣기로는 여기에는 모기도 없고, 심한 운동을 하지 않는 한 여름에도 땀을 흘릴 필요가 없다고 한다. 이곳은 제물포로부터 20마일 되는 곳인데, 사방으로 멀리까지 열려 있는 시골 경치가 참으로 아름답다. 강이 보이고 바다까지도 또렷하게 보인다.

나의 한 가지 주요 난점은 15야드 떨어진 절의 본체에서 스님이 우상을 섬길 때as he worships idols 내는 소음이다. 종을 울리고, 향을 피우고, 단조로운 목소리로 길게 중얼거리는 것을a singsong rigamarole 저녁에 어두워질 때와 새벽 동이 틀 때 15분 내지 30분을 한다.

거기에다, 우리에게 필요한 것들 모두를 사람의 손으로 옮겨야 하는 어려움이 있다. 다들 그렇게 하듯 로티와 나는 우리가 쓸 매트리스를 가지고 가야 하고, 공동으로 필요한 취사용 스토브, 부엌기구, 접시 등을 가져가야 한다. 접시는 각자 책임지기로 했고, 여자들이 일주일씩 교대로 살림을 맡고, 살림 담당자가 그 주일 식탁보를 책임지기로 했다. 레이놀즈 부인과 전킨 부인 그리고 드루 부인은 각각 유모가 따라간다. 우리 집 조리사와 전킨 씨의 조리사를 데려가고, 사람 하나를 고용해서 고기, 계란, 채소 등을 도시로부터 날라 오도록 할 것이다. 우리 보이boy를 데려갈 가능성도 있다. 각자의 하인들 외에 공동으로 부리는 하인들의 임금과 다른 모든 필요한 경비는 동등하게 나눌 것이다.

로티와 나는 우리 선생님들과 함께 갈 계획이다. 도시에서보다 훨씬 더 좋은 여건에서 공부를 계속할 수 있을 것이다. 허나, 우리는 우리가 해야 한다고 생각하는 다른 모든 일로부터 놓여날 것이다. 모든 것을 감안할 때 이곳은 썩 마음에 드는 장소이고, 거기서 지낼 일을 생각하면 즐겁다. 고향의 식구들이 여름 더위에 거의 녹아내릴 듯싶을 때면, 여기 산속의 여름 휴양지에 있는 우리를 생각해라. 레이놀즈 씨에 의하면 한국에서 자신이 본 이런 장소 중에서 이곳이 가장 훌륭한 곳이라고 한다. 그리고 이곳에 와 본 사람들 말로는 아주 저렴하게 여름을 보낼 수 있는 방법이라고 한다.

이야기를 계속하자면, 저녁을 먹은 후에 우리는 낮잠을 자려고 누웠는데, 나는 잠이 오지를 않았지만 이 서방이 낮잠 자는 순수 한국식 스타일이 놀라웠다. 그는 한국 베개를 베었는데 그것은 길이 6인치에 끝이 한 변 3인치의 정사각형으로 된 그냥 나무토막이다. 이 서방이 그 베개를 모로 세워서 귀 쪽의 머리를 그 베게에 대고서 바닥이 아니라 새털 위에서라도 자듯 코를 골며 자는 것을 보고 놀랐다.

저녁 늦게 우리는 근처의 산으로 걸어 올라가 보았는데, 어떤 산들은 우리가 있는 곳보다 조금 더 높았다. 그 중 아주 높은 산들 중 하나에서 허술하게 쌓여진 담으로 둘러싸인 커다란 한 장소를 보게 되어 흥미가 갔다. 그 담 안으로 들어가면서 우리는 땅에 구멍이 여러 개 파인 것을 보았다. 최근까지 사람들이 살았던 흔적이었다. 우리와 함께 간 스님이 말하기를 서울에 사는 갑부들이 전쟁 중에 최악의 사태를 대비해서 신변과 재산을 보호하기 위해 만든 은신처라고 했다. 그에 의하면 두 가족이 있었는데 그들은 주변 방어를 철저히 했다고 한다. 그러나 거기서 일곱 달째 숨어있던 어느 날 도적들이 그 방어벽을 뚫고 들어와, 소리쳐 도움을 청하기엔 너무 멀리 떠나와 있던 무방비의 사람들을 꽁꽁 묶어 놓고, 재물을 몽땅 챙겨 갔다고 한다. 지상에 보물을 쌓아 놓는 것에 대한 슬픈 이야기가 아니겠니?

어두워질 즈음 절로 다시 돌아와서, 나는 스님이 우상 앞에서 기도드리는 절차를 흥미 있게 관찰했다. 나는 자주 불교에 대한 것을 읽고 이런 것들을 생각해본 적이 있지만, 이렇게 실제로 보는 것은 처음이었다. 이 불쌍한 이교도가 눈이 멀고 무지해서 우상 앞에 절하고 단조로운 어조로 숨 가쁘게 읊어대는 소리로 신들의 이름을 연속적으로 불러대는 모습이 그것을 지켜보는 나를 더할 수 없이 우울하게 만들었다.

밤에 찾아온 몇 사람의 매우 불편한 "방문자"들 때문에 나는 제대로 잠을 잘 수가 없었다. 어제 저녁 식사 때와 마찬가지로 오늘 아침 식사 때에도 이 절에 투숙하는 모든 한국 사람들이(대략 12명) 이상하게 생긴 외국인들이 무엇을 어떻게 먹는지 구경하려고 모여들었다. 우리가 스님에게 치즈 한 조각을 주었는데, 그는 치즈가 소의 젖으로 만든 음식이라 먹을 수 없다고 했다. 소는 신성한 동물이다. 그들은 우리의 빵 어느 것도 누룩과 동물성 기름 때문에 먹을 수가 없었는데, 어린아이들과 여자들 몇몇은 우리가 떼어주는 음식을 맛있어 하는 것 같았다. 그들은 우리가 세수하는 것을 신기한 듯 구경했고, 내가 이를 닦기 시작했을 때 더더욱 놀라워하는 것 같았다. 이렇게 그들이 계속 우리 주변을 돌면서 구경하는 것이 처음에는 매우 신경이 거슬렸지만, 저들이 우리에게 빨리 익숙해져서 더 이상 우리를 특이한 존재로 느끼지 않게 되기를 바란다.

수요일 아침에 우리는 1시 식사시간에 대어 집에 도착하기 위해 시간을 맞추어 출발했다. 내려오는 길에 장례행렬을 본 것 외에는 다른 새로운 것은 보지 못했는데, 이들은 거리 중간에서 상여를 멈추어 놓고 그 주위를 돌면서, 이 의식을 위해 화려하게 차려입은 남자들이 격한 이교도식 춤을 추는데, 춤보다 더 이교도식으로 들리는 음악에 맞추어 추었다. 도시로 들어가기 직전에 소에 굽을 박는 것을 본 것이 아주 흥미로웠다. 그 거대한 짐승을 쓰러뜨려서, 발을 모두 함께 묶고, 머리를 등 뒤로 제쳐서 묶는데, 소의 코에 달린 고리에 묶인 밧줄을 꼬리 밑으로 돌려서 가장 잔인한 방법으로 머리를 등 뒤쪽으로 젖히는 식으로 묶었다. 발에 굽을 못 박는 동안에 소들은 한 치도 움직일 수 없고, 쥐처럼 꼼짝없이 누워 있었다. 말들도 이렇게 땅에 쓰러뜨려지고 같은 방식으로 발을 묶어서 말굽을 박는다.

지금 보니 이 편지를 상당히 길게 써 왔다. 그리고 지금은 밤이 깊었고 오늘 밤에는 어머니께 편지를 쓸 시도를 할 수가 없구나. 네가 이 편지를 다 읽은 후 나의 어머니께 보내주겠니? 나는 나의 어머니께서 우리의 여름 동안의 계획을 아시기를 바란다. 우리 두 사람 다 잘 지내고 있어서 여름 휴양의 필요는 느끼지 않는다만[39], 누구나 이야기하듯 도시에서의 삶은 너무 힘들기 때문에, 굳이 그럴 필요를 느끼지 않아도 우리도 휴양지로 갈 것이다.

우리 두 사람의 사랑을 전하며 너의 사랑하는,
유진 벨

---

39 원문에는 "that we <u>do feel</u> the need of any summer resort"인데 문맥상으로는 'do not feel'이어야 할 듯.

1895년 5월 17일, 금요일 오후, 9시
한국, 서울

사랑하는 아버님

지난 화요일 여기 모든 선교사들은 우편물을 받았습니다. 저희 것은 하나도 없는 줄 알았는데, 그 이튿날인 수요일 공사관 전교로 보내진 로티의 편지가 전해져 왔습니다. 저는 어머니와 애니가 함께 쓴 4월 4일 자 편지를 받았고, 로티는 집에서 온 편지와 조지아에 사는 친구로부터 결혼 청첩장을 받았습니다. 『크리스천 옵저버』 2부와 『리터러리 다이제스트』 1부도 왔습니다. 둘이 앉아서 고향에서 온 소식들을 즐겁게 읽었습니다. 제가 받은 이 편지를 쓴 4월 4일에는 아버님께서 제가 요코하마에서 보낸 편지를 방금 받으셨을 때입니다. 지금쯤은 일본에서 길게 지체되었던 사연을 적어 일본에서 부친 다른 편지들도 받으셨겠지만, 저희들이 이제 서울의 저희 집에 정착한 지 5주 가까이 된 사실은 모르실 것입니다.

지금 저희가 주로 하는 작업은 말을 배우는 것입니다. 저희의 한국어 공부가 제대로 되어 가는지 저희로선 알 방도가 없습니다. 다른 사람들은 저희들의 한국어 공부가 잘 되어가는 것으로 생각하는 듯싶습니다. 지난 이삼일 간엔 한국어로 세는 법을 배우고 또한 한국 돈을 세는 방법을 배웠는데 그것은 <u>매우 어렵습니다.</u> 우선, 1에서 100까지 세는데 완전히 두 종류의 말이 있습니다. 어떤 때는 한쪽의 방법으로 세고 어떤 때는 다른 쪽의 방법으로 셉니다. 한쪽은 순수한 한국어이고, 다른 쪽은 중국어에서 온 것입니다. 백 이상의 숫자에 대해서는 한국말로 된 것이 없고 중국어만을 사용합니다.

　매우 어려운 또 다른 것은 한국 돈을 세는 방법인데, 그들은 모두 현금으로 계산합니다. 우리가 사용하는 [이곳] 은화 1센트에 한국 돈 25개의 현금이 필요하고(저희가 사용하는 것이 은화입니다.) 금화 1센트엔 한국 돈 50개가 넘는 현금이 필요합니다. 지금 환율은 매우 낮아서 은화 1불이 금화 47.6센트입니다(저희 봉급이 금화로 지급되는 것이 다행입니다). 이런 식으로 한국 돈이 현금으로 계산되기 때문에, 금화로 1불을 계산하기 위해서 한국말로 <u>오천</u>까지 세는 것을 배워야 합니다. 오늘 아침 수업시간을 미국 돈 50센트를 한국 돈으로 세는 것을 배우는 데 거의 다 보냈습니다. 제가 돈 세는 법을 잘 익혔다고 생각했는데, 오늘 밤 저의 하인들에게 써봤더니 전혀 서로를 이해할 수가 없었습니다. 돈 세는 법을 배우는 대로 일부 상점에 가서 연습 삼아 물건 값을 알아보려 합니다. 왜냐하면 종종 제가 선생님의 발음에는 익숙해져서 알아듣는데, 똑같은 말을 다른 사람이 할 때는 제가 못 알아듣기 때문입니다. 오늘 아침 제가 50센트까지 세는 법을 다 배웠다고 생각했을 때, 닭장사가 닭을 팔러 왔습니다. 그래서 저는 "선생님이 아직 여기 있을 동안이 내가 실습을 할 기회이다"라고 생각하고 밖에 나가서 장사꾼에게 "값이 얼마?" 하고 물었더니 그가 현금으로 대답했습니다. 저는 안으로 다시 들어와서 잠시 생각하고, 종이와 연필을 꺼내들고 현금을 센트로 바꾸는 계산을 해야 했습니다. 곧 그보다 더 잘 할 수 있기를 바라봅니다.

5월 18일, 토요일 저녁, 8시

어젯밤 이 편지를 끝내기 전에 취침시간이 되어서, 지금 계속합니다. 오늘 아침 선생님과 함께 계속 돈 세는 법을 배웠는데, 이제는 1불까지는 아주 잘 셀 수 있을 것 같습니다. 오후에는 산책을 나가서 물건을 몇 가지 샀습니다. 가게 주인들은 제가 물건 가격을 물었을 때 저를 이해하는 데 아무런 문제가 없는 것 같았고, 저도 대체로 그들을 이해했습니다. 또한 저는 물건 값이 너무 비싸다고 생각될 때 그것을 표현하는 법도 배웠습니다.

미스 테이트가 저희와 함께 갔고, 저희처럼 낯선 외국인을 구경하려는 꽤 큰 무리가 저희를 따라다녔습니다. 한두 사람이 저희를 계속 따라다니다가 저희가 뭔가를 사보려고 멈췄더니 그들도 멈추고서 저희에게 물건을 팔려고 했습니다. 가게에서 파는 가격보다 훨씬 가격을 높게 불러서 이익을 더 많이 챙기려고 했습니다. 저는 한국 자물쇠와 열쇠를 7센트를 주고 사고, 곶감 몇 개를 3센트에, 편지봉투 둘과 종이 두 장을 3센트를 주고 샀습니다.

한국에는 저희 고향에서 보는 그런 상점들은 없습니다. 좌판이나 노점이 길을 따라 열리고, 밤에는 철시(撤市)합니다. 종종 아이 하나가 가마니를 길거리에 깔아 놓고 성냥갑 몇 개, 사탕과 담배를 조금 놓고 팝니다. 조금 더 넓은 도로에는 길 전면으로 조그만 가게들이 나 있는데, 짚신이나 나막신가게, 모자가게, 파이프와 담배 등을 파는 가게, 쌀가게, 온갖 채소, 상치, 양파와 다른 야채들을 파는 가게들이 있습니다. 그 가게들엔 고향의 상점들에서 보는 물건들은 몇 가지 밖에 없지만, 저는 조금씩 제게 쓸모 있는 물건들을 발견해 갑니다. 예를 들면, 그들의 도끼는 우리 것만큼 좋지는 않지만, 땔감을 자르는 데는 여러모로 쓸모가 있습니다. 톱과 대패 등도 있습니다. 이곳의 일본 상점들에는 저희가 쓰는 물건들이 다수 있어서, 저희가 처음에 생각했던 것처럼 샌프란시스코로 물건들을 많이 주문하지 않아도 될 것입니다.

제가 할 수 있는 만큼 한국의 가옥에 대해 말씀드리고자 합니다. 제가 전에, 저희가 살고 있는 집은 많이 개조된 한옥으로 보통의 한국 사람들 집보다 훨씬 고급이라고 말씀드렸지요. 한국인들은, 저희들의 관점에서 보면, "욥의 칠면조"[40]만큼 가난합니다. 아주 아주 가난합니다. 그러나 그들의 관점에서 보면, 그들은 원하는 것이 아주 적기 때문에 그렇게 나쁜 것이 아닙니다. 그들은 가진 것이 아주 적지만, 그 적은 것으로 오랜 기간을 살아내는 놀라운 사람들입니다.

그들의 관점에서 잘 사는 한국 사람은 그 숫자가 아주 적은데, 저희들처럼 기와집에서 삽니다. 기와지붕은 정말 준수한 지붕입니다. 언더우드 박사집의 지붕은 300년이 되었다는데 새는 곳이 하나도 없고, 제가 짐작하기에 저의 집 기와도 그만큼 오래되었습니다. 1피트 내지 2피트 정도의 진흙 위에 기와를 덮었기 때문에 여름엔 그 어떤 지붕보다도 시원합니다.

그러나 거의 모든 한국인들은 목재와 건축자재가 비싸기 때문에 흙벽에 볏짚으로 지붕을 이은 집에서 삽니다. 하지만, 그들은 볏짚으로 지붕을 훌륭하게 만들고, 돌을 섞어 넣고 새끼줄로 동여맨 흙벽은 아주 오래갑니다.

문은 일반적으로 문과 창의 두 역할을 다 하는데, 격자문으로 거기

---

40 "욥의 칠면조(Job's turkey)": 극도로 가난하다는 영어 표현.

에 풀로 창호지paper를 발라서 어느 정도 빛이 들어옵니다. 만일 어느 한국인의 창에 4인치 정방형의 유리가 끼어 있다면, 그는 그것을 아주 고급스러운 것으로 간주합니다. 그들의 집은 모두 단층입니다. 방은 모두 작아서 사방 8피트에 높이가 5 내지 7피트 정도인데, 벽은 갈색 빛이 도는 하얗고 두꺼운 종이로 발라져 있습니다. 이들은 이 두꺼운 벽지를 집안 여러 곳에 많이 쓰는데, 겨울에는 벽에 금이 간 곳에도 바릅니다. 문이 만들어지고 목재가 쓰이는 방식 때문에 벽에 큰 금이 많이 생깁니다. 단적으로 말해서 그들은 목재를 어떻게 써야 틀이 맞춰지는지 모릅니다. 그 이유의 일부는, 제가 생각할 때, 쓰는 목재의 질이 매우 좋지 않다는 것입니다. 처리되지 않은 원목 소나무를 쓰기 때문에, 건조한 날씨에는 크게 금이 가고, 우기에는 부풀어서 문이 맞게 닫히지 않습니다. 저희가 사는 이 집은 여름에는 너무 좋은 집이지만 겨울에는 어떻게 해야 집이 따뜻할지 아직 잘 모르겠습니다. 제 생각에는 벽지를 많이 붙여야 할 것 같습니다.

집의 바닥도 통상 흙으로 만들어지며, 때로는 판자로 덮기도 하지만, 보통은 일종의 기름종이로 덮는데 생각보다 훨씬 훌륭한 방바닥이 됩니다. 저희 집 부엌의 바닥이 그런 식이어서, 종이가 바닥에 너무 꽉 잘 붙어 있습니다. 특별히 관심을 가지지 않으면 바닥이 단지 종이로 덮인 흙바닥이라는 것을 알 수가 없습니다. 이 기름종이는 어두운 색깔이며 청소하기에 아주 편리해서, 물걸레로 훔치기만 하면 됩니다.

난방에 드는 연료의 문제라면, 제 생각에, 한국인들은 적은 것을 오래 가게 하는 방법에서 다른 어떤 영역보다 기발함을 발휘합니다. 수많은 사람들이 모여 사는데 어디를 둘러봐도 삼림은 적거나 아주 없고, 석탄자원은 광대한데 캐내는 곳은 아주 적다고 아버님이 들으신다면, 아버님도 저희처럼, 이 많은 사람들이 도대체 어떻게 겨울 동안 땔감을 구해서 춥지 않게 지내나 의아해 하실 것입니다.

제 이야기를 들어보세요. 제가 말씀드린 이 흙바닥은 약 6인치에서 1피트의 두께이며, 바닥에서 약간 올려서 만들어졌습니다. 모든 불은 이 방바닥 아래에서 지펴집니다. 방의 한쪽에 마련된, 음식을 만드는 데 사용하는 작은 공간에서, 방바닥 밑으로 불을 지피면, 불길이 방바닥 밑을 통과해, 반대편에서 1피트 내지 2피트 정도 땅 위로 연기가 빠져 나갑니다.

한국의 집들엔 굴뚝이 없습니다. 연기가 땅 가까이 낮은 곳에서 나오기 때문에 초가집 지붕에 불이 붙는 법이 거의 없습니다. 좁은 골목길을 걸을 때면 이런 연기가 얼굴에 쏘일 것입니다. 이런 방식으로 방의 바닥을 가열함으로써 연료가 아주 적게 듭니다. 거의 언제나, 이 난방용 불을 이용해서 조리를 합니다. 땔감으로는 나무를 조금 쓰고, 풀, 볏짚, 마른 잎 등을 많이 사용합니다. 이런 이유로 한국 사람들은 가을에 마른 잎과 마른풀을 모두 긁어모아 놓습니다. 저희 하인들도 기꺼이 저희 뜰의 잔디를 잘라서 땔감으로 말립니다. 방바닥을 이런 식으로 데우는 것은 또 다른 면에서 경제적입니다. 신분의 고하에 관계없이 모든 한국인은 바닥에 앉고 바닥에서 잡니다. 추운 날씨에도 온돌에 누우면, 위에 많이 덮지 않아도 몸이 더워집니다. 선교사가 시골로 사역을 나갈 때면 밤이 시작될 때는 아주 더워서 구워질 듯하고, 아궁이 불이 꺼져가고 온돌바닥이 식어갈 아침이면 얼을 듯 추워집니다.

한국인들은 바닥에 앉기 때문에 의자가 필요 없고, 그래서 그들의 집에 가구라곤 거의 없습니다. 그들은 몇 가지 조리용 용기들이 있고, 물 항아리, 물동이 그런 것 외에는 가난한 사람들은 거의 가진 것이 없습니다. 물론 상류계층 사람들은 가진 게 더 있지요.

한국 사람들은 자기에게 허락된 작은 땅이라도 잘 이용합니다. 자주, 일 년에 세 번에 걸쳐 수확을 합니다. 그들의 식사는 거의 채소들입니다. 밥을 많이 먹고, 온갖 야채를 많이 먹는데 저희들에겐 풀로 밖에는 보이지 않는 것들이 많습니다. 양파, 무, 짠지, 당근, 메밀, 거친 밀가루도 주요 식재료입니다. 이 모든 것들의 값은 매우 저렴합니다.

그들의 작은 텃밭은 벌써 풍성하게 채소들을 냈는데, 비료를 아주 많이 주기 때문입니다. 집에서 나오는 모든 음식찌꺼기와 쓰레기를 다 비료로 사용합니다. 아무것도 버리는 것이 없습니다. 단 하나, 문제는 그 지저분한 것들을 금방 치우지 않고 오랫동안 거리에 그대로 방치해서 냄새가 나게 한다는 것입니다.

그들의 옷들은 거의 모두 똑같은 하얀 면(棉)으로 만듭니다. 겨울에는 속에 솜을 넣어서 입습니다. 그들의 모자는 말 털이나 짚 아니면 대나무로 만듭니다. 그들의 신발은 짚신, 나막신, 어떤 땐 판지 같은 것으로 만든 것을 신습니다. 이렇게 한국인들은 난방을 하고 살림에 필요한 모든 것이 겉보기에 매우 단순한 방식으로 공급됩니다. 그들이 저희 눈에는 상당히 궁핍해 보여도, 그들 자신의 입장에서는 실제 가진 것은 아주 적어도, 잘 살고 있습니다.

5월 19일, 일요일 저녁, 7시 30분

오늘 아침에 로티와 저는 도성 밖에 있는 전킨 씨 집에 갔는데, 레이놀즈 씨가 토착민the natives들에게 설교하는 것을 들었습니다. 이것은 제가 이미 며칠 전 조시 사촌한테 쓴 편지에 설명했는데, 아버님께서도 그 편지를 보시게 될 것으로 짐작합니다. 오늘 오후에는 저희 외국인들을 위한 영어 예배에 참석했습니다. 감리교 선교사 중 한 사람인 헐버트 씨가 설교를 했습니다.

예배 후에 미스 테이트와 도성 안쪽 길로 산책을 갔습니다. 짐작으로 도성의 바깥쪽에서는 성벽의 높이가 30~40피트 되는데, 도성의 안쪽에는 성벽 위에서부터 2피트 내지 6피트까지 흙으로 둑을 쌓았고 그 둑 위로 도시 둘레의 대부분을 걷기 좋게 길이 나 있습니다. 성벽이 도시 둘레를 돌면서 매우 높은 산으로도 올라가기 때문에, 아래 골짜기에 펼쳐진 도시 전체를 조망할 수 있는 아주 높은 자리도 여럿 있습니다. 이런 면에서 서울은 산으로 둘러싸인 에루살렘과 같습니다. 그러나 이런 모든 것이 제가 데이빗한테 보낸 편지에서 꼭 구입하라고 얘기한 한국에 관한 책에 아주 자세히 묘사되어 있는 것을 볼 것입니다.

오늘 오후에 걸으면서 한두 개 이상하고 좀 흉한 장면들을 보았습니다. 한 곳에서는 왕이 살던 옛 궁전과 성벽 사이에 높고 상당히 넓은 공간이 있었습니다. 거기서 성 밖으로 좀 떨어진 곳에 높은 담 둘 사이에, 열병이나 다른 전염병으로 죽어가는 사람들을 죽게 내버려두는 장소가 있었습니다. 저희가 그곳을 걸으면서 매우 아파 보이는 한 남자를 보았는데, 그는 거적때기 위에 누워 있었습니다. 다른 이들은 거기서 그들이 밤에 잠을 자는, 짚으로 된 조그만 오두막 속에 있었습니다. 성벽 너머 한 곳에서 호기심을 끄는 어떤 흙더미들을 보았습니다. 미스 테이트가 설명하기를, 그것은 아기들이 묻혀 있는 곳이랍니다. 시체 위에 흙을 충분히 덮어 놓지 않아서, 늑대가 시체를 끄집어내서 먹은 구멍이 바닥에 보였습니다.

지금 저는 여덟 쪽 째 쓰고 있으니, 이제는 이 편지를 마감해야 되겠습니다. 저희가 편지에 쓸 생각을 미처 하지 못한 궁금한 것이 있으면 저희에게 물어봐 주시기를 바랍니다. 왜냐하면 저희가 이곳에서 겪는 많은 신기한 일들에 대해 아주 조금밖에는 말씀드릴 수밖에 없기 때문입니다. 그러니 저희들의 편지가 매우 만족스럽지 않고 많은 질문을 유발할 것 같습니다.

저희 두 사람 다 잘 있고, 모든 일이 계속해서 평탄합니다. 텃밭에 작물이 잘 자라고 있습니다. 모든 사람들이 올해는 철이 아주 늦었다고 말합니다. 어머니께 그리고 애니에게 제가 곧 답장을 하겠다고 말씀해 주십시오. 애니가 쓴 부분은 로티에게 쓴 것이라고 믿더라도 말입니다. 자주 편지를 주십시오. 이번 주의 마지막 날에 우편물이 더 오기를 바라고 있습니다.

당신의 사랑하는 아들
유진 벨

1895년 5월 27일, 월요일 저녁, 8시
한국, 서울

사랑하는 어머니

어젯밤에 어머니께 편지를 쓰려고 했었는데, 플로렌스 위더스푼에게 쓰던 편지[41]를 마치고 나니 너무 늦어서 못 했습니다. 그래서 그냥 플로렌스한테 제 편지를 읽은 후 어머니께 그 편지를 보내달라고 부탁했습니다. 왜냐하면, 저희들이 이번 여름에 산으로 가서 보낼 계획에 대해 어머니께 말씀드리고 싶은 것을 모두 플로렌스에게 썼기 때문입니다.

그리고 제가 식구들 모두에게 정기적으로 써야 할지 말아야 할지 잘 모르겠습니다. 지난주에 우편물이 왔는데, 제게는 신문이 왔고 로티는 집에서 편지가 왔으나 저희 집에서 온 편지는 없었습니다. 제가 바라기는 식구들이 한 사람이 일주일에 한 번씩 돌아가며 제게 편지를 보내 주었으면 좋겠습니다. 그렇게 되면 저는 우편물이 올 때마다 매번 집에서 오는 편지를 받게 되는 것입니다. 저희 식구가 7명이니까 한 사람이 단지 7주에 한 번만 편지를 쓰면 되는 겁니다. 그리고 어머니와 애니는 누구보다도 자주 편지를 해 주시니까, 7주만에 한 번 차례가 돌아와서 쓰시는 것 외에도 아무 때나 원하실 때 편지를 보내주세요. 어쩌다가 한 번의 우편물에 하나 이상의 편지가

---

[41] 플로렌스에게 쓴 편지는 5월 15일에 시작해서 5월 26일, 이 편지 쓰기 전날에 마감했음.

집에서 오는 것이 제게 해가 되지는 않으니까요. 제가 지금 집을 떠난 지 4개월이 되었는데, 그동안 집에 편지를 쓰는 일에 대해서는 제가 그런대로 잘 한 것 같습니다. 어머니와 애니가 제게 편지를 자주 보내 주시는 동안 아버님, 스콧, 데이빗에게서 온 편지를 한 통씩 받았고 아치와 마샬에게서는 한 통도 못 받았습니다. 그들이 편지에 쓸 것이 없다고 생각한다면, 저희가 이곳에서 써 보내는 것처럼, 그들의 일상 에서 겪는 작은 일들이 저희에게 흥미 있을 것이라고 말씀해 주십시 오. 이런 말씀을 드리는 것은 절대로 불평을 하려고 하는 것이 아니 라, 단지 제 생각에 가족들이 채택할 수 있는 좋은 구상인 것 같아서 제안하는 것입니다.

저희 두 사람 잘 있고, 로티가 저와 함께 모든 식구들께 사랑을 전합니다.

어머니의 사랑하는 아들,
유진 벨 드림

1895년 6월 4일
한국, 서울

사랑하는 어머니

어제 밤에 어머니께 편지를 쓸 계획이었으나 미스 테이트 집에 저녁 초대를 받았었고, 집에 오니 잠잘 시간이었습니다. 4월 23일 자 어머니의 편지와 아치의 4월 28일 자 편지를 그저께 받았습니다. 로티는 플로렌스에게서 긴 편지를 받았어요. 편지와 신문들이 저희에게 많은 고향의 소식을 가져왔고, 그것은 항상 저희의 기쁨입니다. 어머니께서 말씀하시기를 4월부터는 봄 날씨였다고 하셨는데 이곳은 아직 선선하고, 6월 1일까지는 난로를 조금 피웠습니다. 지금도 아침과 저녁은 아직 서늘합니다. 보통 이곳의 계절이 켄터키 주와 비슷한데 올해는 특이하다고 사람들마다 말합니다.

어머니께서 말씀하시는 애니의 꽃밭을 보고 싶군요. 로티도 꽃 몇 개를 심었는데, 오늘 저녁 늦게 정원에 과꽃을 좀 심으려고 합니다. 제 정원을 어머니께 보여줄 수 있으면 얼마나 좋을까요. 한마디로, 매우 보기 좋습니다. 모든 것이 잘 자라고, 잡초는 <u>거의 없습니다.</u> 저의 "문하인"이 일주일에 한 번씩, 필요할 때엔 더 자주, 뜰 전체를 고루 돌봅니다. 저에게는 "문하인"이 보물입니다. "문하인"은 훌륭한 정원사입니다. 게으른 태가 전혀 없고, 제가 원하는 모든 일을 제가 원하는 방식대로 해 놓는 것을 즐거워하는 것 같습니다.

이제는 한국어 지식이 웬만큼 늘었습니다. 하인들에게 저희가 원하는 일들을 거의 제대로 시킬 수 있어서 그 방면에는 어려움이 없습니다. 저희 하인들은 저희들의 말을 잘 알아듣지만, 아직 저희들에게 익숙하지 않은 외부인들은 저희 말을 못 알아듣습니다. 왜냐하면 아직 몇 마디밖에 모르는 말로 모든 일에 쓰고 있으니까요. 제가 하인에게 채소밭을 김매라고 말하고 싶을 때, 한국말 이름을 다 몰라도, 그냥 밭에서 일하라고 말하고, 몸짓으로 밭 전체를 끌어안는 흉내를 냅니다. 또한 저 자신이 호미질을 자주 합니다. 충분히 운동하고 또 일하는 것이 창피한 일이 아닌 것을 한국인들에게 보여주기 위함입니다. 한국의 신사는 굶어서 거의 죽게 되기 전에는 일을 하려 하지 않습니다.

저는 아주 좋은 감자밭이 있고, 세 가지 옥수수, 토마토 75, 상추 75, 홍당무, 지금 먹고 있는 양상추, 양파, 무, 수박, 호박, 머스크멜론, 두 종류의 콩---버터 콩과 덩굴콩, 사탕무, 셀러리 등등을 심었습니다. 올해는 파스닙과 우엉은 나오지 않았는데, 내년에 새로운 좋은 씨를 구할 수 있기를 희망합니다. 만일 채소들이 지금 보는 것처럼 잘 자라주면, 저희가 소비할 수 있는 그 이상으로 수확을 하게 되고, 그렇게 되면 텃밭이 없는 동료 선교사들과 나눠 먹을 수도 있을 것입니다. 그렇게 해서 이들이 저희에게 보여준 온갖 친절함에 대해 갚을 수 있게 될 것입니다. 토요일에 언더우드 부인이 저희에게 두 번 먹기에 충분한 양의 딸기를 보냈습니다. 어제 밤에 미스테이트 집에서도 딸기를 먹었고 지난 토요일 날 미스 데이비스 집에서 저녁을 먹을 때도 딸기가 있었습니다. 내년에는 저희도 딸기 밭을 가질 수 있기를 바랍니다.

애니가 루이빌을 방문한 것을 들으니 반갑습니다. 플로렌스는 마샬로부터 저희가 보낸 사진들을 받았다고 했습니다. 그런데 어머니나 아치가 사진에 대해서는 편지에 언급하지 않고, 제가 요코하마에서 보낸 사진을 받아 보셨는지조차 말씀이 없네요. 사진을 조금 더 보내려고 하지만 어머니께서 사진을 별로 좋아하지 않으시나 걱정됩니다. 어머니께서 제게 답장을 하실 때 제가 말씀드린 것 중에 흥미 있는 부분을 언급해 주신다면 제가 기쁘겠습니다. 그러면 다음에 무엇에 대해 쓸지 알게 될 것입니다. 저는 어머니께서 말씀하신 대로 어머니께서 저희들의 편지를 즐겨 받으시는 것을 믿지만, 어머니께서 제 편지 내용 중에 특히 마음에 와 닿았던 부분을 제게 알려주시면 제가 어머니께 편지 쓸 때 큰 도움이 될 것입니다. 여태까지 어머니께서는 한 번도 어느 것을 구체적으로 언급하지 않으셨습니다.

제 생각에는 스콧이 새 버기에 탐닉해서 이것저것 모양을 내고 있는 듯싶습니다. 저라면 쓰던 것에 페인트칠만 하면 충분할 것 같습니다. 쓰던 버기를 얼마나 주고 팔았나요? 그가 옥수수 심기 등등 농사일에 잘 적응하고 있다고 해서 감사합니다. 지금쯤이면 낡은 헛간은 사라지고 새 헛간 짓는 일이 꽤 진척되었을 것 같습니다. 제가 그런 모습을 보았다면 아주 즐거워했겠지요.

매티 벨의 회복이 더디다는 소식을 들으니 안 됐습니다. 매티가 안 됐어요. 많이 힘들겠습니다. 로티와 제가 일주일 아니면 이 주일 전에 매티에게 긴 편지를 써서 보냈습니다.[42] 매티가 그것을 곧 받아 보면 좋겠습니다. 가능할 때마다 매티에게 즐거운 마음으로 편지를 쓰겠습니다.

어머니께서 심슨빌에서 어빈 씨를 보았을 때, 그가 저희들에 대해,

---

42 매티에게 썼다는 이 편지는 인돈학술원 데이터에 남아 있지 않다.

아니면 로티의 결혼증명서를 보내는 일에 대해 무슨 이야기를 했는지요? 저희의 결혼식 후 곧 보내주겠다고 약속했는데 로티에게 그걸 아직 보내주지 않았습니다. 데이빗이 제게는 말하지 않았지만, 조시 사촌 말이 그가 교회에 입교했다고 하니 기쁩니다. 그가 항상 그의 종교를 실천하며 사는 사람이 되기를 바라고, 하나님이 그에게 거룩한 삶을 살 수 있는 힘을 주시기를 기도합니다. 윌 섬럴이 윌 삼촌으로부터 어떤 땅을 받았는지요? 마지막 들은 바로는 거기에다 스콧이 집을 짓고 그것을 5년 동안 세를 주겠다고 스콧이 편지에 썼습니다.

어머니께서 닭을 성공적으로 기르고 계신다는 소식이 기쁩니다. 저희는 닭 몇 마리를(튀김용 크기) 마리당 금화 10센트를 주고 샀습니다. 스콧츠 스테이션[43]이 꽤 성황 중인가 봅니다. 그것이 계속되면 제가 고향을 방문했을 때 제가 집에 있다는 실감이 나지 않을 것입니다.

저는 헬름 씨가 감리교로 간 것에 놀라지 않습니다. 그가 자신의 견해를 굳게 믿고 있는 것을 알고 있었습니다. 장로교회에서 조용히 물러나와 자신이 동의하는 교리를 가진 교회로 간 것은 칭찬받을 만한 일이라고 생각합니다. 우드로 박사와 브릭스 씨가 그런 식으로 조용히 처신했다면 그들이 한 것처럼 주님의 일에 그렇게 큰 해를 끼치지는 않았을 것입니다.

어머니는 저의 향수병에 대해 물으셨지요. 이제까지, 스스로 그 주제에 대해 쓰는 것을 용납하지 않아 왔습니다. 그것에 대해 어느 정도라도 생각하는 것을 저 자신에게 허락한다면 오히려 저는 향수병

---

43 원문엔 Scott's' Sta.. 켄터키주 셸비 카운티의 도시. 유진 벨의 고향이다.

에 걸리겠지요. 허나, 저는 매우 바쁘게 지내고 있고, 이곳에서의 삶과 일에 몰두하여 살고 싶고, 이곳을 내 집처럼 만들어 가고, 이곳을 집으로 생각하고 싶습니다. 선교사의 삶에 매우 힘들고 심한 시련이 있지만, 이곳 서울에서는 모든 것이 물질적으로 안락한 편이고 제가 생각했던 것보다 훨씬 좋습니다. 어머니께서 종종 바라셨다고 말씀하신 하신 것처럼 어머니께서 오늘 저희 집으로 걸어 들어오신다면, 저희가 얼마나 편안하게 살고 있는지 보시고 놀라실 것입니다.

제가 잊어먹기 전에 말씀드립니다. 애니가 저에게 토마토케첩 만드는 조리법을 보내도록 말씀드려 달라고 로티가 어머니께 부탁을 드립니다. 제 생각에는 애니가 만드는 케첩이 제가 먹어본 케첩 중에 제일 맛있는 거 같아서, 로티가 저희가 수확할 다량의 토마토로 그렇게 케첩을 만들고 싶어 합니다. 토마토 재배가 잘 안 되면 통조림 토마토로 만들 거랍니다.

플로렌스 위더스푼이 편지에 쓰기를, 저희가 보낸 사진의 우송료로 60센트를 지불했다고 합니다. 제가 우송료에 대해 문의하려고 우체국으로 가져갔었는데, 그 후에 실수로 소포를 그냥 봉했습니다. 사진의 거의 전부가 저희 집 식구들을 위한 것인 만큼 60센트 중에 저희 집에서 부담해야 할 부분은 갚아 주는 것도 좋을 듯합니다. 다시는 그런 실수가 없도록 하겠습니다.

오늘 아침에 선생님과 공부하고 있는데 그의 아들이 문 앞에 왔습니다. 그래서 제가 진정 동양식으로 맞고("편안히 잘 왔느냐? Do you come in peace?"라고 말하며) 그를 안으로 들였습니다. 그가 들어오고 그에게 앉으라고 초대했지만 그는 앉지 않았습니다. 제 선생님이 설명하기를, 아버지 앞에서 아들이 앉지 않는 것이 한국식 예의라고 했습니다. 이것이 늘 그런 것인지, 아니면 다른 손님이 있을 때만 그런 것인지는 모르겠습니다. 이곳에는 이상하고 흥미로운 관습이 많습니다. 성경과 동양의 오랜 관습을 상기시키는 것들 말입니다. 그들의 인사 방식은 진정 동양식입니다. 한국인들은 대체로 처음 만나는 사람에게 스스로 자신을 소개합니다. 그러나 제3자가 동석인 경우에는 공동의 지인들을 서로에게 소개하기도 합니다만, 일반적으로는 한 사람이 스스로 자신을 다른 사람에게 소개하는 <u>듯합니다.</u> 그럴 때, 꽤 많은 종류의 문의를 거쳐 가는데, 제가 지금 선생님과 그 전체 형식을 공부했으니까, 선생님과 제가 지금 처음 만난 사람들로 가정하고 진행했던 것을 어머니께 그대로 보여드리겠습니다. 선생님이 먼저 시작합니다. :

(그) "저희 서로 알고 지냅시다."
(나) "예 알고 지내지요."
(그) "당신에 관해서, 당신의 이름은 무엇입니까?"
(나) "제 이름은 미스터 벨입니다." (한국 이름으로 바레pare)
(나) "그러면 당신은 누구시지요?"
(그) "제 이름은 미스터 이입니다." (이 서방)
(그) "안녕하시기를 바랍니다."
(나) "네, 당신도 안녕하시기를 바랍니다."
(그) "당신의 부모는 아직 살아 계십니까?"
(나) "네, 아버지와 어머니 모두 살아 계십니다."
(나) "그러면, 당신의 부모님도 아직 살아 계십니까?"
(그) "아니요, 두 분 다 살아 계시지 않습니다."
(나) "매우 안됐습니다. 당신의 연세는 어떻게 되시는지요?"

(그) "저는 47세입니다." (미국식으로 44~45세)

(그) "당신은 몇 살입니까?"

(나) "저는 27살입니다."

(그) "당신은 어디에 사십니까?"

(나) "정동에 살고 있습니다."

(나) "당신은 어디 사십니까?"

(그) "저는 남대문 바로 바깥에 삽니다."

이렇게 소개와 인사가 끝납니다. 이러한 질문은 항상 물어보는 주요 질문입니다. 상대방이 여자이면, 결혼을 했는지, 또 자녀가 있는지 물어봅니다. 자녀가 없는 경우 그들은 항상 큰 슬픔과 동정을 표현합니다. 왜냐면, 첫 번째 아내가 자식을 못 낳으면 일반적으로 남편이 두 번째 아내를 얻는 걸로 이어집니다. 그들은 꼭 상대방의 나이를 묻습니다. 한국식 나이는 저희 식의 나이보다 2살 내지 3살 많습니다. 왜냐하면 그들은 조금이라도 살았던 해는 모두 나이에 넣기 때문입니다. 한 아이가 1894년 12월 31일에 태어났으면, 1895년 1월 1일에 두 살이 되는데, 왜냐하면 아이는 이틀밖에 살지 않았지만, 1984년에도 살았고 1895년에도 살았기 때문입니다. 이것이 바로 성경의 유대인들이 그랬던 것처럼 동양식 셈법임을 아시게 될 것입니다. 그리스도께서 무덤에 있는 시간은 실상, 금요일 늦게 무덤에 묻히시고 일요일 아침 일찍 해 뜰 무렵 부활하셨으니까 하루가 조금 넘습니다. 그런데 유대인들은 (그들의 셈법대로), 그리고 예언에 따라서, 그가 금요일과 토요일과 일요일에 걸쳐 무덤에 계셨기 때문에 삼 일 동안 무덤에 계셨던 것입니다. 저는 회의론자들이 바로 이 점을 들어서 저희가 이해하는 대로의 성경을 부정하려고 하는 것을 들었습니다. 그 외에도 이 나라에는 성경구절에 빛을 던져 주는 것들이 많습니다. 예를 들면, 시편의 저자가 "문들아 너희 머리를 들지어다. 영원한 문들아 들지어다. 영광의 왕이 들어가시리로다"[44]라고 하는데, 저는 문들이 머리를 드는 것이 무슨 뜻인지 전혀 몰랐습니다. 그런데 이곳 한국에는 대문과 문들이 상단에 있는 경첩에 의해 위로 밀어서 열립니다. 문이 열릴 때 말 그대로 문이 들립니다.

아치에게 그의 멋진 편지를 제가 아주 즐겁게 읽었다고 전해주십시오. 아치에게서 받은 편지 중에 가장 좋은 편지였다고 생각합니다. 그 애가 스펠링에 약간만 더 신경을 쓴다면 아치는 정말 좋은 편지를 쓸 수 있을 것입니다. 자기가 알고 있는 단어들도 철자를 틀리게 썼는데, 아마도 너무 서두르기 때문에 어떤 철자를 빠뜨리든지, 들어가지 말아야 할 것이 들어가든지 하는 것 같습니다. 그리고 사전을 옆에 놓고 조금이라도 확실하지 않은 단어는 다 사전을 찾아봐야 합니다. 아치에게, 제가 그로부터 그 모든 소식을 듣게 되어 기뻤고, 곧 답장을 하겠다고 전해주십시오.

샌프란시스코에서 철사로 된 방충망을 가져왔습니다. 중국 목수로 하여금, 로티를 위해서 철사를 안전하게 해서, 파리로부터 음식을 보호하는 망을 만들게 했습니다. 아주 잘 만들었습니다. 잠금장치도 있는데, 방충망 값을 빼고 금화 2.5불밖에 들지 않았습니다.

식구들이 합심해서, 정기적으로 몇 명이 일주일에 한 번씩 편지를 해주기를 바랍니다. 우편물이 오는 날 아무 편지도 못 받으면 너무

---

[44] 시편 24:7, 개역 한글판.

편지가 그립습니다. 이번에 보내 주신 어머니 편지가 길고 자세히 쓰신 것이라 너무 즐거웠습니다.

저희 두 사람 완벽하게 잘 있습니다. 로티가 저와 함께 모두에게 사랑을 전합니다. 저희들에 대해 묻는 모든 이들에게 저희 소식을 전해주십시오.

많은 사랑으로
어머니의 사랑하는 아들
유진 벨

1895년 6월 13일, 목요일 아침, 8시
한국, 서울

나의 사랑하는 누이에게[45]

며칠 동안 집에 편지를 쓸 짬을 내려고 노력해 왔지만, 계속 다른 일들이 생겨서 방해를 받았고, 내가 편지를 쓰려고 했던 날이 지난 월요일인데 벌써 목요일 아침이 된 것을 깨달았다. 오늘 아침 선생님이 오기 전에 약간의 시간이 있으니 짧은 편지를 쓸까 한다. 지난 월요일에 우편이 와서 신문과 로티에게 보낸 편지 하나를 받았지만 나는 아무것도 받지 못했다. 그 우편은 샌프란시스코에서 5월 14일에 출발한 증기선편으로 왔다.

우리 둘 다 계속 잘 지내고 있으며 생각건대 내가 매일 살이 쪄가고 있는 것 같다. 그간 날씨가 좋았는데, 아직은 따뜻했다고 말해도 좋을 만큼 그렇게 포근한 날은 없었다. 레이놀즈 부인은 한동안 몸이 많이 안 좋았고 거기다가 말라리아 때문에 건강이 더 악화되고 있어서, 레이놀즈 씨가 지난 화요일 그녀와 아기를 산으로 데리고 갔다(여기서 10마일 정도). 내가 플로렌스에게 그 산에 대해 자세하게 쓰고, 그에게 그 편지를 식구들 모두가 돌려볼 수 있도록 보내달라고 부탁했다. 아직 산에 가기에는 조금 이르지만, 드루 의사 부부, 전킨 씨 부부, 로티와 나는 다음 주쯤에 올라가서, 서울이 폭염으로

---

45 원문 "My Dear Sister". 유진에겐 누이가 애니와 마샬 둘이 있다. 마샬은 고등학교에 갈 나이이다. 이름 없이 Sister라고 한 편지는 애니에게 쓰는 편지로 상정한다. 유진의 1895년 5월 27일, 1895년 9월 5일 편지 등 참조.

견디기 힘들어지게 되는 장마철 두 달 동안 거기서 지낼 것이다. 그 곳은 여름을 보내기에 좋은 장소이며, 나의 선생님도 함께 가게 되니 거기서 로티와 내가 이곳에서보다 훨씬 효율적으로 한국말 공부를 할 것이다.

오늘 로티가 바느질하는 여자 한 사람을 불러왔다. 식탁에 음식을 나르며 돕는 하인[46] 옷이 너무 더러워서 그를 위해 겉옷 몇 벌을 만들어주려고 한다. 품삯을 받고 바느질하는 여자들은 일을 참 잘한다. 그들의 하루 품삯은 금화 10센트이다.

내가 어머니께 드린 마지막 편지에 한국인들 사이의 소개 형식을 설명해 드렸다. 이런 인사 형태를 거친 후에 그들은 종종 명함을 교환한다. 그런 방식으로 내가 받은 명함 하나를 동봉한다. 또 주기도문 사본을 동봉하는데, 요즘 선생님과 함께 이것을 공부하고 있다. 이 주기도문 사본이 한국식으로 접혀있어서, 그냥 펴지는 대로 <u>위에서 아래로</u> 읽을 수 있도록 되어 있다. 그 읽는 방식을 나타내기 위해 첫 번째 줄에 화살표를 해 놓았다. 나는 지금까지 절반 정도를 배웠고, 곧 전체를 익혀서 매일 하인들과 함께 기도를 드릴 수 있게 될 것이다. 그 모양에서 판단할 수 있듯이 한국어는 배우기가 어렵다. 네가 한국인들이 어떻게 말 하는지 알고 싶어 할지 몰라서, 내가 이제까지 배운 만큼 최대한 직역해서 옮겨 보겠다.[47]

---

46 원문 "boy".

47 유진 벨의 의도는 한국말 구문의 순서를 그대로 영어로 직역해서 영어의 구문과 얼마나 다른지를 보여주려는 것이다. 그래서 그가 쓴 한국어 구문식 영어를 번역하기보다 그냥 영어 원문으로 둔다.

주기도[48]

"In Heaven dwelling our Father, thy name be holy,

May become known thy kingdom, Thy will in heaven as, so

on earth be done. Day by day supply as for food be pleased

to give. We against us sinning men forgive as, in same

manner our sings forgiveness be pleased to grant. Us into

temptation do not lead we beseech Thee. But us from evil

deliver. The kingdom, The Power, The Glory to the Father

eternally be ascribed. Amen."

이것을 보면[49] 그들의 말하는 방식이 우리와는 다르다는 것을 알 수 있을 것이다. 한국인이 "비가 올 것 같다it looks like rain"고 말하고 싶을 때, "비 온다 하려고 만든다rain coming intention makes"고 말한다.

지난주에 중국과 일본 사이의 평화협정을 기념하여 궁궐에서 열린 만찬에 우리가 초대받았었다. 그 초대장을 동봉한다. 거기 참석해서 아주 좋은 시간을 보냈다. 다음 편지에 그것에 대해 세세히 쓰고 싶다. 거기서 모두가 가슴에 달았던 배지도 동봉하는데, 한국 국기로 된 배지이다.

---

48 여기서 한국어를 영어로 번역할 때 한국어와 영어의 어순이 어떻게 달라지고, 따라서 뜻을 이해하기가 어떻게 힘들어지는 지, 예를 들어서 첫 마침표가 있는 데까지의 문장을 어순대로 번역했다.

"안에 하늘 계시는 우리의 아버지 In Heaven dwelling our Father, 당신의 이름이 이다 거룩한 thy name be holy, 바라옵니다 되기를 임하다 당신의 나라 May become known thy kingdom, 당신의 뜻 안에 하늘 같이 Thy will in heaven as, 처럼 에 땅 이다 되어지다 so on earth be done. …"

49 유진이 첨부한 한글 주기도문의 사본을 참조.

선생님이 지금 도착했다. 그를 기다리게 하고 싶지 않으니 여기서
편지를 마쳐야 되겠다.

모두에게 많은 사랑을 보내며
사랑하는 형제
유진 벨

1895년 6월 16일, 일요일 오후, 2시
한국, 서울

나의 사랑하는 아치

약 2주 전에 네 편지를 받고, 또 네가 알려 준 모든 소식을 듣고 너무 기뻤다. 프랭크포트로 가는 새로운 철도가 생긴다는 소식을 듣고 놀랐다. 나는 그것이 좋은 일이 되리라고 생각한다. 네가 사과에 대한 전망이 좋다고 했는데, 그 사과를 네가 나에게 좀 보내줄 수 있을 만큼 우리가 서로 가까이 있었으면 하고 바란다. 한국 사과를 아직 본 적이 없는데, 분명 맛이 별로일 것이다. 이곳의 선교사들 중 일부는 미국에서 과일 나무를 가져온 것으로 아는데, 여기서는 과수가 다 잘 되는 것 같다. 우리 밭에 딸기를 심지 않았는데, 언더우드 박사가 큰 딸기 밭이 있어서, 우리에게 몇 번 딸기를 보냈고, 또 여러 번 초대받아 갔을 때도 그 집에서 딸기를 먹었다.

우리 텃밭 일은 여전히 잘 되어 간다. 벌써 햇감자와 엄청 많은 양의 상치와 홍당무를 수확했다. 어제는 콩과 토마토를 세울 막대기 백 개를 개당 0.5센트씩 주고 사 왔다. 토마토 모종이 125개가 자라고 있으니 그걸로 충분치 않을 테지만, 모자라는 것은 막대 없이 그냥 자라게 할 것이다. 한국 사람들이 영계를 가져와 파는데, 튀김을 하기에 알맞은 크기로 마리당 10센트 정도이다. 내년에는 내가 직접 닭을 키우고 싶다. 여기 와 있는 선교사들 중 몇 명이 내년 봄에 미국으로 돌아가는데, 나의 코트와 조끼를 그들 편으로 너에게 보낼 수 있을 것이다.

대학 진학에 대해 말해 달라고 네가 부탁했지. 내가 무슨 말을 해야 할지 모르나, 단 한 가지는 내가 너라면 가능한 곳이 있으면 확실히 어딘가라도 갈 것이다. 나는 빚을 지는 것은 언제건 좋은 일은 아니라고, 그건 아주 나쁜 일이라고 생각하고, 가능하다면 어떻게 해서라도 빚을 지지 않으려고 한다. 그러나 내가 너라면 대학 교육을 마치기 위해서 기꺼이 약간의 빚을 질 용의가 있을 것이라고 믿는다. 네가 언젠가는 교육을 받을 거라면, 지금이 바로 그렇게 해야 할 나이이다. 그리고 내가 네 입장에 있다면, 내게 가능한 교육 중에 가장 좋은 교육을 택할 것이라고 확신한다. 교육이란, 인생에 한 번밖에 할 수 없는 그런 종류의 것이고, 지금이 바로 그때이다. 만일 네가 이 기회를 지금 그냥 지나쳐 버린다면, 나중에 네가 아무리 원한다 해도, 그리고 네가 해야 했을 적시를 놓친 것을 아무리 후회한다 해도, 다시는 그런 기회가 오지 않을 것이다. 네가 이번에 마음을 먹고 좋은 교육을 시작하지 않는다면 확신하건대 후회할 때가, 그것도 막심하게 후회할 때가 분명 올 것이다. 그러나 한 가지 분명한 것은 네가 이번에 대학을 가서 훌륭한 훈련을 받으면 네가 졸업 후 무엇을 하든지 대학교육 받은 것을 결코 후회하지 않을 것이고, 대학교육이 너에게 항상 기쁨과 유익함의 원천이 될 것이다. 어떤 대학에 가야 할지에 관해서는, 나는 무엇이라 말해야 할지 모르겠다. 궁극에는 어느 대학이냐는 그리 중요하지 않다-교육은 대학에 아주 많이 달려있기보다는 거의 전적으로 너 자신에게, 세상의 그 누구도 아닌 너 하나에게 달렸다. 만약 네가 언제라도 교육받은 사람이 되려면 그것은 다른 아무도 아닌 바로 네가 해야 하는 것이다. 이제까지는 대체로 다른 사람들에 의존해서 교육을 받았다면, 이제는 거의 모든 것 <u>전부가</u> 너한테 달려있는 때가 됐다.

성공적인 교육이 대학 자체에 달려있지 않다고 내가 말하는 이유는, 네가 주변 학생들이 무엇을 하든지 간에 네 마음을 정해서 열심히 노력하고 열심히 공부하면 어느 대학에서건 다른 어떤 대학에서 받는 만큼의 좋은 교육을 받을 수 있기 때문이다. 모든 것이 <u>너한테</u> 달렸다. 그걸 깨달아야 한다. 네가 리치몬드대에서 수업료 면제를 받을 수 있다는 것은 의심의 여지가 없다. 그렇게 되도록 조처하는 데 아무 문제가 없을 것이다. 그리고 리치몬드대에 대해 내가 좋아하지 않는 면이 여럿 있지만, 다른 대학을 가려면 훨씬 비용이 많이 들 테니, 그냥 리치몬드에 가는 것도 괜찮다. 블랜튼 박사에게 편지를 써서 네가 하고 싶은 것이 무엇인지 말을 해라. 그에게 수업료를 낼 돈이 없다고 말하고 네가 알고 싶은 것에 대해 모두 물어보면, 그가 나에게 그랬듯이 언제고 너를 도와줄 준비가 되어 있음을 알게 될 것이다.

또 다른 하나는, 내가 너라면 어느 대학을 가든 마음을 단단히 먹고 정규 <u>풀코스</u> 과정을 택하고, 문학사 학위를 취득할 것이다. 물론 많은 예외가 있겠지만, <u>통상</u> 정규 과정을 수강하지 않고 졸업을 기대하지 않는 학생들은 대체로 다른 학생만큼 좋은 성과를 얻지 못한다. 정규 코스에 어려운 과목들이 있고 그래서 그 과목들을 택하고 싶지 않더라도, 나라면 그것들을 택하고 오히려 더 열심히 공부할 것이다. 너는 지금 현재로 내가 처음에 리치몬드대에 갔을 때보다 희랍어를 두 배 정도 더 많이 알고 있다. 그렇지만 나는 처음엔 하루에 6시간 내지 8시간씩 희랍어를 공부하고, 마지막 학년을 두 배로 빨리 함으로써 2년 만에 졸업할 수 있었다. 그것은 항상 내게 매우 어려웠고, 나는 늘 공부에 많이 뒤져 있었기 때문에 아주 좋은 학점을 받을 수 없었지만, 그래도 난 그렇게 했다. 라틴어, 희랍어, 히브리어 등 모든 언어가 내게 어려웠다. 다른 어느 과목보다 더 열심히 공부했지만 보통 이상의 좋은 점수는 받지 못했다. 그리고 지금은 한국어가 아주 어렵다. 그러나 내가 전에 다른 언어 공부를 열심히 안 했더라면 지금 한국어 배우는 게 더욱 더 어려웠을 것이다. 그리고 내가 결코 다른 사람들처럼 한국어를 잘 하게 될 수 없을지도 모르지만, 오랫동안 열심히 공부함으로써 이 불쌍한 사람들에게, 어떻게 구원받고 어떻게 더 나은 삶을 살 수 있는지 말해 줄 수 있기를 원한다.

또 다른 하나, 네가 곧 결정해야 할 심각한 질문은 네가 장래 무슨 직업을 위해 네 자신을 준비할 것인가 하는 질문이다. 지금은 네가 그것을 심각하게 생각해야 할 때이고, 내가 도울 것이 있다고 네가 생각한다면 나는 기쁘게 너를 도와줄 것이다. 그리고 그 결정을 할 때 오로지 금전적인 고려만으로 하지 말아라. 돈이 아주 좋은 것이지만, 돈이 이 세상의 전부는 아니다. 그러니 네가 일생을 바쳐서 할 일이 무엇인가 생각할 때, 무엇보다 네가 다른 사람들을 위해 어떻게 도움이 될 수 있을지를 생각하고, 최종적으로는 네 마음에 하나님이 네가 하기를 원하신다고 생각되는 일을 택해라. 그러기 위해서 너는 이 문제를 가지고 열심히 기도해야 한다. 그러나 네가 진정으로 하나님의 인도하심을 구하면 하나님은 내게 그렇게 하셨듯이 너의 길을 분명히 인도해 주실 것이다. 그리고 네가 항상 하나님이 원하시는 바로 그 일을 하고 있다고 느낄 수 있다면, 세상 모든 것을 다 합친 것보다 네게 더 큰 도움이 될 것이다. 어떤 사람들은 하나님이 설교자, 선교사 등 그런 종류의 일을 하는 사람이 되기를 원할 때만 당사자에게 그것을 알려준다고 생각하는 것 같은데, 하나님은 네가 농부나 상인이나 다른 어떤 일을 하기를 원하더라도, 설교자가 되기를 원하실 때와 똑같이 당신의 뜻을 알려주신다고 믿는다. 중요한 것은 <u>하나님의 뜻</u>을 발견하고, 무엇이 되었든 그 일을 하는 것이다.

지금 보니 편지를 꽤 길게 썼는데도 하고 싶은 말을 다 못 했다. 로티와 나는 오늘 아침 예배를 드리러 갔는데, 바로 여기 우리 집 마당에 있는 교회로 갔던 것이다. 오늘은 사람들이 꽤 많이 왔었다. 300명 정도 되는 것 같았다. 그중에 반 정도는 들어올 수가 없었다. 13명의 새 신자와 아이들 두 명이 세례를 받았다. 성만찬도 있었다. 그냥 어떤가 보려고 온 사람들도 꽤 있었을 거라고 짐작한다. 설교를 한 기포드 씨가 나에게 빵과 포도주를 나누어 주도록 했고, 50명 정도 입교인이 있었다. 그래서 주님의 몸과 피를 상징하는 그것을, 내가 그들에게 설교하기도 전에 나누어 줄 수 있었다. 기포드 씨가 예수가 십자가에 못 박히심에 대해 설교했는데, 그의 한국말을 꽤 많이 알아들을 수 있었던 것이 너무 기뻤다. 나는 여자들이 있는 방에 빵과 포도주를 들고 들어갔을 때 아주 이상한 느낌이 들었다. 왜냐하면 보통은 여자들이 있는 방에는 여자 외에는 아무도 들어갈 수 없기 때문이다.

로티와 나는 둘 다 그 어느 때보다 잘 있지만, 레이놀즈 부인이 매우 아프고 그의 친구들 중 일부는 그가 회복되지 못할 것 같아 두려워한다. 그와 레이놀즈 씨 그리고 그들의 아들은 여기에서 약 10마일 되는 산에 가 있다. 드루 의사와 미스 데이비스는 거기서 레이놀즈 부인을 간호하고 있으며, 로티와 나와 전킨 씨는 이번 주 수요일에 그곳으로 올라갈 예정이다. 테이트 씨와 그의 여동생은 여름을 보내기 위해 일본으로 갈 것이다.

사랑을 듬뿍 담아서,

너의 사랑하는 형,

유진 벨

1895년 6월 26일, 수요일
한국, 서울

사랑하는 어머니

집에서 소식을 들은 지 한 달이 되었습니다. 지금은 매일 우편물이 오기를 기대하지만, 아직 오지 않았습니다. 로티가 어제 어머니께 보내는 엽서에 저희가 산으로 올라왔다고 전했습니다. 여러 가지 작은 불편한 일이 많기는 해도, 이곳은 여름을 보내기에 훌륭한 곳입니다. 아직 날씨가 꽤 서늘해서 저희는 플란넬 옷을 입고 있지만, 이런 날씨가 오래 계속되리라고는 기대하지 않습니다. 그러나 저희가 이곳에 올라오기 전 하루나 이틀 동안 서울은 몹시 더웠습니다. 10마일이라는 거리의 차이로 기온의 차가 그렇게 나는 게 믿기 힘들지만, 서울은 사방이 산으로 둘려 싸인 낮은 지대에 위치해 있는데, 이곳은 그보다 1,500 내지 2,000피트 더 높이 올라와 있고, 거의 항상 시원한 바람이 불고 있고, 또 아주 높이 올라와 있어서 눈 아래로 멀리 몇 마일 거리까지 내려다 볼 수 있습니다. 저희는 군함들이 제물포 항구에 정박해 있는 것도 쉽게 볼 수 있고, 조수가 높을 때는 바다도 잘 보입니다.

저희 선생님도 함께 이곳에 있습니다. 여기 있는 동안의 비용으로 금화 2불을 추가로 지급합니다. 그의 본래 월급 금화 4불은 서울에 있는 그의 가족을 돌보는 데 쓰입니다.

[저희가 있는 방은] 지붕과 바닥은 되어 있었지만 측면 벽에 쓸 판자와 유리도 몇 장 서울에서 가져와야 했습니다. 그것들로 매우

편안한 방을 만드는 데 성공했습니다. 저희가 집에서 쓰던 박스 매트리스[50]를 가져와서 다리를 만들어 쓰니 매우 편안합니다. 드루 의사 부부는 간이침대에서 자고, 다른 사람들은 모두 그냥 바닥에 스프링과 매트리스를 깔고 잡니다. 휴대용 의자 2개와 로티의 흔들의자, 한국식 탁자를 화장대용으로 가져왔고, 제가 [나무] 상자를 이용해서 세면대 받침을 만들었습니다. 방 내부 벽을 일반 흰색 한지로 붙였더니 매우 단정하고 멋집니다. 바닥엔 양탄자도 깔았습니다. 저희 금고, 세면대, 작은 트렁크, 그리고 식료품 두세 상자 등등을 가져왔습니다.

이 모든 것을 짐꾼들이 등에 지고 옮겨 왔습니다. 짐꾼 아홉 명을 고용했습니다. 경사 급하기가 거의 직벽을 오르는 듯한 산길을 짐꾼 한 사람이 얼마나 많은 짐을 지고 오를 수 있는지 어머니께서 보셨다면 놀라셨을 것입니다. 저는 조랑말을 타고 로티는 네 사람이 메는 남여[51]를 타고 올라왔습니다. 짐꾼 일인당 금화 34센트, 조랑말에 40센트, 로티의 가마꾼 일인당 23센트씩 지불했습니다. 하루 임금으로 매우 싼 것 같아도, 미국에서 짐마차 하나에 다 실을 수 있는 짐을 아홉 명의 짐꾼을 고용해서 날라야 해서 돈이 아주 많이 들었습니다.

제가 전에 말씀 드린 것처럼 저희가 머무는 곳은 불교 사찰이며, 사찰에 속한 건물이 조금 더 있는 것과 사찰 주변에 늘 있는 집 몇

---

50 박스 매트리스(box mattress): 직사각형 나무틀에 매트리스를 넣어 그 위에서 잠자도록 되어 있는 침구.

51 여기에서 나오는 "의자(chair) 가마"는 사방과 지붕이 없는 의자에 가마처럼 기다란 막대기 두 개를 옆에 달아서 앞뒤에서 가마꾼들이 지게 되어있음. 보통 가마와는 구별되어 쓰여야 할 것 같음.

채를 제외하고는 수 마일 내에 다른 집이 없습니다. 가능한 한 사람들이 접근하기 어려운 장소에, 세상에서 될수록 멀리 떨어진 곳에 사찰을 짓는 것이 불교적 사고인 것 같습니다. 드루 의사를 제외한 저희들이 쓰는 방들은 본래 사람들이 살던 방이지만, 드루 의사가 주지스님에게 금화 10불을 주고 법당 하나에서 우상들을 모두 옮겨내게 해서 그 방을 쓰게 되었습니다. 미스 데이비스가 이곳에 와서 (그녀는 일시적으로 서울에 돌아가 있습니다.) 레이놀즈 부인을 간호하고 있을 때, 드루 의사는 커튼으로 가려서 그녀에게 자기가 쓰는 법당의 일부를 쓰게 했습니다.

레이놀즈 부부가 쓰던 방이, 특히 레이놀즈 부인이 심히 아플 때 매우 불편해서, 로티와 저는 한동안 저희 방을 그들이 쓰게 내어 주고, 저희는 법당의 다른 편, 미스 데이비스가 쓰던 방으로 옮겼습니다. 그래서 지금 이 편지는 이교도의 사찰에서 그들이 내가지 못한 큰 나무 우상 하나가 제 머리 위에 있는 방에서 쓰고 있습니다. 한국인들이 쓰던 방 모두에서 제일 힘든 것은 <u>빈대</u>인데, 그 종류가 여럿인 것 같습니다. 사찰 전체가 빈대로 넘쳐 나는 것 같습니다. 그러나 저희들 방은 그 전에 아무도 들어있지 않았고 또 저희들이 벌레 약을 엄청나게 많이 뿌렸기 때문에, 로티와 저는 빈대 때문에 큰 고생을 하지는 않았습니다. 그러나 제 생각에 전킨 씨 부인은 매일 밤 빈대를 15 내지 20마리씩 죽인 것 같습니다! 제가 이 소재를 길게 붙들고 있는 것이 죄송합니다만, 저희의 관심이 모아지는 일이기에 쓸 수밖에 없습니다.

레이놀즈 부인은 제 생각에 약간 나아 보이기는 해도 여전히 많이 아파서, 레이놀즈 씨가 그를 위해 작은 집을 새로 짓는데, 실상 집이라기보다는 현관이 딸린 좋은 방을 짓고 있습니다. 거기에서 레이놀즈 부인이 완전히 편하게 지낼 수 있게 되기를 그가 바라고 있습니다. 드루 의사는 레이놀즈 부인이 현재 상태에서 회복할 것을 기대하고 있지만, 그러나 드루 의사가 보기에 그가 가지고 있는 복합증상들이 2-3년 안에 치명적으로 진전될 가능성이 있다고 생각하는 것 같고, 저도 레이놀즈 부인이 오래 못 살 것 같아서 두렵습니다. 그러나 그의 병이 한국의 기후나 특별히 한국과 관련된 것은 전혀 없습니다.

저희가 이교도들 한가운데에 있다는 것을 확실하게 느낍니다. 스님이 하루에 두 번 법당으로 들어가서 우상 앞에서 예배를 드립니다. 밤마다 그 일로 하루를 마치고, 매일 새벽 그 일로 하루를 시작합니다. 예배는 우상 앞에서 절하고, 염불을 외우고, 종을 치고, 북 비슷한 것을 쳐서, 마치 잠자는 신들을 깨우는 듯이 합니다. 저희들은 매일 아침 식사 후에 대청마루open dining room[52]에서 기도회를 하는데 레이놀즈 씨와 전킨 씨가 한국말로 인도합니다. 모든 하인들이 기도회에 참석하고, 종종 네다섯 명의 스님과 또 다른 사람들이 주위에 둘러서서 저희들 하는 일을 보고 듣습니다. 저희들은 한국말로 찬송가를 하나 부르고, 성경 한 구절을 읽고, 그것을 해석하고, 기도를 드립니다. 이로써 몇몇이 개종하는 축복이 있기를 바라고 있습니다. 하인들 중 두세 명은 이미 기독교인이 되었습니다. 그래서 저번에 레이놀즈 씨와 전킨 씨 둘 다 이곳에 없었을 때, 전킨 씨의 조리사가 예배를 인도해서, 성경을 읽고 기도를 하고, 늘 하는 것처럼, 주기도문을

---

52 이 편지 뒤의 도면 참조. 이 사찰의 도면은 6월 16일자로 아치에게 보낸 편지 뒤에 첨부되어 있었음.

함께 외우는 것으로 끝냈습니다.

오늘이 저희 결혼 1주년 기념일입니다. 제가 시간이 있었다면 결혼 생활의 기쁨에 대해 상세히 설명해 보겠지만, 지금은 레이놀즈 씨의 집 짓는 일을 도와주고 있어서, 그것은 나중으로 미루고 우선 가서 그를 도와주어야 할 것 같습니다.

저희 두 사람의 사랑을 듬뿍 담아서
당신의 사랑하는 아들
유진 벨 드림

(이날 편지에 첨부되어 있는 유진 벨이 그린 것으로 추정되는 사찰의 도면)

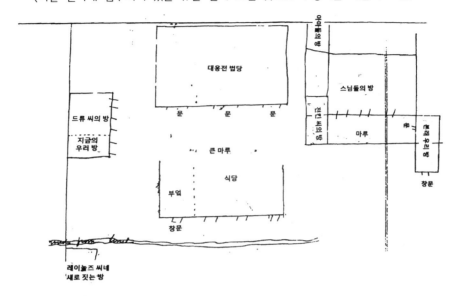

1895년 7월 8일, 월요일
한국, 서울

사랑하는 누이에게

　지난번 고향에 편지를 한 후, 나는 편지를 두 통 받았다. 하나는 5월 15일 자의 어머니 편지를 내가 편지를 부친 다음 날 받았고, 또 하나는 5월 22일 자 누이의 편지를 일주일 전쯤에 받았다. 어머니께서 편지를 쓰실 때는, 내가 나가사키에서 부친 편지와 부산에서 보낸 엽서를 모두 받아보신 후였다. 우리들의 편지가 고향에 무사히 도착했다는 것과, 고향 식구들이 우리가 한국에 도착한 것을 알게 되어서 마음이 즐거웠다. 누이의 편지에도 나와 로티가 서울에서 쓴 편지를 둘 다 받았다고 하였다. 지금쯤에는 우리가 그 후에 이곳에 대하여 자세히 적어 보낸 다른 편지들도 받아 보았으리라 믿는다. 우리 편지가 누이에게 그렇게 만족스러웠다니 나도 참으로 즐겁다. 누이의 편지도 우리에게 정말 만족스럽다. 편지만이 우리 사이의 유일한 의사소통 수단이니, 될수록 자주 긴 편지를 고향으로 보낼 수 있게 되기를 원한다. 항상 고향 식구들을 생각하고 있으며, 할 수 있는 한 자세하게 이곳에서의 우리들의 삶에 대하여 써 보내도록 늘 노력할 것이다. 고향에서 보낸 편지들 중에 우리가 못 받은 것은 하나도 없는 것 같다.

　위더스푼 박사의 방문 소식을 듣게 되어 기쁘다. 그가 우리에게 편지를 주셨는데 페인즈 디포의 헨리 삼촌에게도 들렀다고 한다. 애트모어 부부의 방문을 다시 받고서는 꼭 옛날로 돌아간 것 같았을 것으로 생각된다. 집을 고치고 개선하려는 것은 당연한 게 확실하다.

로티와 내가 요청하건대, 우리가 고향을 방문하기 전에는 한 번에 방 하나씩만 고쳐서 우리가 전에 집 모습이 어땠는지 기억할 수 있게 해 달라는 것이다. 다이닝 룸이 많이 개선되어야 할 것으로 생각되지만, 내가 집에 가서 고치는 것을 볼 수 있었으면 하고 바랄 뿐이다.

『셸비 센티널』[53]은 아직 못 받았다. 내가 스콧한테 『센티널』과 『위클리 커리어 저널』[54]이 우리에게 배달되게 해 달라고 편지에 썼다. 스콧이 그렇게 했기를 바라는데, 그것들이 배달되기에는 아직 시간이 충분히 지나지 않았다. 구독료 청구서는 꼭 내가 받도록 스콧에게 말해라.

조시 사촌이 편지에 앨버트가 캘리포니아로 갈 생각을 하고 있다고 전했었다. 앨버트가 그곳에서 만족해한다니 반갑다. 조시 사촌은 그곳이 너무 멀다고 생각하는 것 같지만, 우리에게는 [캘리포니아 정도라면] 집과 아주 가까운 것으로 생각된다. 로티는 샐리 사촌이 부쳐 준 겉옷을 잘 받았다. 전킨 씨 부인을 위한 화물에 포함돼서 보내졌다.

그러다 보니 생각나는 게 있는데, 만일 언제 누구라도 우리에게 무얼 보낼 일이 있다면 "캘리포니아주, 샌프란시스코, 프론트 가, 416번지, 스미스 캐시 상점. 한국, 서울, 유진 벨 전교(轉交)"로 보내라. 우리 이름으로 그 상점에 보내진 모든 것들을 상점에서 우리에게 전교해 준다. 그 상점은 이곳의 거의 모든 선교사들에게 필요한 식료품, 생활용품 등을 공급하는 곳이다. 자주 화물이 나가는데, 거기에 끼어서 작은 물품도 보내 준다. 우리가 이번 우편 편으로 다량의 식품

---

53 『셸비 센티널(Shelby Sentinel)』: 켄터키주 셸비 카운티 셸비빌에서 현재까지도 발간되는 신문.

54 『위클리 커리어 저널(Weekly Courier Journal)』: 켄터키주 루이빌에서 1874년부터 1917년까지 발간된 주간지.

등을 9월에 보내지도록 주문하는데, 로티가 집에 연락해 작은 물건 몇 가지를 그 상점으로 보내게 해서 주문한 물건들과 함께 보내도록 할 것이다. 화물료가 샌프란시스코에서 일본 나가사키까지 1톤에 12불, 거기서 한국까지 1톤에 4불, 그리고 관세가 10 내지 15%인데 거의 모든 물품에 관세를 내야 한다. 샌프란시스코에서는 어느 것이나 비싸니, 우리가 이곳에서 물품들을 받게 될 쯤에는 값이 엄청 비싸진다. 이곳에서 하인의 급료와 몇몇 물품들이 싸지 않았다면 어떻게 살아야 했을지 모르겠다.

우유 사업이 잘 진행되고 있다니 기쁘다. 내 보내는 크림의 양에 합당한 이익이 있기를 바란다. 스콧한테 새 헛간에 대한 계획과 설명을 내게 보내 주었으면 한다고 전해라. 어떤 구조로 그것이 지어지는지 꼭 알고 싶다.

누군가 전에 벤 매튜가 곧 결혼할 거라고 편지에 썼다. 그에게 축하한다고 전해 주고, 내가 그를 매우 지혜롭다고 생각한다고 전해 드려라. 나는 윌 섬럴의 집이 어딘지 듣지 못했다. 네가 쓰기를 매티 벨이 새 의사를 보려고 한다고 했다. 매티의 건강이 좋아졌기를 진실로 바란다. 매티가 우리가 쓴 편지를 받기나 했나? 그에게[매티에게] 보내는 편지를 내가 얼마 전부터 쓰기 시작했고 곧 완성해서 보내겠다고 어윈에게 전해 주어라. 많은 친구들과 친척들이 우리에 대해 묻는다고 들으니 기쁘다. 우리들의 안부를 묻는 개개인에게 그렇게 말해 주기를 바란다.

어머니께서 어머니의 사진을 될수록 빨리 보내 주시기를 바란다. 아버님도 사진을 찍어서 어머니 사진과 함께 보내 주시기를 원한다. 두 분의 사진을 양면 액자에 넣은 것이 내게 가장 훌륭한 크리스마스 선물이 될 거라고 은근히 전해 주어라. 로티는 위더스푼 박사 부부의 아름다운 사진이 들은 액자를 우리 침실에 걸어 놓았는데 나도 그렇게 어머니와 아버님의 사진을 갖고 싶다.

네가 올리비아 스튜어트의 방문을 받을 수 있어서 좋았다. 베시 위클리프의 조용하게 치러진 결혼식에 대해서는 어머니로부터 들었다. 그러나 소식이 겹칠까 봐 절대 염려하지 마라. 이렇게 멀리 살다 보니 같은 소식을 두 번 들어도 항상 좋기만 하다.

이 편지를 "서울"에서 쓴다고 했지만 실상은 "관악산"이라고 했어야 할 것이, 그것이 우리가 여름을 지내고 있는 산의 이름이다. 이곳은 참으로 마음에 드는 곳이다. 오늘이 7월 8일인데 아직 장마철은 시작되지 않았다. 사실을 말하자면, 지금 날씨가 거의 완벽에 가깝다. 가끔 선선하기까지 하다. 레이놀즈 부인의 병세가 별로 좋아지지 않는다. 긍정적으로 말한다 해도 회복이 아주 느리다. 방 하나와 현관[=마루]으로 된 그들의 작은 새 집이 완성되었다. 집 짓는 일의 대부분을 레이놀즈 씨, 전킨 씨 그리고 내가 했다. 목수에게 든 비용은 3불이었다. 그 집에서 그들은 매우 편안해하고, 우리는 다시 본래 우리 방으로 옮겨 왔다. 작기는 해도 매우 좋은 방이다.

나머지 사람들 모두 잘 있다. 내 생각에 내가 계속 살이 찌고 있고, 로티는 내가 본 중에 지금이 가장 보기 좋다. 우리는 겉으로 보기에 건강한 장소에 와 있고, 실제로도 그렇다. 이곳은 적어도 해발 1,500 피트[55]의 높이에 있어서 지금 동양에서 커다란 공포로 퍼지는 말라리아가 미치지 못한다. 바다에서 불어오는 바람이 여기까지 오는데 기

---

55 457.2미터. 실제 높이는 632m이다.

분 좋게 선선하고 기운을 돋우어 주어, 여기서 여름을 건강하고 편안하게 지내지 못할 이유가 없다고 본다.

그런데 서울과는 너무 대조적이다. 10마일의 거리가 이만큼 기온의 차이를 가져온다는 것이 믿기 어렵다. 열흘 전쯤 서울에 갈 일이 있었는데 너무 덥고 사방이 막혀 있고, 냄새가 너무 심하고, 모기는 쉴 새 없이 달려들어서 정말 견디기 힘들었다. 다음 날 돌아올 땐 조랑말을 타고 올 것으로 생각하고 서울까지 걸어서 내려갔었는데 조랑말 값이 너무 비싸서 그냥 걸어서 돌아왔다. 10마일 산길을 힘겹게 걸어 올라와서는 쓰러질 지경이 되어 토요일 밤 늦게 도착했다. 여름 피서가 끝나고 아주 돌아갈 때까지는 서울에 다시 갈 일이 없을 것으로 생각된다. 서울에 콜레라 환자가 몇 발생했다. 콜레라가 심해지면 이곳에서 추워질 때까지 지낼 것 같다. 고향의 식구들이 염려할 필요는 없는 것이, 이런 일은 이쪽 세상에선 드문 일이 아니고, 우리들이 주의만 한다면 위험할 것이 없다고 생각된다. 전킨 씨는 일요일에 설교하느라고 매주 토요일 서울에 간다. 그는 항상 왕복 길을 걸어다니는데 그가 어떻게 그것을 견딜 수 있는지 모르겠다.

근래 레이놀즈 씨와 체스를 많이 두었다. 이 편지가 시무룩한 기분에서 써진 것처럼 느껴진다면, 레이놀즈 씨가 지금 나보다 8게임 앞선 때문이라고 여겨라. 누이는 내가 얼마나 지는 것을 싫어하는지 알 테니까.

로티와 함께 많은 사랑을 보내며,
너의 사랑하는 형제
유진 벨

1895년 7월 21일, 일요일
한국, 관악산

사랑하는 어머니

어제 저녁, 드루 의사가 서울에서 돌아오면서 어머니께서 로티에게 쓴 6월 9일 자 편지를 가지고 와서 기뻤습니다. 로티는 에바의 편지와 플로렌스의 엽서를 받았고, 저는 해외 선교위원회에서 보낸 메모를 받았습니다. 이번 우편 편으로『옵저버』[56],『미셔너리』6월 호, 그리고『리터러리 다이제스트』[57]도 받았습니다. 또한 체스터 박사께서 댈러스에서 열린 총회에서 이번에 채택된 새로운 "해외선교 실행위원회 규정"의 사본 두 개를 보내주었습니다. 어머니께서 체스터 박사에게 2센트 우표를 테네시주, 내시빌, 사서함 457, S.H. 체스터 목사, D.D. 앞으로 보내서 규정 사본을 하나 어머니께 보내주도록 하셨으면 좋겠습니다. 선교 사역이 어떤 식으로 이루어지는지 어머니께서 이해하셨으면 합니다.

제가 어머니께 편지를 보낸 지 약 10일이 지났습니다. 더 빨리 편지를 드릴 수 있었겠지만, 지난주 내내 손과 얼굴에 옻 같은 것이 옮아서 무척 고생했습니다. 처음 2~3일 동안은 정말 심했는데 지금은 거의 다 나았습니다. 제가 산에서 야생화를 채취할 때에 옮았나 봅니다.

---

56 『옵저버(Observer)』:『크리스천 옵저버(Christian Observer)』라고도 불린다. 1870
   년에서 1976년까지 켄터키주 루이빌에서 발간한 장로교회 주간 신문.
57 『리터러리 다이제스트(The Literary Digest)』: 1890년에서 1938년까지 미국 뉴욕
   에서 발간된 주간 종합지.

제가 그런 발진이 꽤 자주 생깁니다. 제 몸이 그런 독에 특별히 취약한 것을 깨달았으니 앞으로는 좀 더 조심을 할 것입니다. 그것 빼고는 저희 두 사람 다 잘 있고 계속 <u>살이 찝니다.</u>

고향의 더운 날씨에 대한 소식을 읽으며 저희가 얼마나 운이 좋은지 깨달았습니다. 여기 산의 날씨는 더없이 상쾌합니다. 그늘 밑에 있는 온도계가 화씨 80도 이상 올라간 적이 없고, 언제나 산들바람이 불고, 산에서부터 내려오는 시원한 샘물이 바로 가까이에 있습니다. 서울에서 얼음을 조금 가져왔지만, <u>아이스크림!</u>을 만들 때 외에는 필요하지 않았습니다. 저희가 이런 사치에 탐닉할 수 있다는 것이 놀라우시지요? 레이놀즈 부인이 그동안 너무 아파서 거의 전적으로 우유에만 의존해 살아야 했는데, 바로 그 레이놀즈네 우유와 냉장고를 사용해서 아이스크림을 몇 번 만들었습니다. 농축우유로 제법 훌륭한 아이스크림을 만들 수 있다면 놀라시겠지요. 레이놀즈 부인이 더 나아졌는지 아닌지 어떻게 말씀드려야 좋을지 모르겠습니다. 한편으론 그가 괜찮아지는 것 같은데, 드루 의사는 레이놀즈 부인이 아직 단단한 음식은 전혀 못 먹게 하고 걷지도 못하게 합니다. 이곳에 도착한 이후로 줄곧 레이놀즈 씨가 어디든 그녀를 안고 다녔습니다.

날씨 이야기로 다시 돌아가서 - 올해 한국의 날씨는 매우 이례적이었습니다. 보통 이맘때면 비가 계속해서 내리는데, 아직 장마철이 되지 않았습니다. 강수량이 많이 부족하지만 고향에서 가물었다고 말하는 만큼은 아닙니다.

저는 한동안 저희 집 텃밭을 직접 보지 못했는데, 며칠마다 저희 밭에서 가져오는 채소를 보니 밭이 그런대로 잘 되고 있는 것 같습니다. 드루 의사가 어제 구워 먹을 수 있는 옥수수를 좋은 것으로 많이, 사탕무, 상치, 양파, 감자, 콩 등을 올려 보냈습니다. 곧 토마토와 다른 것들도 준비될 것이라고 합니다. 이번 주에는 집으로 내려가서 남은 감자를 다 파낼까 합니다. 장마철이 되면 흙 속의 감자들에서 싹이 나올지도 모르니까요.

저희는 일주일에 두세 번 서울에서 소고기를 가져오도록 했습니다. 그동안 닭고기만 너무 먹던 것에 변화가 있게 되지요. 닭을 천 마리는 족히 먹은 것 같은 기분인데, 로티 말로는 150마리밖에 안 먹었답니다. 좋은 닭 큰 것 한 마리에 금화 7센트이니 그 정도는 감당할 수 있습니다. 계란은 한 번에 <u>열 줄씩</u>, 한 줄에 5센트씩 주고 삽니다. 한국식으론 계란 10개가 한 줄입니다. 가끔 생선도 먹지만 자주는 아닙니다. 드루 의사 말이 그가 지난 번 선교 여행 차 남쪽으로 갈 때, 작은 배로 가며 잠도 거기서 잤는데, 그때 싱싱한 물고기와 굴이 처치할 수 없도록 많았다고 합니다. 전킨 씨가 며칠 전에 커다란 꿩을 한 마리 잡았습니다. 암탉 크기만 하고 맛이 아주 좋았습니다. 사람들 말로는 겨울에는 꿩이 많이 잡혀서 전킨 부인은 꿩고기로 작년 겨울을 났다고 합니다. 사람들 모두가 이곳에 온갖 사냥감이 풍성한 것에 대해, 특히 꿩, 야생오리, 거위 등에 대해 이야기를 해서, 저도 샌프란시스코로부터 총을 하나 주문할까 하는 마음이 많이 있습니다. 특히 토착민the natives들이 이런 사냥감을 사냥할 방법이 없는 것 같아서, 사냥감이 아주 풍부합니다. 그들에게 총이라곤, 따로 가지고 다니는 심지 한쪽에 불을 붙여서 쏘아야 하는 종류가 유일합니다.

아직 『센티널』 또는 『위클리 커리어 저널』을 받지 못했습니다. 스콧이 아직 구독신청을 하지 못했다면 속히 신청해 주면 좋겠습니다.

어머니의 상세하고 긴 편지와 집에서 오는 모든 편지가 저희 두 사람에게 얼마큼의 기쁨을 주는지 이루 말로 할 수 없습니다. 어머니와 애니는 열심히 편지를 보내 주었는데, 다른 식구들이 조금 더 잘할 수 있겠다는 생각이 듭니다. 저는 제게 오는 편지를 못 받은 적이 없는 것 같습니다. 그러나 우편물이 올 때 로티는 한두 개의 편지를 받고 저는 하나도 없을 때가 자주 있습니다. 저는 이제껏 식구들이 만족할 만한 편지를 자주 그리고 정기적으로 써 보내려고 무척 노력했습니다. 그런데 돌아오는 것이 적으니 그 결심에도 맥이 빠집니다. 가족 개개인에게 편지를 하겠다고 생각했었는데, 지금 생각엔 그냥 집으로부터 편지를 받는 대로 제게 편지를 보낸 식구에게 답신을 할까 합니다. 그리고 우편물이 올 때마다 가족 누구부터라도 오는 편지가 하나씩은 있기를 바랍니다.

서울에는 콜레라가 심각해지고 있습니다. 신문에서 보시듯 적든 많든 이 지역 전체에 퍼지고 있습니다. 그러나 어머니께서 이 사람들의 [더럽게] 사는 모습을 보시게 된다면, 그들이 그러면서도 모두가 죽지는 않는다는 것이 진정 경이로울 것입니다. 그들은 오이와 여러 가지 참외 종류를 아주 많이 기릅니다. 저희는 자주 아이들이 오이를 그냥 날로, 저희들이 사과를 먹듯이, 소금도 치지 않고 껍질째 먹는 것을 봅니다. 계절이 좀 지나면, 먹는 것의 대부분이 참외가 될 것이고 그것도 껍질째 다 먹습니다. 지난주에 한국의 왕이 서울에 거주하는 의료선교사들을 전부 불러서 어떻게 콜레라를 막을 수 있을지에 대한 회의를 열었습니다. 콜레라 방지에 3,000불을 책정한 것 외에는 어떤 다른 결정이 있었는지 모릅니다. 드루 의사는 이 콜레라가 저희들에겐 어떤 최소한의 위험도 없는 것으로, 한국 사람들은 그들이 사는 방식 때문에 그렇게 콜레라에 쉽게 걸리는 것으로 생각합니다.

어머니의 편지에 대한 직접적인 답은 하나도 쓰지 않았는데, 로티가 곧 편지를 드릴 것입니다.

월요일

서울에 있는 감리교 선교사인 아펜젤러 부부가 오늘 하루를 저희와 함께 이곳에서 보냅니다. 그들이 이 편지를 서울에서 부쳐줄 수 있도록 이 편지를 마감하겠습니다. 식구들이 한국과 한국인들에 대해 알고 싶은 것이 있으면 제게 물어주기를 바랍니다. 어머니는 『수도에서 본 한국Korea from Its Capitol』이라는 책을 주문하셨는지요? 안 하셨다면 다른 것을 못 하는 한이 있더라도 꼭 그것을 구해 보시기 바랍니다.

중요한 소식 중에 빠진 것은 없는 것 같으니 이만 편지를 마감하겠습니다. 이곳 동양에서는, 몇 년 안 가서 일본과 러시아 간의 전쟁이 일어날 것이 거의 확실하다는 인상이 짙어지고 있습니다. 제 생각에 양국 간의 관계는 이미 긴박한 상태인 것 같습니다. 러시아는 한국의 일부를 자기네 남쪽의 항구로 만들려는 야망이 있고, 일본은 그것을 절대 반대하고, 한국은 완전한 독립국으로 남아 있어야 한다는 결의가 확고합니다.

곧 소식 오기를 기대하며, 저희 두 사람의 많은 사랑을 모두에게 보냅니다.

어머니의 사랑하는 아들,
유진 벨 드림

1895년 8월 2일, 금요일
한국, 서울

사랑하는 어머니

지난 번 제가 어머니께 편지를 쓴 이후로 집에서 아무런 편지도 못 받아서 매일 편지를 기다리고 있습니다. 오늘은 특별한 소식이 없기 때문에 그냥 엽서에 몇 자 적습니다. 저희 두 사람 계속 건강하고 아주 유쾌한 여름을 보내고 있습니다. 장마철이 시작되었는데 정말 비가 많이 옵니다. 거의 일주일 내내 비가 쉬지 않고 내리고, 또 저희가 산 속 높은 곳에 있기 때문에 자주 두터운 구름 속에 갇히게 됩니다. 그로 인해 입고 있는 옷조차 마를 날이 없습니다. 침구를 축축하지 않게 유지하는 유일한 방법은 하루 종일 문을 꼭 닫아놓고 매일 한동안 방 안에 불을 피워서 말리는 것입니다.

저희 선교부에 식구가 한 사람 늘었습니다. 드루 의사 부부에게 어젯밤 아들이 태어났습니다. 레이놀즈 부인은 천천히 차도가 보이기는 하나 아직 침상에서 일어나지 못하고 있습니다. 서울에는 콜레라가 한창 기승을 부리고 있지만, 저희 선교사들은 서울에서 10마일 떨어진 산 속에 있고, 음식을 완전히 익힌 것만 먹기 때문에 저희들이 콜레라에 걸리는 것은 실제적으로 불가능합니다. 드루 의사의 말로는 콜레라는 단지 입을 통해서만 전염된다고 합니다. 저는 선교사 몇 명과 함께 9월 말이나 10월 초에 남쪽으로 여행하게 될 것으로 기대하고 있습니다. 나중에 더 자세히 알려드리겠습니다.

로티가 저와 함께 식구들 모두에게 사랑을 보내며,

어머니의 사랑하는 아들

유진 벨

1895년 8월 13일
한국, 서울 근교, 관악산

친애하는 위더스푼 박사님

로티가 아버님께 쓴 편지를 부칠 준비가 되어 있기 때문에, 저는 거기에 붙여서 몇 마디를 첨가하려고 합니다. 저는 어제 서울에서 9일 동안 있다가 관악산으로 돌아왔습니다. 아버님께서 아마 들어서 알고 계실 텐데, 콜레라가 동양의 여러 곳에서 창궐하고 있고, 현재 서울에서도 극심합니다. 저는 서울로 가서 환자를 간호하고 있었습니다. 콜레라가 도성에 들어오자 한국 정부는 질병의 퇴치를 위해 예산 2,000 불[58]을 책정하였습니다. 서울에 있는 모든 외국인 의사들의 모임이 소집되었고, 장로교 선교사들은 한두 명의 감리교 선교사들, 또 한두 명의 침례교인들의 도움을 받아 콜레라 병원을 세웠으며 그 비용을 정부가 부담하기로 하였습니다. 한국 정부가 하는 모든 일이 그랬듯이 이번도 마찬가지로 처음에는 성공적이지 못했는데, [이유가] 건물들이 환자들을 치료할 준비가 되지 않았기 때문이었습니다. [그러나] 이제는 몇 가지 개선을 한 결과로 상태가 나아졌습니다. 지금까지 전체 환자의 약 $33\frac{1}{3}$%만이 치료됐다는 것이 제 생각합니다. 저는 병원에서 하룻밤 간호를 했고, 그 후에는 아픈 사람들을 집으로 방문하여 약을 주고, 다른 가족에게 전염되지 않도록 집 안팎을 소독하도록 했습니다. 도성 안에 병원 하나가 더 세워져서 전적으

---

[58] 유진 벨이 어머니께 쓴 편지엔 3천 불이라고 적었는데 여기엔 2천 불이라고 했다.

로 선교사들에 의해 운영되고 있습니다. 그래서 치료에 조금 더 성공적이어서 [나중에는] 전체 환자의 약 $66\frac{2}{3}\%$[59]가 완쾌되었습니다. 이 병은 끔찍한 병으로 극심한 고통이 따르고, 때로는 첫 증상을 보인 후 몇 시간 안에 죽기도 합니다. 서울에서만 이미 1,000명 또는 1,500명이 사망한 것으로 추정하며, 제 생각에 지금도 매일 50명에서 100명의 사망자가 생기고 있습니다. 전킨 씨의 선생님도 걸렸었는데 회복되었습니다. 레이놀즈 씨의 문지기 하인은 지난 일요일 아침에 증상이 생겼고 그날 밤으로 사망했습니다. 서울에서 저희에게 물건을 가져다주기로 고용된 일꾼도 콜레라에 걸렸습니다. 제가 그것을 알고 가서 약을 주었고 그는 다행히 회복했지만, 그의 아내는 병에 걸린 후 24시간 안에 죽었습니다. 그 질병이 얼마나 저희들 가까이까지 번져있는지 아시겠지요. 그러나 저희들은 개인적으로 그것을 두려워하지 않는 것이 저희는 모든 예방조치를 취하고 있고, 의사들은 세균이 입을 통해서 우리 몸 안으로 들어가지 않는 한 콜레라에 걸리지 않는다고 저희들을 안심시켰습니다. 그래서 저는 그들을 간호할 때 항상 손을 소독하고 착용했던 모든 옷을 철저히 삶았습니다.

전킨 씨와 드루 의사도 차례로 환자를 돌보며 현재 서울에 있습니다. 제 생각에는 저희들이 할 수 있는 일은 모두 한 것 같고, 무슨 일로 다시 큰 도움이 필요하게 되지 않는 한 다시 그 일에 관여하게 되지 않으리라 생각합니다. 로티와 저는 고향을 떠난 후 확실히 건강의 축복을 받았습니다. 배 여행이 저희 두 사람에게 도움이 된 것

---

[59] 선교사들이 콜레라 병원 등 가정방문으로 콜레라 치료의 도움을 준 후, 완쾌율이 선교사들의 치료개입 전보다 두 배가 되었다는 뜻 같음.

으로 생각됩니다. 저희가 건강한 동안에 언어공부에 전력을 다하고 있습니다. 지금 지내는 이곳 환경이 더할 나위 없이 쾌적합니다. 그래서 휴가는 한두 주만으로 충분하리라 생각합니다.

박사님께서 해저드[60]에서 6월 26일 자로 로티에게 보내신 편지가 며칠 전에 배달되었습니다. 아버님의 산악지역에서의 사역에 대한 소식을 듣는 것이 즐거웠고, 『옵저버』[61]에 실린 아버님의 편지들 모두를 아주 흥미 있게 읽었습니다. 선교가 신학교의 정규과목의 일부가 된다는 것은 좋은 일일 것입니다. 아버님의 경험들이 이곳에서의 저희들의 사역을 상기시켜줍니다.

루이빌에서 6월 8일 자로 제게 보내주신 편지도 제때에 도착했습니다. 제가 저희들의 새 거처와 텃밭 등에 대해 쓴 편지를 받으신 직후였습니다. 이제는 정원일의 실패와 성공에 대해서 말할 수 있을 만큼 시간이 충분히 지났습니다. 제가 심은 씨앗 모두가 다른 사람들에게서 얻은 것들이었는데, 일부는 묵은 씨앗이어서 싹이 나지 않았습니다. 그런 것들을 빼고는 지금까지 거의 모든 작물이 아주 잘 자랐습니다. 벌써 감자를 파냈는데 수확이 엄청났습니다. 일 년 동안 저희가 소비할 수 있는 것보다 더 많은 양인 것이 확실합니다. 이곳의 감자 값이 제법 비싸니까 살림에 꽤 보탬이 될 것입니다. 홍당무와 상치가 저희가 소비할 수 있는 양보다 더 많이 있고, 비츠와 순무도 넉넉히 있습니다. 요즘은 옥수수, 토마토 그리고 양배추를 수확하여 즐겨 먹고 있습니다. 모든 작물이 저희 가족과 같은 크기

---

60 해저드(Hazard): 켄터키주 동남부에 위치한 소읍.

61 켄터키주 루이빌에서 발간되던 『크리스천 옵저버』(1870~1976)를 지칭하는 것으로 추정됨.

의 가족 몇은 충분히 공급할 만큼 됩니다. 콩, 양파 등도 잘 됐습니다. 수박과 머스크 참외는 실패했습니다. 비가 아주 많이 와서 셀러리가 잘 자랐습니다. 저희들의 미국 공사 씰 씨가 얼마 전에 아스파라거스 100개의 모종을 준다고 했는데, 저는 그 모종들을 될수록 일찍 심어서 저희가 어디로 가든지 그것들을 옮겨 가고 싶습니다.

장모님이 보내 주신 책 『수익을 위한 원예Gardening for Profit』가 며칠 전에 도착했습니다. 감사하기 그지없습니다. 그 책의 도움으로 저희는 내년에는 올해보다도 더 잘 할 수 있기를 바랍니다. 고향에서 자라는 채소들이 여기서도 모두 잘 자랍니다. 이곳에서 오래 산 사람들은 과일 재배도 많이 합니다. 로티와 제가 조금 더 영구적인 곳에 정착하게 되면 딸기, 라즈베리, 구스베리, 사과, 배, 포도 등도 재배하고 싶습니다.

저희 하인들은 여전히 일을 잘 하고 있습니다. 저희는 기독교의 정신으로 그들을 감화시키기 위해 성실히 노력하고 있으며, 제 생각에 그들이 저희에게 진정으로 정을 느껴가고 있는 것 같습니다. 레이놀즈 씨의 문지기 하인은 신앙고백을 하지는 않았지만, 죽기 며칠 전에 전킨 씨한테 와서 그에게 꾼 돈 40센트를 갚으면서, "한국 풍습과 반대로contrary to Korean custom" 자기는 예수님께서 누구나 빚진 돈을 갚아야 한다고 가르쳤기에 전킨 씨에게 진 빚을 갚고 싶다고 말했다고 합니다. 그래서 저희들은 그가 마음속으로는 그리스도를 신뢰했다고 믿습니다. 그는 구원의 약속을 알았고 그것을 오랫동안 알고 있었기 때문입니다. 저희는 이제까지 교회가 "쌀 기독교인"[62]들

---

62 쌀 기독교인(rice Christians): 선교사들이 동양에서, 진심에서가 아니라 물질적인

로부터 많은 어려움을 겪었기 때문에, 이곳 사람들에게 교회에 입적하기를 촉구할 수 없습니다. 이들은 매우 슬프고 고통스러운 사람들입니다. 박사님께서 저처럼 그들의 집을 방문해서 그들의 사는 모습을 보신다면, 그들이 매일 [요즘 콜레라로] 수십 명씩 죽어가는 일이 놀랍지 않으실 것입니다. 그래도 실상 놀라운 일은 그들 모두가 다 죽지는 않는다는 것입니다.

로티와 저는 한국어 학습 진전에 고무되어 있습니다. 사람들이 모두 저희의 한국말이 많이 늘었다고 이야기합니다. 원하는 만큼 의사소통을 거의 하고 일상의 일에는 말을 꽤 많이 할 수 있게 되었지만, 추상적 진실에 대해 가르칠 수 있기까지는 오래 걸릴 것입니다.

올 가을에 테이트 씨와, 아마 그의 여동생까지도, 서울에서 175마일 남쪽에 있는 전주로 옮겨 갈 것으로 기대됩니다. 드루 의사와 전킨 씨 그리고 저는 배편으로 제물포에서 100마일쯤 되는 군산[63] "Cun Chang"(제 생각으로는 스펠링을 그렇게 하는 것 같습니다.)[64]으로 가게 될 것 같습니다. 드루 의사와 전킨 씨가 올 봄에 그곳을 탐방했는

혜택을 얻기 위해 기독교로 개조한 사람들을 일컫던 조롱 섞인 용어.

63 원문엔 "Cun Chang"(I think that is the way it is spelled 제 생각으로는 스펠링을 그렇게 하는 것 같습니다.)라고 했다. 이들이 가는 곳이 군산이 확실하고, 뒤따르는 편지에는 Kun San으로 적고 있다.

64 군산을 계속 'Cun Chang'으로 표기하다가 1895년 9월 27일 자 어머니에게 쓴 편지에서 'Kun San'으로 바로잡는다. '군창(群倉)'은 '군산창(群山倉)'을 가리킨다. 『신증동국여지승람』 제34권 「옥구현(沃溝縣)」 항목에 수군 만호가 관할하는 군산포영(群山浦營)과 군산창(群山倉)이 소개되어 있다. "군산창은 군산포(群山浦)에 있다. 옛날에는 용안현(龍安縣)에 있었으며, 득성창(得成倉)이라 하였는데, 지금 여기로 옮겼다." 이때까지 군산이라는 행정구역이 따로 없었고, 군산창에서 옥구·전주·진안·장수·김구·태인·임실 등, 7읍의 전세(田稅)와 대동미(大同米)를 계량하여 배에 실어 서울로 운송하였다.

데 사람들이 우호적이고 모든 면에 친절해서 그곳에 대해 매우 좋은 인상을 가지고 있습니다. 그래서 드루 의사와 전킨 씨가 이번 가을에 그곳으로 다시 가서 땅을 사고 적당한 집이 지어지는 대로 그곳으로 옮겨 가려고 합니다. 해안에 위치한 도시이고 그들이 확보하기 원하는 장소는 아주 높은 언덕 위에 있습니다.

저희가 어디로 가게 될지 아직 명확한 조치는 없었습니다. 저는 선교지역에 대한 전망을 얻기 위해 여행을 하고 싶습니다. 그리고 저희들의 선교 사역은 대체적으로 저희들이 소망하는 하는 바에 따라 결정되게 되기를 바랍니다.

레이놀즈 부인의 건강 상태 때문에 앞으로 1년 동안은 그들 부부가 서울을 떠나는 것이 불가능합니다. 도처에서 사람들의 궁핍함을 목격하기에 저희 모두는 하루라도 빨리 정착되어야 할 곳에 정착되기를 간절히 바라고 있습니다.

두 사람의 사랑을 가득 담아서
진심으로
유진 벨 올림

1895년 8월 19일, 월요일
한국, 서울

사랑하는 스콧

6월 30일 자 형의 편지를 같은 날짜에 쓴 애니의 편지와 함께 며칠 전에 받았다. 오늘은 7월 14일 자의 긴 편지를 애니로부터 또 받았다. 며칠 전 포인터 씨로부터 연락이 왔는데, 『센티널』과 『위클리 커리어 저널』을 1년에 $4.50에 보내주겠다고 하여 1년분을 두 개 다 주문했다. 나를 위해 애써 준 형에게 많은 신세를 졌다.

메리 벨 핼리스의 일을 듣고 놀라웠다. 심각한 일은 아닐 것으로 짐작된다. 뜰을 깨끗이 정리하게 된 것을 축하한다. 형처럼 내 생각도 삼나무나 소나무보다 다른 나무가 더 좋을 것 같다. 새 헛간은 확실히 멋질 것 같고 낡은 헛간이 없어졌으니 이젠 주위가 훨씬 좋아 보일 것으로 안다. 건초 재배가 잘 된 것과 형의 대규모 우유 사업에 대해 듣고 기쁘다. 그곳에 7월 중순까지 비가 많이 내렸던 것 같다. 올해 다시는 가뭄이 없기를 바란다.

몇 주 전 장마가 시작되기 전에 이곳의 날씨가 보통 한국의 여름에 비해서 꽤 건조했는데, 그래도 가장 건조한 시기에도 많은 논들이 물에 잠겨 있었다. 그리고 비가 내리기 시작했을 때는 거의 2주 동안 지속적으로 내려서 홍수가 났었다. 그러나 지금은 다시 좋은 날씨로 안정되었다. 우리가 본 바로 이곳 기후가 켄터키보다 훨씬 낫다.

아직 너희 중 누구도 그것에 대해 말을 하지 않았는데, 내가 제안했던 것처럼 『수도에서 본 한국Korea from its Capitol』이란 책을 구했기를 진정 바란다. 며칠 전에 그 책을 보다가 우리 집 사진을 발견했다. 204쪽에 있다. 그 사진은 언더우드 박사 집 뜰에서 찍은 것으로 남자들이 "삽질하는" 것을 보여주는데, 우리 집을 부분적으로만 보여주지만 그것으로 충분히 우리 집이 어떤 식으로 생겼는지 알 수 있을 것이다. 사진에 제일 확실하게 보이는 방이 우리 침실이다. 집의 다른 부분은 거의 보이지 않는다. 그러나 사진에서 우리 집 텃밭을 둘러싸고 있는 담의 형태를 잘 알 수 있을 것이고, 언더우드 박사의 집으로 통하는 문을 볼 수 있다. 형의 다음 편지에는 형이 이 책을 이미 가지고 있다든지 주문했다는 말을 듣고 싶다. 식구들이 그 책을 보게 되면 우리가 편지를 쓰기가 훨씬 수월해질 것이기 때문이다.

서울에서 콜레라는 여전히 심하지만, 그래도 감소 추세에 있는 것으로 생각된다.

드루 의사가 며칠 전에 부산에서 전보를 받았는데, 그곳의 선교사 중 하나인 애덤슨 부인이 몹시 아파서 어빈 의사가 수술하는 것을 와서 도와달라는 전갈이었다. 그래서 드루 의사는 한 달 정도 거기가 있어야 될 것 같다.

전킨 씨와 드루 의사 그리고 내가 아마도 9월 말에 남쪽으로 여행을 떠날 것 같다. 로티와 나는 계속 잘 있고 이곳의 여름을 아주 즐겁게 보냈다.

8월 22일 목요일

우리는 이곳 관악산에 두 주 정도 더 머물렀다가 서울로 갈 생각이다. 콜레라가 이미 잦아드는 중이고 그때쯤이면 완전히 안전할 것이다.

애니에게 내가 며칠 안에 답장을 하겠다고 전해 줘.

지금 이 편지를 서울로 보낼 기회가 생겼기에 그만 여기서 마감한다.

모두에게 많은 사랑을 보내며

사랑하는 형제

유진 벨

1895년 9월 5일, 목요일 저녁, 8시
한국, 서울

사랑하는 누이에게

몇 가지 이런 저런 일로 고향에 편지를 못 쓴 채 2주가 흘러갔다. 하지만 작은 일들이 편지 쓰기에 방해가 됐고, 나도 모르게 시간이 갔다. 지금 아주 많은 모기들이 램프 주위를 날아다니지만 그래도 짧은 편지라도 너에게 쓸 결심을 한다.

9월 3일, 그제 산에서 내려왔고 짐 정리하느라고 꽤 열심히 일을 하고, 집을 청소한 후에 지금은 전처럼 정돈이 되었다. 그리고 다시 우리 집에 와서 지내게 되니 편안하다. 아주 쾌적하게 여름을 지내긴 했어도 우리 집에 있는 게 훨씬 더 좋다. 두 사람 다 집으로 돌아와서 기쁘다. 한국말도 그렇고, 다른 사람들이 하인들을 다루는 것을 보면서 여름동안 배운 것이 많다. 이제는 하인들에게 일에 대한 지시를 곧 많이 내릴 수 있게 됐고, 일반적으로 하인들 다루는 일이 편안하고 쉬워졌음을 느낀다. 우리 하인들은 계속 우리들에게 위안이 되고, 이렇게 기댈 수 있는 하인들이 있는 것이 좋다. 가장 중요하고 필요한 사람은 물론 조리사이고, 우리 조리사는 확실히 좋은 하인이다.

내가 조금 전에 말한 것처럼 나는 집에 2주 동안 편지를 쓰지 못했지만, 그동안에 집에서 편지를 여러 통 받았으니 우린 운이 좋았다. 한 열흘 전에 6월 30일 자 누이의 편지가 도착했다. 그 편지가 늦어진 까닭은 설명할 수 없는 어떤 이유로 그것이 중국까지 갔다가 왔기 때문이다. 며칠 전에 누이의 7월 28일에 쓴 편지가 어머니께서 같은 날 쓰신 편지와 함께 같은 봉투로 왔다. 증기선 두 척이 짧은 시간 차이로 도착해서 어제 또 편지를 받아서 기뻤는데 누이가 로티에게 7월 17일 쓴 편지와, 마샬이 <u>7월 4일</u> 쓴 편지가 아치가 8월 4일 쓴 편지와 함께 한 봉투에 왔다. 아마도 마샬이 날짜를 잘못 쓴 것 같다. 나는 또 플로렌스한테서 긴 편지를 받았고 로티도 집에서 여러 통의 긴 편지를 받았으니 우리가 대단히 행복해 했음을 누이도 알 것이다. 우리가 집에서 온 편지를 반가워한다고 말하지만 그 말로서는 우리 마음을 반도 표현하지 못한다. 이곳에서의 우리들 삶에 관해서라면, 여기 살면서 즐거운 일들이 곧 많이 있고, 가장 큰 결핍은 우리가 고향으로부터 차단되어 있다는 것인데, 그래서 누이의 아름답고 긴 편지들을 받으면 우리가 얼마나 기쁜지 누이는 짐작할 수 있을 것이다.

누이와 스콧이 함께 여행을 했다는 소식을 듣고 기뻤고 관심이 간다. 또 내가 약 육칠 년 전 나이아가라에 갔던 기억도 상기시켜 준다. 나는 아치와 마샬의 진학 계획에 대해 기쁘게 생각한다. 단지 마샬이 멀리, 미스 볼드윈 학교[65] 같은 곳으로 가기에는 나이가 어리고 아직은 덜 성숙하지 않은가 하고 느낄 수밖에 없다. 이렇게 생각하는 것이 내가 그동안 마샬의 성장을 가까이서 지켜보지 않아서일 수도 있다. 마샬은 그곳에 가면 좋은 기회가 많을 것으로 그 기회들을 활용하기를 바란다. 나는 또한 아치가 리치몬드 대학에 가게 된 것이 똑같이 기쁘다. 아치가 편지로 자기 계획에 대해 내게 말해 주었는데, 이제까

---

65 뒤에 다른 편지에 마샬과 관련해 스톤턴이라는 지명이 나오는 것으로 봐서 버지니아 주 스톤턴에 있는 여자대학인 메리 볼드윈 대학으로 추정된다. 로티 벨도 메리 볼드윈 대학을 졸업했다. 주명준, 앞의 글, 119쪽 참조.

지의 그의 편지 중에서 가장 좋은 편지였다. 몇 군데 부주의로 인한 실수 빼고는 진짜로 좋은 편지였다. 글씨체도 많이 좋아졌다. 이런 변화는 분명 아치가 빠진 "여자열병girl fever" 덕분일 수도 있다고 생각한다. 아치가 내게 쓰기를, "스콧이 스콧츠 스테이션 총각들에 합류하고 일주일에 두 번씩 심슨빌에 간다"고 했다. 아치가 여러 가지 소식을 전해주었고, 전체적으로 편지를 잘 썼다.

이제 아치와 마샬이 집을 떠나게 되면 누이가 내 편지들을 그들에게 보내줄 수 있을 거라고 생각한다. 아주 중요한 일은 (적어도 나한테는), 그들한테 내 편지를 보내면, 아치와 마샬한테 보낸 것뿐 아니라 라이드 사촌이나 다른 곳으로 가는 모든 편지들도, 일일이 다시 모아 주기를 바란다. 하나도 빠짐없이 편지들을 조심해서 나를 위해 보관해 주어라. 나는 다른 많은 선교사들이 하듯이 일기나 다른 기록을 하고 있지 않다. 그래서 내가 귀국해서 한국에 대해서 이야기하거나 강의를 할 때 내게 인상 깊었던 것들에 대한 기억을 단지 내가 보낸 편지들에 의존해야 한다. 그러니 누이는 내가 보낸 편지들을 보존하는 것이 왜 내게 중요한지 알 것이다. 나는 편지를 모두 같은 종이에, 왼쪽에 여백을 많이 두고 쓰려고 하는데, 나중에 내가 원하면 책으로 꿰맬 수 있게 하기 위해서이다.

우리들이 산을 떠나오기 전에 거기에는 로티와 내가 애착이 가게 된 한 소년이 있었다. 열 살 된 아이로 불교 스님이 되기 위한 훈련을 받고 있었다. 그의 아버지와 어머니는 모두 죽고 그곳의 한 노인 남자가 그 아이를 돌보고 있었다. 아주 좋은 아이였고, 우리들이 관심 써주는 것을 고마워하는 듯해서, 그 아이가 그런데서 자라서 그런 삶을 살아야 하는 것이 우리는 안타까웠다. 그래서 로티와 나는 만일에 가능하다면 그 아이를 서울 우리 집으로 데려와서 살게 하기로 결정했다. 문하인과 함께 자게 하고, 북장로교에서 운영하는 남학교Boy's School에 보내고 식사는 학교에서 하든지 아니면 하숙집Korean hotel에서 배달시키든지 할 것이다. 어느 쪽이든, 그 애의 옷과 침식에 한 달에 1.5불 내지 2불이 들 것이다. 우리 마음이 확실히 정해졌고 그 아이도 아주 오고 싶어 했는데, 그 아이의 보호자한테 허락을 받으려 하니 그가 아이를 내어 줄 수 없다고 했다. 그 아이는 매우 유감스러워했고, 미스 데이비스가 그에게 서울에 못 오더라도 거기서 지내며 계속 좋은 사람으로 살라고 했더니, 그가 그렇게 하겠다고 대답하고 미스 데이비스한테서 배운 하나님과 예수님에 대해 결코 잊지 않겠다고 했다.

미스 데이비스와 전킨 씨 부부는 서울로 돌아왔고 다른 이들은 다음 주에 돌아올 것이다. 레이놀즈 부인은 약간 괜찮아졌으나, 오래 앉아 있을 수 없고 건강하다고 할 수 있기까지는 아직 멀었다. 이곳으로 올 때는 아마 간이침대나 안락의자에 실려 오게 될 것이다.

하루나 이틀 전 계획에는 내가 전킨 씨와 오늘 남쪽으로 떠나기로 되어 있었는데, 내가(갑자기 배가 떠난다는 소리를 듣고) 서둘러서 준비를 하다가 거의 목을 부러뜨리다시피 하여 할 수없이 제물포에서 9월 26일 떠나는 다음 배로 여행을 떠나기로 미루었다. 우리 계획은 서해안을 타고 남쪽으로 가는 조그만 한국 증기선을 타고 100마일 정도 가서 내려, 전킨 씨는 군산에 남고, 나는 나의 선생님과 조리사와 함께 30마일을 내륙으로 들어가서 한 달 아니면 6주 동안 한국인들과 혼자 지내려 한다. 이렇게 하는 것이 한국말을 배우는 가장 최상의 방법이고, 왜 그럴지는 누이도 쉽게 이해가 가리라 생각한다. 만일에 전킨 씨가 군산에 땅을 살 수 있으면 전킨 씨와 드루 의사 부부는 아마 봄에 그곳에 살 집을 짓고 내년 가을에 이사를 갈 것이다. 내가 이번 여행에서 머물 곳은 강을 타고 전킨 씨가 있는 곳에서 배로 6시간쯤 더 들어가는 곳인데, 그곳이 완전히 안전할 것이, 만일 내가 아프거나 하면 곧장 강 따라 배를 타고 전킨 씨한테 갈 수 있기 때문이다. 나는 고기 외에는 내게 필요한 식량을 모두 가져가며, 신뢰하는 선생님과 동행하게 되니 모든 면에서 안전하게 느낀다. 전킨 씨 말로는 그곳에서는 양질의 소고기를 구할 수 있고, 싱싱한 생선과 굴이 풍성하다고 한다. 내가 그곳을 좋게 생각하고, 선교부에서도 적합하다고 생각하면 로티와 나는 아마 그곳으로 옮겨가게 될 것이다.

일본에서는 콜레라가 아직 심한 것 같은데, 이곳에서는 콜레라가 거의 없어졌다고 하고, 우리는 콜레라로 인한 불안감은 이젠 안 느낀다. 그래도 콜레라에 걸리지 않기 위해 모든 예방조치를 철저히 취한다. 제일 불편한 것은 전적으로 끓인 물을 마셔야 하는 것이다. 매일 아침 하루에 쓸 물을 충분히 끓여서 식혀서 병에다 담아서 얼음 위에 놓는다. 그렇게 식혀진 물은 쓸 만하지만, 맛은 꽤 밋밋하다. 5센트면 하루 쓰기에 충분한 양의 얼음을 살 수 있다. 저녁 식사 때 마실 아이스티에 그 얼음을 사용한다. 이곳의 소고기는 정말 질이 좋다. 얼마 전에 먹었던 안심 스테이크는 내가 먹어 본 것 중에 최고이다. 이곳의 소들은 몸집이 아주 크다. 털 색깔은 우리나라의 저지Jerseys 종 같아도 크기나 다른 모든 것은 쇼트혼shorthorn 종과 같다. 어떤 수소는 한마디로 장대하다. 내가 전에도 말했던 것 같은데, 한국인들은 소를 주로 일을 시키는 데 사용하고, 황소를 아주 잘 기른다. 그들은 소고기를 먹긴 해도 아주 적게 먹는 편이고, 내가 확인한 바로는 우유를 어떤 데도 쓰지 않는다. 그렇게 식용 우유를 목적으로 하지 않는 소들은 우유를 사용하지 않는다. 그렇게 우유를 짜내지 않는 소들은 우유의 양이 적고, 그나마 3개월이 되면 송아지를 젖에서 떼기 때문에 3개월 이상은 우유를 만들어 내지 않는다. 그 후로는 오랫동안 소의 우유가 마르도록 하기 때문에 더 이상 소에게서 우유를 얻기가 힘들게 된다.

로티와 나는 둘 다 잘 있고 체중이 늘었다. 누이가 나를 보면 놀랄 것이다. 요즘 이곳의 날씨는 매우 쾌적하다. 낮에는 좀 더우나 밤에는 상쾌하다. 최근에 들어서 비가 꽤 많이 와서 뜰의 풀과 꽃들이 잘 자라고 있다. 우리 집이 참 아름답다. 누이가 우리 집을 볼 수 있었으면 하고 자주 생각한다. 고향의 식구들 중 누군가가 우리 집 안으로 걸어 들어와서 우리와 함께 식사를 하고, 우리들이 어떻게 사는지, 멀리 떨어진 이곳에서도 얼마나 행복한지 볼 수 있다면 하고 얼마나 자주 바라는지 모른다. 다른 식구들에게 내가 곧 답장을 하겠다고 전해주어. 우리에 대해 물어오는 모든 친구와 친척에게 우리의 사랑을 전해주어. 그들의 우리들에 대한 관심을 우리는 늘 감사하고 있다.

우리 두 사람으로부터 많은 사랑을 보내며,
사랑하는 형제
유진 벨

1895년 9월 6일, 금요일
한국, 서울

나의 사랑하는 아치

오늘은 비가 많이 와서 선생님이 오지 않았다. 한참을 혼자서 공부하고 있었는데, 저녁 식사 전에 네게 편지를 써야 되겠다. 고향에서도 비가 심하게 내리는 것을 보았다고 생각했었는데, 여기 비는 가끔은 정말 쏟아 붓듯 내리는데 한참을 그렇게 내린다.

8월 4일 자로 쓴 네 편지가 꼭 한 달 후인 9월 4일 이곳에 도착했다. 우리가 받은 편지 중에서는 가장 빨리 도착한 것 같다. 너에게서 소식 듣는 것이 즐거웠다. 이번 편지가 그동안 네가 쓴 편지들 가운데 가장 훌륭한 편지였다고 생각한다. 고향의 소식을 많이 알려주었고, 네 필체가 아주 많이 좋아진 것이 기쁘다.

부주의로 인한 실수가 몇 군데 있지만, 네가 스스로 고칠 수 있어야 하리라 생각한다. 철자는 하나도 틀린 것이 없었으나 몇 가지 단어들을 빼먹고 많은 페이지를 건너뛰었다. 무엇보다 먼저, 너는 네가 가진 공책의 마지막 페이지에서 시작했다. 너는 이런 작은 일들이 문제될 것이 없다고 생각할 수 있지만, 실은 문제가 된다. 네가 잘 정리된 훌륭한 편지를 쓰면 사람들은 그것을 보고 너를 판단하고, 네가 형편 없는 편지를 쓸 때도 마찬가지이다. 철자법에 문제가 있다면 유일한 해결책은, 내가 그랬던 것처럼, 작고 편리한 사전을 하나 구해서 항상 가까이 간직하고 무엇을 쓸 때 의심이 생기는 단어마다 사전을 찾아보는 것이다. 이렇게 하는 게 쉽지 않지만, 보상이 있을 것이다. 얼마

후에는 더 이상 사전을 많이 찾아보지 않아도 되게 된다. 글쓰기에서 네가 이미 많은 진전을 이루었듯이, 계속해서 거기에 공을 들이기를 바란다. 항상 글씨를 깔끔하고 간결하게 쓰도록 노력해라.

네가 대학에 간다는 말을 들으니 너무 기쁘다.[66] 대학공부가 너를 위한 최상의 길이고, 훗날에 네가 그것에 대해 언제나 기쁘게 느낄 것을 내가 알고 확신하기 때문이다. 학업이 잘 되기를 진심으로 기원한다. 네가 너무 수준 높은 곳에 입학하기를 원하지 않은 것은 잘 했다. 바로 그것이 내가 전에 너에 대하여 한 실수였다. 그러나 이제는 네가 혼자 힘으로 알아야 할 것을 알고, 결정할 수 있다. 내가 대학에서 늘 불리한 위치에 있었던 이유가, 어떤 분야에서 너무 높은 수준의 수업을 신청했기 때문이었다. 그렇게 해야 했던 이유는 내가 가진 돈으로는 단지 2년간만 공부할 수 있었고, 나는 대학을 반드시 졸업하고 싶었기 때문이었다. 처음에 나는 공부를 열심히 해야 했고, 아주 높은 점수는 못 받았지만 어느 시험 하나도 낙제하

---

66 전에 유진이 아치에게 대학 진학에 대해서 조언을 해줄 때 자신이 다녔던 켄터키주 리치몬드의 센트럴 대학교를 추천했고 또 이번 편지의 내용을 보아도 아치가 형과 같은 대학에 입학한 것으로 추정된다. 이 대학의 전신은 켄터키주의 장로교회에서 재정보조를 하던 Centre College at Danville이었는데 남북전쟁의 여파로 1874년에 두 장로교 대학으로 갈라지면서 리치몬드에 세워진 학교가 Central University로 1901년까지 존속하였다. 이 대학은 간혹 여학생이 있기는 했으나 거의 남학생으로 이루어진 학교로 문학 서클Literary Society 이 둘, 남학생 공동체Social Fraternity 가 넷이었고 YMCA도 있었다고 한다. 미식축구와 야구로도 명성을 떨쳤다고 한다. 이 편지 조금 아랫부분에서 유진이 아치에게 위의 서클 등에 가입하라는 조언을 한다. 1892년 입학생이 217명이었고 1901년 대학이 문을 닫을 때 졸업생이 22명이었다고 한다. 1901년에 재정적인 어려움으로 다시 두 장로교 대학이 합하면서 센트럴 대학이 Centre College of Danville로 합류를 했다. 이어서 1906년에 리치몬드에 주립대학이 생기면서 센트럴 대학교 건물을 사용했다. (lostcollege.com)

지 않았다. 나는 네가 이런 말을 너의 마지막 대학 3년 동안 똑같이 할 수 있기를 바란다. 이제 너는 대학생이고, 공부를 열심히 해야 하는 것과 다른 많은 것들에 대해 네가 이미 알고 있기에, 내가 너한 테 해줄 수 있는 조언이 거의 없다. 되도록 네가 즐길 수 있는 모든 것을 즐겨라. 그게 옳은 일이기 때문이다. 대학이 아닌 다른 데서는 누릴 수 없는 즐거움이 있으니, 재학 중 네가 할 수 있는 한 즐거운 시간을 가져야 한다고 생각한다.

단 한 가지 네게 말해주고 싶은 것은, 누가 알든 모르든 나중에 부끄러워 할 일은 결코 하지 말라는 것이다. 그리고 네가 어떤 부류 의 남학생들과 어울리는지에 대해 매우 조심하여라. 통상 나쁜 아이 들이 재미있게 놀 줄 아는데, 그들과 어울려도 너에게 해롭지 않다 고 생각하기 쉽다. ------------[67] 도박이 대학에서 일어나는 가장 나쁜 악 가운데 하나이다. 동전 1센트보다 작은 것이라 해도 절대로 도박은 하지 말아라. 동전을 던져서 굴 값이나 간식 값을 내 야 할 사람을 정하는 일도 하지 말아라. 네가 누구에게 음식을 사주 고 싶고 또 그럴 여유가 있다고 생각되면 그냥 솔직히 그렇게 하고, 혹시라도 상대방에게 음식 값을 부담시키고 싶어 하는 마음에서 도 박 같은 수법을 쓰지 말아라.

지금 나는 내가 대학에서 지켰던 몇 가지 규칙을 너와 나누고 있 다. 이 규칙들을 따른다면 나중에 네가 기뻐할 것으로 확신한다. 학 생들이 너를 더 존경하게 되고, 또 수업시간에나 모든 면에서 교수 들과도 좋은 관계를 맺게 될 것이다.

---

[67] 원문에도 점선으로 처리되어 있다.

내가 만일 너라면 나는 문학 서클literary society에 다시 참여해서 열심히 활동할 것이다. 그 활동이 제대로 잘 된다면, 대학생활 가운데 가장 도움 되는 것 중에 하나라고 생각한다. 그런 활동에 참여하기 전에 나는 남들 앞에서 전혀 말을 못 했는데, 그 활동이 큰 도움이 되었다. 처음에 아무리 어렵더라도, 적극적으로 참여하고 지도적인 역할을 하도록 해라. 그리고 또 하나의 조언은 남학생 공동체[68]에 (만일 올바른 사람들로 구성되어 있다면) 다시 들어가라. ------[69] 너의 돈. 물론 너는 YMCA에 가입할 것이다. 나라면 거기서 아주 적극적으로 할 수 있는 모든 좋은 일을 할 것이다. 대학은, 다른 사람들로 하여금 나쁜 일에 빠지지 않고, 옳은 일을 위해 입장을 취할 수 있도록 영향을 주기에 훌륭한 곳이다.

윌슨 교수가 내게, 자신의 개종은 그가 대학생이었을 때 몇몇 동료학생들이 그에게 해준 말과 행위에서 기인했다고 이야기했다. 내가 대학에 있었을 때 교회로 인도된 이들이 꽤 많았는데, 우리 중 어떤 이들이 그들에게 끼친 영향 때문이었다고 생각한다. 그러니 그런 식으로 모든 일에 선을 행하기를 명심해라. 주일학교와 모든 예배에 정기적으로 참석함으로써 좋은 모범을 보여라. 그러면 너의 모범이 다른 사람들에게 놀라운 영향을 미칠 것이다. YMCA나 그런 비슷한 일을 할 때, 네가 그 일을 기꺼워하고 하나님께서 네가 설교자가 되기를 원하신다고 느끼게 될 수 있다. 그건 확실히 내게 매우

---

[68] 남학생 공동체(fraternity): 남학생들의 생활 공동체. 미 대학마다 그런 공동체들이 많이 있다. 여학생 공동체는 sorority. 그리스어 알파벳을 따서 이름을 붙이기 때문에 Greek-letter society(또는 Greek society)라고 부르기도 한다.

[69] 원문에도 점선으로 처리되어 있다.

기쁜 일이겠으나, 그 결정을 서두르지는 말아라. 그 결정에서 실수하면 결과가 매우 안 좋을 수 있다.

로티와 나는 둘 다 잘 지내고 있고, 로티가 나와 함께 너와, 헌돈 부인과 리치몬드의 모든 친구들에게 사랑을 보낸다. 우리에게 자주 대학에서의 모든 일과 그곳의 우리 친구들에 대해서 편지해주기를 바란다. 너에게서 소식 듣는 것이 항상 우리를 매우 즐겁게 한다.

우리는 여름을 산에서 즐겁게 지냈고, 이젠 집으로 돌아와서 한국어 공부에 매진하고 있다. 오늘 아침엔 내가 하인들과 함께 한국말로 기도를 했다.

넘치는 애정을 담아서, 너의 사랑하는 형
유진 벨

1895년 9월 8일, 일요일 저녁, 8시
한국, 서울

사랑하는 어머니

　7월 22일 자 엽서와 7월 28일 자 편지를 둘 다 며칠 전에 기쁘게 받았습니다. 며칠 전에 애니에게 편지를 썼고, 그저께 아치에게도 긴 편지를 써서 리치몬드로 보냈고, 며칠 내로 스톤턴에 있는 마샬에게도 편지를 하겠습니다. 제가 어머니께 보내는 편지들을 아치와 마샬에게 보내주면, 집을 떠나있는 그 애들에게 제가 따로 편지를 해야 하는 부담이 덜 해질 것 같습니다. 제가 원하는 만큼 편지를 쓸 시간이 없습니다. 어머니께서 보내신다고 말씀하신 잡지는 아직 받지 못했습니다, 그러나 우편물이 매우 불규칙하게 오므로 아직 기다리고 있습니다. 한국에도 드디어 우정국이 생겼으나, 아직 만국우편연합에 가입해 있지 않아서 한국 우표는 한국 밖에서는 쓸 수가 없습니다. 어머니는 저희가 쓰는 우표가 일본 우표인 것을 아시지요. 그러나 언제 한국 우표가 어떻게 생겼는지 보실 수 있도록 우표를 몇 개 보내드리겠습니다. 그 우표들은 미국에서 제조되었습니다.

　어머니께서 스콧과 아버님의 건강이 좋지 않았다고 하셨는데, 지금은 괜찮다니 다행입니다. 모두들 몸조심하셔서 건강하시기를 바랍니다. 로티와 제가 이곳에 온 이후 너무 잘 지내고 있는 것에 감사합니다. 이곳의 날씨가 켄터키에 비해 좋을 것으로 기대하지만, 이곳 사람들이 사는 양태가 건강하지 못합니다. 저희는 끓인 물만 마시고, 병에 걸리지 않기 위해 모든 예방조치를 취하고 있습니다. 물을 끓여서 그 물을 얼음 위에 놓아둡니다.

여름 내내 과일을 많이 먹지 못했으나, 요즘 들어 매우 맛있는 복숭아를 즐기고 있습니다. 5센트 정도에 제법 큰 복숭아 26개를 샀습니다. 전킨 씨는 집에 복숭아나무가 많습니다. 커다란 바구니로 가득 복숭아를 보내왔고, 이번 주에 로티는 그 집에 가서 전킨 씨 부인과 함께 복숭아 통조림을 만들 겁니다. 로티는 저희 밭에서 나온 토마토로 케첩을 많이 만들었고, 고향의 돌능금과 거의 비슷한 한국 사과로 젤리를 만들려고 합니다. 어머니께 저희가 감자 수확을 얼마나 많이 했는지 말씀드리지 않았던 것 같습니다. 감자를 일 년 내내 먹을 만큼 많이 수확했습니다. 헨리 씨가 그의 학교를 얼마나 성공적으로 세웠는지요. 저는 그를 베르사유에서 만났었는데, 아주 훌륭한 선생님일 것으로 기대합니다.

어머니께서는 저희가 독서를 할 시간이 있냐고 물으셨지요. 저희는 이곳에 도착한 이후 책을 얼마 정도 읽었고 또 계속 그럴 수 있기를 원하지만, 이곳 선교사들은 모두들 독서할 시간이 거의 없다고들 말합니다. 저희는 대부분의 선교사들보다 더 많은 책을 가지고 왔는데, 모펫 씨가 저희를 방문했을 때 저희들 책을 보고 이 책들을 한국에서는 읽을 시간이 거의 없을 테니 오기 전에 미국에서 미리 다 읽었기를 바란다고 하던 말이 기억납니다. 이곳의 모든 선교사들은 저희가 할 수 있는 것보다 너무 할 일이 많아서 정말 매우 바쁩니다.

그래도 여기 살면서 한 가지 달라질 수 있는 것은, 이곳 사람들은 저희들처럼 서두르거나 급하게 살지 않는다는 것입니다. 토착민들은 누구도 서두르지 않는 것 같습니다. 어떤 면에서 그들은 저희보다 훨씬 쉽게 인생을 삽니다. 서양 사람들처럼 서두르거나 초조해

하지 않습니다. 이곳의 거의 모든 선교사들도 고국에서보다 느리게 사는 것에 적응하는 것 같습니다. 한마디로 말해서 여기에서는 고국에서처럼 그렇게 바쁘게 살 수가 없습니다. 저희가 어디를 멀리 가기 위해서 말을 주문하면, 대체로 1시간 내지 2시간 뒤에나 말이 도착합니다. 저희가 강에 가서 서둘러 가고자 해도 뱃사공은 그저 자기 시간대로 한 30분 기다렸다가 떠나는데, 그들은 저희들이 가진 시간의 가치에 대한 개념이 없습니다.

제가 이미 말씀드린 것 같은데, 저희가 어디를 가고자 말을 주문하면 말고삐를 잡고 말을 이끌 사람이 꼭 같이 옵니다. 얼마 전에 말을 빌릴 때 저는 전킨 씨의 말굴레를 빌려서, 그들이 "마부"라고 부르는 사람의 서비스를 불필요하게 만들고 그가 자기 마음대로 저의 뒤를 따라오라고 할 참이었습니다. 그래서 적당한 채찍을 들고, 말고삐를 제 손으로 잡고 그를 뒤로하고 멀리 갔습니다. 그는 저한테 서라고, 그렇게 하면 안 된다고 소리쳤지만, 저는 그의 말을 알아듣지 못하는 척하고 계속 말을 몰아갔습니다. 그는 그것을 절대 용납하지 않았고, 뒤에는 더욱 강한 어조로 말했습니다. 그래서 제가, 말을 빌릴 때는 내가 하고 싶은 대로 타려고 빌렸다고 말할 수 있을 만큼 한국말을 알고 있는 것이 기뻤습니다. 그리고 한국식으로 아주 겸손하게 제가 어떻게 말을 타던지 그가 간섭할 일이 아니라고 말했습니다.

그러나 [이렇게 어쩌다가] 서둘러서 일을 해낼 수 있을 때란 예외에 속합니다. 그리고 계속 서두르기를 고집하는 사람은 결국 아프고 지치게 되어 돌아오는 이득이 없습니다. 그래서 저희는 필요에 의해 다소간 일을 느리게 하는 방식으로 되어가고 있습니다. 그렇게 하는 것엔 이점이 있습니다. 신경에 덜 부담이 갑니다. 항상 바삐 돌아가는 것보다 삶이 힘들지 않게 됩니다.

어머니께서 저희들의 한국어가 제법 많이 늘었다는 것을 아시면 기뻐하실 줄 압니다. 모두가 저보고 한국어를 잘 한다고 합니다. 로티도 한국에 거주한 시간의 길이로 따져서 보면 이곳의 여자들 중 어느 누구한테도 뒤지지 않는데, 솔직하게 말하면 대부분의 여자들보다 잘하는데, 그것은 로티가 항상 건강했기 때문입니다. 저희는 매일 하인들과 한국말로 기도회를 하기 시작했습니다. 찬송가를 하나 부르고, 성경 구절을 읽고, 제가 짧게 기도하고, 주기도문을 함께 외웁니다. 저는 성경 구절을 선생님과 하루 전날 미리 공부하지 않으면 읽을 수가 없는데, 그렇게 하고서도 잘 읽지 못합니다. 그러나 이제 시작이고 계속 나아질 것을 희망합니다. 하인 개개인이 저희가 읽는 복음서의 사본을 가지고 있어서 모두가 그것을 찾아봅니다. 어떤 때는 그 중 한 사람이 성경을 읽습니다. 제가 한국말로 기도를 할 수 있는 유일한 방법은 기도를 사전에 외우는 것입니다. 그러나 머지않아 그렇게 하지 않아도 되기를 바랍니다. 한국 찬송가는 저희들의 곡조에 가사를 붙인 것으로, 실상 저희 찬송가의 가사를 번역한 것이라 비교적 쉽습니다. 로티와 저는 도움 없이 부를 수 있는 찬송가 15개를 배웠습니다. 하인들은 노래를 잘 합니다. 특히 조리사가 음정을 잘 짚어서 찬송 부르기는 잘 됩니다. 만일 어머니께서 불현듯 어느 날 아침 식사 후에 저희 집으로 들어오시게 되면, 어머니는 저희 다섯 명이 한국말로 꽤 괜찮게 노래를 부르는 것을 들으실 것입니다.

애니에게 보낸 편지에, 한 아이를 데려다 기를 생각을 했으나 그럴 수 없었던 이야기를 했습니다. 오늘 미스 데이비스가 로티에게 메모를 보내왔는데, 그녀의 동네에 부모가 너무 가난해서 돌볼 수 없는 어린 소년이 있고 작년 겨울에 그 아이는 거의 굶어 죽을 뻔했다고 합니다. 그래서 미스 데이비스가 그 아이의 어머니를 설득해서, 아이를 키워줄 수 있는 가정을 찾아보는 것을 허락받았다고 합니다. 미스 데이비스 말로는 똑똑한 아이라고, 혹시 저희가 그 아이를 맡을 수 있을까 싶어서 다음 수요일에 그 아이를 저희에게 데려와 보겠다고 합니다. 그래서 저희가 그렇게 할까 했습니다. 그러나 그 아이를 밀러 씨의 소년 기숙학교로 보내고 그의 숙박비와 의복비를 지불할지, 아니면 저희가 어떤 방법으로든 집에서 그를 데리고 있으면서 그 애에게 좀 더 나은 영향을 끼치도록 해야 할지는 아직 모르겠습니다. 아이가 아홉 살쯤 되었다고 합니다.

저희 모두가 여름 동안에 산에서 살았고, 살림을 공동으로 하며 경비를 나누었다고 말씀드렸던 것으로 믿습니다. 얼마 전에 정산을 했는데 저희들의 몫이 하루에 금화로 40센트에서 50센트 사이라는 것을 알게 됐습니다. 저희 밭에서 채소를 아주 많이 가져갔기 때문에 돈이 덜 들었습니다. 이런 경비가 모든 것을 짐꾼으로 하여금 10마일 거리를 운반해 온 것을 고려하면 싼 편입니다.

저희는 산을 내려오기 바로 전에 저희의 조리사에게 매우 실망했습니다. 그가 신앙고백을 한 적은 전혀 없지만, 그가 선교사들과 오래 살았고 또 기독교에 관한 교습을 받아왔기에, 저희는 그가 곧 기독교인이 되기를 바랐습니다. 그러나 산에서 내려오기 전 날 스님 Buddhist priest에게 부탁해서, 곧 태어날 아기가 아들이기를 우상에게 기도해주도록 했습니다. 그가 스님에게 얼마를 지불했는지 정확히는 모르지만 제 생각에 은화 2.5불인 것 같습니다. 저희는 그래도 그가 불교에 대한 신앙을 버리고 기독교인이 되기를 바랍니다.

로티가 이제 소파에 누웠고 곧 잠이 들 것 같아서, 이번에는 여기서 이만 줄이겠습니다.

많은 사랑을 저희 두 사람으로부터 모두에게 보내며
당신의 사랑하는 아들
유진 벨 올림

추신. 학교에 다니고 있는 헨리 씨가 최근까지 브라질에서 선교사로 일했던 알렉스 헨리 목사인가요, 아니면 그분의 결혼하지 않은 동생 재스 헨리인가요?

1895년 9월 15일, 일요일 저녁, 6시 30분
한국, 서울

사랑하는 어머니

저희는 지금 막 일요일 저녁 식사를 끝내었으니, 이제 어머니와 대화를 하겠습니다. 저희의 주일 저녁 식사가 무엇이었는지 궁금하시겠지요. 저희가 늘 바라는 것처럼 오늘 저녁 어머니께서 저희와 함께 계셨다면, 어머니께 다음과 같은 식사를 대접해 드렸을 것입니다. ─ 식은 닭고기, 감자 샐러드, 식은 비튼 비스킷, 프랑스식 빵, 복숭아 잼, 아이스티와 얼음을 띄운 물, 혹은 어머니께서 분명 좋아하셨을 것이고 저희도 자주 일요일 밤에 만들어 먹듯이, 화로에 숯불을 조금 피우고 따뜻한 커피나 핫초코를 금방 만들어드릴 수도 있을 겁니다. 저희는 일요일 저녁엔 늘 식은 음식들로 식사를 하지만 식탁은 보통 때처럼 차립니다. 일요일은 거의 음식을 새로 만들지 않습니다. 저희 단 두 사람뿐이니까 로티가 전날 미리 음식 준비를 해놓는 게 가능합니다. 세 명의 하인이 평일처럼 일요일 아침에 오지만, 아침 식사가 끝나면 보이와 조리사가 번갈아서 일요일은 쉽니다. 저희 보이도 조리를 아주 잘해서 필요한 대로 점심이나 저녁 준비를 조리사만큼 할 수 있습니다. 문지기 하인은 일요일에 항상 일을 하나, 저희가 쓰는 한국식 표현으로 "가고 싶은 마음going mind"[70]이 생길 때는 언제라도 교회에 가는 것을 허락합니다.

---

70 ……에 "갈 맘"을 그렇게 영어로 옮긴 듯하다.

근래에 로티가 토마토케첩, 단 복숭아 피클, 복숭아 설탕 조림, 복숭아 마멀레이드[71] 등을 만들었습니다. 모두 다 잘 되어서, 올 겨울에 맛있게 먹을 수 있게 되었습니다. 이제 곧 시간이 되는 대로 로티는 포도 젤리, 그린 토마토와 양배추 피클도 만들려고 합니다. 소금물에 절여 놓은 오이도 꽤 있습니다. 제가 살림을 그렇게 잘하는 사람과 사는 것을 어머니께선 아마 모르실 겁니다. 어머니께서 오셔서 저희들 사는 모습을 보신다면 하고 바라는 적이 많습니다. 어머니께서 제가 만난 여자들 중에 누구도 로티의 반도 따라가지 못할 거다라고 하셨던 말씀이 맞습니다. 저도 오래전부터 알고 있었고 지금은 그 사실을 어느 때보다도 더 많이 깨달으며 삽니다.

제가 안수받은 목사가 되고, 결혼을 하고, 지금은 저희만의 집을 가지고, 집안의 가장으로 살고 있는 이 모든 것이 아직도 낯설게 느껴집니다. 그러나 저희 가정은 진정 행복합니다. 하인들도 모두 좋은 사람들이고 자기들의 임무를 잘 알기 때문에 매사가 순조롭게, 작은 불쾌함도 야기하지 않고 하루 하루를 보냅니다. 오늘 아침에 하인들을 불러서 그들과 함께 찬송가 몇 곡을 연습했는데, 오후에

---

71 단 복숭아 피클(Peach sweet pickle), 복숭아 설탕 조림(peach preserves), 복숭아 마멀레이드(peach marmalade)는 모두 싱싱한 복숭아와 설탕을 열에 가해서 오래 두고 먹을 수 있도록 만드는 복숭아 통조림의 종류이다. 복숭아를 어떤 크기로 쓸거나 다지거나 가느냐에 따라서, 그리고 설탕을 얼마나 넣고 얼마나 뜨거운 열에, 얼마동안 가열하느냐에 따라서 통조림의 종류가 달라지는 듯하다. 오이나 무 등의 채소 피클은 열을 가하지 않고 설탕과 식초, 소금 등을 넣어서 오래 숙성시키나, 여기서 말하는 복숭아 피클은 로티의 편지에 의하면 열을 가해서 만든다. 복숭아 피클은 통으로 만들든지 크게 썰어서 맛이 새콤하도록 설탕의 양이 적게 들어가는 것 같다. 복숭아 설탕조림(peach preserve)도 개인의 취향에 따라 잘게 갈아서 통조림을 만든다. 마멀레이드는 대개 과일이 씹힐 정도로 크게 다져서 만든다.

문지기가 찬송가 하나를 빌려갔습니다. 제 생각이지만 하인들이 노래 부르는 것을 아주 좋아하는 것 같습니다.

고향의 식구들에게는 저희가 하인 셋을 데리고 있는 게 이상하게 여겨질 수도 있겠지요. 그러나 그렇게 해야 하는 이유가 몇 가지 있습니다. 우선은, 어머니께 전에 말씀드렸던 것처럼, 이곳 하인들은 고향집의 하인들이 하듯이 이것저것 다 하지 않기에, 각 분야에 각각 다른 사람을 두어야 합니다. 문지기는 본래 필요하고 조리사는 빨래나 다른 일들을 할 수 없습니다. 그리고 저는 언제라도 가능하면 좋은 하인들을 두는 게 최상이라는 원칙을 세우고 삽니다. 경비가 조금 더 들더라도 그렇게 함으로써 로티가 되도록 집안일로부터 자유로워지고 선교 일에 전념할 수 있습니다. 다른 선교사들도 세 명 정도 하인을 두고 있고 어떤 이들은 더 많이 두고 있는데, 로티가 이곳에 온 이후로 아주 건강해져서, 모두가 말하기를 로티가, 한국에 거주한 기간으로 비교했을 때, 저희 선교부의 다른 어느 여자보다 한국어의 진전이 월등하다고 말합니다. 저는 로티가 말공부에 시간을 그만큼 많이 투여할 수 있는 것이 기쁩니다. 거기에 더해서, 하인 세 명을 두는 경비가 고향에서 아주 훌륭한 하인 하나를 두는 것 정도밖에 들지 않습니다. 위더스푼 박사가 편지에 쓰기를 세 사람의 하인을 두는 것이 훨씬 좋을 것이나, 세 명의 하인을 "늘 데리고 있는 것"이 그들이 보기에는 이상하고 어쩌면 "왕실royal 놀음" 같다고 하고, 어떤 일을 시켜서 하인들을 "계속 바쁘게" 할 수 있을지 의아해 한다고 합니다. 바로 그것이 요점입니다. 저희는 그들을 바쁘게 일 시키지 않습니다. 그리고 그들도 그렇게 바쁘게 일해야 한다고 기대하지 않습니다. 저희가 그들을 바쁘게 일 시키려고 시도하면 그들을 오래 데리고 있을 거라는 기대를 할 수가 없습니다. 그래서 그들은 빈둥거릴 시간이 많으며, 하루의 많은 시간을 식사하는 데 씁니다.

이제 열흘쯤 후면 남쪽으로 출발할 것으로 예상됩니다. 저는 한 달이나 6주쯤 먹을 식량과 저를 위해 식사 준비를 해 줄 보이를 데리고 가려고 합니다. 드루 부인이 저희 집에 와서 로티와 함께 지낼 것입니다. 드루 부인이 저희 침실을 사용하고, 로티는 식당에서 자고 제 서재를 옷 갈아입는 방으로 쓸 것입니다.

며칠 전에 7월 12일 자로 쓰신 길고 멋진 어머니의 편지를 받았습니다. 그 편지가 그동안 어디서 그렇게 늦게까지 있었는가는 제가 모르겠습니다만, 그 편지가 제가 2주 만에 받은 단 하나의 편지였기에 너무 반가웠습니다. 우표가 떨어져서 은화 10센트를 지불했습니다. 그 편지에 어머니께서 저희에게 우유가 있냐고 물으셨습니다. 제가 최근에 보낸 편지들 중 하나에 한국의 소들과 우유를 생산하는 기술, 아니, 오히려 우유를 생산해내는 기술이 <u>없는</u> 것에 대해 쓴 것이 그에 대한 대답이 되겠습니다. 이곳에서 저희가 사용하는 우유는 샌프란시스코에서 오는 통조림 농축 우유입니다. 그 농축 우유가 커피, 그리고 과일이나 등등 비슷한 것들에 얼마나 유용하게 사용되는지 보시면 놀라실 것입니다. 그러나 농축 우유가 약간 달콤해서 채소요리에는 사용할 수 없고 같은 방식으로 오는 통조림으로 된 증발 크림evaporated cream을 사용하는데, 조리용으로 매우 훌륭합니다. 샌프란시스코에서 저희가 가져온 버터는, 그것이 너무 좋았다는 말씀은 이미 드렸고, 이제 다 사용해서 저희가 지금 사용하는 버터는 이곳에서 좋은 상점을 운영하고 있는 중국인에게서 사는 통조림 캔에 담긴 것입니다. 덴마크에서 생산되고 포장된 것인데 아주 좋습니다. 한국인 우유장사 한 사람이 어제 저를 찾아왔습니다. 우유 한 병에 금화 10센트인데, 한 병에 두 잔이 나옵니다. 과일에 사용하기 위해 그 우유를 조금 사볼까 하는 생각도 있습니다. 같은 사람이 전에도 왔었는데, 그는 생전 버터를 보지도 못하고 들은 적도 없다고 했습니다. 그에게 버터를 보여주고 어떻게 그것을 만드는지 이야기해 주었는데, 어제 왔을 때 말하기를 버터를 만들어 보겠다고 했습니다. 그러나 그의 우유가 질이 좋지 않기 때문에 외국산 버터와 경쟁하는 것이 어려울 것이라고 생각합니다.

어머니께서 이번 편지에 너무 늦지 않았다면 저희가 샌프란시스코에서 머물 때의 이야기를 더 해달라고 하셨습니다. 제가 벌써부터 프랭크 사촌, 샐리 사촌과 저희들이 그곳에서 겪었던 일에 대해 좀 더 써 보낸다고 생각해 왔지만, 샌프란시스코를 떠나면서 금방 너무 많은 일들로 제 마음이 꽉 차 있어서 결국 그 이야기를 못 했습니다. 이제 저는 제가 무엇을 썼는지 무엇을 더 쓸 수 있을지 잊어 버렸기 때문에 이제는 너무 늦은 것 같습니다. 한 가지, 저희가 샌프란시스코를 떠나기 직전에 로티가 플로렌스한테 아주 길고 흥미로운 편지를 보내면서 그곳에서 저희가 한 일을 모두 말했습니다. 로티 말이 식구들 중 누구든 그럴 마음이 있으면 그 편지를 얻어 볼 수 있을 거랍니다. 어머니께서 그 집으로 우표를 보내면 플로렌스가 그 편지를 어머니께 보내줄 겁니다. 그렇게 하시면 제가 지금 쓸 수 있는 그 어느 것보다 훨씬 나을 테니 제 마음이 기쁘겠습니다.

저는 집에 보내는 편지에 몇 번 『수도에서 본 한국』이라는 책을 사서 보라고 권했고 그 책에 실려 있는 저희 집 사진과 또 다른 것들에 대해 썼습니다. 그러나 아직 그 편지에 대해서나 아니면 책을 구할 생각인지 아닌지 아무도 언급하지 않았습니다. 저는 어머니께서 그 책을 구하게 되면 분명히 즐기실 거라고 생각합니다.

그곳의 계절과 작물 수확이 다 좋았다는 소식을 듣고 기쁩니다. 이번 여름은 한국으로서는 중간쯤 되는 해였습니다. 우기가 시작되기 전에 가뭄이 좀 심했는데, 그건 한국을 기준으로 하는 이야기로, 그렇게 건조할 때도 어떤 논에는 물이 고여 있었습니다.

어머니께서 제안한 대로 제가 검둥이들[72]에게 편지를 하는 것은 매우 좋은 생각입니다. 그러나 제가 지금은 너무 바빠서 못 하고 여행 후에나 편지를 하겠다고 그들에게 말씀해 주세요. 근래에 들어 저는 아침저녁으로 선생님과 함께 한국어 공부를 합니다. 그 공부가 끝날 때면 항상 피곤해집니다. 마음으로는 라이드 사촌에게 편지를 쓰고 싶어도 아직 못 쓰고 있습니다. 그녀에게 제 편지 중 아무 거라도, 어머니께서 편지들을 돌려받으시는 것을 전제로 해서, 보내 주시면 고맙겠습니다.

로티와 저는 제가 말씀드렸던 나이 어린 한국 남자 아이를 데리고 있기로 결정했습니다. 그 아이는 9살이고 정말 좋은 아이입니다. 한국 나이로 9살이란 말씀을 드렸어야 했네요. 한국 나이로 9살이라 하면 저희 미국 나이로 7살이나 8살 이상 되지 않습니다. 그 아이를 밀러 씨의 학교에 입학시킬 것으로 기대합니다. 지금은 임시로 식당

---

72 검둥이들(darkies): 흑인을 하대하여 부를 때 쓰던 말인데 유진 벨은 negro나 colored를 쓰지 않고 흑인을 말할 땐 darky를 쓴다. 그래서 어색하긴 해도 검둥이로 번역한다. 그가 남부 출신인 것도 그 이유일 것이다. 1865년 링컨의 노예해방선언 이후 남부에서도 노예는 없어졌지만 요리, 청소 등 집 안의 잡일은 거의 흑인을 고용해서 했다. 그가 쓴 편지들에 의거할 때 유진 벨의 집에도 고용된 흑인이 있었던 것으로 추측된다.

바닥에서 잠자게 하고, 식사는 한 한국 식당에서 가져다주게 할 겁니다. 나중에는 그냥 학교 기숙사에서 살게 할지도 모르겠습니다. 그러나 저희는 심부름이나 다른 일들을 시켜서 아이가 바쁘도록 하기를 원하는데, 모두들 그러는 것이 더 낫다고 말합니다. 로티는 그 아이의 엄마를 고용해서 아이의 옷을 만들어 입히게 해서, 아이와 엄마 둘 다에게 도움을 주려고 합니다. 그의 숙박비가 한 달에 은화 3불 정도 들 것이고 옷이 은화 1불, 아니면 옷과 숙식을 합해서 한 달에 금화 2불 정도 들 것입니다.

『센티널』이 아직 이곳에 배달이 되지 않고 있는데, 아마 적어도 두 달 정도는 걸릴 것입니다. 지난주에야 수표를 보낼 수 있었으니 어머니께서 기대하시는 것만큼 제가 뉴스에 접하는 것은 아닙니다.

보이드 씨가 죽었다니 마음이 아픕니다. 그의 부인이 정말 안됐습니다.

제가 우표 한 개 몫의 편지를 쓴 것 같으니 이제 마감을 하겠습니다. 이로써 저희 둘 다 무사히 잘 있음을 아시고, 저희가 금명간 받을 것으로 기대하는 식구들로부터의 편지도 똑같이 식구들의 무사함을 말해 줄 것으로 희망합니다.

테이트 남매가 일본에서 돌아왔고, 이번 주 목요일과 금요일에 이틀간 저희 선교회의 연차 모임이 열릴 것입니다. 드루 의사가 저에게 그때 자기네 아기에게 세례를 베풀어 달라고 부탁했습니다.

저희 두 사람의 사랑을 모두에게 보내며
어머니의 사랑하는 아들,
유진 벨 드림

추신. 어머니께서 제 편지 하나가 너무 짧아서 몇 번이나 반복해서 읽으셨다고 하셨는데, 이번 것은 그렇게 하지 않으셔도 될 것 같습니다.

1895년 9월 25일, 수요일
한국, 서울

사랑하는 아버님

며칠 전에 아버님께 편지를 쓰려고 하다가 헤브론 교회 선교회에 (미스 에마 윌슨의) 편지를 쓰기 시작했고 그 편지를 다 썼을 때는 제가 더 이상 편지를 쓸 시간이 없었습니다. 아직까지 저는 그런 식의 요청을 많이 받진 않았는데, 선교사들은 종종, "귀하께서 우리 선교 회에 편지 한 통만 보내준다면, 우리 회원들이 엄청나게 고무될 것입니다"라는 식으로 편지를 써달라는 요청을 받습니다.

제가 잊어먹기 전에 말씀드리는데, 바로 얼마 전에 넬슨 카운티[73]에 있는 교회들에게 편지를 썼습니다. 아직 제게 얼마간의 돈을 빚지고 있는 교회들입니다. 준비가 되면 그 돈을 스콧한테 보내라고 했습니다. 스콧이 돈을 받으면 그것을 저를 위해 은행에 넣어달라고 해주십시오. 보스턴에 있는 교회가 10불, 뉴 호프에 있는 교회가 33불 제게 빚지고 있습니다. 그것이 고향에서는 많은 것 같지 않지만, 이곳에서는 금화 1불이 고향에서보다 두 배의 가치가 있으니, 그 돈이 86불의 가치가 됩니다.

한 달 내지 6주로 계획된 남쪽으로의 여행 준비로 지난 주 내내 몹시 바빴습니다. 내일 아침 출발하게 됩니다. 이런 여행은 처음이

---

[73] 넬슨 카운티(Nelson Co. = Nelson County): 켄터키주 루이빌 바로 남쪽에 넬슨 카운티가 있다. 버지니아주에도 넬슨 카운티가 있지만, 유진 벨의 고향인 켄터키주의 넬슨 카운티로 생각된다. 카운티는 한국의 군 정도의 미국의 행정 구역 단위.

라 준비에 애로가 많았습니다. 우선, 필요한 물품들을 넣어서 운반할 수 있게, 약 2피트 정방형의 탄탄한 상자를 6개 준비하고, 거기에 경첩과 자물쇠 잠금장치를 달았습니다.

제가 챙겨가야 할 물품들이 어떤 것들인지 아버님께서 궁금해 하시리라 생각됩니다. 상자 하나에 밀가루 50파운드와, 아일랜드 감자를 1펙[74] 아니면 조금 넘게 넣었습니다. 다른 상자 하나는 통조림으로 채워졌습니다. 버터, 라드, 소금, 설탕, 우유, 연어, 잼, 복숭아, 배, 파인애플, 커피, 차, 후춧가루, 피클 등입니다. 세 번째 상자는 성경들과 선교용 전단들로, 돈을 받고 팔든지 무료로 나눠 주든지 할 것입니다. 네 번째 상자는 석유 5갤런, 랜턴, 석유난로로 채워졌습니다. 다섯째 상자에는 옷, 수건과 <u>분말 살충제</u>가 들었는데 살충제는 절대 필수입니다. 마지막 상자에는 조리 도구들, 석유용 난로에 쓸 수 있도록 제가 만든 소형 양철 오븐(이것은 제가 비스킷을 만들 때 쓸 것입니다.), 그리고 마지막으로, 그렇다고 제일 하찮다는 것은 아닌데, 5불 정도의 한국 돈을 넣었습니다. 그 돈의 무게가 적어도 50파운드는 나갑니다. 이 정도면 여행하는 동안 잘 지낼 수 있겠다고 아버님께 들리실 텐데, 제대로 된 거처만 생기면 저도 그럴 것이라 기대합니다. 그러나 종종 한국의 호텔이라는 곳에서 가장 좋다는 방들이 사방 6피트나 8피트 크기에 천장이 낮아서 서 있기도 힘듭니다.

전에 제가 말씀드린 것 같은데, 이곳 서울에서는 저희가 일본 돈을 사용할 수 있어도 시골에서는 반드시 한국 돈을 사용해야 하는데 한국 돈은 무겁고 꽤 골칫덩어리입니다. 저는 5불 혹은 50파운드를

---

74 펙(peck): 부피를 재는 단위. 1펙은 8.8리터이다.

가지고 가는데, 일본 돈도 사용할 수 있게 되기를 바랍니다. 전킨 씨는 집을 지을 땅을 사기 위해 한국 돈을 싣고 가야 하고, 물품 상자 네 개도 가져가야 합니다.

저는 조리사로 보이를 데려가고, 선생님 한 분도 같이 갑니다. 이제껏 저를 가르쳐 온 선생님은 제가 없는 동안 로티를 가르치도록 서울에 두고 왔습니다. 그가 원래의 로티의 선생님보다 더 잘 가르칩니다. 저는 새로 선생님을 구했는데, 좋은 기독교인이며 아주 성품이 좋아서 여행의 동행자로 제격입니다. 그는 설교도 하고, 책도 팔고, 이상하게 생긴 외국인을 보려고 몰려드는 많은 무리에게 제가 이야기할 수 있도록 저를 도와줄 것입니다. 전킨 씨, 드루 의사, 테이트 씨가 동행합니다. 모두 함께 배로 이곳에서 175마일 되는 서해안의 군산까지 갑니다. 거기서 저희가 갈라집니다. 테이트 씨는 거기서 한 30마일 남동쪽으로 있는 전주로 갑니다. 전킨 씨와 드루 의사는 군산에 남아서 복음 전파와 의료 사역을 합니다.

저는 제 보이와 선생님과 함께 30마일 북서쪽[75]으로 강을 타고 큰 읍으로 가는데, 거기서 한 달이나 6주 정도 온전히 한국 사람들과 살고, 한국어를 공부하고, 성경과 선교 전단을 배포하는 일을 할 수 있을 만큼 할 것입니다. 모든 사람들이 말하기를, 이런 방법이 아직까지 알려진 가장 훌륭한 언어교육이 된다고 하는데, 그럴만한 이유가 있습니다. 그곳에 가면 저는 한국말을 하지 않으면 아무 말도 못하게 될 것입니다. 제가 그곳이 선교 현장으로 좋다고 생각하게 되

---

75 북동쪽의 오기로 생각된다. 유진 벨은 이 여행에서 금강 상류 강경읍까지 가게 된다. 주명준, 「유진 벨(Eugene Bell) 선교사의 木浦宣敎」, 『전북사학』 21·22집, 전북사학회, 1999, 795-825쪽 참조.

면 그리로 파송해 달라고 요청하고, 내년엔 거주지를 그곳으로 옮기게 될지 모릅니다.

제가 다시 서울로 올 때까지는 집에 편지를 보내는 게 불가능할 것 같습니다. 제 부재 기간 동안 로티로 하여금 편지를 보내드리도록 하겠습니다. 저희가 만일 그곳으로 가서 살게 될 경우엔, 편지를 보내고 받기 위해 적당한 방법을 강구하도록 하겠습니다.

제가 집에 마지막으로 편지를 보낸 다음에 애니가 8월 12일 자로 쓴 편지와 어머니께서 8월 6일 자로 쓰신 것, 그리고 애니의 또 다른 편지(어느 날짜인지는 기억이 안 나고 편지도 지금 제가 가지고 있지 않습니다.)를 받았습니다. 저희들이 그 편지들을 진심으로 즐겁게 읽었습니다. 모두들 잘 있다니 기쁩니다. 저희도 계속 건강합니다.

지금 몹시 피곤하고, 밤이 깊어져서 이만 줄입니다. 저희 두 사람의 사랑을 식구 모두에게 보냅니다.

당신의 사랑하는 아들,
유진 벨

추신. 플렌와이더 씨 소유의 소와 관련한 서류를 동봉합니다. 저를 위해서 보관해 주시기 바랍니다.

유진 벨

1895년 9월 27일, 금요일
한국, 제물포

사랑하는 어머니

남쪽으로 가기 위해 서울을 떠나기 전에 서둘러서 아버님께 보내는 편지를 썼습니다. 어제 서울을 떠났고, 저희 일행은 내일 아침 증기선 편으로 제물포를 떠나 군산에 내일 밤 11시쯤 도착합니다. 제가 여태까지 "Cun Chang"[76]이라고 표기했는데 "Kun San"이 더 좋은 표기법입니다(둘 다 쓰입니다). 여기서 서해안을 따라 남쪽으로 해서 한국의 동해안 위로 가는 증기선이 정기적으로 있습니다. 그래서 제가 남쪽으로 옮기게 되더라도 우편물과 보급물 등을 받는 데 문제가 없습니다.

저와 동행하게 된 저의 선생님과 하인은 서울 밖으로는 나가 본 적이 없다고 합니다. 그리고 증기선이 그들에게는 대단한 광경입니다. 오늘 오후에 그들을 데리고 가서 지금 여기 항구에 정박해 있는 미국 군함을 보여주려고 합니다.

당신의 사랑하는 아들,
유진 벨

---

76 조선시대 옥구현에 군산진(群山鎭)과 군산창(群山倉)이 있었는데, 군산창을 군창이라고 불렀다. 군산항이 개항된 뒤에도 한동안 옥구군 소속이다가, 1910년 10월에 군산부(群山府)가 설치되었다.

1895년 10월 14일, 월요일
한국, 서울

사랑하는 아버님

11월 언제까지는 시골에 있을 것으로 예상했던 제가 벌써 서울에
돌아온 것을 보고 아버님께서 아마 놀라셨을 것입니다. 시골에 있는
동안 설사로 앓았습니다. 그래서 2주 반 만에 여행을 끝내고 지난
토요일 밤에 집으로 돌아왔습니다. 제가 아픈 동안(약 6일 정도) 저는
드루 의사와 함께 있었고, 원하는 약을 다 복용했습니다. 이제는 다시
괜찮아졌습니다.

아버님께서는 여행에 관한 이야기를 듣고 싶으시겠지요. 9월 26일
전킨 씨, 드루 의사, 테이트 씨와 함께 이곳을 떠나서, 강을 따라
작은 증기선을 타고 제물포로 갔습니다. 그곳에 도착하기 전에 배가
모래톱에 걸려 2시간을 지체했습니다. 제물포에 도착해서는 저희가
타고 갈 배가 24시간 늦는다는 소식을 들어서 또 그만큼 지체되었습
니다. 24시간의 항해 끝에 남쪽으로 150마일 내지 175마일 거리의
군산에 일요일 새벽에 드디어 도착했습니다. 보통으로는 15시간 정
도밖에 걸리지 않습니다.

도착한 날이 일요일이었기 때문에, 저는 저의 목적지까지 가기 전
에 드루 의사와 함께 한국 호텔에 투숙했습니다. 테이트 씨와 전킨
씨는 다른 하숙집으로 갔습니다. 제가 호텔이라는 말을 썼지만, 소위
한국의 호텔이라는 곳은 그 이름으로 불릴 자격이 없습니다. 저는
이곳에서 숙박하느니 차라리 셸비 카운티[77]의 보통 수준의 검둥이의

오두막 아무 데서나 묵겠습니다. 작은 방들마다, 빼곡하게 겨우 누울 수 있을 정도로 손님들을 가득 채웁니다. 드루 의사와 저는 사방 8피트의 방을 다른 사람들 없이 저희 둘만이 쓰도록 하는 데 성공했습니다. 그러나 개인전용의 사적인 방을 가진다는 개념이 이곳에는 없는 것 같습니다. 객점주나 그 집의 아이들 혹은 다른 손님들이 아무 때나 자기들이 원할 때 그냥 저희 방으로 들어옵니다.

온갖 종류의 벌레들은 하도 많아서 언급할 수도 없습니다. 떠나기 전에 벌레들에 대한 이야기를 많이 들었기 때문에 준비를 해야겠다고 생각했습니다. 그래서 로티로 하여금 침대 시트를 접어서 자루처럼 꿰매서 제가 그 속에 들어가서 목둘레를 싸고 벌레약 가루를 충분히 뿌리면 벌레가 붙지 않을 거라고 생각했습니다. 그랬는데도 어떻게 들어왔는지 벌레에게 물렸습니다.

제 하인과 선생님이 저와 동행했으므로, 제가 준비해 가지고 간 음식만으로 살기는 힘들었습니다. 그런데 저희는 군산에서 운이 좋아서 양질의 굴과 계란 그리고 닭고기를 먹을 수 있었습니다. 두 끼에 걸쳐 드루 의사와 제가 먹고 싶은 만큼 굴을 먹고도 2센트만 냈습니다.

이런 류의 여행에서 가장 힘든 것은 토착민들의 서양인에 대한 끊임없는 호기심입니다. 그들은 무리를 지어 저희를 둘러싸고서 이 세상에서 가장 큰 볼거리인 양 저희들을 구경합니다. 저희가 움직이는 대로 관찰하고, 저희의 옷을 만져보고, 머리카락에 손을 대어 느낌

---

77 셸비 카운티는 유진 벨이 태어나고 자란 고향으로 켄터키주 주도인 루이빌 바로 동쪽에 위치한 카운티이다.

이 어떤지 보았습니다. 저는 제 신발이 무엇으로 만들어졌는지 일일이 만져보게 하고, 제 신발을 어떻게 신는 건지 보여주고, 저의 반바지 속으로 손을 넣어 제가 그 속에 무엇을 입었는지 보게 했습니다. 그들은 저마다 저희가 가지고 있는 물건들을 살펴보고 저희가 밥이 아닌 음식을 먹는 것을 구경하면서 엄청 놀랍니다. 며칠 정도는 그런대로 견딜 만하지만 오래가면 심히 지치게 되는데, 그들이 끝없이 궁금해서 알고 싶어 하는 것을 저희가 거부해야 할 때 그들은 저희가 거부하는 것을 이해하지 못하는 듯합니다.

화요일 아침에 강을 올라갈 준비가 되어서 막 출발하려고 할 때, 저의 하인이 제가 그에게 식대 명목으로 지불하겠다고 한 액수가 적다고 불만스러워 하면서 저를 떠나 버렸습니다. 그래서 선생님하고만 길을 떠났고, 30마일쯤 가서 강경에 도착했습니다. 거기서 한 달 동안 머물 계획이었는데, 제 손으로 네 끼 식사를 준비하는 동안 다른 조리사를 구할 수 없어서, 저희는 다시 드루 의사가 있는 곳으로 가서 거기서 나머지 시간을 함께 보냈습니다. 테이트 씨는 저희와는 다른 방향으로 30마일 떨어진 전주로 가서 아직까지 그곳에 있습니다. 전킨 씨는 저처럼 다시 드루 의사가 있는 곳으로 합류했는데, 한 달 후에는 다시 돌아갈 것입니다.

드루 의사는 아직 그곳에 머물며 무료 진료를 계속하고 있습니다. 드루 의사와 전킨 씨는 그곳에 땅을 사서 집이 지어지는 대로 가족과 함께 그쪽으로 옮길 것입니다. 군산은 아름답고 비옥한 곳입니다.

서울로 돌아오는 길에도 제물포에서 다시 24시간 지체되었는데, 거기서 기다리는 동안 저희는 캔자스시티의 헨드릭스Bishop Hendrix 감독과 중국에서 온 선교사인 리드 의사를 만났습니다. 헨드릭스 감독은 캔자스시티의 닐 씨를 알고, 위더스푼 박사도 알고 있습니다. 저는 리드 의사를 켄터키에서 만났던 적이 있어서 그 둘을 만난 것이 무척 반가웠습니다. 그들은 남감리교 선교부를 설립할 계획을 가지고 중국에서 서울로 가는 길입니다. 그들도 저희와 같이 작은 증기선을 타고 강을 올라왔습니다. 제물포에서 토요일 아침 8시 반에 떠났고, 당일 저녁 5시 내지 6시에 도착 예정이었지만 4시경에 저희는 다시 모래톱에 걸렸습니다. 선장의 말로는 내일 새벽 2시경 조수가 바뀔 때까지는 출발할 수 없다고 했습니다. 날씨가 서늘했고 어디서 잘 곳도 없어서 저희는 걸어가기로 했습니다.

전킨 씨가 그곳이 어디쯤인지 분간할 수 있다고 했고, 서울에서 6마일밖에 떨어져 있지 않다고 했습니다. 좀 지체되긴 했지만 저희는 뭍으로 올라오는 데 성공했고, 걷기 시작했습니다. 그러다가 곧 전킨 씨는 자기가 실수한 것을 알아챘습니다. 물어서 알아본 결과 저희들은 6마일이 아니라 15 내지 20마일을 가야 되는 것을 알게 되었습니다. 감독은 몸집이 매우 크고 빨리 걸을 수가 없었는데, 실제로 그는 거의 무너져 내릴 지경이 되었습니다. 8시간을 걸어서 이곳에 새벽 1시에 도착했습니다. 그동안 저녁 식사 겸으로 점심을 먹은 것이 전부이고, 저녁은 못 먹었습니다. 저는 감독이 그렇게 먼 길을 고생하며 걸어야 했던 것이 안쓰러웠습니다. 그러나 그가 미국의 교회에서 이곳 사정을 설명할 때 도움이 될 것이라고 기대합니다. 그가 어제 저희를 위해 설교를 했는데, 제가 오랫동안 들어본 설교 중에 최고의 설교였습니다. 내일 감독과 리드 의사가 저희와 함께 저녁 식사를 합니다. 감독의 말로는 그가 내년 봄에 루이빌에 간다고 하는데, 저희는 그것이 정확하게 언제인지 알아보아서 아버님과 모두가 그를 만나볼 수 있기를 바랍니다. 그는 정말 좋은 사람이고, 그는 저희가 이제까지 편지로 설명드릴 수 있는 것보다 훨씬 더 상세히 저희 상황에 대해 말해 줄 수 있을 것입니다.

제가 서울에 도착해서 어머니와 애니가 8월 23일 자로 보낸 편지와, 어머니의 8월 31일 자 엽서, 그리고 『셀비 센티널』 3부와 또 다른 신문들을 너무 기쁘게 받아 보았습니다. 아버님이 보내주신 9월 5일 자 편지를 오늘 받았습니다. 아버님의 편지를 받고, 주신 소식들을 접하는 것이 기뻤습니다. 그렇게 농작물 수확이 좋았다는 소식을 들으니 기쁩니다. 새 철도선은 확실히 좋은 일입니다. 밥Bob 삼촌의 광산에 대한 희망이 이번에는 이제까지 그렇게 많이 실망스러웠던 것과는 다른 결과가 생기기를 바랍니다.

어머니 말씀이, 마샬과 아치가 멀리서 집을 몹시 그리워할 테니 그들에게 자주 편지를 써달라고 했습니다. 저도 할 수 있을 만큼 자주 편지를 보내겠지만, 집에 보내는 제 편지를 그 애들한테도 보내서 읽게 해주시고, 그 애들이 다시 제 편지를 집으로 보내도록 해주십시오. 그리고 제가 편지를 쓸 수 있는 시간이 매우 한정돼 있어서 그들에게 긴 편지를 쓰는 주에는 집에 짧은 엽서 하나 보낼 시간밖에 없습니다.

이곳에 도착하자, 궁궐에서 일어난 살해 사건에 대해 듣고 매우 놀랐습니다. 지방에 있을 때는 그 소식에 전혀 접하지 못했습니다. 아마 집에서도 신문을 통해 그 모든 것에 대해 들으셨을 것입니다. 한국에서보다 미국에서 그 소식이 더 잘 알려져 있습니다. 일본인들이 궁궐에 침입하여 왕후와 다른 여인들과 여러 명의 한국 수비병들을 살해했습니다.

왕은 현재 경비병에 의해 신변보호를 받고 있으며, 선교사 두 명이 왕의 안전을 위해 밤에 궁궐에서 왕과 함께 지내고, 왕의 한 아들은 언더우드 박사 집에 숨어있고 중무장한 병사들에 의해 보호받고 있습니다. 제물포에 주둔하던 미국 함대의 군인들이 지금은 서울 공사관에 와 있고, 러시아 공사관에도 경비병들이 있습니다. 일본인들은 일이 돌아가는 것이 자기네들의 마음에 들지 않았고 특히 왕후가 적극 일본이 하려는 일에 반대를 해서 그런 일을 저질렀다고 들었습니다. 이 사건의 결과가 어떻게 진전될지 모르겠으나, 저희들로서는 개인적인 위험은 느끼지 않고 있습니다. 미국 신문에서 자세한 내용을 아시게 될 테니 제가 더 이상 자세한 것은 이야기하지 않겠습니다.

저희 둘 모두 잘 있고 로티도 저와 함께 많은 사랑을 보내드립니다.

당신의 사랑하는 아들,
유진 벨

추신. 제가 잊어 먹고 말씀을 안 드렸는데 제 하인 보이가 일주일 전쯤에 다시 돌아와서 매우 후회하며 간청해서 제가 다시 받아들였습니다.

1895년 10월 21일, 월요일
한국, 서울

사랑하는 마샬

진즉에 스톤턴으로 네게 편지를 했어야 했는데, 그런 기회를 놓친 것이 미안하다. 네가 미스 볼드윈 학교[78]로 간다는 소식을 듣고는 곧 시골로 여행을 떠났다가 일주일 전에 집으로 돌아왔다. 시골에 머무는 동안에는 어떤 편지도 보낸다는 것이 불가능했다. 어디에도 우체국이라곤 없어서, 편지를 보낼 수 있는 단 하나의 방법은, 어쩌다 배가 지나다니는 해안가가 아닌 한, 개인적으로 심부름꾼을 구해서 보내는 것뿐이었다. 내가 서울에 있는 동안 매주 집으로 편지를 썼는데, 식구들이 그 편지들 가운데 얼마를 네게 보내주었기를 바란다. 시골에 훨씬 더 오래 머물 것이라고 기대했는데 내가 아팠고, 서울을 떠난 지 두 주 조금 더 지나서 다시 돌아왔다. 그러나 지금은 완전히 다 나았다.

만일 집에서 네게 내 편지들을 보내주었다면 너는 내 여행에 대해서 다 들었을 것이다. 내가 한국 음식을 전혀 먹을 수 없기 때문에 모든 식재료와 조리기구들을 가지고 가야 했었다. 한국 호텔이라는 것은 미국의 보통 수준의 흑인[79] 오두막보다도 더 못하다. 거기에다

---

78 버지니아주 스톤턴에 있는 여자대학인 메리 볼드윈 대학. 로티 벨도 메리 볼드윈 대학을 졸업했다. 주명준, 앞의 책 참조.

79 여기서는 "darky"라는 단어 대신 "negro"라는 단어를 사용했다. 구분하기 위해 "흑인"으로 번역했다.

잠은 방바닥 위에서 자야 했었다. 너도 알듯이 한국 사람들은 불을 방바닥 밑에서 지피기 때문에, 아주 추운 날에도 잘 때 무엇을 많이 덮지 않아도 된다. 이것은 한국인들한테는 매우 좋은 일인데, 왜냐 하면 그들 대부분이 덮을 것을 충분히 소유하기엔 너무 가난하고, 또 그 방식은 땔감이 아주 적게 든다. 가난한 사람들은 연료로 마른 풀과 잡초들을 사용하고, 그보다 사는 게 조금 나은 사람들은 약간 의 장작을 사용한다. 서울에서 우리는 석탄과 장작 둘 다 사용하는 데, 둘 다 값이 매우 비싸다. 이곳 겨울은 길어서(고향에서의 겨울 보다 길 것으로 생각된다.) 연료비가 꽤 들 것 같고, 석탄은 대부분 이 가격이 비싼데도 불구하고 질이 좋지 않다.

너도 아마 신문에서 이곳에서 일어난 일에 대한 기사를 보았을 것 이다. 왕후와 경비병 여럿이 살해당했고, 왕은 자기 궁궐 안에서 경비 병들의 삼엄한 경비를 받고 있는 것이 실질적으론 갇혀 있는 꼴이 되었다. 한국 정부에 대해서 못마땅해 하는 한국 주둔 일본인들이 시해를 했다. 그 사건 이후 왕과 외국인 관리 다이 장군[80]을 보호하기 위해, 선교사 두 사람이 궁궐에서 밤을 보낸다.

지난주에는 편지 운이 매우 좋았다. 월요일에 아버님으로부터 편 지를 받고, 토요일에는 우편물이 아주 많았다. 신문들이 많이 왔고 어머니와 스콧 그리고 애니에게서 편지가 왔다. 그날 받은 어머니의 편지는 어머니께서 스톤턴에 계실 때 쓰신 것이다. 너의 여행에 대해 서, 그리고 네가 새로운 거처에서 잘 지내게 되었다는 소식을 듣고

---

80 다이(William McEntyre Dye) 장군: 미국의 군인으로 고종의 군사 고문을 지냈다. 을미사변 당시 외국인 목격자 중 한 명이다. 한국 문헌에 茶伊(다이)로 표기됐다.

기뻤다. 그곳이 계속 네 마음에 들고, 공부도 열심히 하게 되기를 바란다. 네가 집이 몹시 그리워질 때는 우리가 너보다 얼마나 더 집에서 멀리 있는지를 기억해라. 미국의 어느 곳에건 우리가 있었다면 우리는 바로 집에 있는 것처럼 느껴질 것이다.

지금쯤은 네가 공부에 길이 들었을 것이라 믿는다. 이 편지를 네가 받을 즈음이면 추수감사절이 지난 때일 테고, 곧 크리스마스가 오고, 우리가 미처 깨닫기 전에 다시 6월이 될 것이다. 그러니 네가 시간을 낭비하지 않고 열심히 공부해서 좋은 성적으로 모든 시험을 잘 치르기를 바란다. 나는 내 생애에 어떤 시험에도 낙방하지 않았다. 너도 학교 교육을 끝내게 될 때 똑같은 말을 할 수 있게 되기를 바란다.

우리 두 사람 다 잘 있고 로티도 나와 함께 사랑을 전한다.

너의 사랑하는 형제,
유진 벨

1895년 10월 28일, 월요일 밤
한국, 서울

사랑하는 누이

너와의 서신 교환이 없었다면 나는 어떠했을지 상상이 안 된다. 거의 매번 우편물을 받을 때마다 너의 멋지고 긴 편지가 있다. 고향에서 편지를 받는 것은 즐겁다. 너의 9월 8일 자 편지를 열흘 전쯤에 받았고 23일 자 편지가 지난 금요일 아니면 목요일에 도착했다. 우리가 너의 모든 편지를 받고 있는지 모르겠다. 네가 내게 편지할 때마다 날짜를 적어놓았다가 내가 네게서 받는 편지에 대해 알려 줄 때 확인하는 식으로 하면 쉬울 것 같다. 나는 내가 받는 모든 편지의 날짜를 반드시 적어 놓는다. 플로렌스 위더스푼도 자기 편지들에 대해서 그런 식으로 한다고 한다. 네가 우리에게서 어떤 편지들을 받았는지 알려준다면 우리도 그렇게 할 것이다.

리지 사촌의 상황이 안 좋다니 참 안쓰럽다. 이 편지가 도착했을 때는 이미 오래전에 리지가 좋아졌기를 바란다. 어느 누구라도 그런 상황에 빠진다는 것은 슬픈 일이다. 매티의 건강이 좋아졌다니 우리 두 사람 다 기쁘다. 조시 사촌도 다시 좋아졌기를 바란다.

너와 아버님만 둘이 집에 남아 있었을 땐 외로웠겠다. 그 경험으로 미루어 로티와 내가 처음에 여기 와서 어떠했을지 대강 짐작할 수 있을 것이다. 허나 이젠 우리 둘만 식탁에 앉아 있는 것에 익숙해졌다. 헨리 씨가 학교를 성공적으로 시작하게 되어 기쁘다. 데이빗이 학교에서 잘 지내기를 바란다. 퓰리엄 씨가 어떻게 셸비빌로 가게 되었을까? 내겐 그가 학교에서 가르치는 것이 변호사로 일하는 것보다 나을 것으로 생각된다. 애트모어 식구들이 방문했을 때는 누이가 많은 손님들을 치르느라 아주 바빴겠다.

우리들의 한국말이 어떻게 진전되느냐고 물었는데, 어떻게 대답해야 좋을지 모르겠다. 로티는 시작이 아주 좋았고, 사람들은 우리가 한국말을 잘한다고 생각하는 것 같은데, 물론 우리로서는 진전이 너무 더디게 느껴진다. 그저 하인들과 일상 하는, 잘 지낸다거나 하는 그 비슷한 말 등은 썩 잘할 만큼 충분히 한국어를 알고 있지만, 아직 일반적인 대화를 이어나갈 정도는 못 된다. 한동안 한국어로 기도를 해왔다고 내가 편지에 썼었다. 한국어는 극도로 어려운 언어이다. 영어와 다를 수 있는 만큼 최대한 다르면서도 아직 언어인 그런 것이다. 어느 정도 능숙해지려면 수년을 열심히 공부해야 할 것이다. 한국어 공부가 몹시 단조롭고 지루해지기도 하지만, 지금 그리고 앞으로도 계속 파헤쳐 나갈 것이다. 한국어에 숙달된 사람들이 있으니(숙달의 정도에는 다양한 차이가 있음을 인정하고), 우리도 언젠간 그럴 것으로 기대한다.

네가 우리에게 올 상자를 채우는 것을 도와주겠다고 하니 기쁘다. 할 수 있다면 소시지를 조금 넣어 주면 좋겠다. 우리가 돼지고기에 굶주려 있다. 지금 한국에는 가축들 사이에 질병이 넓게 퍼지고 있다고 하니 한동안은 닭고기와 가끔씩 생선을 먹는 것으로 제한해야 할 것 같다.

메리 이모가 좋아졌다고 하니 반갑다. 어원이 내려가서 그들을 방문하면 좋을 것이다. 스콧에게 『센티널Sentinel』과 『커리어Courier』가 잘 배송되고 있다고 전해주어라. 그것들 외에 『월간 하퍼즈Harpers

Monthly』[81], 『리터러리 다이제스트』(주간), 『세계 선교 리뷰The Missionary Review of the World』 월간지, 『미셔너리The Missionary』, 『어린이 선교The Children's Missionary』, 월간 『코리안 리포지터리The Korean Repository』, 『크리스천 옵저버Christian Observer』, 이렇게 여덟 가지, 뉴스가 오래 되었긴 해도 간행물의 공급은 충분하다. 우편물은 계속해서 열흘 내지 두 주에 한 번씩 정기적으로 배달된다. 우편물이 오는 날은 전반적으로 기쁜 기운이 가득해진다.

한국 궁궐에서 일어난 사태에 더 이상의 전개는 없다. 어제는 왕의 형제가 죽임을 당했다는 소식을 들었다.[82] 또한 러시아 군함 아홉 척이 하루나 이틀 내로 제물포항에 도착한다고 한다. 듣기로는 왕후 살해 당시 일본 공사관 담당이던 공사가 일본으로 귀국한 후에 체포되었다고 한다. 이쪽에서의 일반적인 느낌은 조만간 일본과 러시아 사이에 문제가 발생할 것이 확실하다는 것이다. 이 모든 일의 결과가 어떻게 될지 우리는 모른다.

지금 받은 신문에서 보니 콜레라가 이곳에서보다 더 오래 중국과 일본 그리고 다른 곳에서 번져가고 있다고 한다. 한국에서는 콜레라가 짧은 기간 동안만 돌았다 해도 서울에서만 2,500명이 사망한 것으로 추정된다. 나 개인적으로는 콜레라를 두려워하지는 않는다. 잘 익혀진 음식만 먹고, 물은 끓여 마시고, 조심해서 소독된 물에

---

81 유진 벨과 로티 벨의 편지에 이 잡지 이름을 어떤 때는 그냥 "하퍼(Harper)"라고도 적었다. 본 잡지명은 하퍼즈 매거진(Harper's Magazine)으로 1850년에 처음으로 뉴욕에서 출간했다. 미국에서 현재까지 발행되는 잡지 중에 두 번째로 오래된 것으로 문학, 정치, 문화, 경제, 예술 등을 다루는 종합 월간지이다.

82 원문 "We heard yesterday that the king's brother had been killed." 무엇을 이야기하는지 모르겠음.

손을 씻으면 콜레라균에 직접 노출된다 해도 전염을 피할 수 있다고 대체로 확신해도 좋다. 그러나 콜레라균에 일단 감염되면 그 결과는 끔찍하다.

에바가 그랬고, 누이도 그곳의 더운 날씨에 대해서 언급했다. 여름에 잠시 동안의 장마를 빼고는 우리가 이곳에 온 후의 한국의 기후는 아주 좋았다. 지난 두 달 동안의 날씨는 거의 완벽했다. 지금까지의 한국의 기후가 마음에 든다. 켄터키의 기후에 비하면 월등히 좋다는 생각이다.

마샬이 만족해한다니 기쁘다. 마샬이 계속 그렇게 만족스럽게 지내며 좋은 성과를 거두기를 바란다. 방금 마샬한테 편지를 썼다. 마샬이 문제없이 그 편지를 받을 수 있기를 바란다.

스콧과 데이빗이 우드레이크로부터 무슨 소식을 가지고 왔었니?

네가 맥키 박사와 만나는 일이 잘 되기를 바란다.

내가 앤더슨의 여성들에게 쓴 편지 내용이 거의 그대로 『미셔너리』에 실린 것을 보고 매우 놀랐다. 『미셔너리』 매 호마다 그 비슷한 것들이 실리는 것 같은데, 이젠 [그런 종류의 글은] 써먹을 만큼 써먹었다고 생각한다.

요즘 우리는 북장로교 선교회 연차 총회에 참석하고 있다. 또한 한국에서 선교하고 있는 세 개의 장로교단으로 구성된 협의회[the Council meeting]에도 참석했다. 후자에서 주로 논의된 주제는 아내가 여럿인 남자의 입교를 허락할 것인가 하는 문제였다. 한국에서는 그럴 재력이 있는 남자는 거의 모두 둘이나 그 이상 아내를 둔다. 종종 첫 번째 아내가 아들을 낳지 못했을 때 두 번째 아내를 두는데, 유교(儒教)가 죽은 조상에게 제사를 지내줄 아들이 있을 것을 요구하기 때문이다. 그런데 질문은 이런 다수의 아내를 둔 남자가 기독교로 개종했을 때 어떻게 해야 하나 하는 문제로, 그가 오직 하나의 아내만 택하고 나머지는 포기해야 한다면 누구를 선택해야 할지, 자녀들의 어머니를 택해야 할지 아니면 첫 번째 아내일지, 아니면 아내를 다 데리고 사는 채로 입교를 허락할지 하는 문제이다. 이것은 매우 난처한 질문이다. 네가 처음에는 간단한 문제라고 생각할 수도 있겠지만, 그 문제를 그리고 성경을 공부하면 할수록 일부다처제에도 양면이 있는 것을 알게 된다. 이틀 동안의 토론 끝에 협의회에서는 결국 결론을 내지 못하고 다음 해로 넘겼다. 회의 중에 중국의 우리 측 선교사로 가장 오래 사역한 선교사인 스튜어트 씨와 듀보스 의사로부터 온 편지를 읽었는데, 일부다처 교인의 입교를 허락하는 것에 동의하는 의견으로 간주되었다.

로티와 나 둘 다 잘 있다. 너도 식구들도 모두 안녕하기를 바란다. 우리 둘의 많은 사랑을 담아서,

사랑하는 형제,
유진 벨

추신. 『미셔너리』에 실린 내 편지를 몇몇 검둥이들darkies에게 보내서 그들의 교회에서 읽혀지게 해주고, 내가 시간이 생기는 대로 곧 그들에게도 편지를 하겠다고 말 전해 주어.
유진 벨.

추추신. 그들에게 보내는 편지를 써서 이번 나가는 우편물에 포함했다. 그러니 그들이 꼭 『미셔너리』에 출판된 편지부터 먼저 읽도록 해라.

1895년 11월 13일, 수요일 밤
한국, 서울

사랑하는 어머니

어머니께서 지금 이 쌀쌀한 밤에 식당의 난롯가에 앉아 있는 로티
와 저를 보신다고 생각해 보세요. 저희들의 새 집에서 저희가 얼마
나 편안하게 잘 지내고 있는지, 이렇게 멀리 떨어진 한국에서도 얼
마나 집에 있는 것 같은 느낌인지 보실 수 있으실 것입니다. 로티는
몇 달째 쓰지 못하고 있던 친구에게 보낼 편지 답장을 조금 전에 끝
마치고, 지금은 『돔비와 아들』[83]에 빠져있습니다. 저는 방금 체스터
박사에게 보내는 편지를 끝냈습니다. 그가 장인 장모에게 저에게서
편지를 못 받았다고 불평하신 사실이 그 편지를 쓰도록 저를 상기시
켰습니다.

지금은 밤 9시밖에 안 됐지만 서울은 시골처럼 적막하고 조용합니
다. 조용함은 이곳 동양의 도시들에서 가장 주목할 만한 현상입니다.
주전자의 물 끓는 소리와 시계 소리가 제게 들리는 소리의 전부입니
다. 어머니께서 지금 저희들을 엿보시게 된다면, 저희가 방을 얼마나
멋지고 아늑하게 꾸몄는지 아시게 될 것입니다. 식당과 침실 사이에
미닫이문이 있는데, 그 두 방을 제가 정말 좋아합니다. 부엌에 종이
있어서 줄로 침실과 식당에 연결되어 있고, 또 뜰에 있는 문지기의

---

83 『돔비와 아들(Dombey and Son)』: 1848년 출간된 찰스 디킨즈의 소설. 원제는
   Dealings with the Firm of Dombey and Son: Wholesale, Retail and for Exportation
   이다.

집에 달려있는 종도 줄로 식당으로 연결해 놓았습니다. 그래서 저희가 하인을 부를 때 문을 열고 큰 소리로 부르지 않아도 됩니다.

지금의 저희들처럼 하인의 수발을 받는 것은 확실히 편안한 일입니다. 저희 하인들은 모두 잘하고 있고, 임금도 아주 싸고, 그들이 있어 저희들은 아주 편합니다. 이 같은 [생활의] 편함은 [저희가 선교사로서 겪을] 시련과 어려움이 어떠한 방식으로 오는지 저희가 전혀 짐작할 수 없다는 것을 알게 해줍니다. 제가 선교사가 되기로 결심했을 때, 저는 좋은 집도 없고, 모든 일을 제가 해야 하는 식으로 생각하면서, 큰 고난을 인내해야 할 것으로 예상했습니다. 그러나 지금의 저의 삶은 고향에서 적은 급료를 받으면서 우리가 기대할 수 있는 삶보다 못 하지 않고, 어떤 면에서는, 가령 하인들을 거느리는 것과 같은 면에서는, 훨씬 낫습니다.

시련은 이런 쪽에서가 아니라 저희가 기대하지 못했던 다른 쪽에서 옵니다. 선교사의 삶의 어떤 면들은 제가 기대했던 것보다 훨씬 많이 어렵습니다. 이 사람들에게 가장 도움이 되는 방식으로 이 사람들을 사랑하고 연민의 마음을 품는 것을 가능하게 하는 것은 하나님의 은혜밖에는 없습니다. 저들에 대해 인내심을 품고, 항상 그리스도와 같은 따뜻한 태도로 대한다는 것이 가장 어렵고 시험이 되는 일입니다. 저들 앞에서 바른 삶을 산다는 것이 참으로 힘이 듭니다. 저들이 저희를 시험에 빠지게 합니다. 틈만 보이면 저희를 이용하고, 온갖 방법으로 속입니다. 이들은 몇 센트를 가지고 하루 종일 "야단법석"[84]을 피우고, 그럴 때 저희의 인내심을 시험당하느니 오

---

84 원문엔 미 원주민의 의식이나 축제 회동을 의미하는 "powwow"란 단어를 썼다.

히려 그 돈을 주어버리고 끝내고 싶지만, 문제는 다음번에는 훨씬 더 심해지리라는 것입니다. 모든 일에서 저희는 최선을 다해서 저희 종교를 삶으로 보여주어야 합니다. 선교사의 삶 자체가 선교사가 할 수 있는 모든 설교보다 더 중요하다는 것을 저는 더욱 더 확신하게 되기 때문입니다.

지난 번 우편물에 저는 편지를 하나도 받지 못했고, 집에서 소식을 못 들은 지 두 주가 됩니다. 스톤턴에서 쓰신 편지가 어머니에게서 마지막으로 받은 편지인 것으로 생각됩니다. 아치나 마샬한테서도 그 애들이 학교로 떠난 후로는 소식이 없습니다.

여기는 레이놀즈 부인 말고는 모두 잘 있습니다. 부인은 계속해서 천천히 회복되어 가고 있습니다. 지금은 밖에 조금 나다닐 수 있는 상태로, 가장 가까이 있는 이웃 한둘을 방문하기까지 했습니다.

저희 두 사람으로부터 많은 사랑을 전하며,
사랑하는 당신의 아들
유진 벨

1895년 11월 20일, 수요일 오후, 7시
한국, 서울

사랑하는 누이에게

내가 스콧에게 쓴 편지에서 우리 집의 도면을 너에게 보내겠다고
말한 것으로 믿는다. 그저께 밤 이 편지와 함께 보내기 위해 도면을
그리고 있을 때, 전킨 씨 부인과 미스 테이트가 와서 한동안 우리와
시간을 보냈다. 그래서 그날 편지를 쓰지 못했고, 어제는 편지를 쓸
마음이 나지 않았다. 지금 방금 집의 도면[85]을 끝냈고 그것을 이 편
지에 동봉하겠다.

도면을 보면 우리 집의 구도에 대해 좀 더 구체적인 개념이 생길
것이다. 우리 집은 잘 지어진 벽돌집이고, 이곳이 모든 면에서 먼저
살던 집보다 훨씬 더 편안하다. 설계도를 보면 침실의 남쪽 거의 전
체가 유리창으로 되어있다. 그리고 침실의 동쪽에 창이 있고 거실에
는 서쪽에 창이 있어서[86] 하루 종일 햇볕이 들어서 겨울에는 밝고
멋진 방이 될 것이다. 그리고 어떤 가구들을 어떻게 배치했는지 알
수 있도록 노력했다. 찬장[=벽장]the side board[87]은 내가 지난 6월 결
혼 일주년 때 로티에게 아무것도 못 해줘서 최근에 로티에게 결혼기

---

85 편지에는 도면을 이 편지와 함께 동봉하겠다고 했으나, 도면은 함께 있지 않음.
   그 대신 로티 벨이 11월 10일 플로렌스에게 보낸 편지에 "유진이 그렸다"는 서소문
   의 새집 도면이 첨부되어 있음.
86 도면에 왼쪽 아래 설명에 의하면 거실이 어디인지 표시되어 있지 않으나 서쪽에
   창문이 있다고 했으니 "빈방"이라고 표시한 7번 내지 8번일 가능성이 있다.
87 도면에 2번 식당 오른쪽 상단에 24번으로 표시한 것.

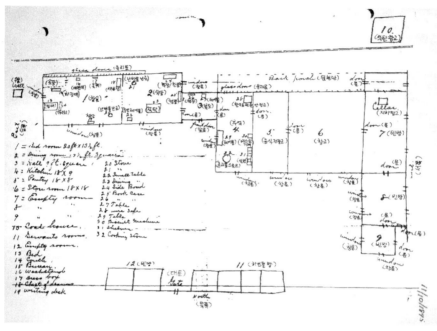

유진이 1895.11.10.에 그린 것으로 추정되는 서소문 집의 도면

념으로 선물한 것이다. 상하이에서 중고가구를 가져와 파는 중국 상인에게서 구입한 것이다. 금화 10불을 주고 샀는데, 내가 이제껏 본 것들 중에서 가장 잘 만든 것 중의 하나이다. 서랍장the chest of drawers[88]은 내가 나 스스로에게 선물로 준 것이다. 다섯 개의 커다란 서랍이 있고 매우 편리하고 쓸모가 있다. 7불이 들었고 역시 그 중국 상인으로부터 구입했다.

침실과 거실[89] 사이에 미닫이문이 있어서 원하면 방 하나로 만들

---

88 침실 오른쪽 상단에 18번으로 표시한 것.

89 도면상으로는 침실과 식당 사이에 점선으로 이은 것이 미닫이문이므로 식당과 거

수 있고, 보통 날씨에는 난로[90] 하나로 양쪽 방을 덥힐 수 있다. 침실에는 아직 난로가 없지만[91] 제물포에 있는 미국 상인에게서 곧 하나를 구입하려 한다. 소위 "라운드 오크round oak"라 부르는 난로를 구할 계획이다. 한 종류는 은화 40불이고 다른 것은 은화 50불이다. 이곳에서 꽤 많이 사용되는데, 모두들 이 난로에 만족하는 듯싶다. 이곳의 연료는 품질이 저조한데다 비싸서, 구할 수 있는 가장 좋은 난로를 구하는 게 이익이 될 것이다.

집으로부터 소식을 못 들은 지가 3주 됐다. 매일 편지를 기대하고 있는데 아직 소식이 없다.

우리가 이곳에서 살 수 있는 양질의 돼지고기에 대해서는 전에도 썼었다. 얼마 전엔 돼지의 앞부분 ¾을 파운드 당 은화 12센트를 주고 사서 집에서 하던 대로 "돼지 잡기"를 하고 있다. 살을 발라낸 신선한 갈비 1피트, 갈비 살을 도려내고, 돼지기름으로 라드를 만들었다. 그러다 보니 소시지가 너무 먹고 싶어져서 어쩔 줄 모르게 되었다. 그래서 조리사한테 고기를 할 수 있을 만큼 잘게 칼로 다지게 하였다. 로티가 세이지sage를 가지고 있어서 알맞게 양념을 하고 모양을 만들어서, 며칠 동안 우리는 훌륭한 소시지를 즐기고 있다. 이 돼지들은 외래종으로 한국에서 사육하고 일본인 정육점에서 도살한 것으로 아주 상급이다. 한국 재래종 돼지는 식용으로는 적합해 보이지 않는데, 토착민들은 그래도 그걸 식용으로 사용하고, 희생제를 위해 도살한다.

실을 겸하는 것 같음. 특히 이 편지를 쓸 때가 겨울이라 난방요금을 줄이려고 그렇게 한 것 같음.
90 난방용 난로로 도면의 2번 식당의 왼쪽 상단에 위치한 21번.
91 아직 구입하려고 하는 난방 난로는 1번 침실의 오른쪽 하단에 위치한 20번.

오늘 아침에 어떤 사람이 크고 좋은 굴을 팔러 왔다. 그래서 24개를 하나에 은화 4센트를 주고 샀다. 굴은 아주 좋은 것이지만 자주 먹기에는 너무 비싸다.

오늘은 사람을 시켜서 석탄공을 만들게 했는데, 너는 그것이 무엇인지 짐작할 수 있을까? 한국 석탄을 우리가 1톤에 은화 14불 주고 사는데 2/3는 가루이다. 그래서 그것을 태우는 유일한 방법은 흙과 물로 개서 크로켓 공 크기의 공을 만드는 것이다. 그 공을 햇볕에 말리면 적당한 날씨에 태우기에 아주 좋다고 한다. 이 일을 위해서 일당 은화 28센트를 주고 사람을 샀는데, 하루에 7~8백 개의 공을 만든다. 노동자 평균 일당이 그 정도인데 아침 7시부터 어두울 때까지 일하고, 숙식은 물론 우리 집에서 해결한다. 이 한국 석탄은 보기에는 우리 고향의 보통 석탄 같지만 탈 때는 무연탄처럼 탄다. 가루석탄은 공으로 만들지 않는 한 태울 수 없다.

우리는 아직도 조금씩 말을 배워간다. 아주 속도가 느린 작업이다. 진전이라곤 거의 보이지 않는다. 그러나 시간이 지나면 좋아지겠지 하고 기대한다. 로티와 내가 맡아서 학교에 보내는 작은 사내아이는 거의 매일 우리를 보러 오는데, 아주 명철한 아이이다. 그 아이는 찬송가를 많이 알아서 우리는 자주 [그가] 우리 앞에서 노래를 부르게 한다. 로티가 오늘 그에게 연을 사 주었는데, 그가 좋아하는 것 같았다. 해마다 이맘때면 한국의 거의 모든 아이들이 연을 날린다. 그들의 연은 꼬리가 없는데, 여기 아이들이 미국 아이들보다 연을 훨씬 더 잘 날린다. 얼레 같은 데에 실을 감아서 날리는데 정말 연 날리기에 능숙하다.

이사할 때 우리 시계에 무슨 문제가 생겨서 그 이후로는 시계가 가지 않는다. 오늘 오후 일본인 시계 수리공한테 가져갔더니 그가 그것을 고칠 수 있다고 했다. 그렇기를 바란다.

드루 의사와 전킨 씨 그리고 테이트 씨는 아직 남쪽에 가 있다. 나는 한국어 공부를 조금 더 잘할 수 있도록 며칠만 시골에 가 있을까 하고 생각 중이다.

며칠 전에 우리가 여름에 묵었던 절의 스님 한 사람의 방문을 받았다. 그는 우리를 다시 보는 것이 무척 반가운 모습이었고, 우리 집 "구경ku kyung"이 즐거운 듯했다.

이 편지를 내일까지는 부칠 기회가 없으므로, 내일 우편물이 오는지 알려 줄 수 있기를 바라면서 마감하지 않고 그냥 두겠다.

우리 두 사람으로부터 보내는 많은 사랑과 함께,

누이의 사랑하는 형제,
유진 벨

추신. 11월 21일, 오후 3시
오늘 아직 우편물이 오지 않았지만, 매일 기대하고 있다.

추추신. 『코리안 리포지터리』 10월 호를 동봉한다. 이곳에서 간행되는 월간 잡지이다. 내가 식구들에게 보내는 크리스마스 선물로 1년 치 구독권을 샀다. 한국에서의 사진들 몇 장도 선물에 추가한다. 될수록 빨리 보내도록 하겠다.

사랑하는 형제

1895년 11월 24일, 일요일 밤
한국, 서울

사랑하는 어머니

오늘 금요일, 저희는 많은 우편물을 받게 되어 기뻤습니다. 어머니의 10월 9일 자 편지, 애니의 10월 14일, 16일 자, 그리고 아치가 9월 28일 쓴 편지들입니다. 로티는 긴 편지를 집에서 받고 또 마샬에게서도 편지를 받았습니다. 『센티널』, 『커리어』, 『리터러리 다이제스트』 두 부, 마샬이 보낸 브로더스Dr. Broadus의 『메모리얼』 잡지도 함께 받았습니다. 그러니 저희는 읽을거리가 아주 많이 생겼고, 그것들을 읽는 즐거움을 만끽하고 있습니다. 특히 고향 소식을 들은 지 오래됐던 터에 어머니와 애니의 편지가 특별히 반가웠습니다.

식구들이 모두 『수도에서 본 한국』이라는 책을 읽었다는 소식을 듣고 너무 기쁩니다. 제가 여러 통의 편지로 전할 수 있는 것보다 훨씬 더 정확하게 한국에 대해 알 수 있기 때문입니다. 한국을 묘사하기 위해 많은 것들에 대해 쓰려고 노력하다 보니 이젠 약간 지쳤습니다. 저희가 아무리 자세히 묘사해 봐도 만족할 수 없는 이유가 사물 그대로를 정확하게 묘사할 수 없기 때문입니다.

그 책[92] 204쪽에 있는 저희들이 먼저 살던 집의 사진을 보셨기를 바랍니다. 삽질을 하는 남자들이 있는 곳이 언더우드 박사의 집 뜰

---

[92] Korea from Its Capital: With a Chapter on Missions.
https://archive.org/details/koreafromitscapi00gilm)

온라인 책, 222쪽.
언더우드 씨 집의 뜰에서 보는 로티네 집 침실과 두 집을 연결하는 문

입니다. [온라인 책, 258쪽] "서소문Little West Gate"[93]이 보입니다. 만일 그 사진을 길의 왼쪽으로 조금 더 늘렸더라면 지금 저희가 사는 집으로 들어가는 문을 보실 수 있었을 것입니다. 저희가 집 대문을 나설 때마다 보게 되는 것이 바로 이 장면입니다. 저희는 "서소문안Saw Sar Moon An"에 사는데, "서쪽의 작은 문의 안쪽"이라는 뜻입니다.

여기서는 미국에서처럼 길에 이름이 붙여있지 않고 동네 이름만 있습니다. 예를 들면 저희는 전에 정동에 살았는데 정동은 서울의 그 지역의 이름입니다. 지금 어머니께서 서울에 오셔서 저희 집 오는

---

93 이 온라인 책에서 실제로 보이는 것은 서소문이 아니라 동대문.

다른 길모어 책에서 본 서소문 사진 [온라인 출처: 구글]

길을 물으시면 "서소문 안"에 저희들이 산다고 할 것입니다. 그것이 저희가 사는 동네로 들어올 때까지 어머니께서 들으실 길 안내 전부이고, 서소문 안으로 오시게 되면 저희 집을 손으로 가르쳐 줄지도 모릅니다.

210쪽에 있는 쌀가게 사진[온라인 책, 230쪽]을 보시면 상인들이 어떻게 곡식을 짚으로 만든 부대에 담아서 진열하는지 볼 수 있습니다. 밤에는 곡식을 다 안에다 들여놓고 잠급니다. 이 사진에서는 또한 초가지붕이 어떻게 생겼는지 잘 보입니다. 궁궐로 들어가는 입구의 사진은 훌륭합니다. 저는 내일 왕을 보호하는 일을 돕기 위해 궁궐에 들어가 밤을 새우는 임무를 수행합니다. 저희가 실제 왕을 보호할 능력이 있다는 것은 아닌데, 왕이 그것을 원하고, 반역자들이나 일본인들이 외국인이 함께 있을 때는 아무것도 하지 않을 거라고

온라인 책, 230쪽, 쌀가게

생각합니다. 제가 사는 곳의 사건이 고향의 몇몇 신문에 실린 것을 보고 놀라웠습니다. 제가 보내드린 『코리안 리포지터리』에 그 사건에 대한 아주 좋은 기사가 실려 있습니다. 그때 이곳에서 근무하던 일본 공사와 다수의 일본인들이 일본으로 귀국하자마자 체포되었습니다. 그들이 이 사건과 관련되어 있다고 의심받기 때문입니다. 전신을 비롯해 모든 통신수단이 일본이 장악하고 있다는 사실을 기억한다면, 외부세계에서 이 사건의 진실에 신속히 접하지 못했다는 것은 이상한 일이 아닙니다.

44쪽에 있는 "도성벽City Wall" 사진을 보시면, 벽 윗부분에 구멍들이 나 있는 것이 보일 것입니다. 이 구멍들은 활을 쏘기 위한 것인데, 담 안쪽에 그 높이까지 둑이 쌓여 있습니다. 64쪽에 있는 사진에는 일꾼들이 등에 짐을 싣고 나르는 나무지게를 볼 수 있습니다. 저희들의 모든 짐들이 이렇게 지게를 이용하여 옮겨졌습니다.

식구들이 그 책을 가지고 있는 게 기쁜 이유가 한국에 대해 출판된 이런 류의 책으로서는 가장 좋은 책이기 때문입니다. 제가 저자의 말에 모두 동의하는 것은 아니지만, 두 사람이 전적으로 같은 결론에 도달하는 경우는 없겠지요. 책이 최근에 출판되었는데도[94] 지금 이곳은 격변기라 내용 중에 벌써 오래되어서 맞지 않는 것들이 많습니다.

온라인 책. 46쪽. 도성벽

온라인 책. 70쪽. 나무지게

---

94 George Gillmore의 『Corea from Its Capitol』는 1892년에 출판되었고, 유진 벨은 3년 후인 1895년에 벌써 한국의 사정이 많이 변했다고 말함.

예를 들면, 그가 말하는 복음전파에 대한 제한이 이제는 <u>완전히 철폐되었습니다.</u> 이제는 도시 전역에 걸쳐 설교처와 예배당이 있는데 대부분 청중으로 붐비고 개종자의 수가 급격히 증가하고 있습니다. 거리에서 설교하기도 합니다. 오늘 오후에 저는 밀러 씨와 그의 기독교 학교 학생 둘이 길거리에서 설교하는 데 함께 갔었습니다. 곧 많은 사람들이 "야소(耶蘇) 교리Jesus Doctrine"를 듣기 위해 모여들었습니다.

그 책의 "한국에서의 외국인 생활"장[95]의 첫 부분에서 말하는 것은 너무도 맞는 사실입니다. 저희가 고향에서 너무도 익숙한 서두름과 급함이 이곳에는 없는데, 그게 제 마음에 듭니다. 그것이 처음에는 저희들의 인내심에 대한 극도의 시련이었습니다. 그러나 실제로, 저자가 언급한 것처럼, 저희의 서두름과 급함이 완화되고, 곧 "좀 더 신중한 움직임"으로 실제로 그렇게 됩니다. 그가 말하는, 외국인 거주인들이 토착민들에게서 일반적으로 받는 우대로 인해서 어느 정도 교만해지기 쉬운 것도 제 생각에는 사실입니다. 그들의 눈에는 저희들이 확실히 위대한 족속입니다. 그들은 경이로움으로 저희를 바라봅니다. 저희가 많이 가지고 있는 노동력을 절약하는 많은 기구 장치들과 발달된 기계들이 그들에게는 완전히 경탄할 신비입니다.

찰리 매튜의 죽음, 그리고 리지 사촌의 병세가 계속 심각한 상태인 것을 들으니 마음이 좋지 않습니다. 제게 시간이 허락되면 미스 조시 매튜에게 편지를 하고 싶습니다.

---

95 Gilmore, George W., 『Korea From Its Capital』, Presbyterian Board of Publication and Sabbath-School Work, PA, 1892. pp.265-290.

며칠 후에 저는 선생님과 함께 한국어 공부를 위해 3~4마일 떨어진 시골로 가서 온전히 한국인들 사이에 묻혀서 살 계획입니다. 만일 그렇게 되면, 로티는 미스 도티의 초청을 받아들여서 그와 함께 여학교Girl's School에 거주하면서 여자로서 할 수 있는 최상의 사역을 관찰하게 될 것입니다. 그리고 누군가 우리 집에 와서 잘 수 있는 사람을 구해보도록 할 것입니다. 문하인이 사는 방이 본채에서 너무 멀리 떨어져 있어서 집을 비워두는 것은 위험합니다. 전킨 씨가 남쪽에 가 있을 때 전킨 부인이 레이놀즈 부인과 함께 지냈는데 전킨 씨 집에 도적이 들었습니다.

마샬의 필체가 확실히 엄청 많이 늘었지만, 마샬과 아치 둘 다 계속 철자법에 대해서는 전혀 주의하지 않습니다. 바라기는 둘 다 철자법 수업을 듣기를 바랍니다. 어머니께서 리치몬드와 스톤턴에 문의하시는 게 좋겠습니다. 아치가 라틴어 수업에 대체로 많이 앞서 있다면, 아마 라틴어를 중단하고, 가장 중요한 학습 분야인 철자법 수업을, 그 아이의 수준보다 앞서 가지 않는 한도 내에서 찾아보는 게 좋을 것입니다. 제가 아치와 마샬 둘 다에게 그들의 편지가 제게 도착하기 전에 편지를 보냈는데, 제가 곧 그들에게 답장을 하고 애니한테도 할 거라고 전해 주십시오.

저희 둘 다 잘 지냅니다.
많은 사랑을 담아서
당신의 사랑하는 아들,
유진 벨

추신. 11월 27일

이 편지에 뭔가 추가할 생각으로 끝내지 않은 채로 두고 있었는데, 오늘은 수요일 밤이고 저는 아직 편지를 끝내지 못했습니다. 저희가 크리스마스 전에 받기를 바라고 있는, 상자에 담아 보내주신다는 케이크에 대하여 감사 말씀 드리고 싶습니다. 맛있게 먹겠습니다.

플로렌스와 에바가 어머니를 방문할 수 없다니 죄송합니다. 그러나 그 애들이 지금은 매우 바쁜 모양입니다. 그리고 헌돈 부인이 결혼할 거라는 소문을 로티에게 온 편지 어딘가에서 보았는데, 실제로 결혼이 성사되기까지는 그 소식이 결정적인 그 무엇이라고 믿지는 않을 것입니다. 그런 소문은 너무 쉽게 시작이 됩니다.

킨 부부Mr. & Mrs Kean가 너무 안됐습니다. 그들 두 사람이 안타깝습니다.

월요일 밤을 궁궐에서 보냈는데 국왕His Majesty the King을 알현했습니다. 그는 명목상으로는 왕이지만 통치 권력에 관한 한 포로와 다를 바 없습니다. 저는 이 상황을 정확히 이해하지는 못하지만, 제가 아는 한도 내에서는 다음과 같습니다. 일본인들과 폭도들Jabs and rebels이 10월 8일에 궁궐을 침입했을 때, 그들은 왕을 제외하고 모든 영향력 있는 직책에 새 사람들을 배치했습니다. 이들 새 각료와 내각은 전 정부의 신랄한 적이었으며, 이제 모든 권력을 쥐고 모든 것을 그들 마음대로 합니다. 그들은 왕 곁에 한 사람을 배치해 놓고, 그들이 이미 다 아는 일들 외에는 왕에게 말을 하는 것을 허용하지 않고, 그들의 승인 없이는 아무것도 못 하게 합니다. 결과적으로 왕은 법적인 정부를 구성하기 위해 어떤 것도 할 힘이 없습니다. 영국, 러시아, 미국 공사관의 누구도 왕을 제외하고는 현 정부를 인정하지 않습니다. 저의 <u>견해로는</u>, 새 정부를 인정할 수밖에 없는 지경으로 사태가 발전되든지, 아니면, 현 정부를 상대할 수 없다면 여기에 공사들이 주둔할 이유가 없어지므로 모든 공사들이 본국으로 소환되든지 하게 될 것입니다. 아직은 왕후가 실제로 시해되었는지, 아니면 어디 숨어 있으면서 정부를 다시 장악하고 복귀할 기회를 기다리고 있는지 수수께끼로 남아 있습니다.

고향에서 온 신문에 의하면 이곳에 있는 미국인들을 보호하기 위해 포함들이 파견됐다고 합니다. 그것이 사실이겠지만 저희는 조금도 개인적인 위험을 느끼지 않아 왔고, 더구나 저희는 궁궐에 가서 왕을 보호하고 있습니다. 월요일 밤에 궁궐에는 제가 단 한 사람의 외부인이었고, 왕의 형[96]은 제가 다음 날도 종일 있어 주기를 갈망했습니다.

로티와 저는 서울에 있는 모든 외국인들과 함께 내일 밤(추수감사절) 미공사관에 초대받았습니다. 좋은 시간을 보낼 수 있을 것으로 기대합니다. 양복을 입을 생각인데, 그런 다음에 그 양복을 12월에 귀국하는 감리교 선교사 존스 씨 편으로 아치에게 보내 주려고 합니다.

많은 사랑을 담아서,
당신의 사랑하는 아들,
유진 벨

---

[96] 고종의 형 이재면.

1895년 12월 2일, 월요일 밤
한국, 서울

사랑하는 누이

지난 주 어머니께 쓴 편지에 내가 너의 10월 14일 자와 16일 자 편지를 받고 얼마나 반가웠는지에 대해 말했다. 그 후 우리들 삶은 여느 때와 같았고, 개인적으로 신경을 써야 할 일은 하나도 없었다. 그 후에 받은 편지는 하나도 없었지만, 이젠 곧 올 때가 되었다고 기다리기 시작했다.

지난 주 수요일 밤에 폭도들이 궁궐에 들어가려고 시도를 했었다. 그들이 누구인지, 목적이 무엇인지는 알려져 있지 않지만, 왕과 가까운 사람들이 왕을 복귀시키기 위해 최근 사태 때 권좌에 앉게 된 새 각료들을 쫓아내려던 시도였을 거라고 짐작들을 하고 있다. 언더우드 박사와 어의(御醫)인 에비슨 의사와 함께 헐버트 씨도 궁궐에서 두려움에 초죽음이 된 왕과 함께 그날 밤에 꽤 긴 시간을 보냈다고 한다. 어떤 각료들은 왕이 안전한 곳으로 피신하도록 하려고 시도했지만, 왕은 언더우드 씨와 다른 사람들이 주장한 대로 그냥 궁궐에 머물러 있었고, 더 이상의 문제없이 지나갔다.

이 사건에 관련된 것으로 의심되는 여러 사람이 체포되었다고 들었다. 미스 스트롱의 선생님도 그 중에 하나인데, 나의 선생님은 그가 아마 사형당할 것이라고 생각한다. 어제 왕후의 사망이 공식적으로 발표된 것으로 알고 있다. 이것은 나의 선생님이 오늘 아침에 설명해준 것처럼, 국민들 모두가 애도에 들어가는 것을 의미한다.

왕실 가족 중에 누가 죽으면 온 국민이 상복을 입어야 하는데, 1년을 그렇게 한다고 알고 있다. 너도 흰색이 애도의 색깔인 것을 알 테지. 오래전에 왕실 가족의 죽음이 너무 잦아서 국민들이 그냥 흰 옷을 계속 입고 살았고, 그런 이유로 한국 국민의 일반적 의상 색깔이 흰색이 되었다고 한다(적어도 그게 내가 들은 바이다).

우리가 이곳에 온 이후로, 전에 편지에 썼던 것처럼 사람들이 검은 겉옷을 입도록 강요받았다. 그러나 그것은 죽은 법령이 되었고, 검은 겉옷을 입은 사람은 이제 상대적으로 조금밖에 보이지 않는다.

그러나 그들이 정말 바꾸어야 하는 것은 갓hats이다. 갓은 예외 없이 검은 색이고, 의상 중에 돈이 제일 많이 든다. 여유 있는 많은 사람들이 신는 검은 신발도 있다. 이 모든 것을 지금은 흰색으로 바꾸어야 하는데, 개인당 2불부터 6불 정도의 비용이 들 것이고, 가난한 사람들에게 큰 부담이 될 것이다. 오늘 아침에 선생님에게 "사람들이 왕후가 죽은 것을 확실하게 믿느냐?"고 물었더니, 아니라고 대답했다. 그래서 내가 전에도 두 번 이와 비슷하게 이 왕후가 죽은 것으로 되고 온 백성이 애도에 들어갔는데, 나중에 밝혀지기를 왕후가 피신해서 숨어 있었음을 상기시켜 주었다. 선생님도 이번 왕후의 죽음이 결코 확실한 것은 아니라는 나의 생각에 동의하는 것 같았다. 실상 나는 그녀가 죽었다는 증거를 거의 듣지 못했다. 한국은 확실히 매우 불안정한 상황에 처해 있다. 이 모든 일의 결과는 아무도 모른다.

우리는 아직도 한국어 공부를 열심히 계속한다. 얼마간의 진전은 있는 것으로 느껴지지만, 아주 느리고 힘든 일이다. 며칠 전에 우리는 하인들과 마가복음을 읽고 있었는데 16장 15절을 함께 읽었다.

"너희는 온 천하에 다니며 만민에게 복음을 전파하라. 믿고 세례를 받는 사람은 구원을 얻을 것이요, 믿지 않는 사람은 정죄를 받으리라."

나는 그들에게 이 말씀 때문에 우리가 미국을 떠나서 이곳 한국으로 왔다고 말했다. 그리고 나는 요한복음 3장 16절을 펴서 읽었다.

"하나님이 세상을 이처럼 사랑하사 독생자를 주셨으니, 이는 그를 믿는 자마다 멸망하지 않고 영생을 얻게 하려 하심이라."

그리고는 우리가 이 이야기를 한국 사람들에게 해주기 위해 왔다고 그들에게 말했다. 그들에게 더 많이 이야기해주고 싶은 마음에 안달이 났지만, 가장 배우기 힘든 게 종교 어휘인 것 같다. 로티가 오늘 말하기를 "우리가 이제 선생님과 약간의 대화를 이어갈 수 있는 것이 위안이 된다"고 했다.

지난 며칠 동안 레이놀즈 부인의 병세가 좋지 않았는데, 의사는 그녀의 병세가 아주 안 좋은 상태로 여기고 있다. 의사가 그녀에게 지금으로서는 귀국하는 게 불가능하다고 말하는 것을 들었다. 부인은 본국에서 아버지나 아니면 남편 레이놀즈 씨의 자매 중에 한 사람을 이곳에 오게 해서 그녀의 병간호를 돕도록 하고, 레이놀즈 씨는 계속 선교 일에 전념할 수 있도록 하는 것을 생각하고 있다. 부인의 어머니는 그녀가 어렸을 적에 돌아가셨다. 그녀는 지금은 침대에서 일어나지 못한다. 그녀가 회복되리라는 희망은 비교적 적다.

우리 모두 레이놀즈 씨 부부에 대해 정말 안타깝게 느끼지만, 우리가 할 수 있는 일이 없다. 오늘 저녁에 레이놀즈 씨에게 가서 어떤 식으로든 도울 일이 있겠느냐고 물어보았는데, 그가 부인이 오늘은 꽤 괜찮았다고 말했다. 드루 의사는 아직 남쪽에 가 있고, 그가 없는 동안 에비슨 의사가 부인을 치료하고 있다.

전킨 씨는 남쪽에서 며칠 전 돌아왔는데, 곧 다시 그곳으로 갈 것이다. 드루 의사가 집을 하나 샀는데, 그 집을 고쳐서 2월에 부인과 아기들을 데리고 이사할 계획이다. 전킨 씨는 땅을 샀는데, 거기에 집을 지을 때까지 거주할 임시 거처를 만들어서 내년 봄에 이사할 수 있기를 원한다. 나는 로티와 내가 다음 가을쯤에는 서울을 떠나서 영구적인 거처에 정착하게 되기를 희망한다.

내가 추가로 보낸 『리포지터리』 2부를 받았기를 바란다. 혹 빠진 호가 있으면 나에게 알려 주어라.

우리 두 사람이 사랑으로
너의 사랑하는 형제
유진 벨

1895년 12월 9일, 월요일
한국, 서울

사랑하는 아버님

제가 아버님의 편지에 답장을 안 한 적은 없는데, 그래도 제가 이번 주에 쓰는 편지는 아버님께서 답장을 해주시길 바라면서 쓰겠습니다. 아버님의 편지는 항상 뉴스가 풍부하고 흥미가 있어서, 저희들은 아버님의 편지 읽는 것이 너무 즐겁습니다. 아버님께서 더 자주 편지를 보내주시면 좋겠습니다. 이곳에서의 저희들의 삶은 평상시와 같아서, 보고드릴 새 소식이나 놀랄 만한 일은 없습니다. 집으로부터 소식이 있은 지 2주 이상 되었습니다. 오늘 우편물에는 신문과 윌리라일 사촌에게서 온 엽서가 있었지만, 편지는 한 통도 없었습니다.

오늘 우편에 저희에게 식료품을 제공해주는 샌프란시스코의 스미스 상점Smith's Cash Store으로부터 메모를 받았는데, 집에서 저희를 위해 꾸려주신 상자를 전송했다고 하니 크리스마스 전에 받을 수 있기를 바라는데, 보장은 없으니 크리스마스 전에 올지도 모르고 그렇지 않을 수도 있습니다. 저희가 7월에 스미스 상점에 물품 청구서를 보냈는데, 11월 1일에야 물품이 도착했습니다.

샌프란시스코에서 서울로 식료품을 배달받기 위해 드는 경비에 대해 흥미 있어 하실지 모르겠습니다. 운송, 보험, 전송업자 수수료 및 관세를 모두 합치면 물품 값의 33.5% 정도가 됩니다. 운송비 자체는 아버님이 생각하시는 만큼 비싸지는 않은데, 다른 것들이 더해져서 값이 올라갑니다. 제 생각으로는 첫째, 물건 값이 샌프란시스코가 루이빌보다 더 비쌉니다. 저희가 배달받는 식료품에 드는 경비가 높은 반면에, 이곳에서 구할 수 있는 식료품이나 다른 물건 값이 기본적으로 고향에서보다 쌉니다.

며칠 전 한 통에 성냥 50개나 그 이상 들은 성냥 10통을 1.5센트에 샀습니다. 이것들은 일본산입니다. 일본은 자기네가 생산하는 모든 물품들을 영국이나 미국보다 항상 싸게 팔 수 있다고 저는 생각합니다. 그리고 일반적으로 영국은 지리적으로 훨씬 가까운 미국보다 물건을 싸게 팝니다. 아버님께서 얼마나 많은 외국 상품들이 이곳에서 팔리고 있는지 아시면 놀라실 것입니다. 그런데 다른 나라들이 미국을 거의 시장에서 몰아내고 있습니다. 제가 듣기로 미국 목화가 영국으로 보내져서 거기서 제품으로 만들어지고, 멀리 이곳까지 와서 미국보다 훨씬 싼 값으로 팔립니다. 미국 남부의 목화 재배를 하는 주들이 어떻게든 태평양 쪽으로 싸게 운송하는 방법을 찾는다면 아주 좋은 일일 것입니다.

이곳의 정세는 "현상유지" 상태인 듯합니다. 권력을 손에 쥔 쪽은 가능한 모든 면에서 그들의 지위를 공고히 하고 있는 듯하고, 당장 이런 상태가 바뀔 전망은 없습니다. 제 생각에 이제는 다른 나라들도 이 새 정부를, 만일 아직 그렇게 하지 않았다면, 인정해야만 할 것으로 생각됩니다. 어의인 에비슨 의사 외에는 선교사들의 궁궐 출입이 전면 금지되었습니다. 그리고 선교사들이 반란군 "놈들nomes"과 한통속이라고 하는 소문이 널리 퍼져 있습니다. 놈nom은 성질이 나쁘고 …. 무뢰한scoundrel에 준하는 한국말입니다.

한국 국민들은 모두 왕후의 죽음을 슬퍼해 애도의 기간으로 들어갔고, 이제는 왕후가 정말 죽은 것으로 생각됩니다. 보도에 의하면 그녀의 시신이 궁궐에 안치되어 있다고 합니다. 이런 것과는 다른 상황에 익숙해져서 살고 있던 저희에게는 이 상황을 조금이라도 이해하기가 정말 어렵습니다. 모든 일이 완전히 불안정한 상태에 있기 때문입니다.

고향에서 오는 신문들은 계속해서 고향에서 겪고 있는 가뭄에 대해 우려스러운 보도를 하고 있습니다. 신문 하나에 약간의 비가 왔었다고 보도가 있었던 것으로 믿습니다. 그래서 이 편지가 도착하기 전에는 가뭄이 다 끝났기를 바랍니다. 이곳 날씨는 정말 좋았습니다. 기분이 좋을 정도로만 서늘합니다. 오늘이 처음으로 쌀쌀한 날이었습니다. 오늘 아침엔 물통의 물이 조금 얼었습니다.

요즘 로티와 저는 한국 꿩을 먹는 즐거움을 누리고 있습니다. 근처 시장에서 한 마리에 금화 15센트를 주고 삽니다. 자고새만큼 맛이 좋은데 상당히 커서, 한 마리면 보통 네 끼를 먹습니다. 저희 두 사람은 잘 있고, 항상 그렇듯이 한국어 공부에 전념하고 있습니다.

한국어가 어려운 언어인 것은 의심의 여지가 없습니다. 사물에 대한 이름을 새로 배우는 것뿐이라면 어렵지 않겠으나, 문장의 단어를 배열하는 방식이 영어와 완전히 다릅니다. 발음하는 것도 몹시 어렵습니다. 저는 어떤 발음은 아예 포기하였습니다. 서울Seoul의 발음이 그 중의 하나입니다. 제가 그냥 소울Sole이라고 하면 대부분의 토착민들이 제가 서울이라는 뜻으로 말하는 것으로 알아듣기 때문에, 그것을 제대로 발음하려는 노력을 중단했습니다. 떡Bread을 뜻하는 말이 또 다른 예입니다. "duck"과 "dock"의 중간쯤 되는 소리입니다.

비슷한 말들이 너무 많아서, 저희가 그 말을 기억한다 해도 그것을 구별해서 발음하기가 극히 어렵습니다. 전킨 씨가 하루는 손님에게 혹시 차tea를 드시겠느냐고 묻는다는 것이 재ashes를 드시겠느냐고 물었습니다. 지난봄에 제가 하인 중 한 사람에게 문밖에 있는 토마토 모종 상자 하나를 가져오라고 했는데, 그가 다른 방에 있던 시계를 가지고 왔습니다. 이런 비슷한 경험을 많이 했었지만, 이제는 저희가 구사할 수 있는 적은 수의 어휘 범위 안에서 저희들에게 익숙해진 사람들에게 의사전달을 그런대로 할 수 있게 되었습니다.

로티는 밀러 씨의 소년들을 위한 학교에서 산수를 가르치게 되었습니다. 수요일에 시작합니다. 로티에게 아주 잘 된 일이라고 생각합니다. 이때까지 배운 한국말을 연습하고 또 더 많이 배울 수 있게 될 것입니다.

저는 더 이상 시골로 가는 것은 그만두었습니다. 내년 봄 전에는 여행을 다시 하지 않을 것입니다.

집에서 제 편지를 정기적으로 받고 계시기를 바랍니다. 제가 매주 편지를 하는데, 도착하지 않는 편지가 있으면 저에게 알려주시기 바랍니다.

이번 겨울에는 아버님이 류머티즘으로 고생하는 일이 없기를 바랍니다. 제 생애에서 지금보다 더 좋아 본 적이 없습니다. 전체적으로 한국이 제 체질에 맞는 것 같습니다.

식구들 모두가 안녕하시기를 빌며, 로티와 함께 저희들의 사랑을 진심을 다하여 전해드립니다.

당신의 사랑하는 아들,
유진 벨

1895년 12월 17일, 화요일 밤
한국, 서울

사랑하는 스콧에게

집에서 소식을 듣지 못한 것이 3주가 넘었고, 내가 일주일 전 아버님께 편지를 한 이후 이곳에서 특별히 보고할 일이 일어나지 않았으니 실상 편지에 적을 것이 적거나 없는 편이다. 열흘 전쯤에 우리는 신문들은 받았는데 편지는 없었다. 그때 받은 신문들이 11월 1일자였는데 10월 치 두 주 몫이 배달되지 않았으니, 우편물 한 뭉치 전부가 어디서 분실되지 않았나 싶어 걱정이 된다. 그런 일이 어떤 때는 일어난다.

지난주에 날씨가 제법 추웠다. 오늘 아침 아홉 시에 온도계가 15도[97]였다. 어느 날 아침엔 10도[98]까지 내려갔었는데 어제와 오늘은 많이 따뜻해졌고 눈이 조금 왔는데, 올 들어 눈이 왔다고 할 만큼 온 것은 처음이다. 우리는 제물포에서 사 오려던 좋은 난로를 못 사게 되어 실망했다. 우리 침실에 지금은 드루 의사에게서 빌린 난로를 쓰고 있다. 이곳은 연료비가 너무 비싸서, 불을 때야 하나? 하는 결정은 심각한 결정이다.

내가 편지에 한국 국민이 모두 왕후의 죽음에 대한 애도의 기간으로 들어갔다고 했었지. 길모어 씨의 책을 보면 거기에 한국의 상례

---

97 섭씨로 영하 9.4도.

98 섭씨로 영하 12.2도.

(喪禮)에 대한 설명이 있다. 자기가 원해서가 아니라 거의 강제로 흰옷만을 입어야 한다. 신발도 모자도 흰색이어야 한다.

새 정부가 모든 남자들에게 머리를 자를 것을 강요하는 법안을 통과시킬 것이라고 보도되었다. 이것은 물론 일본의 영향으로 인해서 생긴 여러 변화 중 하나이다. 나의 선생님이 어제 말하기를, 만일 한국 남자들이 모두 머리를 잘라야 한다면 그들은 망건[99]도 버리고 외국 모자를 써야 할 텐데, 왜냐하면 그들이 쓰는 모자[100]는 "상투top knot"가 없는 머리에는 고정되지 않기 때문이다라고 하였다.

내가 이 문제에 대해 이야기를 나눈 한국 사람마다 일본을 극도로 싫어하는 것 같다. 그들은 중국을 우방으로 보는 것 같고, 일본이 중국에 철저한 패배를 안겼기 때문에 한국이 일본을 싫어한다. 나는 일본 정부에 대해서 전혀 아는 것이 없고 또 일본이 공식적으로 무엇을 하는지는 모르지만, 확실한 것은 한국에 수백 명씩 진출해 오는 일본 상인들이 많은 경우 한국인들을 나쁘게 취급한다는 것이다. 권력이 일본인의 손에 있고 자기들도 그것을 알고 있으며, 한국인들은 일본인을 두려워하는 것 같다.

나는 몇 번이나 일본인이 한국인을 개같이 때리는 것을 보았는데, 한국인은 아무 저항을 하지 않고 그냥 매를 맞고 있었다. 바로 얼마 전 나는 한 일본인이 한국인의 얼굴을 코에서 피가 터질 때까지 주먹으로 때리는 것을 보았다. 거기에는 일본인들보다 네 배나 더 많은 한국인들이 있었는데도, 그 한국인이 그냥 서서 매를 맞는 것을

---

99 영어로 "mangon"이라고 표기했다.

100 모자(hat): 갓을 지칭하는 것이 분명하지만 유진 벨의 입장에서 모자로 번역한다.

보았다. 여러 해 전에 일본이 한국을 농간한 것을 기억한다면, 한국인들의 옛 정복자 일본에 대한 현재의 미움은 이상한 일이 아니다.

지금은 공부하기에 좋은 날씨이고, 나는 한국말이라는 수수께끼에 보통 때보다 더 많은 시간을 보내고 있다. 지금은 나의 선생님과 조금 더 오래 말할 수 있고, 그래서 더 재미가 있다. 선생님이 단어마다 그 뜻을 설명할 때 좀 더 잘 이해한다. 그리고 이제는 약간의 대화도 이어갈 수 있는데, 우리의 문화와 너무 다른 한국풍습에 대하여 듣는 것이 흥미롭고, 동시에 나는 <u>말을 함으로써</u> 말하는 것을 배운다.

오늘 나는 선생님과 흥미 있는 대화를 했는데, 한국의 노예제에 대한 문제였다. 한국 노예가 딸이 있을 때, 대개 그 딸이 노예가 되고 아버지는 노예 상태에서 벗어난다. 남자 노예보다 여자 노예가 훨씬 많다. 그리고 그들은 노예에 대해서 거의 하인을 보는 식으로[101] 보는 듯싶다. 주인이 옷과 음식을 제공하는데, 그것이 노예층 사람들이 바라는 것의 전부인 듯하다. 의식이 해결되면 그것으로 만족한다.

우리의 문하인이 어제 내게 와서 말하기를, 지금은 날씨가 추워서 땔 장작을 사야 하는데, 한 달에 장작 값 은화 2불을 지금 자기 봉급으로는 감당할 수 없다고 했다. 그래서 의논 끝에 세 달 동안 장작 값의 반을 추가로 지불하기로 동의했다. 한 달에 금화 50센트가 된다. 여태까지 그는 장작 하나 사지 않고 정원에서 긁어모은 약간의 덤불과 마른 잡초 그리고 잎들을 긁어서 태웠다. 이들의 방바닥은 소량의 땔감과 약간의 덮을 것만으로도 밤을 지낼 수 있게 만들어졌

---

101 이 말은 이해가 잘 안되는데 아마도, 노예는 주인의 소유물로 팔리고 또 그 목숨이 주인한테 달려있었던 사정은 모르고 하는 이야기 같다. 그냥 노예도 하인처럼 의식주가 해결되는 것으로 만족해한다는 소리를 선생님에게 듣고 하는 소리인 것 같다.

다. 저녁 늦게 불을 조금 피우면 밤새 편안하게 자고, 이른 아침에 다시 조금 불을 피우면 그것으로 하루의 난방이 되는 것이다.

우리 문하인은 아내가 없고(아내가 그를 떠났다.), 식사는 그의 어머니 집에 가서 한다. 이런 계층의 사람들은 하루에 식사를 두 끼만 하는데, 방을 데우기 위해 피우는 불로 밥도 한다.

어제 밤 6명 내지 8명 되는 여자들과 아이들의 방문을 받았다. 그들이 "구경kugung"을 좋아했었던 듯한데, 그들 중 한 명은 전에 외국사람의 집을 본 적이 전혀 없었다. 여자들이 침실에서 로티와 시간을 보내는 동안, 나는 한국 풍습대로 그 방을 나와서 추운 식당에 앉아 있어야 했다.

레이놀즈 부인은 약간 좋아졌으나, 내 생각에는 근본적인 변화는 없다고 생각된다. 드루 의사는 다음 주에 시골에서 돌아온다. 어제 우리가 듣기로, 레이놀즈 부인이 드루 의사에게 에비슨 의사를 불러서 상담하기를 원했다. 그가 봄에 고향에 돌아가고 싶은데 혹시 그들 두 의사 생각에 그가 그 전에 죽을 것인지 알고 싶어 했다고 한다. 우리는 또한 전킨 부인이 레이놀즈 부인에게, 만일에 레이놀즈 부인이 갑자기 죽게 되면 볼링이 미국으로 보내질 수 있을 때까지 자기가 맡아서 기르겠다고 약속한 것을 들었다. 아기는 18개월쯤 됐다. 우리는 모두 레이놀즈 부부가 너무 안쓰럽지만, 그녀가 앞으로 몇 년도 더 살 희망이 없는 것 같다. 나는 정확하게 그녀가 무엇으로 그렇게 아픈지 알지 못하나, 듣기로는 그 병이 브라이트 병Bright's Disease 비슷한 것에 다른 합병증도 있다고 한다.

우리는 매일 우편물을 기다리고 있다. 편지가 오게 되면 전보다 훨씬 더 기쁠 것이다. 로티는 매일 아침에 공부를 하고 오후에는 밀러 씨의 남학교에서 가르치는데, 가르치는 것을 아주 좋아한다. 나는 보통은 오후에도 공부를 한다.

내가 형에게 편지 빚진 것은 없지만, 형이 편지를 쓰도록 약간 자극을 주고 싶어서 이 편지를 쓴다.

우리 두 사람의 사랑과 함께,

사랑하는 너의 형제

유진 벨

1895년 12월 24일, 화요일
한국, 서울

사랑하는 어머니께

지난 토요일에 우편 증기선이 많은 우편물을 가져다 주어서, 저희가 사는 이곳에는 즐거움이 만연했습니다. 특별히 저희가 집에서 오는 편지를 받은 지 한 달이 되어서 더욱 그랬습니다. 애니가 10월 21일 자로 보낸 긴 편지, 어머니와 애니가 함께 10월 27일 자로 쓴 편지, 캔자스시티의 수 하비슨 부인이 자기네 선교회에서 2월 첫째 월요일에 읽을 수 있도록 편지를 써달라고 요청하는 편지를 받았습니다. 그래서 어제 하루 종일 밤까지 하비슨 부인에게 20쪽짜리 편지를 썼습니다. 하비슨 부인은 최근에 켄터키를 방문했을 때 아버님을 뵙고 악수도 했다고 합니다.

로티는 애니가 11월 11일 자로 쓴 편지와 친정 식구로부터 편지 3통을 받았습니다. 그 외에 저희는 『월간 하퍼즈Harpers Monthly』 11월 호, 『미셔너리Missionary』 11월 호, 『어린이 선교Children's Missionary』, 『세계 선교 리뷰Missionary Review of the World』, 『크리스천 옵저버 Christian Observer』 3부, 『센티널Sentinel』 3부, 『커리어Couriers』 2부, 『리터러리 다이제스트Literary Digest』 4부를 받았습니다. 크리스마스 휴일 동안 읽을거리가 충분히 많이 생겼습니다. 이런 우편물을 통해서 바깥 세상에 어떤 일이 일어나는지 알게 되는 것이 얼마나 큰 기쁨인지 어머니께서는 아시기 힘들 것입니다.

그리고 특히 이번 우편에는 매우 <u>흥미 있는</u> 소식들이 많습니다. 제가 전에 보낸 편지들을 읽으셔서 아셨겠지만, 저는 로건 박사와 헌돈 부인이 결혼할 거라고 믿지 않았고, 그것이 사실임을 제가 확인하기 전에는 절대로 믿지 않았을 것입니다. 이제는 제가 리치몬드에 있으면서 그것이 이루어지는 것을 볼 수 없었던 것만이 유일한 유감입니다. 이제 제가, 한국 사람들이 말하는 것처럼 "틀렸수다teressed"이니, 제가 잘은 모르겠지만 썩 잘 어울리는 결합입니다. 제이 비J. B's의 결합에 대해 들었을 때는 그만큼 놀라지 않았었는데, 그 같은 젊음이 무엇을 할지 알 길이 없기 때문이었지요. 그러나 로건 박사와 헌돈 부인처럼 나이 들고 침착한 사람들 사이에서는 아무래도 드문 일이지요.

야구팀에서 어린 프리어슨의 포지션이 무엇인지요? 적어도 처음 1~2년은 제 생각에는 그저 "공놀이balling" 포지션일 것입니다!!

그래서 윌 섬럴은 딸이 생기고 거의 같은 시기에 그의 가게가 도둑맞았다고요? 축복에 악운이 따라오지 않는 경우가 드뭅니다.

애니가 루이빌에 잘 다녀왔다고 하니 반갑습니다. 어머니께서도 같이 가셔서 밀 씨의 강연을 들으셨으면 좋았을 걸 그랬습니다. 마샬이 아무 문제없이 작은 발병spell을 극복했기 바랍니다. 메리 이모가 안녕하시고 리지 사촌도 회복 가능성이 보인다니 기쁩니다. 리지의 병세를 듣고 마음이 괴로웠습니다. 그들을 볼 기회가 닿으시면 그들과 매티 벨에게 저의 사랑을 전해주시기를 바랍니다. 제가 미스 조시 매튜에게는 편지를 쓰지 못했습니다. 1월 언제쯤에 편지를 할 수 있기를 바랍니다.

이곳에서의 최근의 정치적 사태로 인해 저희가 지금도 그렇고 여태까지 한 번도 어떤 위험에도 처하지 않았었음을 어머니께서 이 편지를 받기 전 벌써부터 알고 계셨겠지요. 제가 보아온 바로 판단하건대, 이제까지 공적으로 알려진 사태에 관한 설명은 매우 편파적으로 일본의 입장을 반영한다고 생각합니다. 그것이 또한 당연한 것이, 일본이 세계로 나가는 모든 뉴스를 통제하고 있습니다. 신문의 기사들은 일본이 왕후가 살해되지 않도록 그들이 할 수 있는 모든 일을 한 것으로 믿도록 만듭니다. 그러나 사태의 진실을 저보다 훨씬 잘 알 수 있는 위치에 있는 많은 사람들이 이 모든 문제가 일본이 아니었으면, 또 일본의 협조가 없었으면 일어나지 않았을 거라고 믿습니다. 착하고 정직한 일본인들도 많지만, 한국에 진출한 일본인들의 행동을 보면, 한국인들의 일본인들에 대한 극심한 증오는 결코 근거 없는 일이 아닙니다. 저는 일본 정부가 한국에 대해 좋은 의도를 가졌다고 믿지만, 한국인들은 이곳에 온 일본인들에게서 심한 학대를 받아왔습니다.

제가 전에 말씀드렸듯이, 샌프란시스코로부터 집에서 보낸 박스를 그곳에서 11월 6일에 운송했다는 메모를 받았었습니다. 그러나 아직 도착하지 않았습니다. 그것이 제물포에 있기를 바라고 저희가 그것을 언제라도 곧 받을 수 있기를 고대하며 기다리고 있습니다만, 내일 크리스마스에 받으리라는 소망은 포기했습니다.

오늘 오후에 로티와 저는 밀러 씨가 자택에서 사오십 명의 학생들에게 베풀어 준 성탄절 만찬에 참석했습니다. 그들은 게임도 하고 노래도 하며 좋은 시간을 가진 듯했습니다. 저희는 오늘 밤 저희가 돌보는 아이를 위한 스타킹(아니, 가방)을 [선물로] 채울 것입니다.

저의 선생님에게는 애도 기간에 쓰는 모자를 선물했습니다. 그가 쓰고 있는 모자는 빌린 것임을 알게 되었습니다. 금화 50센트가 들었습니다. 로티의 선생님에게는 모피 안감을 둔 덮개(=토시) 한 켤레를 선물했습니다. 팔꿈치까지 닿는 덮개인데, 겨울에 한국인들이 귀중하게 여기는 물건입니다. 하인들 개개인에게는 추운 날씨에 모자 속에 쓰는 머리 덮개 같은 것을 선물했습니다. 한 개당 금화 40센트였는데, 팔 덮개도 같은 가격이었습니다. 로티에게는 내년 『하퍼Harper』 일 년 구독과 제가 이곳에서 구한 작은 물건들을 선물할 것입니다.

드루 부인과 미스 데이비스가 내일 저희와 함께 저녁 식사를 합니다.

크리스마스 다음 날 저희의 세 하인들에게 진짜 미국식 만찬을 베풀어 주려고 생각하고 있습니다. 그들 모두가 저희의 음식을, 특히 고기와 단 음식을 좋아하는 것 같습니다. 고기는 너무 비싸고, 그들에겐 설탕이 없기 때문에 우리 같은 단 음식은 아예 없습니다.

로티는, 차도 없이 계속 침대에 누워있는 레이놀즈 부인을 위해 침대에서 신는 신발을 완성하기 위해 바쁩니다.

이 편지와 함께 아버님께 보내는 12월분 『코리안 리포지터리』를 동봉합니다. 별 문제 없이 배달되기를 바랍니다. 애니에게 제가 다음번에 답장을 하겠다고 전해주십시오. 제가 애니와 어머니께 답장 쓸 일이 없었다면 무엇을 하며 지냈을는지 모르겠습니다. 마샬과 아치는 편지를 자주 하지 않습니다.

저희들을 위한 선물 상자를 못 받은 것이 영 섭섭합니다. 그리고 당연히 식구들과 함께 집에서 크리스마스를 보냈으면 하고 바라겠지만, 저희들은 여기서 즐거운 시간을 가질 것입니다.

모두들 자주 편지 보내주시기 바랍니다. 이번 겨울은 날씨가 좋고, 저희 두 사람도 항상 잘 있습니다.

로티도 저와 함께 모든 식구에게 사랑을 보냅니다.

당신의 사랑하는 아들
유진 벨

1895년 12월 29일, 일요일 밤
한국, 서울

사랑하는 누이에게

나는 지난 화요일 어머니께 편지를 쓴 이후로 집으로부터 아무 편지도 받지 못했다. 우편물이 한 번 더 왔는데 신문들과 로티에게 온 편지 두 개를 받았고, 나에게 온 편지는 없었다. 네가 쓴 10월 21일과 27일 자 편지는 둘 다 그 전에 받았다. 그것들을 정말 즐겁게 읽었다. 루이빌에서 좋은 시간을 보냈다니 기쁘다. 아버님도 쾌차하셨다는 소식도 기뻤다. 가뭄이 조금이라도 해소되었다니 안심이 된다.

이곳은 여름 외에는 비가 많이 오지 않는다. 땅은 이제 눈으로 덮였고, 집의 북쪽에 있는 온도계가 아침에는 10도 내지 12도[102]를 보여준다. 스케이트를 타는 이들도 있지만, 나는 스케이트가 없으니까 2~3일의 성탄절 휴일 동안 체스를 두며 지냈다. 로티가 크리스마스 선물로 내게 체스에 관한 책, 팔걸이가 있는 커다란 흔들의자, 그리고 손수 만든 캔디 한 박스를 주었다.

드루 부인과 미스 데이비스가 우리와 함께 저녁 식사를 했는데 아주 좋았다.

나는 며칠 전에 궁궐로부터 멋진 선물을 받고 매우 놀랐다. 은으로 만든 잉크스탠드와 돗자리로 된 커다란 양탄자인데, 이 양탄자는 궁궐에서 사용하도록 특별히 제작된 것이다. 잉크스탠드는 육각형

---

102 섭씨 영하 11.1~12.2도.

에 한국 국기와 십자가가 새겨져 있고, 또 내 이름과 한국 정부로부터라는 글이 한국어로 새겨져 있다. 함께 온 메모에는, 지난여름에 콜레라 병원에서 봉사한 것을 감사하여 보내는 것이니 보잘 것 없는 선물이지만 받아달라고 했다.

이 메모는 중국말로 적혀 있었다. 그걸 보고 생각나서 묻는데, 내가 마샬에게 한국어로 써 보낸 메모를 받았는지 궁금하다. 아무도 그에 대한 언급이 없었다.

매티 벨에게도 오늘 밤 편지를 썼고, 이제는 잘 시간이 됐으니 오늘은 이걸로 마친다. 네 편지에 대한 답을 되도록 빨리 하도록 하겠다.

한국에 관한 특별한 소식은 없다. 우리 두 사람 모두 잘 있다.

너의 사랑하는 형제
유진 벨

1896년

1896년 1월 5일, 일요일 밤
한국, 서울

사랑하는 어머니께

일주일 전에 제가 애니에게 편지를 쓴 이후, 저희는 아무 우편물도 받지 못했습니다. 그런데 우체국에 우편 깃발이 올랐습니다. 외국에서 오는 우편물이 도착했다는 신호입니다. 그러나 오늘은 일요일이라 편지를 가져오라고 사람을 보낼 수가 없습니다. 제가 애니에게 쓴 마지막 편지에, 그의 편지에 대한 답장을 다음에 자세하게 하겠다고 했습니다. 애니의 편지를 다시 읽어보며 즐거웠지만, 편지에 답해서 특별히 제가 써야 할 내용이 없는 것 같습니다. 애니는 편지 쓰기에 성실합니다. 전에 받은 편지들을 살펴보니, 거의 매주 정기적으로 편지를 보내왔습니다. 나머지 식구들에게, 특히 남자들에게, 애니의 본을 받으라고 말씀드리고 싶습니다.

지난주에는 저희들이 계속 흥분 상태에 있었습니다. 무엇 때문에 그랬을지 상상할 수 있으세요? 그 어느 것도 이보다 더 심각할 수 없을 것이, 왕이 모든 남자들은 머리를 자르고, 더 이상 "망건mangons"을 써서는 안 된다고 선포했습니다. "망건"은 남자들이 머리를 위로 올려 상투를 튼 다음에 윗머리에 둘러매는 띠입니다. 『수도에서 본 한국』책에 다 설명이 돼있습니다. 제가 그 선포문을 보긴 했지만 읽을 수는 없었습니다.

어떤 이들은 그것이 실제 그렇게 하라는 명령이 아니라 "이미 왕과 내각대신들도 머리를 잘랐으니 백성도 머리를 자르면 좋겠다"고

한 것뿐이라고 말합니다. 실제 내용이야 어떻든, 사람들 대부분이 그것을 의무적으로 해석하고 있고, 그로 인한 백성들 간의 술렁거림을 어머니는 상상하실 수 없을 것입니다. 이곳에 한동안 살아본 사람만이 한국인에게 상투머리head rig가 얼마나 중요한지 이해할 수 있습니다. 한국인에게 그 중요성은 변발pig tail이 중국인에게 중요한 것과 같을 것으로 생각합니다. 그 명령이 내려지기 얼마 전에 이미 그러한 일이 있을 거라는 말이 돌았습니다. 그때부터 사람들은 극도로 동요하기 시작했습니다.

아침에 선생님이 오면 제가 무슨 소식 들은 것이 있느냐고 물어보는데, 그가 다들 머리 자르는 이야기 밖에는 안 한다고 대답했습니다.

드디어 1월 1일에 왕명이 떨어졌고, 왕과 신하들은 그 하루나 이틀 전에 머리를 잘랐습니다. 이 단발령이 백성들 간에 큰 동요를 일으켰으며, 선생님의 말에 의하면 머리를 자를 수 없는 사람들은 모두 멀리 외진 시골로 떠났다고 합니다. 오후에 저와 함께 어떤 것을 공부하고 있는 한 남자는 제게 며칠간의 휴가를 요청했는데, 시골에 가 있으면서 그 왕명이 실제로 이행될 것인지 기다려 보겠다고 했습니다. 저희들의 다른 선생님도 똑같은 목적으로 아들을 시골로 보냈고, 그도 갈 수 있으면 가겠다고 했습니다.

또한 저희의 문지기 하인이 와서, 그가 머리를 자를 수 없어서 이제 저희를 떠나서 시골로 가야 한다고 했을 때는 정말 놀랐습니다. 그는 저희들과 다른 하인들을 아끼고 사랑한다, 진정 떠나고 싶지 않다, 이 마음은 나쁜 마음이다, 그러나 정말 머리를 자를 수 없다고 말하면서, 자신이 손수건으로 사용하던 헝겊을 꺼내서 울었습니다. 그리곤 떠났습니다. 제가 그의 마음을 돌리려고 해 보았지만 어떤 설득도 소용없었습니다. 그는 제가 여태껏 알아오던 하인들 중에 가장 훌륭한 하인 중 한 사람이었기에 그를 잃어버리는 것이 너무도 안타까웠습니다.

같은 날 저녁에 잡일과 빨래를 하는 보이가 와서, 자기도 가야 한다고 말했습니다. 저는 그가 저에게 돈을 빚지고 있는 사실을 상기시키며(얼마 전 저녁 때 그가 제게 와서 그날 하루 종일 아무것도 먹지 못했다고, 다섯 식구 중에 돈을 버는 사람은 자기뿐이라고 했을 때 그에게 가불을 해 주었습니다.) 제게 빌린 돈 은화 1.2불을 갚지 않고 가는 것은 매우 나쁜 일이라고 생각한다고 말했습니다. 그는 잠시 그 문제를 숙고하며 울고 난 후에 그냥 머물기로, 최악의 경우엔 머리를 자르기로 결정했습니다.

조리사는 와서 말하기를 자기가 머리를 자른 후에는 자기의 한국 모자가 더 이상 소용이 없을 것이니 혹시 자기에게 외국 옷을 조금 나눠 줄 수 없겠냐고 물었습니다. 그래서 생각해보니 제가 입던 옷을 필요 이상으로 가져온 것을 기억하고 그의 청을 들어주기로 했습니다. 그가 머리를 자른 후 그를 데리고 일본인 거리에 가서 금화 25센트를 주고 모자를 하나 사주고, 제 코트와 조끼, 바지 한 벌, 색깔 있는 셔츠 하나, 넥타이 하나, 그리고 제가 입던 올리브색 외투를 주었습니다. 모든 것이 그에게 잘 맞는 듯싶었습니다.

그는 테이트 씨의 보이에게 누가 준 신발 중에서 한 켤레를 자기의 소유품 하나와 교환했습니다. 그래서 이제 저희는 완전히 서양식 의복을 차려입은 조리사와 살게 되었습니다. 그는 서양 속바지 한 벌은 있는데 윗도리 속옷은 없다고 하면서, 서양 옷이 자기가 입던 옷들만큼, 아니면 더, 따뜻하다고 했습니다. 솜바지와, 속옷 없이 외투로 입는, 솜을 넣은 옷이 그가 입던 옷입니다.

단발령[1]의 결과는 거리에서 보는 대부분의 사람들이 머리를 잘랐다는 것입니다. 저희들의 옛 선생님도 머리를 잘랐는데, 다른 사람의 경우보다 더 힘들었을 것으로 생각됩니다. 그러나 저희들의 보이와 새 문지기는 머리를 자르지 않았습니다. 처음에 저희가 듣기로 머리를 자르지 않으면 매를 맞고 감옥에 간다고 했습니다. 그러나 지금 보니, 다른 무엇보다 왕에 대한 충성심을 시험하는 것인 듯합니다.

시골 사람들은 화가 나서 쌀과 장작을 서울로 가져와 파는 것을 중단했고, 제가 듣기로는 많은 사람들이 이 두 가지 생필품의 값이 너무 올라서 굶주림과 추위에 고생한다고 합니다. 저희 옛 선생님이 말하기를 이 모든 것이 일본인들 때문에 생긴 일이라고, 일본인들이 왕에게 머리를 자르게 하고 단발령을 내리라고 강요했다고 합니다. 그리고 왕은 본인이 원하지 않는 것과는 상관없이 어린아이처럼 무력하게 머리를 자를 수밖에 없었다고 했습니다.

그 후에 저희가 듣기로는 이 단발령이 일본인들의 영향으로 된 것이 절대 아니고, 전적으로 한국도 어떤 종류의 구습에서 벗어나야 한다고 믿는, 미국에서 교육받은 현 내각의 각료 한 사람[2]으로 인해 일어난 일이라고 합니다. 언더우드 부인이 저희에게 말하기를, 왕이 하루 하루 단발령의 선포를 미루면서 선교사들과 미국과 러시아 공사관에 도움을 청했다고 합니다. 왕은 그의 머리를 자르지 않을 수만 있게 도와준다면 어떤 일이든 거의 다 하겠다고 했답니다.

---

1 김홍집 내각이 고종 32년인 1895년 12월 30일(음력 11월 15일)에 공포했다.
2 을미사변(명성황후 시해) 후 김홍집 내각의 내부협판이었던 유길준을 말함인 듯하다.

진실이 어찌 되었든, 한국인들은 대체적으로 자신들의 왕이 절대적으로 무력하다고 생각합니다. 그리고 일본에 대한 극도의 증오심을 가지고 있습니다. 또 다른 방(榜) 하나가 도성의 문에 붙었는데, 왕의 바라는 바에 순종해 준 사람들에게 고마움을 전하는 것이었습니다. 그러나 어제와 오늘 소문이 도는데, 통탄해야 할 이 단발령이 폐지될 거라는 소문입니다. 상황이 이러하니, 일이 실제로 일어나는 것을 보기 전에는 정확한 진실이 무엇인지 알기가 어렵습니다. 상투가 없어진 것을 저희가 실제로 목격한 것처럼 말입니다.

　저희 조리사가 로티의 가위를 빌려서 친구로 하여금 자기 머리를 자르게 했습니다. 당연히 친구는 선생님을 완전 허수아비 꼴로 만들어 놓았습니다. 그 후 저한테 자기 머리를 다듬어 달라고 했고, 저는 최소한의 모양을 내기 위해 그의 머리를 아주 짧게 만들 수밖에 없었습니다. 그가 잘린 그의 머리카락을 손에 들고 저에게 왔습니다. 짐작컨대 그들이 그렇게 말하듯이 그가 죽을 때 아마 그 잘린 머리도 그와 함께 묻힐 것입니다. 한 노인이 말하기를, 그가 죽어서 저승에서 조상들을 만났을 때 그들은 모두가 그 귀하게 지킨 상투를 하고 있는데 자신만 상투가 없는 것이 몹시 "부끄럽소pukerupso"일 것이라고 했습니다.

　저희의 조리사는 그의 서양옷을 좋아하는 것 같고, 다른 이들도 시간이 가서 짧은 머리에 익숙해지면 그것을 좋아하게 될 것이라고 확신합니다. 저희가 듣기로 많은 젊은 남자들이 머리 자르는 것을 좋아한다고 하고, 힘들어 하는 사람들은 구습에 매인 나이 든 사람들이라고 합니다. 한국인들은 2천 년 동안 머리를 그런 식으로 해 왔다고 들었습니다. 변화가 이런 식으로 온 것에 대해 어떻게 생각해야 할지 모르겠습니다. 사람들이 자기 스스로의 뜻에 따라 그렇게 했었다면 그것은 큰 진전이었겠지만, 그렇다고 머리를 자르는 것이 사람의 마음을 변화시키지 않습니다.

그래도 사람들이 짧은 머리를 계속 유지하게 되면 그 어리석은 모자head gear도 없어져야 할 것입니다. 그들의 모자는 저희 모자처럼 머리에 맞는 것이 아니라 그냥 머리 위에 얹혀 있어서, 그것이 벗겨지지 않게 쓰려면 상투가 꼭 필요하기 때문입니다. 또 하나, 그 어리석기 짝이 없는 "망건mangon"도 없어져야 합니다. 어머니께서 길모어 씨의 책에서 망건 쓴 것을 보셨듯이 그것을 매우 **빡빡**하게 조여서 쓰기 때문에 그것을 벗으면 이마 전체에 분명한 자국을 남깁니다. 하지만 편지 하나에 단발령에 대한 이야기는 이 정도로 충분한 것 같아서 오늘 밤엔 이것으로 마감하겠습니다.

1896년 1월 9일, 목요일

이 편지를 마무리할 기회가 아직 없었지만 그냥 이대로 보내겠습니다.

우편물이 월요일에 왔는데 어머니께서 11월 28일 자로 쓰신 편지가 애니가 11월 30일 자로 쓴 편지와 한 봉투에 넣어져 왔습니다. 그리고 아치한테서 편지 하나와 어네스트 엠프리의 사진을 받았습니다. 이 모두를 저희가 기쁘게 받아보았고 며칠 내로 답장을 하겠습니다.

선물 상자는 아직도 못 받았습니다. 아직도 매일 기다리고 있습니다.

저희 두 사람 다 잘 있고 로티가 저와 함께 사랑을 보냅니다.

당신의 사랑하는 아들

유진 벨

1896년 1월 28일, 화요일
한국, 서울

사랑하는 어머니께

일주일 전쯤에 제가 편지를 쓴 이후로 저희는 우편물을 아무것도 못 받았습니다. 지금은 편지에 쓸 새 소식이 거의 없습니다. 그러나 저희 두 사람 다 잘 지내고 있고, 계속 평화롭고 조용하게 살고 있음을 어머니께 알려드리기 위해 이렇게 짧은 편지를 드립니다.

한국어를 매일 반복해서 공부하는 일은 단조롭고 스릴도 없고 흥미로운 것도 없습니다. 그러나 저희는 아직 계속하고 있습니다. 저는 하루 하루 제가 어떤 것을 배우는지를 말씀드릴 수는 없지만, 제가 말씀드릴 수 있는 것은 처음 한국어 공부를 시작할 때 몰랐던 것을 지금은 꽤 많이 알고 있습니다. 그래서 위로를 받고 계속합니다.

며칠째 제 하인들에게 저희 식으로 숫자를 써서 저희 방식의 산수를 가르쳤는데, 그들이 좋아하는 것 같았습니다. 그들은 물건의 수를 셀 때에 쓰는 숫자가 있는데, 저희들이 더하기, 빼기, 곱하기, 나누기 등을 할 때 쓰는 숫자와 같은 것은 없습니다. 이제까지 제가 아는 바로는 그들이 수를 계산하는 유일한 방법은 셈 세기를 하는 판counting board, 그리고 막대기를 일정한 방식으로 놓아 계산하는 것밖에 없습니다. 그들이 어떻게 그것을 하는지 저는 알 길이 없습니다. 그들도 우리식 계산법의 장점을 바로 알아볼 수 있고, 또 기꺼이 그렇다고 인정합니다. 단, 예외는 그들이 저의 먼저 번 선생님처럼 매우 보수적이고 한국적인 모든 것에 만족해하는 경우입니다.

오늘 오후 한 친구의 방문을 받았는데, 저를 가르치는 일을 하고 싶다고 했습니다. 제가 선생님이 있다고 했습니다. 그러니까 제게 무엇이라도 글 써 줄 것이 없느냐고 했습니다. 제가 없다고 했더니 그가 어떤 일이라도 하기를 간절히 원한다고 했습니다. 이런 일은 그가 속한 계층의 한국인에게는 상당히 드문 일입니다. 그들은 사무적인 일이라면 무엇이든지 할 용의가 대체적으로 있지만, 육체노동을 하기보다는 기꺼이 굶는 것을 택합니다. 이 친구는 그가 전에는 상인이었으나 한 달 동안 일이 없어서 그의 아내와 아이, 아버지와 어머니 그리고 남동생 모두가 자기한테 기대어 사는데 지금은 모두가 굶주린 상태이고, 사흘 동안 아무것도 먹지 못했다고 했습니다. 그는 애처로운 투로 2불만 달라고 했는데, 저는 그에게 돈은 줄 수가 없지만, 내일 오면 내가 쪼개야 할 장작 한 짐을 마련해 놓을 테니, 그 장작들을 톱질하고 쪼개 놓으면 삯으로 돈을 주겠다고 했습니다. 그러나 그는 오늘 당장 먹을 것이 있어야 한다고 했습니다. 또 그가 저의 가까운 이웃이기에 그와 제가 서로 친구처럼 지내야 한다고 말하고, 더 나아가 그가 "야소 교리"를 <u>매우 열심히</u> 듣고 믿는다고 했습니다. 그래서 그와 함께 그의 집으로 가서 그가 말하는 것이 사실인지 알아보기로 했습니다.

저는 그가 저와 가까운 이웃이라고 거짓말한 것을 곧 알게 되었습니다. 그는 저희와 2마일 떨어진 곳에 살았습니다. 저는 그에게 왜 이웃이라고 거짓말을 했느냐고 물을 만큼의 한국말은 할 수 있었지만, 그가 진술하는 긴 설명을 이해할 수는 없었습니다. 저는 그가 한국 집으로서는 편하게 생긴 집에서 살고, 그의 아버지와 남동생이 굶주려 보이지 않아서, 오후 시간을 거의 다 그와 그를 방문해 온 그의 친구들과 보낸 후 아무것도 주지 않고, 앞서 말했던 노동일을 다시 제안하고 그 집을 떠나왔는데, 그가 그 제안을 받아드릴 것으로 기대하지 않습니다. 그와 하룻저녁을 대화하면서 저는 한국말 하는 것을 연습했고 새 단어 몇 개와 표현법 등을 배웠으므로 보상을 받았다고 느꼈습니다.

집으로 돌아오니 또 다른 아는 사람이 <u>정확하게</u> 똑같은 용건으로 저를 보려고 기다리고 있었습니다. 그는 자기가 믿는 사람이고, 제가 시골에 함께 가서 복음을 전할 사람을 구한다고 들었다고 했습니다. 그들의 말에는 진실이 결여되어 있지만 그들이 곤경에 처해 있음은 의심의 여지가 없습니다. 이 두 사람은 노동일 하기에는 너무 자존심이 강한 계층을 대표하며, 그 숫자가 적지 않은데, 그들이 어떻게 생존하는지는 제게 아주 큰 수수께끼입니다.

테이트 씨와 그의 여동생은 남쪽 전라도의 수부(首府)인 전주로 이사를 갔습니다. 드루 의사와 전킨 씨가 주둔하고 있는 군산에서 30마일쯤 떨어진 곳입니다. 드루 의사는 2월 중순 경에 부인과 함께 이사를 갈 것으로 기대합니다. 그때 저도 짧은 여행을 하려고 생각하고 있습니다.

그동안 날씨가 꽤 추웠습니다. 온도계가 6도[3]까지 내려갔습니다. 로티는 감기가 다 나았고, 제 감기도 거의 다 나아갑니다. 로티는 남학교에서 매일 한 시간씩 가르치는데, 꽤 좋아하는 것 같습니다.

저희가 오랫동안 기다리는 상자는 여태 도착하지 않았지만, 아직은 문 열리는 소리가 들릴 때마다 드디어 상자가 오는 게 아닌가 하

---

3 섭씨 영하 14.4도.

고 벌떡 일어나서 창으로 가서 내다보는 즐거움이 있습니다.

레이놀즈 부인께 약간의 진전이 있어 보이고, 드루 의사도 그녀의
병세에 대해 매우 고무되어 있는 것으로 생각합니다.

무어 부인(북장로교)이 현재 매우 아픕니다.

이들 경우를 제외하고는 모두가 다 잘 있습니다.

많은 사랑과 함께

어머니의 사랑하는 아들

유진 벨

1896년 2월 3일, 월요일
한국, 서울

사랑하는 누이에게

최근에 집으로부터 오는 편지 운이 보통 이상보다 더 많이 좋았다. 지난 화요일 우편물에 너의 12월 26일 자 긴 편지가 어머니의 12월 28일 자 편지와 동봉되어 왔고, 오늘은 아치의 12월 26일 자 편지가 어머니의 12월 26일 자 편지와 동봉되어 왔다.

네가 내가 보낸 편지를 받았다고 내게 알릴 때 편지의 날짜를 언급해 주어서 매우 기쁘다. 나는 기록부를 만들어서 내가 쓴 편지의 날짜를 기록하고, 네가 어느 날짜에 쓴 내 편지를 받았다고 할 때 그것을 확인해서 표시를 함으로써 내가 보낸 편지가 배달됐는지 안 됐는지를 정확히 알 수 있게 하는데, 네가 항상 그렇게 해주면 내가 크게 만족하겠다.

조 하퍼 삼촌과 만나서 좋은 시간을 보냈다니 정말 기쁘다. 나는 그가 정식으로 설교하는 것을 들어보지 못했지만, 내가 알고 있는 사람들 가운데 가장 좋은 사람 중의 한 사람이라고 생각하고, 짧은 친분만으로도 모든 계층의 사람들에게 삼촌처럼 그렇게 적응할 수 있는 사람을 만나지 못했다.

아버님께서 노새 사업에 다시 뛰어들었다니 유감이다. 지금은 전보다 더 위험부담이 클 것 같아서 두렵지만, 그래도 그 결과가 원만하기를, 아버님이 상처받지 않고 원을 풀 수 있게 되기를 바란다.

식구들이 무엇을 마샬의 크리스마스 선물상자에 넣었나? 우리 상자는 아직 도착하지 않았는데 그러나 아직 기다리는 것을 포기하지 않고 있다.

최근에 받은 신문에서 베네수엘라에 관한 문제로 미국과 영국과의 사이에서 발생한 난국에 대한 기사들을 본다. 나는 사건의 진위를 전혀 모르고 또 의논이 분분한 먼로주의[4]에 대해 의견을 낼 만큼 법률가로서의 자질도 없지만, 내 생각에 클리블랜드 대통령이 정확하게 맞는 것 같다. 베네수엘라가 자국의 권리를 보장받는 것을 지켜 보아줄 다른 세력이 가까이 있어야 하는데, 영국이 분쟁을 조절할 의사가 없다는 사실이, 아무리 좋게 말한다 해도, 영국에 대한 의구심을 일으킨다. 사태가 여기까지 왔으니 전쟁이 나든지 둘 중 하나가 물러서든지 해야 할 것 같다. 나는 클리블랜드 대통령이 물러날 거라고 믿지 않는다. 그렇다고 미국과 영국 사이에 전쟁이 일어나리라고는 믿어지지 않으니 이 사태가 어떻게 진행될지 궁금하다. 이곳에 사는 우리는 한국이 어떤 경우에도 자국의 권리를 지킬 수 있도록 보장해 줄 힘 있는 우방이 있다면 정말 좋을 것이라는 것을 안다. 그런 이유로 나는 대체로 베네수엘라에 공감한다.

아치가 대학에서 공부를 아주 잘 한다니 기쁘다. 그러나 나는 남학생공동체fraternity가 회원들이 거주할 집을 세낸다는 것이 좋은 계획이라는 데 대해 큰 의구심이 있다. 물론 여자 하나를 고용하여 운영할 것으로 생각하지만, 기숙사에 남아 있는 것이 아치에게 훨씬

---

4 먼로주의는 1823년 12월 2일에 미국의 제5대 대통령 제임스 먼로가 의회에 제출한 외교방침으로 유럽과 아메리카 대륙 간에 상호 불간섭을 주장하는 외교적 고립정책이며, 또한 아메리카 대륙에 유럽 국가들의 식민지 건설을 배격한다는 내용도 표방하였다. 일방적인 외교방침의 선언이라 국제법과 같은 강제력은 없었으나 외교상 실질적인 효과를 불러왔다.(https://ko.wikipedia.org/wiki/)

좋았을 것이라 생각한다.

내가 2주 전에 너에게 보낸 편지에 감기로 반 정도 아프다고 했고, 지난 주 어머니께 드린 편지에는 거의 다 나았다고 했었는데, 그게 아니었다. 계속해서 심한 두통과, 오한과 인후통으로 고생하다가, 지난 목요일에는 피부에 발진이 생기고 열도 났다. 금요일에 드루 의사가 그것이 <u>홍역</u>이라고 선고했다. 목요일에 홍역인 것을 알기 전에 이곳에서 기도 모임이 있었는데, 병이 전염되지 않기를 바란다. 처음 그 병을 앓았을 때보다 지금은 약간 더 심해진 듯하지만, 그래도 나는 식사를 거른 적이 없고 느낌으로는 어제와 오늘로 거의 다 나은 것 같다. 로티는 아직 증상이 없는데, 로티가 병에 걸리지 않고 피해 가기를 바란다. 나는 며칠 동안 밖에 나가지를 않았고, 한국어 공부도 할 수가 없었으나 내일 다시 시작할 생각이다.

아버님께서 집을 오래 떠나 계시지 않게 되기를 바란다. 아버님이 그런 여행을 떠나셨을 때 우리가 얼마나 아버님을 보고 싶어 했었는지 기억난다.

지난 가을(?) (봄) 내가 이곳에 도착한 후 얼마 지나지 않아 쓴 편지에, 이렇게 멀리 보내는 편지는 질이 좋은 봉투를 사용하는 게 좋을 것 같다고 정중하게 시사한 적이 있다. 내가 지난주에 받은 편지는 한쪽이 완전히 뜯어져 있었고 다른 쪽들도 모두 거의 뜯어진 상태였다. 오늘 받은 편지는 일본에서 세 면이 보수되어서 왔고, 넷째 면은 거의 열려져서 여기 도착했다. 그 부탁을 다시 언급하고 싶지 않지만, 그래도 편지봉투가 좀 더 튼튼하면 좋겠다. 네가 직접 볼 수 있도록 마지막으로 받은 편지봉투를 동봉한다. 만일에 내가 보내는 편지봉투도 그런 식이라면 꼭 내게 말해주어라. 누이로부터 받은 편지 거의 모두가 이 마지막으로 받은 봉투들처럼 상태가 안 좋았다.

누이가 한국의 사정에 대해 질문을 해주면 좋겠다. 그렇게 하면 나는 용기를 내서 우리 주변의 일들에 대해 더 많이 쓸 것 같다.

우리 두 사람으로부터 많은 사랑을 담아서
너의 사랑하는 형제
유진 벨

1896년 2월 9일, 일요일
한국, 서울

사랑하는 어머니

제가 일주일 전에 애니에게 편지를 쓴 뒤에 집으로부터 받은 편지는 없었지만, 저희가 그렇게도 고대하던 크리스마스 선물 상자가, 모든 것이 다 제대로 보존된 채로 이번 화요일에 도착했다는 소식을 기쁘게 전합니다. 어머니께서 정말로 멋진 커다란 케이크를 보내주셨네요. 그것을 지금 열지 않고 저희의 결혼기념일까지 보관하려고 합니다. 어머니께 정말 감사합니다. 6월 26일에 저희 둘이 앉아서 이 케이크를 먹는 광경을 생각하시기 바랍니다.

위더스푼 댁에서 진정 저희에게 친절히 해주시고 좋은 선물을 많이 보내주었습니다. 위더스푼 부인께서 저희 두 사람 각자에게 스타킹 하나씩을 채워서 보내주셨습니다. 제 것에는 견과류 외에도 날이 네개 달린 주머니칼, 정어리 통조림 한 상자, 자두 푸딩, 젤리 한 상자, 연필 반 다스와 멋진 넥타이를 보내주셨습니다. 플로렌스는 저에게 마시멜로 한 상자와 향수 한 병 그리고 "지방 제거제Anti' fat" 작은 병 하나를 보내주었습니다. 위더스푼 박사는 저희에게 책,『보니 브라이어 덤불 옆에서Beside the Bonnie Brier Bush』라는 책을 보내주셨습니다. 드와이트와 버논은 로티에게 사진 액자를 보내주었습니다. 장모님은 부엌에서 쓸 물건들을 많이 보내주셨고, 다른 식구들도 모두 무언가를 보냈습니다. 그래서 저희는 고향에서 온 첫 번째 선물 상자를 열며 매우 즐거운 시간을 보냈습니다.

단발령 때문에 한국인들 사이에서 문제가 많다는 소문 외에는 저희들은 평소와 별다름 없이 지내고 있습니다. 공사관에서 외국인 거주 지역에서 떨어져 사는 미스 데이비스와 다른 이들에게 공사관 경내로 아무 때라도 이동할 수 있도록 준비하라는 통보를 했습니다. 그러나 저희는 심각한 문제가 있을 거라고 예견하고 있지 않습니다. 또한 일본과 러시아 사이에 전쟁이 있을 거라는 소문이 도는데, 그 소문의 진실성 여부에 대해서는 제가 아는 것이 거의 없습니다.

레이놀즈 씨와 저는 내일 시골로 3주 동안 여행을 떠날 것입니다. 그걸로 제가 홍역이라고 간주된 병에서 완전히 회복됐다는 것을 알 수 있으시겠지요. 저희는 목포로 내려가는데, 목포는 남서쪽 해안에 있는 도시로 거기에 건물을 사서 저희들의 선교 지부를 설립하려고 합니다. 머지않아 그곳이 조약 항구로 개항될 것 같고, 은행과 우체국 등도 생길 전망입니다.

로티는 레이놀즈 부인네로 가서 부인과 함께 지낼 것인데, 요즘 부인의 병세가 많이 좋아졌습니다.

저희는 금명간 도착할 해리슨 씨를 기다리고 있는데, 저희가 집을 비우는 동안 그가 저희 집에서 머물며 집을 지켜주기를 바랍니다.

더 이상 전할 다른 소식이 없고, 밤이 늦어져서 오늘은 이만 줄이겠습니다.

저희 두 사람 다 잘 있고 로티가 저와 함께 어머니와 식구들께 사랑을 전합니다.

당신의 사랑하는 아들,
유진 벨

1896년 3월 3일, 화요일
한국, 서울

사랑하는 어머니

저는 레이놀즈 씨와 떠났던 목포 여행을 마치고 지난 금요일 집으로 돌아와서, 마샬이 자기 사진과 함께 보내온 편지 그리고 애니가 1월 3일 자로 쓴 장문의 편지가 온 것을 알았습니다. 오늘 또 다시 우편물을 받았는데 어머니께서 1월 17일, 스콧이 1월 18일 공동으로 쓴 편지를 받았습니다. 집에 돌아와 다시 바깥세상의 소식을 듣게 되어 기뻤다는 것을 알려드립니다. 시골에 가 있는 동안에는 아무 소식도 접할 수 없었기 때문입니다. 편지 읽는 일이 매우 즐거웠고, 쌓인 신문들을 읽는 시간도 즐거웠습니다.

저희의 여행은 대체로 즐겁고 성공적이었습니다. 레이놀즈 씨가 설교할 기회가 많았고, 좋은 곳에 집 지을 땅을 구입하는 데 성공했습니다. 약 2에이커를 은화 51불에 샀습니다. 내려가는 길에 폭풍을 만나서 저희가 탄 배가 섬 뒤에서 사흘을 기다려야 했습니다. 레이놀즈 씨가 뱃멀미를 심하게 했고, 저도 얼마동안은 전에 태평양을 건너던 때보다 더 심하게 멀미를 했습니다.

로티는 레이놀즈 부인과 함께 지냈던 것이 좋았던 것으로 생각되지만, 저희 두 사람 다 함께 저희들의 집에 있게 된 것이 기쁩니다. 아마도 해리슨 씨를 저희 집에 하숙시켜야 할 것 같습니다. 레이놀즈 부인이 아직 하숙인을 둘 만큼 건강하지 못하기 때문입니다. 그는 저희 집의 빈 방 하나에 거처를 마련할 것입니다. 그는 작은 트렁크 두 개에 가져올 수 있는 것 외에는 아무것도 가지고 온 것이 없는 것 같습니다. 그러니 이곳에서 구할 수 있는 것들만으로 지내야 할 것입니다. 선교부에서 저희가 살고 있는 이 집을 1년 동안 빌려주었고, 저희는 적어도 1년 동안 더 좋고 편한 집에서 지내게 된 것이 기쁩니다. 이곳 정원은 흙이 그리 좋지 못하지만, 이제 곧 밭일을 시작하여 최선을 다해 보겠습니다.

로티가 어머니께 최근 이곳의 정치적 혼란에 대해 편지를 드렸지요. 제가 그것에 대해 자세히 말씀드릴 능력이 전혀 없습니다. 왕은 러시아 공사관에 있고, 전 정부 각료들은 처형을 당했든지 목숨을 구하기 위해 어디로 숨어 있든지 하고, 새로운 정부가 다시 들어서서 최근에 있었던 모욕적인 법들을 즉각 폐지했습니다. 백성들은 이제 원하면 머리를 자르지 않아도 되고 머리띠도 두를 수 있습니다. 한국 국민들은 전체적으로 매우 불안해하는 상태이고, 이 사태의 결과가 어떻게 될지 저는 전혀 알지 못합니다.

러시아는 일본의 행위 때문에 인내의 한계에 도달한 듯하고, 그들이 스스로 나서서 일을 처리할 뜻임이 명백합니다. 일반적으로 느끼기는 일본이 준비가 되어 있었다면 전쟁이 일어날 것이지만, 일본이 프랑스와 영국에서 건조하고 있는 11척의 전함이 3~4년 이내로는 완성되지 않을 것이니, 그전까지는 일본이 러시아와 전쟁을 할 준비가 되어 있지 않을 것입니다.

3월 4일

저희는 오늘 또 우편물을 받았으니 보통이 아니게 운이 좋습니다. 지난번에 왔던 우편물 중 배달되지 않았던 편지들일 것입니다. 애니의 1월 23일 자 긴 편지, 아치의 편지 하나, 매우 전형적인 콜드웰 형제(흑인)의 편지였습니다. 검둥이들the darkies에게 제가 편지를 받았고 그들의 소식을 듣게 되어 매우 기쁘다고 꼭 전해 주십시오. 아치가 그의 새 숙소를 좋아하는 것 같습니다. 제가 그것에 대해 의구심이 있었긴 해도 모든 것이 잘 되기를 바랍니다. 그렇지만 저는 아치가 공부의 중요성에 대해 깨달을 나이가 충분히 되었다고 생각합니다.

제가 잊어버렸는데, 애니의 편지와 함께 데이빗의 편지도 왔습니다. 데이빗, 마샬, 그리고 아치 모두 글쓰기가 많이 좋아졌습니다. 제가 그들에게 곧 편지를 쓸 수 있기 바라지만, 아치에게 존즈 씨 편으로 양복을 보내지 못했다고 전해주십시오. 귀국하는 다른 선교사들이 보통 하는 것과는 달리, 존즈 씨가 아무것도 가져가 주겠다고 제안하지 않아서 그렇게 되었습니다. 하지만 인디애나주 매디슨에 사는 미스 아버클이 며칠 내로 귀국하게 되는데 그것을 가져가 주겠다고 했으니, 양복을 그의 편으로 보낼 것입니다. 충분히 아치의 졸업 전에 배달되기를 바랍니다.

아버님이 외지에 가 계신 동안 식구들이 모두 아버님을 그리워할 것을 압니다. 아버님의 노새 사업이 잘 되기를 바랍니다. 스콧에게서 작년에 일이 아주 잘 성사됐다는 소식을 듣고 기뻤습니다. 그렇게 계속 잘 하면 수년 내에 저희를 보러 이곳에 올 수도 있겠습니다. 저희 암소의 첫 번째 새끼가 수놈이라는 소식을 듣고 유감이지만, 그 소 떼로부터 좋은 일들이 일어나기를 바랍니다. 스콧이 좋은 일군들을 고용해 놓은 것 같으니 금년에는 더 좋은 결과가 있기를 바랍니다.

해리슨 씨가 저희 집에서 하숙하러 모레 올 텐데, 그가 식사시간에만 저희와 함께할 것이기 때문에 저희들만의 조용한 시간이 많이 방해받지는 않을 것입니다. 저희에게는 좋은 하인들이 있기 때문에 하숙인을 두는 것이 로티에게 큰 문제가 되지 않기를 바랍니다.

새 하우스보이가 들어왔는데, 저희가 해고한 먼저 번 보이보다 훨씬 낫습니다. 문지기도 새 사람이 들어왔는데 일을 매우 잘 합니다. 로티가 오늘 하우스보이의 아내에게 바느질을 부탁했습니다. 하우스보이는 그가 아내와 함께 하인들 숙소 쪽 방 하나에서 살도록 저희가 허락해 주기를 간절히 바라고 있습니다. 로티가 하우스보이의 아내를 매우 좋아하므로 그렇게 허락하려고 생각 중입니다. 그렇게 되면 로티는 아무 때나 필요할 때 그 여자에게 일을 시킬 수 있습니다. 또한 보이의 집이 너무 멀어서 식사를 하러 오고 가는 시간이 너무 많이 걸리므로, 보이가 이곳에서 살면 그에게서 더 많은 것을 얻을 수 있습니다.

레이놀즈 부인의 병세가 나아지고 있는 것 같다는 소식을 드리게 되어 기쁩니다. 그러나 제 짐작에는 쾌차하기에는 아직 멀었습니다. 그들은 지난 번 우편물에서 집으로 돌아오라고 촉구하는 편지를 받았습니다. 드루 의사는 그 여행이 레이놀즈 부인에게 대단히 힘들 것이라고 생각합니다. 실상을 말하자면, 그녀가 고향에 도착하기 전에 죽게 될 것이라고 드루 의사가 말한 것으로 믿습니다.

조시 사촌의 캘리포니아 여행이 즐거울 것으로 저는 생각합니다.

어머니께서 이번 겨울이 온화하다고 말씀하셨습니다. 저희도 보통 때보다 따뜻하고 좋은 겨울을 보냈지만 저희들의 석탄 값은 상당히 많을 것입니다. 얼음은 많이 얼었지만 한 번도 극심하게 추워지지는 않고, 그냥 꾸준히 추웠습니다. 강은 얼어서 최근까지 막혔었습니다.

로티와 저는 둘 다 건강을 잘 유지하고 있고 어머니의 동료가 되어드리려고 계속 살이 찌고 있는데, 애니가 들려주는 말에 의하면 어머니께서 저희보다 앞서 가시는 것 같습니다.

제가 수염을 깎았는데, 수염이 없으니까 저의 외모가 너무 많이 바뀌었습니다. 저희 두 사람이 저는 수염이 있는 게 더 나아 보인다고 결정했고 그래서 다시 수염이 자라도록 놔둘 것입니다.

많은 사랑과 함께
당신의 사랑하는 아들,
유진 벨

1896년 3월 18일
한국, 서울

사랑하는 스콧

내가 마지막으로 보낸 편지에 말한 것처럼[5], 형이 1월 18일에 쓴 길고 멋진 편지를 며칠 전에 받았다. 그 편지를 받았던 것이 너무 기뻐서 모자라는 우표 값 10센트를 더 지불해야 했던 것도 마다하지 않았다. 작년에 형의 우유 사업이 아주 좋았고 올해는 더 좋을 전망이 있다는 소식을 듣고 너무 기뻤다.

오늘 배달된 우편이 반가웠다. 아버님과 어머님이 함께 2월 3일 자로 쓰신 편지가 있었다. 나는 아버님이 그렇게 멀고 힘든 여행 중에 수입이 하나도 없어서, 그 모든 일을 안 한 것만 못하게 되었다는 것이 죄송스럽다. 하지만 나는 노새 사업에 대해선 항상 의구심이 있었다. 마샬의 편지도 받았는데, 아파서 학교를 빠졌어야 했다고 한다. 공부하기에 그렇게 좋은 기회를 놓쳐야 했던 것이 안타까웠다.

마샬이 그렇게 썼고, 어머니께서도 편지에 쓰기를, 아치가 리치 몬드에 있는 그의 남학생공동체에서 살림을 맡아 한다고 하였다. 나는 그 공동체가 전혀 마음에 들지 않는다. 음식이 안 좋다고 해도 그가 기숙사에 계속 있었으면 훨씬 더 좋을 뻔했다. 당연히 나는 아주머니 한 분이 계셔서 집 안을 돌보고 식사 때 상도 차려줄 것이라고 생각했는데 그렇지 않은 것 같다. 아주 안 좋은 상황이라고 생각

---

5 3월 3일 자 어머니에게 쓴 편지에 스콧의 편지가 언급되어 있다.

한다. 나는 12명의 남학생들이 그런 식으로 한 집에서 자유롭게 자기들끼리 살도록 내버려 두어서 제대로 되는 경우를 보지 못했다. 제대로 될 수 있는 유일한 방법은 아주머니 한 분이 그들을 위해서 살림을 담당하도록 하는 것이라고 생각한다.

한국에서 전해 줄 특별한 소식이 없다. 왕은 아직 러시아 공사관에 있고, 따라서 모든 일이 매우 불안정한 상태에 있다. 자기네들의 왕이 외국의 깃발 아래 보호받는 것을 택해야만 했다는 사실이 국민들에게는 매우 불쾌한 일인 것 같지만, 그것이 현실이다. 이 나라는 법이 거의 없거나, 아주 없는 채 나라가 스스로 굴러가는 것 같다. 그 결과로 이런 저런 폭도들이 지방에서 발호한다는 보도가 있어도 토착인 병사들은 아직까지 그들을 진압할 능력이 없다. 토착 신문들은 왕후가 아직 살아있다고 보도를 하지만, 그런 흔적은 이젠 아무 곳에도 없다. 한국은 확실히 극히 한심한 상태에 놓여 있다. 한국은 스스로를 통치할 능력이 없어 보이고, 열강들은 서로를 견제하고 있어서 누구 하나가 힘을 가지고 이 나라를 통제하도록 허락하지 않을 것이다.

로티가 형에게 편지로 내가 지방에 내려가 있는 동안 우리 집에 도둑이 들어서 시계를 훔쳐갔다는 소식을 전한 것으로 믿는다. 그 시계를 잃게 된 것이 가슴이 아프고, 많이 생각난다.

우리가 위더스푼 박사에게 12월에 보낸 50불짜리 수표 두 장에 대해 점점 불안해진다. 아직 그게 배달되지 않았다. 50불 수표 한 개는 교회에 여러 가지 일에 쓰라고 헌금한 것이고, 다른 50불은 은행에 넣어달라고 한 것이었다. 아직은 그 수표가 무사히 도착하리라는 희망을 버리지 않았다.

편지 쓰는 것을 중단해야 할 일이 있었고, 이젠 잠잘 시간도 되었으니 그만 잘 자라고 말하겠다.

모두에게 사랑으로,
사랑하는 형제,
유진 벨

1896년 3월 20일, 월요일 밤
한국, 서울

사랑하는 아버님께

마지막 제가 집으로 편지를 쓴 이후로, 아직 집에서 아무 편지도 받지 못했습니다. 제가 애니에게 쓴 편지에 말한 것처럼, 아버님과 어머니께서 2월 3일 자로[6] 함께 쓰신 편지를 한 열흘 전쯤에 받았습니다. 아버님의 편지를 받고 너무 기뻤습니다. 이곳에서는 편지가 매우 귀합니다. 아버님께서 자주 편지를 해 주셨으면 하고 바랍니다. 아버님께서 편지에, 어머니는 아버님보다 말씀은 잘하시지만 글 쓰는 것은 아버님이 "한번 시작하기만 하면" 더 낫다고 결론을 내리셨습니다. 그런데, 이번에는 어머니께서 이기셨습니다. 같은 봉투에 어머니는 8쪽을 적어 보내셨고 아버님은 4쪽뿐이었으니 말입니다.

아버님께서 그곳 3월의 날씨가 매우 거칠고 마음에 들지 않는다고 하셨는데, 이곳의 3월은 너무 상쾌하고 저희가 바랄 수 있는 최고의 봄 날씨입니다. 매해 날씨가, 여름의 짧은 기간만 빼고, 저희가 지금까지 보낸 날씨 같기만 하다면 이곳의 기후가 너무 좋다는 것에 아무런 의문이 없을 것입니다.

이곳의 흙도 너무 좋아서, 세상의 거의 어떤 것도 이곳에서는 자랄 것 같습니다. 만일에 한국인들에게 훌륭하고 정직한 지도자가 있어

---

6 원문에 "March 20th", 이 편지를 쓰는 날자와 같은 날에 쓴 편지라고 되어있다. 유진이 3월 18일 스콧에게 쓴 편지에 어머니와 아버님이 2월 3일 자로 함께 쓴 편지가 나온다. 시간상으로 그 편지를 말하는 것으로 생각된다.

서 정부를 이끌게 되고, 한국인들이 조금만 더 열심을 내고, 아무 일도 하고 싶어 하지 않는 계층의 사람들이 일을 하기 시작한다면, 한국인들이 풍요롭게 잘 살지 못할 이유가 없습니다. 어떻게 이렇게 많은 사람들이 일을 안 하고도 살 수 있는지가 제게는 영원히 수수께끼일 것입니다. "양반" 계층의 한 사람이 "하층민" 하나에게 돈이나 식량을 주도록 강요할 때 그 낮은 신분의 사람이 그러한 속박에서 스스로 벗어날 길이 없다는 것이, 이곳에서는 이상한 일이 아닌 듯합니다. 그래도 지금은 사정이 조금씩 개선되어가고 있다고 말씀드릴 수 있어 마음이 좋습니다.

제가 들은 정보가 맞다면, 최근까지 한국에서는 정해진 급여를 받는 관원이 없었습니다. 그것은 많은 관리들에게 해당되었습니다. 관리들은 백성들을 "짜내어" 자신과, 가족, 친척 그리고 많은 하인과 권속들의 풍족하고 기름진 삶을 보장했는데, 지구상 그 누구도, 오래 고통받아 온 한국인들을 빼놓고는, 그런 압박을 견디지 못했을 것입니다.

저는 셸비에서 오는 길을 따라 새로 놓일 철도와 급행열차에 매우 관심이 많습니다만, 신문에 보도되었듯이 스콧츠 스테이션에 급수 시설을 두지 않게 되어서 매우 유감입니다. 저희 식구들이 타고 싶은 기차를 무엇이나 탈 수 있게 되는 것이 얼마나 좋은 일일까 하는 생각부터 했지요. 그래도 저들이 호수는 만들게 되기를 바랍니다. 급행열차가 [급수 시설이 없어서] 스콧츠 스테이션에 정거하지 않고 급속히 지나쳐 버리는 것은 진정 좋지 않은 일입니다.

이 편지가 도착하기 전에 교회가 이미 완공되었기를 바랍니다. 아버님과 모두들에게 교회의 완공이 안도감을 줄 것으로 압니다. 건축 때문에 진 빚을 다 갚게 되면 교회가 다시 여러 명분 있는 사역에 공헌하게 될 것입니다. 셸비빌 교회는 지난 수년간 이런 면에 확실히 저조한 모습을 보여 왔습니다. 몇 년 밖에 안 된 작은 교회들도 그런 면에 공헌을 많이 하고 있으니, 셸비빌 교회로서는 체면이 산산조각이 났습니다.

이곳의 정치 상황은 현상유지 상태가 계속되고, 저희는 방해받지 않고 저희들이 해야 할 일을 해나가고 있습니다. 저는 한국에 체류하는 외국인들이 곤경에 처할 가능성이 있었을 시기는 이젠 지난 것으로 믿는 편입니다. 한국인들은 다른 나라와 비교하여 자기네는 너무 힘이 없다고 스스로 깨닫기 시작했고, 어떤 방식으로든 외국인들을 괴롭히는 것을 두려워합니다. 그들이 자주 선교사를 찾아와서 감옥에 갇힌 친구들을 빼내어 달라고 도움을 청하는 것이 제게는 놀랍습니다. 저희들은 무엇이든지 원하는 것은 거의 모두 할 수 있다는 믿음을 가지고 저희를 찾아옵니다.

어젯밤에 비가 웬만큼 내렸습니다. 제 생각에 밤새도록 내린 것 같습니다. 그래서 저희의 정원이 매우 싱그럽게 보입니다. 홍당무와 상추가 마음대로 먹을 만큼 있습니다. 토마토 모종 130개와 또 이른 양배추를 그만큼 심었습니다. 그것들이 잘되면 저희와 저희 이웃들이 먹기에 충분할 것입니다. 땅, 모종, 그리고 농사를 지을 사람이 있으니 되도록 많이 심기로 한 것입니다.

저희는 계속 한국어 공부에 전력을 다하고 있는데, 아직까지는 절대로 쉽게 되지 않습니다. 저희 두 사람 다 평소처럼 잘 있고, 로티가 저와 함께 아버님과 모두에게 사랑을 전합니다.

아버님의 사랑하는 아들,

유진 벨

1896년 3월 23일
한국, 서울

사랑하는 아치에게

네가 1월 24일 자로 쓴 편지를 며칠 전에 받았고, 내가 네게 마지막으로 편지를 보낸 후에 또 네 편지를 하나 더 받았던 것으로 생각한다. 내 편지도 네게 잘 도착했기를 바란다. 나는 네게서 편지를 받은 것과, 네가 계속 잘 지낸다고 하는 것을 듣고 정말 반가웠다.

우리는 너무 멀리 떨어져 있기 때문에 편지가 올 때마다 너무 기분이 좋다.

네가 그렇게 즐거운 크리스마스를 보냈다니 기쁘다. 그러나 나는, 이 편지가 도착하기 훨씬 이전에 네가 다시 열심히 공부하기 위해 [모든 것이] 안정되었기를 바란다. 해로운 일이 아닌 한, 그리고 어떤 식으로도 너의 공부에 방해가 되지 않는 한, 즐길 수 있는 모든 즐거움을 누리도록 해라. 그러나 너의 시간과 관심을 공부에 먼저 할애해야 한다는 것을 항상 기억해라. 네가 네 공동체를 위한 식료품 구매에 너의 한 주를 보낸다는 말을 듣고 놀라웠다. 물론 너의 공동체에 아주머니 한 분이 와서 살림을 맡고 식사를 준비해 줄 거라고 짐작한다. 만일 그런 도우미 여자 분이 없다면, 나는 네가 그 공동체에 속하는 것에 반대한다. 내 생각에는 기숙사에서 사는 것이 거기 음식이 별로라 해도 공부에 도움이 될 것 같다.

내 생각에는 네가 시간을 낭비하지 않도록 매우 조심해야 할 것 같다. 더욱 조심할 것은 네가 나중에라도 후회할 일은 절대로 하지 말라는 것이다.

우즈가 리치몬드를 떠날 것이라는 소리를 들으니 놀랍다. 우즈 없이 남학생 공동체는 어떻게 되는 거니?

우리는 네가 편지에 쓴 리치몬드에 관한 소식이 매우 흥미로웠다. 그곳의 우리 친구들이 다시 보고 싶어진다. 우리에 대해 묻는 모든 사람들에게 우리 소식을 전해 주어라.

우리는 아직 한국어 공부에 열심이고, 우리에 관해서라면 모든 일이 평소와 같다. 그러나 한국 정부는 매우 불안한 상태이다. 왕은 지금 러시아 공사관에 피신해 있다. 전 각료 몇 사람은 처형당했고, 다른 이들은 목숨을 구하기 위해 도망했다. 현재로서는 한국인들은 자체적으로 통치할 능력이 없는 것으로 생각된다. 그들 중 물론 훌륭한 인재가 있기는 하나, 영향을 미칠 만큼 그 숫자가 충분치 않다.

미스 아버클이 건강이 매우 악화되어서 지난주에 이곳을 떠나 귀국했다. 그는 인디애나주의 매디슨 근처에 산다. 그를 통해서 네게 내 코트와 조끼를 보냈다. 그가 켄터키주 리치몬드로 네게 그 옷을 속달로 보내준다고 했으니, 네가 비용을 부담해야 하겠지만 너무 비싸지 않기를 바란다. 5월 1일까지는 네게 도달할 것이니 졸업식까지 충분한 시간이 있을 것 같다. 그 옷은 거의 새 옷이나 다름없다. 오랫동안 입을 수 있기를 바란다. 그 옷을 잘 보전하고, 누구한테 빌려주는 것을 조심해서 해라.

로티가 나와 함께 사랑을 전한다.
사랑하는 형제
유진 벨

1896년 3월 23일
한국, 서울

사랑하는 마샬

네게 꽤 오랜 시간이 흐르도록 편지를 못 하고 지나쳤던 것이 미안하다. 사진과 함께 온 네 편지가 내가 시골에 가 있는 동안에 배달되었기에, 여행에서 돌아온 3주 전에야 그것을 받았다. 돌아온 후에도 너무 바빠서 편지를 쓸 시간이 별로 없었다. 며칠 전에 네 편지를 또 받았을 때 너무 기뻤으면서도 네게 답장을 제때에 하지 않은 것이 부끄러웠다. 네 사진을 보내줘서 고맙다. 보통 사진보다 훨씬 잘 나온 아주 좋은 사진이다. 네가 학교생활에 재미를 붙인 것이 반가운데, 많이 아팠다고 해서 안타깝다. 이 편지를 읽기 훨씬 전에 이미 회복되었기를 바란다.

네가 크리스마스 선물박스를 받고 기뻤던 것을 나도 잘 안다. 우리 것은 2월에야 도착했으나, 그것을 받는 기쁨은 마찬가지였고 다시 새롭게 크리스마스를 맞는 기분이었다. 어머니께서 보내주신 블랙 케이크는 아직 개봉하지 않았다. 내 생일 때까지 보전하고 있는 중이다. 다른 것들은 다 즐겁게 누렸다. 네가 그렇게 즐거운 크리스마스를 보낸 것이 기쁘다.

네가 그런 것처럼 나도 아치가 리치몬드의 대학 공동체에서 살림 담당을 하고 있는 것을 보고 싶다. 집으로 보낸 내 편지 중 몇 개쯤은 네게 보내 주었을 것으로 짐작한다. 너도 분명 알고 있을 텐데, 한국 국왕이 지금 러시아 공사관에 피신해 있고 정부는 교체되었다.

구정부 각료 두세 명이 처형당했다. 매우 불안정한 상태이지만, 우리 선교사들은 꾸준히 동요되지 않고 해야 할 일을 하고 있다.

우리 두 사람 다 잘 있고, 아직 열심히 한국어 공부를 하고 있다. 처음보다는 조금 쉬워지기 시작한 느낌인데, 그래도 아직은 매우 어렵다.

지금부터는 건강 잘 유지하고 공부 열심히 하기를 바란다.

로티가 나와 함께 많은 사랑을 보낸다.

사랑하는 너의 형제,
유진 벨

1896년 3월 30일 월요일
한국, 서울

사랑하는 어머니께

지난주에는 식구 중 아무에게도 편지를 못 하고 지나가서 매우 죄송합니다. 이런 일은 제가 집을 떠나온 이후로, 제가 편지를 보낼 수 있는 곳에 있는 한 처음 생긴 일입니다. 아치와 마샬에게 편지를 쓰고 난 후에 너무 할 일이 쌓여서, 저도 모르는 새 일주일이 훌쩍 지나갔습니다. 마지막 제가 편지를 쓴 이후 저희는 우편물을 며칠 사이에 두 번 받았습니다. 두 번째 온 것에는 저를 위한 편지가 없었지만 첫 번째 우편물에서는 편지를 많이 받았습니다. 어머니께서 2월 19일 자로 로티에게 쓰신 것, 같은 날 애니가 쓴 것, 그리고 2월 4일 자로 쓴 어머니의 편지와 거기에 동봉된 아버님의 편지가 있었습니다. 식구들 모두가 저희에게 편지를 자주 보내 주십니다. 로티도 우편물이 올 때마다 매번 친정에서 편지를 받고, 신문은 자세히 읽을 시간이 없을 정도로 많이 옵니다.

지난 한 달 동안 저는 보통 때보다 많이 바빴습니다. 저희가 이곳에 오래 머물수록 저희 시간을 요구하는 일들이 많이 생기는 것 같습니다. 지금은 저의 모든 여가시간을 밭일에 할애하고 있습니다. 특별히 멋진 채소밭을 만들고 싶습니다. 벌써 씨앗들을 어느 정도 확보했고, 오늘 샌프란시스코에서 제가 주문한 물품들이 도착했는데 원했던 씨앗들이 많이 왔습니다.

그래서 오늘은 오후 내내 밭일을 열심히 했습니다. 제대로 된 딸기 밭 둘을 만들어 놓았고, 길이 40피트, 넓이 10피트의 멋진 아스파라거스 밭도 만들었습니다. 미국 공사 씰 씨가 아스파라거스 모종을 원하는 만큼 주었고, 언더우드 박사가 딸기 모종을 주었습니다. 벌써 아이리시 감자, 콩(세 종류), 사탕무, 상추, 홍당무, 양파, 양배추, 토마토, 그리고 고구마를 심었습니다. 토마토와 양배추 모종은 집 안에서 상자에 기르고 있는데 곧 내어다 놓을 것입니다. 고구마를 온상에 심었는데, 아직은 때가 일러서 별 소용이 없을 것 같습니다. 다시 시도해 보겠습니다. 양상추와 사탕무, 홍당무를 온상에 심었고 다른 것은 밭에 심었습니다.

물론 제가 딸기 밭과 아스파라거스 밭을 영구적으로 사용할 수는 없겠지만 올해에 조금은 수확을 얻을 수 있을 것이고, 그리고 제가 이사할 때는 그것들도 가져갈 수 있습니다. 제 정원사를 어머니께서 한동안 사용할 수 있다면 얼마나 좋을까 바라봅니다. 다른 일은 하지 않고 온전히 밭일만 하는 성인 남자가 곁에 있다고 한번 생각해 보십시오.

3월 31일, 화요일

어젯밤에 편지를 끝내지 못했네요. 이제 밭 이야기를 계속 하겠습니다. 오늘 저는 모종을 내기 위해 양파 씨를 심고, 양우엉, 파스닙, 콩, 옥수수, 그리고 당근을 심었습니다. 채소밭 전체를 6피트 넓이의 밭으로 구획해서 퇴비를 듬뿍 주었습니다. 저는 사람을 시켜서 흙을 잘게 일구어서 덩어리가 하나도 없게 했습니다(이곳의 흙은 고향의 흙처럼 덩어리로 뭉치지 않는 것 같습니다). 하인으로 하여금 계속 밭일에 전념하게 해서, 거기에 잡초가 하나도 자라지 않도록 할 것입니다. 이런 식으로 밭을 가꿀 수 있을 때 밭일이 아주 재미있습니다. 제겐 즐거움의 큰 원천이며, 제가 밭에 나오면 저 스스로 일을 하니까, 제게 필요한 운동도 됩니다.

어머니께서 지난 마지막 편지에 말씀하셨듯이, 이 모든 일들과 저희 주변에서 생기는 많은 새로운 일들로 인해 이곳에서의 저희들의 첫 한 해가 얼마나 빠르게 지나갔는지 어머니께서도 쉽사리 이해하시겠지요. 어머니와 모두들 너무 보고 싶습니다. 저희는 고향 식구들에 대해 생각하고, 이야기하고, 꿈을 꿉니다. 그런 그리움을 제외하면 저희들은 매우 편안하고 행복합니다. 이곳에서는 생활비 절약하는 것이 쉬운데, 특히 의복비에서 그렇습니다. 그래서 저희 급료에서 일정액을 저축하는 것이 훨씬 용이합니다. 저희는 더할 나위 없이 편안한 집에서 세 명의 맘에 드는 하인과 함께 편안하게 살아가고 있습니다.

최근에 저희 침실 한 구석에다 욕실을 만들었는데 1.5불밖에 들지 않았습니다. 이곳에 있던 문과, 창문, 그리고 판자들을 사용했습니다. 저희 집 지붕은 빙 둘러서 벽 밖으로 4피트 정도 처마가 있습니다. 그래서 욕실을 폭 4피트 길이 8피트로 한쪽 구석에 처마 쪽으로 내어 지었습니다. 이런 구조입니다. 욕실의 바깥쪽으로 문을 냈기 때문에, 전혀 집 안의 다른 곳을 거칠 필요 없이 하인이 물을 들여오고 내갈 수 있습니다. 그리고 저희는 침실에서 옷장을 통해서 욕실로 가게 됩니다. 중국인 장인한테 시켜서 커다란 아연으로 된 욕조를 만들게 했는데 은화로 6불이 들었습니다.

하인으로 하여금 매일 아침 따뜻한 물로 욕조를 채우게 해서, 옷을 입기 전에 먼저 목욕을 할 수 있습니다. 아직은 더운 물과 찬물

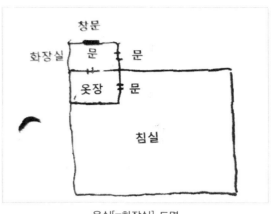

욕실[=화장실] 도면

파이프를 연결해 놓지 못 하고 있지만, 매일 아침 기상시간에 맞춰 욕조에 뜨거운 물이 채워져 있고, 그 옆에 찬물 양동이 한두 개가 있어서 물이 너무 뜨거우면 찬물로 물 온도를 조절합니다. 물을 연결하는 일이 다음 과제입니다. 지난 번 샌프란시스코에서 주문해서 로티가 옷을 삶을 때 쓰는 커다란 보일러를 마련했는데, 그것을 사용해 물을 데우면 됩니다.

어머니께서 말씀하신 것처럼, 아직도 돈 문제로 어려움을 겪고 계신 것이 안타깝습니다. 제 생각에는 대체로 어디서나 비슷한 것 같습니다. 로티와 저는 저희가 지출하는 경비의 1센트까지도 꼼꼼히 적어 놓고 매 월말에 장부 정리를 합니다. 저희는 매해 조금이라도 저축을 하기로 <u>결심했습니다.</u> 저희 수입이 1년에 금화 1,000불입니다. 그 중에 100불은 교회에 헌금하고, 1년에 100불을 저금하려고 온갖 노력을 다하고 있습니다. <u>철저히</u> 절약하면 할 수 있을 것 같습니다. 그렇게 되면 저희는 1년에 800불로 살게 되는데, 어머니께서도 아시다시

피 그 돈으로는 사치스럽게 살 수 없습니다.

마샬의 건강이 다시 회복되었다니 기쁩니다.

어윈이 지금은 플로리다에 있는 것으로 알고 있습니다. 하루나 이틀 내에 플로리다로 그에게 편지를 쓰고 싶지만, 제 편지가 도착할 때쯤이면 어윈이 집에 와 있겠지요. 조시 사촌, 조지 사촌과 메리는 좋은 여행을 했나 봅니다. 자기네들은 집으로부터 아주 멀리 떨어져 있다고 느꼈을 거라 생각되지만, 그 거리 정도는 저희에게는 거리처럼 생각되지 않습니다. 조시 사촌이 어머니께 그렇게 좋은 편지를 보냈다니 좋은 일입니다.

가여운 잭 해링톤이 지금쯤은 죽었으리라 짐작합니다. 그가 이 세상보다 더 나은 곳으로 갔기를, 그곳이 그에게도 더 나은 세상임이 판명되기를, 진심으로 희망합니다. 프리어슨 씨가 다시 건강해졌다니 기쁩니다.

나랏일에 관해서라면 한국의 형세는 계속해서 불안정합니다. 고향의 신문들이 얼마나 진실을 놓치고 있는지 놀랍습니다. 국왕은 아직 러시아 공사관에 있고, 제가 듣기로 두 명의 반란 군주rebel kings가 지방에서 발호했다고 합니다. 이런 정세 속에서도 저희 선교 사업은 매우 고무적입니다.

드루 의사네와 전킨 씨네가 지난 토요일에 이사를 시작해서 제물포에 가 있는데, 오늘 듣기로는 그들이 타고 갈 배가 3주 동안 연기되었다고 하니, 이번 이사를 아예 못 하게 될지도 모릅니다.

저는 일요일 오후에 작은 예배를 인도하고 있는데, 보통 10명 내지 12명이 참석합니다. 앞으로는 여분의 방 하나를 꾸며서 거기서 아침 예배를 드릴 것입니다. 최근엔 여자들도 몇 명 참석하고 있습니다.

저희 두 사람 잘 있고, 로티가 저와 함께 모두에게 사랑을 전합니다.

어머니의 사랑하는 아들
유진 벨

추신. 어젯밤 제 하우스보이한테 어머니께 편지를 쓰고 있는 거라고
말했더니 그가 어머니를 뵐 수 있었으면 아주 좋겠다고 말했습니다.

1896년 4월 2일, 월요일
한국, 서울

사랑하는 스콧에게

이 편지에 100불을 동봉한다. 미안하지만 25불을 버지니아주의 햄든 시드니에 있는 무어 목사에게 전해주면서, 그 돈을 내가 장학 기금에 써달라고 형을 통해서 보내는 거라고 말해주기 바란다. 그리고 나머지 75불을 켄터키주 루이빌 2번가 933번지에 계신 위더스푼 박사에게 전해주면서, 루이빌 은행의 우리 구좌로 저금을 해 달라고 부탁드려라. 위더스푼 부인이 우리의 통장을 가지고 계시다.

형이 그렇게 해주면 너무 고맙겠다. 로티와 나는 매해 저금을 하려고 무척 애쓰고 있다. 이 75불이 루이빌 은행에 이미 입금되어 있는 100불에 더해지기를 원한다. 이자율이 3~3.5%밖에 안 되지만, 그보다 더 안전하고 좋은 저축 방법이 있는지 모르겠다. 우리는 또한 우리 수입의 십분의 일을 하나님께 바치는데, 이 25불은 젊은 학생들이 목회를 위한 교육을 마칠 수 있도록 돕기 위한 기부금이다.

우리는 급료를 받으면 그 중 십분의 일을 따로 떼어놓고 그것을 우리의 교회 돈이라고 부르고, 어떤 일이 생길 때 그 일의 중요성을 고려하여 적정한 액수를 거기서 지출한다. 이런 방법이 우리에게는 가장 만족스런 방법인 것을 알게 되었고, 또한 이런 방식이 기독교 인들 간에 더 널리 받아들여진다면 저들이 교회 재정을 '모금'하기 위해 여러 의구스러운 방법에 의존해야 하는 일이 없을 것이고, 교회 운영이 그렇게 힘들지 않아도 될 것이다. 구약성서에 보면, 하느님이 유대인들에게 그들 수입의 십분의 일을 바치라고 했고, 그렇게 하는 사람들에게 특별한 축복을 주실 것을 약속하셨다. 그리스도께서 이 십일조 규율을 한 번이라도 지키지 않으셨다는 증거가 어디에도 없고 오히려 그 반대이며, 십일조 규율이 구약의 유대인들에게보다도 오늘의 기독교인들에게 더 요구되는 것으로 나는 생각한다.

어머니께서 바로 얼마 전에 로티가 선물로 혹시 무엇을 원하는지 말해 달라고 하셨는데, 뭐라고 대답할지 몰라서 아직 어머니께 말씀을 못 드렸다. 그러나 오늘 아침에 로티가 <u>카펫 청소기</u>를 마련할 수 있는 여유가 있었으면 하고 바라는 걸 들었다. 그러니 어머니께 마음이 있으시면 그것이 가장 바람직한 선물이 될 거라고 전해주어라. 어머니께서 그것을 선물하시기를 원하신다면 샌프란시스코 414-418, 스미스 상점에 편지를 해서 물품 목록과 가격표를 얻으시라고 해라. 그쪽에 돈을 보내서, 우리의 추계(秋季) 주문을 거기서 8월 1일 자로 보내는데 그때 함께 우송하게 하면 될 것이다. 로티는 그것에 대해 모르고 있으니, 로티에게는 즐거운 깜짝 선물이 될 것이다.

더 이상 쓸 시간이 없어서 미안하나 이번에는 그냥 이대로 끝내야 겠다.

이곳의 봄 날씨는 아름답지만, 겨울 내내 비나 눈이라고 할 만한 것이 오지 않아서 너무 건조하다.

우리 두 사람 다 잘 있고, 로티와 함께 우리의 사랑을 모두에게 전한다.

사랑하는 형제,
유진 벨

1896년 4월 7일, 화요일
한국, 서울

사랑하는 누이에게

오늘 아침 내내 공부를 하고 오후 내내 밭일을 해서 나는 지금 약간 피곤한데 그래도 잠자리에 들기 전에 너에게 편지를 써보도록 하겠다.

지난 토요일 어머니와 네가 함께 3월 9일 자로 쓴 편지를 받았다. 언제나처럼 너와 고향에서 오는 소식을 접하는 게 반가웠다. 매일 우편물이 배달되는 그곳에서는 일주일 내지 열흘에 한 번씩 우편물을 받는 것이 어떤지 잘 모르겠지. 나는 윌 삼촌이 편찮으시다는 소식을 듣고 안타까웠다. 지금쯤은 벌써 완쾌하셨기를 바란다. 그가 그의 옛 담당 의사인 베이커 의사를 부른 것이 맞겠지? 메리 벨 해일리가 얼마나 오래 지내다 갔었나? 『센티널』에서 메리 아데어 교회에서 있었던 파티에 대해 읽었다. 메리 벨이 그것 때문에 왔었나? 애트모어 씨 댁에서 좋은 시간을 가졌다니 기쁘다. 네가 말한 것처럼 그들이 변함없이 같은 모습일 것이라 생각된다.

며칠 전 스콧에게 메모를 보내면서 100불짜리 수표를 동봉했다. 스콧이 그것을 받는 대로 내게 알려주면 고맙겠다.

사람이 편지를 쓸 때 마음속에 생각하는 것을 그대로 써야 되는 것을 알 테지? 그래서 내가 이미 어머니께 보내는 마지막 편지에 정원에 대해 많이 썼지만, 다시 너에게 이번 여름 나의 채소밭이 얼마나 멋있을지에 대해 써야만 되겠다. 나의 밭이 얼마나 훌륭한지 보여

주기 위해 내가 적어 놓은 정원일기의 메모를 옮겨 적겠다.

> 3월 16일 – 온상에 고구마 심다.
> 3월 20일 – 토마토와 상추를 상자에 더 심다.
> 3월 24일 – 딸기 밭 둘을 꾸미고 아스파라거스 밭 하나를 준비하다.
> 3월 30일 – 완두, 홍당무, 상추, 사탕무, 양파 모종을 심고, 길이
>   40피트 넓이 10피트의 아스파라거스 밭에 모종 100개
>   를 심고, 박스에 양배추와 토마토를 더 심다.
> 3월 31일 – 파스닙, 양우엉, 상추, 양파 씨, 올콩 몇 종류, 북을 몇
>   개 돋우어 옥수수를 심다. 모종용 구스베리 가지 몇 개
>   를 내어 놓다.
> 4월 7일 – 다발콩bunch beans, 라이머콩, 상추, 홍당무, 사탕무,
>   양파 씨, 파스닙, 당근, 양우엉, 파슬리, 옥수수, 팝콘용
>   옥수수, 그리고 완두를 심다.

　근사하다는 생각이 들지 않니? 상추나 홍당무 등은 연하고 부드러운 것을 오래 동안 먹기 위해 자주 심으려 한다. 옥수수도 한동안 일주일 내지 열흘 간격으로 심으려 한다.
　『코리안 리포지터리』 지난 호를 보낸다고 생각했었는데 잊어버린 것을 깨달았다. 이번 우편으로 보내겠다. 지난 호는 꽤 흥미롭다. 죽은 왕후에 대해 그들이 아는 모든 것이 실려 있다. 그리고 또 왕후의 죽음과 직접 연루된 것으로 알려진 관료들에게 면죄부를 준 일본 법정이 얼마나 부당하게 행동했는지 보여준다. 사태의 진실을 알기가 너에게는 어렵다는 것이 내게는 놀랍지 않다. 우리도 진실을 알 길이 거의 없다. 하지만, 그래도 우리는 우리가 알 수 있는 것들에

근거해서, 많은 소문들이 완전히 거짓이라는 것을 판별할 수 있다. 내 생각에 『코리안 리포지터리』에서 보도하는 것은 대체로 받아들여도 좋겠지만, 이런 곳에서 발간되는 신문보도는 정보의 공식적 출처가 없기 때문에 전적으로 신뢰할 수 없는 경우가 많다.

내가 제이슨 의사에 대해 이야기한 적이 없었던 것 같다. 그는 한국인으로 10년 전쯤에 미국으로 갔다. 듣기로는 그 당시 그가 이곳의 정치 문제에 연루되어[7] 한국을 떠날 수밖에 없었다고 한다. 그는 일본에서 몇 년 있다가 워싱턴으로 가서, 10년을 거기서 지냈다. 그곳에 있는 동안 의학을 공부했고 꽤 유명해졌다. 그는 개종을 하고 장로교인이 되었다. 미국인 부인과 결혼도 했다. 워싱턴에 있는 동안 귀화하여 미국 시민이 되었고, 미국 정부에서 의학 부문 계통의 직책에 있었다. 그는 지난 12월인가 1월에 한국으로 돌아왔다.[8] 그가 우리 집에 몇 번 왔었고, 나도 몇 번 그의 집을 방문했다. 그는 영어를 아름답게 구사하고, 의상은 물론 우리식이고, 어디에 내어놔도 손색없는 훌륭하고 예의바른 신사인 것 같다. 며칠 전 우리와 함께 저녁 식사를 하는 등 여러 번 그와 만났다. 우리 연합교회와 기도 모임에도 참석하는데, 철저히 미국식 사고에 익숙한 사람인 듯하다.

귀국한 이후로 대규모 군중집회에서 미국에 대하여 강연을 해왔는

---

7 서재필은 1884년 갑신정변을 김옥균, 박영효 등과 일으켰다. 일본망명 이후 곧 미국으로 망명해서 미국시민이 되었으나 이 일로 집안이 멸문됨. 1894년 갑오개혁 때 갑신정변에 연루된 징계조치가 풀리자 1895년 말에 한국에 다시 들어왔고 독립신문을 창간하고 독립협회를 창립하고 근대화 운동을 전개함. 얼마 후 미국으로 다시 귀국해서 거기서 한국의 독립운동에 가담하고 1945년에 잠시 한국에 왔다가 다시 미국으로 돌아가서 거기서 1951년 86세로 생을 마쳤다. (출처: 나무위키)
8 서재필은 1895년 12월 26일 김홍집 내각에서 중추원 고문으로 초빙되어 귀국하였다.

데, 그런 공개 강연은 한국에서는 전에는 없었던 일이다. 그러나 그의 강연은, 최근까지도 매사를 자기들 뜻대로 통제하던 일본에 의해 중단되었다. 현재 그는 비록 미국 시민이지만 한국 정부에서 어떤 직위를 가지고 있으며, 전력을 기울여 한국 국민의 이익을 위해 그가 할 수 있는 모든 일을 하고 있는 듯하다. 그와 한두 사람(이 중에 한 명은 미국에서 교육받음.)이 함께하여 <u>한글 신문</u>의 발행을 시작했다.

그 신문의 첫 호가 오늘 나왔다.[9] 오늘 서울 거리 곳곳에서 신문 판매하는 소년들이 "당신의 독립이 여기 있소! Here's your Independence!" 라고 외치고 다녔다고 하는 말을 들었다. 세상은 진정 변화한다. 그 신문이 또한 영문으로도 인쇄되어 나오기 때문에, 나는 이 최초의 진짜 한국 신문이 어떻게 생겼는지 볼 수 있도록 한 부를 보내주겠다. 한글로 인쇄되어진 모든 기사가 동일하게 영문으로 인쇄되어 있다. 이 말의 진위를 확인하고 싶으면 한글판 쪽의 기사를 훑어보면 된다.

이 신문의 편집자가 신문을 <u>한문</u>으로 인쇄하지 않고 언문onmoun 으로 하는 이유를 설명했는데, 그가 나의 의향을 진정 그대로 반영한다. 한국의 식자계층의 사람들은 하루에 반 이상을 한문 공부하는 데 쓰고 자신들의 언어에 대해서는 부끄러워하는 듯하다. 사람들이 내게 말하기를, 이 계층의 많은 사람들은 한문으로 인쇄되지 않은 복음서나 다른 책들에 대해서 코웃음 칠 것이라고 한다. 그러니 독립신문은 이런 면에서 힘겨운 싸움을 해야 할 것이다. 그리고 이 신문은 단어와 단어를 띄어쓰기 시작했는데 그것은 좋은 일이다. 제이슨 의사가 부인을 한국으로 데려올 것으로 사람들은 기대한다고 들

---

9 『독립신문』 창간호가 1896년 4월 7일 발간되었다.

었는데, 그가 내게 말하기는 그가 한국에 얼마동안 있을지 모르기 때문에 부인이 이곳으로 오려고 할지 모르겠다고 했다. 우리가 사는 집을 물려받을 것으로 그가 기대했는데, 우리 집은 그 전에 벌써 다른 이에게 세를 주기로 결정되어 있었다. 그는 지금 감리교 선교사 한 사람의 집에서 숙식하고 있다.

우리 집에서 하는 한국말 예배 시간을 바꿔서, 이제는 일요일 아침 11시에 시작한다. 지난 일요일 15명의 한국인이 참석했다. 여자들은 침실에 앉고 남자들은 식당에 앉는데, 서로 다른 문으로 들어온다. 내가 한국말로 좀 더 길게 이야기할 수 있고 읽은 성경 구절에 대해 좀 더 많이 설명할 수 있을 만큼 되었다. 곧 집에 비어있는 방 두 개를 고쳐서 예배를 거기에서 드리려고 생각하고 있다.

해리슨 씨는 도성 밖 전킨 씨 집에 총각을 위한 하숙방bachelor's hall을 마련해서 기거하고 있어서, 우리 집에는 더 이상 하숙인이 없다. 드루 의사와 전킨 씨 모두 남쪽으로 내려갔고, 이젠 에비슨 의사가 서울에 있는데, 우리는 드루 의사만큼 그를 신뢰한다. 그는 이곳에 오기 전에 미국에서 의사 생활을 했고 모든 면에서 일류 의사이다.

어젯밤 고대하던 비가 조금 내렸다. 오늘은 다시 맑은 날씨이다. 최근에 날씨가 너무 따뜻해서 오늘 침실에 있던 난로를 치웠다. 난로가 다시 필요해질까 봐 두렵긴 한데, 그렇게 되면 식당에 가 있어야 할 것이다.

우리 둘 다 잘 있다. 로티는, 나 자신도 그렇지만, 미국에 있던 때보다 이곳에서 더 잘 지내고 있는 것으로 생각한다.

많은 사랑을 담아서,
사랑하는 형제
유진 벨

1896년 4월 13일, 월요일 밤
한국, 서울

사랑하는 아버님께

　제가 일주일 전에 애니에게 편지를 한 이후로 우편물을 받지 못했는데, 그전에는 보통 때보다 더 자주 우편을 받았습니다. 우편물이 올 때마다 신문과 잡지가 많이 오기 때문에, 다음 우편물이 올 때까지 저희가 독서에 할애할 수 있는 시간을 메꾸기에 충분합니다.

　저희가 집을 떠난 지 1년 2개월 반이 되었고, 지난 4월 9일로 저희가 서울에 도착한 지 1년이 되었습니다. 이 12개월이 저희에게는 한국에서의 삶을 제대로 맛보는 시간이었습니다. 그리고 저희들이 그간 보내드린 편지에 쓴 말들을 기억하신다면, 저희가 한국에서의 삶을 아주 좋아하게 되었다고 말씀드려도 아버님께서는 놀라지 않으시겠지요. 물론 저희가 집에서 조금 더 가까이 있지 못하고 식구들을 자주 볼 수 없는 것을 늘 마음에 걸려 할 것입니다. 우리가 어찌 할 수 없는 일이지요. 마음이 고향 생각에 빠지는 것을 스스로에게 허락할 때가 있지만, 그런 순간들보다 훨씬 많이, 또 고향의 식구들에게 편지를 쓰는 시간보다 항상 더 많이, 더 자주, 저희가 멀리 떨어져 있다는 것에 가슴 저려 합니다. 그러나 그것을 제외하곤, 이곳에서의 저희들의 삶은 여러 면에서 매우 즐겁습니다.

　이곳에서의 삶에서 결코 작다고 할 수 없는 장점 하나는, 고향에서 바쁘고 서두르며 살던 그런 삶에서, 그리고 사회의 관습을 따르기 위해 때로는 귀찮고 걱정스런 노력을 끊임없이 해야 하는 것에서, 거기에 따르는 비용은 차치하고, 어느 정도 자유롭다는 것이라고 생각합니다. 의복을 예로 들면, 이곳에서는 유행이 지났기 때문에 옷을 안 입는 게 아니라 닳았을 때에만 안 입게 되기 때문에 의상비 지출이 훨씬 적습니다. 이것에 대해 아버님이 어떤 말씀을 하실지 압니다만, 저 자신도 최신 유행을 따르는 데 대해서는 별로 관심을 쓰지 않는다고 믿었습니다. 그런데 지금 깨닫는 것은 제가 틀렸다는 것입니다. 제가 집에 남겨놓고 온 말짱한 모자들 한 더미가 그 증거물입니다.

이곳에 온 지 얼마 안 되어서부터 제가 얼마나 이곳의 기후를 즐거워했는지 기억합니다. 일 년 동안 이곳의 날씨를 겪으면서 저의 이곳 기후에 대한 선호감은 더욱 확실해졌습니다. 제 의견으로는 한국 날씨는 정말 드물게 좋은 기후입니다. 여름에 잠시, 무더운 장마 동안 아주 불쾌한 날씨가 있지만, 그런 날씨는 곧 끝나고 다시 고르고 좋은 날씨가 계속됩니다. 로티와 제가 오늘 이곳 날씨 이야기를 하면서 두 사람이 동의하기를 저희가 10월 1일부터 4월 1일까지 경험한 6개월 동안 비가 오고 불쾌한 날은 한 열흘 정도밖에 되자 않았다고 했습니다. 그 나머지 날들은 이 세상 어느 곳도 이곳 날씨를 따라갈 수 없을 만큼 좋았습니다. 최근에는 오늘 전까지 꽤 건조했고(오늘은 하루 종일 비가 왔습니다.), 작년 봄에도 비교적 비가 적었던 것을 기억합니다. 그래서 이것에 대한 설명은, 지금은 지구 반대쪽으로 비가 몰려가서, 고향에서는 밭을 갈기조차 힘들게 자주 땅이 젖어 있고, 8월에 고향에서 가뭄이 잦을 때 이곳에서 매일 홍수가 나는 거라고 믿습니다.

날씨 이야기는 이만 접어두고, 이제껏 저희가 보내드렸던 편지를 통해서 아버님도 아시겠지만, 저희는 매우 편안한 집에서 좋은 하인들과 지내고 있습니다. 저희가 주의하고 인내심을 가지기만 하면 편안하게 사는 것이 이곳에서도 가능하고, 세상 어디에서나 마찬가지로 맛있고 건강한 식생활을 할 수 있습니다.

거기에 더해서, 처음 가져보는 실제 저희들만의 집, 또 처음 해보는 살림이 이곳에서였다는 것과, 이곳에서의 모든 것이 쾌적했다는 사실이, 아버님께서 저희가 이곳에서의 삶에 깊은 애착을 가지고 있음을 이해하시는 데 도움이 될 것입니다. 저나 로티나, 아직까지는 언어가 부족해서 실제 직접적인 선교 사역을 많이 경험하지는 못했습니다. 그러나 저희의 언어능력이 날마다 늘어간다는 사실이 저희로 하여금, 다른 모든 것들을 합한 것보다 더 많은 기쁨과 즐거움을 선교사업을 통해서 얻으리라는 것을 확신케 합니다. 예수님의 사랑에 대하여 한 번도 들어보지 못한 사람에게, 구세주가 그를 위해서 죽었고 그를 사악한 죄와 이교의 미신에서 구해 주시고, 다음 세상에서는 천국의 집으로 인도하신다는 것을 말해줄 수 있다는 것은 너무도 놀랍도록 기쁜 일입니다.

저는 최근에 (한국어) 선생님을, 지난 가을부터 지금까지 미스 데이비스의 선생님이었던 사람으로 바꿨습니다. 그는 미스 데이비스에게서 듣기 전에는 복음에 대해 들어보지 못했습니다. 교리공부를 철저히 받은 후 개종을 하고 최근에 세례를 받았습니다. 만일 누군가 실제로 진심으로 개종하는 것이 가능하다면, 이 사람이 그 사람입니다. 그는 사람들에게 자기가 발견한 구주에 대해 말할 기회를 절대 놓치지 않습니다. 그가 기독교를 받아드리고 조상들의 종교를 버린 후에 많은 핍박을 당했습니다. 그가 오늘 제게 말하기를 그의 옛 친구들은 하나도 빠짐없이 그를 버렸다고 합니다. 이런 사람과 이야기하는 것, 그가 직접 자신의 입으로 이교도에서 기독교로 최근에 개종한 경험을 말하는 것을 듣는 것은 진정한 즐거움입니다. 이것은 저희 주변에서 저희가 접하는 사례 중 하나일 뿐입니다. 그리고 이 한 사람의 개종이 미스 데이비스의 선교 사역의 유일한 결과라고 가정한다 해도, 그의 사역이 놀랄만한 성공이리라고 저는 자주 생각합니다.

저는 그에게, 아침에 하인들과 예배 볼 때 사용할 수 있는 새로운 기도를 가르쳐 달라고 부탁했고 그는 한국말로 다음과 같이 적어 주었습니다. 이것은 아주 훌륭한 기도입니다. 그가 구원의 계획을 아주 잘 이해하고 있음을 보여줍니다. 그래서 여기에 그 기도를 아버님을 위해 옮겨 적겠습니다. 아니, 그것의 영어 번역입니다.

"전능하신 하나님. 가장 높으시고 거룩하신 저희들의 하늘 아버지시여. 이 아침, 저희 집 식구들이 함께 모여, 고개 숙여 기도하오니 우리의 모든 죄를 용서하여 주옵소서. 하나님의 은총으로 저희는 밤새 평화롭게 잠 자고, 아침에 건강하고 힘차게 일어났습니다. 예수님이 저희를 사랑하사 저희를 위해서 죽으신 것을 생각할 때, 저희가 감사를 다할 길이 없습니다. 저희가 성경을 읽을 때 그 의미를 분명하게 가르쳐 주십시오. 저희가 선한 일만 할 수 있게 도와주시고, 저희를 어떤 작은 악으로부터도 지켜주십시오. 성령님의 임재하심 없이 저희 힘만으로 이것을 할 수가 없으니, 속히 저희 각 개인의 마음속에 성령님을 보내주십시오. 저희가 이렇게 기도할 때 저희들 스스로의 선한 행위에 의거하여 기도하는 것이 아니라, 다만 저희의 주시요 구원자이신 예수 그리스도의 공덕을 믿사와 기도드립니다. 아멘."

저는 이 기도와 또 다른 기도들을 한국말로 배워서 아침에 하인들과 기도할 때 사용하고, 그 다음엔 주기도문을 함께 외웁니다.

지난 일요일 아침 저희 예배에 8명이 참석했습니다. 저는 씨 뿌리는 농부의 비유를 읽고 설명했는데, 잘 이해한 듯싶어 제 마음이 기뻤습니다. 저는 무어 씨(북장로교)로부터 오늘 메모를 받았는데 그가 2주 동안 지방으로 여행을 할 것이라고, 그래서 두 주간 제가 자기네 주일예배에 와서 설교를 해달라고 부탁했습니다. 그의 교회는 100여 명의 교인이 있습니다. 저는 마지못해 그 부탁을 받아들였습니다.

이곳은 정치적으로 이제는 상당히 조용해진 것 같습니다. 왕은 아직 러시아 공사관에 있는데, 새로 형성된 내각 전체와 일단의 관리들과 함께 거기에 있습니다. 많은 법이 갑자기 바뀌었고, 아버님은 어떤 사람들이, 본래 자기 것이 아닌 머리를 자기의 자른 머리에 덧매어서 다시 상투를 만들려고 노력하는 것을 보신다면 신기해하실 것입니다.

지난 가을 왕후가 시해된 이후, 이곳의 국왕은, 실질적으로 자기들 스스로가 임명해서 생긴 내각의 권력 밑에서, 자신의 궁궐에 갇힌 죄수와 같았다고 말씀드렸던 것을 아버님은 기억하실 것입니다. 그 얼마 후 곧 궁궐에 침입하여 국왕을 구하고자 하는 시도가 있었습니다. 그 시도는 성공하지 못했는데 그 중 한 사람이 사실은 첩자여서 밀고했기 때문이었습니다. 이에 연루된 지도자 몇 명은 붙잡혀서 죽임을 당했습니다. 다른 이들은 세상에서 가장 끔찍한 방법으로 무자비하게 매를 맞고 고문을 당하고 자기들이 실제 한 일보다 더 많은 것을 고백하도록 강요받았습니다.

이들 중에 한 명이 미스 스트롱(북장로교)의 선생님이었습니다.

레이놀즈 씨와 제가 지난 2월에 목포로 내려갈 때 저희가 탄 배에 이 사람과 다른 죄수들이 병사들의 감시하에 탔습니다. 한국 남해안 쪽의 한 큰 섬으로 종신 귀양을 가는 것이었습니다. 레이놀즈 씨와 제가 그 사람을 알고 있었는데, 그가 저희에게, 수감되어 있는 동안 매일 밤 어떻게 매를 맞고 고문을 당했는지 이야기 해주었습니다. 저들은 그를 몽둥이로 때린 다음 무릎과 발목을 묶고 나무 막대기를 다리 사이에 넣고, 그 막대기를 그가 고통으로 거의 정신이 나가게 될 때까지 비틀어댔다고 합니다. 그러나 그는 자기가 실제로 한 일 외에는 고백하지 않았고, 끝까지 그가 왕의 친구이자 권력을 쥐고 있는 그들이야말로 폭도이며 반역자라고 말했다고 합니다. 자기가 서울을 다시 보게 될지 알 수 없으니 그가 배에서 아내에게 쓴 편지를 저에게 전해달라고 해서 제가 그렇게 했습니다.

믿으실 수 없겠지만, 그가 목적지에 도달하기 전에 정부가 다시 한 번 바뀌었습니다. 그의 동료들이 러시아 공사관에서 일본이 아니라 그를 동조하는 러시아인들과 함께 있던 국왕과 함께 권력을 탈환했고, 바로 다음 배로 그 죄수들을 서울로 귀환시키라는 어명이 전달됐습니다. 그래서 그 사람은 서울로 돌아왔고, 이제는 정부의 높은 자리에 있습니다. 이것이 한국에서의 정치생명입니다. 누구든 기억할 수 있는 것보다 더 오래전부터, 기록이 남아 있어서 [역사적으로] 확인이 가능한 것보다 더 오래전부터, 그래왔습니다.

편지 하나에 쓸 수 있을 만큼 충분히 쓴 것 같으니 이만 끝을 맺겠습니다. 저희 두 사람 다 평소와 같이 잘 있다는 인사를 편지에 덧붙일 수 있어서 기쁩니다. 저희 두 사람은 이곳에 온 이후로 건강을 유지하는 일에 매우 운이 좋았습니다. 로티가 등불 옆에 앉아서 바느질을 하고 있는데, 그 모습은 그대로 건강함의 그림입니다. 한국은 확실히 저희 두 사람 체질에 맞습니다.

아버님을 비롯해서 모두들 건강하시기를 바랍니다. 윌 삼촌도 독감에서 회복되었기를 바랍니다.

저는 그저께 28살이 되었습니다. 그날 저희는 어머니께서 크리스마스 선물 박스에 넣어 보내주신 블랙 케이크를 잘랐습니다. 어머니께 제가 곧 편지를 쓰겠다고, 케이크를 보내 주신 것이 얼마나 고마웠는지, 저희가 그것을 얼마나 맛있게 먹는지 전해주십시오. 오래 안 먹고 기다렸던 것이 케이크의 맛을 더했습니다. 제가 먹어 본 블랙 케이크 중에서 가장 맛있는 것이었다고 생각합니다.

저희 두 사람이 많은 사랑을 아버님과 모두에게 전해 드립니다.

아버님의 사랑하는 아들
유진 벨

1896년 4월 21일, 화요일
한국, 서울

사랑하는 어머니께

저희는 두 주 동안 우편물을 못 받았습니다, 그래서 최근에 어떤 편지들을 받았는지 보고드릴 수가 없어서 죄송합니다. 이제는 이곳에도 격일간으로 신문이 생겨서, 거기 실린 기사들을 읽는 것이 편지를 받는 것처럼 느껴집니다. 어머니께서도 이곳의 뉴스를 읽으실 수 있도록 『독립신문』 몇 부를 보내 드립니다.

로티와 저는 매우 바쁘게 지냅니다. 시간이 너무 빨리 가는 것 같습니다. 저는 아침 내내 공부하고, 오후에 한 시간 가르치고, 그리고 남은 시간들은 밭 가꾸는 일에 보냅니다. 전에는 제가 이렇게 밭일을 좋아하는지 몰랐었는데, 정말 그 일이 즐겁습니다. 아스파라거스 싹이 잘 올라오고 있고, 내년에는 저희가 마음대로 먹을 수 있을 만큼 수확할 것 같습니다. 오늘 저는 라즈베리 가지 뿌리내린 것을 내다 심었습니다. 이런 종류의 것들은, 지금 살고 있는 집이 세낸 집이기 때문에 나중에 옮겨야 합니다. 아스파라거스와 딸기 밭을 북장로교 선교회에 속한 땅에다 만들어 놓았는데, 제가 서울에 있는 동안은 그렇게 해도 될 것 같습니다.

편지에 쓸 뉴스가 정말 없네요. 어머니께서는 저희처럼 바깥세상으로부터 아무 소식도 못 듣고 사는 게 어떤 것인지 상상이 가시는지요. 전킨 씨와 드루 의사네는 서울을 떠난 지 한 달이 되었고, 그동안 저희는 그들에게서 어떤 소식도 듣지 못했습니다. 그 말은 그들도 어느 누구로부터 어떤 소식도 듣지 못했고, 본국의 가족들도 그들로부터 소식을 듣지 못했다는 것을 뜻합니다. 해리슨 씨는 이곳에서 겪는 소통의 단절을 아직 극복하지 못하고 있는 것 같습니다. 로티는 일본에 있는 미스 데이비스로부터 편지를 받았는데, 그가 많이 좋아진 것 같습니다. 레이놀즈 부인도 꽤 많이 좋아져서 서서히 병세가 호전되는 것 같습니다. 집 안에서 돌아다니고, 남여를 타고 방문도 다닙니다.

제가 잊어버릴 뻔한 것이 하나 있는데, 지난 일요일에 한 30명의 회중 앞에서 저의 첫 한국어 설교라 할 수 있는 설교를 했습니다. 레이놀즈 씨에게 무어 씨의 교회에 가서 설교하도록 부탁하고, 저는 레이놀즈 씨 교회에서 설교했습니다. 『마태복음』 22장 1절부터 14절의 내용으로 설교하였습니다.

4월 27일, 월요일 밤

한 주간이 지나도록 이 편지를 끝맺지 못해 매우 송구합니다. 편지를 못 쓴 채로 한 주가 지나게 한 것이 이번으로 두 번째인데, 이번에는 순전히 <u>봄바람</u>Spring Fever 탓이었음을 고백합니다.

지난 토요일에 우편물이 와서 신문과 다른 편지들을 받았지만, 집에서 온 편지는 없었습니다. 로티는 장모에게서 엽서를 받았습니다. 집에서 소식을 못 들은 지 이제 거의 한 달이 되어갑니다. 아마도 편지가 어디서 지연되는 것 같고, 그것들이 도착할 때는 여러 개를 한꺼번에 받게 될 것으로 생각합니다.

아치에게 보내는 제 코트와 조끼를 부탁한 미스 아버클의 귀국행이 일본에서 얼마간 지연되었으나, 아치의 졸업식 전에 여유 있게 그것들이 도착하기를 바랍니다. 옷을 싼 한국 신문을 버리지 말고 어머니를 위해 꼭 간직해 두라고 아치에게 말해주십시오. 충분히 읽어 볼 가치가 있습니다.

마샬한테 보냈다고 했던 제 한글 편지는 버지니아주가 아니라 스콧츠 스테이션으로, 오래전에 보냈습니다. 마샬이 그걸 받았는지요?

로티와 저는 계속 바쁘고, 그 어느 때보다 시간이 빨리 지나갑니다. 저희는 토요일 매티 벨로부터 아주 길고 좋은 편지를 받았는데, 그 편지에 매티가 말하기를 저희들 편지가 늘 명랑해서 매티 생각에 저희가 조심해서 즐거운 일만 편지에 쓴다고 믿는다고 합니다. 그것에 대해서는 로티와 제 의견이 일치합니다. 저희가 이곳에서 시련이나 걱정이 거의 없는 축복된 삶을 살고 있기 때문입니다. 물론 살면서 작은 근심거리들이 이리저리 생기지만, 저희가 지난 1년 동안 이곳 한국에 살면서 특별히 신경 써야 할 만한 걱정거리는 없었고, 편지에다 언급할 만큼은 더더욱 아니었습니다.

어머니께서 보내주신 블랙 케이크를 저희가 얼마나 맛있게 먹고 있는지 제가 어머니께 말씀드리지 않았던 것으로 생각됩니다. 제 생일날 그것을 열었습니다. 제가 이제껏 먹어 본 것 중에 가장 맛있는 것이었습니다. 케이크 상자를 일본인 양철공한테 보내서 꼭 맞게 뚜껑을 만들게 해서 케이크를 그 상자에 넣어 보관하고 있습니다. 케이크를 다 먹은 후에도 상자를 계속 유용하게 쓸 수 있을 것입니다.

로티와 제가 드와이트가 한국에 올 수 있을 멋진 방법을 생각해냈습니다. 제가 아마도 어머니께 편지를 쓴 것 같은데, 뉴욕의 한 회사가 서울에서 제물포까지 철로를 놓습니다. 올 여름이나 가을에 측량을 시작합니다. 저희 계획은 드와이트가 그 회사에 취직해서, 이쪽으로 발령받아 와서 1~2년 머물다가, 귀국할 때는 아주 적은 경비만으로 유럽을 경유해서 가는 것입니다. 물론 드와이트가 그 회사에 그럴 수 있는 자리를 얻을 가능성은 아주 낮겠지만, 시도해 볼 만한 일이라고 저희는 생각합니다. 스콧은 그곳에서 빠르게 자산을 쌓아가고 있으니 이런 일에는 흥미가 없을 것으로 짐작됩니다.

한국 신문 몇 부를 동봉합니다. 신문을 받게 되시면 알려주세요. 만일 어머니께서 그 신문을 정기적으로 보고 싶으시다면 제가 일 년 치 구독권을 사드리고 싶습니다.

정원의 채소들이 모두 아주 잘 자라고 있습니다. 비가 충분히 와서 야채농사가 잘 됩니다.

로티와 함께 모두에게 사랑을 보냅니다.

당신의 사랑하는 아들
유진 벨

1896년 5월 4일, 월요일 밤
한국, 서울

사랑하는 누이에게

오래 기다리던 우편을 금요일에 받았다. 기대했던 바대로 집에서 온 편지 두 통을 받았다. 네가 3월 22일에 쓴 것과 어머니와 아버님이 함께 3월 20일 자로 쓰신 것인데, 내가 네게 말로 표현할 수 있는 것보다 훨씬 더 편지가 고맙고 또 읽는 것을 즐겼다.

이 편지가 도착하기 훨씬 전에, 이곳의 국왕이 러시아 공사관에 피신 갔던 일로 인해 야기된 이곳에서의 정치적 혼란 상태가, 우리가 구체적으로 경계심을 가져야 할 일 없이 다 지나갔던 것을 네가 이미 알고 있을 것으로 믿는다. 사건이 일어나는 시점에서는 좀 더 명확하게 편지에 알리는 것이 불가능한 경우가 많다. 우리가 여기에 실제로 있는 것은 사실이지만, 사건에 대한 신뢰할 만한 정보를 얻는 것이 극도로 어렵기 때문이다.

신문을 통해 보도되는 뉴스는 대개 매우 과장되어 있고, 또 그 보도가 건실한 보도가 아닐 때는 과장이 더욱 심해서, 우리 같은 외국인들에게 실제보다 훨씬 위험스러워 보인다. 예를 들면, 미국에서 대통령이 무슨 일로 다른 나라의 국기 아래 보호를 받아야 할 필요가 있게 되는 일보다 미국을 더 흥분시키고 혼동되게 하는 일이 있을까 생각해 보아라. 한국이 바로 그런 상태에 있다. [그런데 혼돈스러운 것은] 왕이 남의 나라 공사관에 계속 피신해 있는데, 나라는 오히려 지난 몇 달간보다 더 조용하고 사람들은 아무것도 잘못된 것이 없는 듯 살아간다. 그렇기 때문의 우리들의 관점에서 사태를 판단할 수 없는 것이다.

테이트 씨 남매는 크리스마스 이후에 거의 전주에 머물고 있고, 전킨 씨 부부, 드루 의사 부부는 군산에 있다.

프리어슨 씨의 건강이 좋지 않은 것에 대해 마음이 아프다. 연차 노회 전에 교회가 완공되기를 희망한다. 어머니와 네가 그런 방식으로 돈을 번 것은 잘한 일이다. 많은 사람들이 하는 방식으로 하지 않고 그렇게 한 것이 나는 기쁘다.

어윈이 플로리다주에서 안전하게 돌아왔다니 다행이다. 나는 어윈에게 답장을 오랫동안 쓰지 못하고 있다. 그와 또 다른 많은 사람들에게도 내가 답장 안 한 것을 기억할 때마다 부끄러워진다. 편지 쓰는 문제가 진실로 몹시 난해한 일이어서 어떤 식으로 접근해야 할지 모를 때가 있다. 이제껏 그래 왔고 또 앞으로도 그렇겠지만, 우리 식구들한테 편지 쓰는 것을 다른 이들에게 쓰는 것보다 우선순위에 두는데, 그 결과는 내가 식구들에게 편지를 쓰고 나면 그 주에 부칠 우편은 그것밖에 없게 된다는 것이다.

나는 『디도서』를 읽어야 할 의무가 있고, 즐겨 읽을 것이다. 우리가 가진 사본이 없었고, 장모님이 언급하신 것은 보내 주시지 않았다. 너희들이 우리에게 그런 것들을 보내 주고, 그것을 보내 줄 다른 사람들도 제안해달라고 한 것은 좋은 일이다. ------

(페이지 없어짐.)

10마일 되는 시골에-----. 벌집이 어떻게 생겼을까 호기심이 생겼는데, 볏짚과 진흙으로 만든 벌집을 받으리라는 마음의 준비가 없었다. (볏짚과 진흙은 한국 사람들이 좋아하는 건축 재료이다.) 벌을 벌집으로 들여보내는 방식 때문에 상당히 많은 벌이 죽었다. 벌꿀을 치겠다는 내 모험적 사업은 실패로 끝날 것으로 생각되고, 2.75불은 경험을 위해 지불한 것으로 될 것이다.

우리 켄터키주 사람들은 모두 켄터키주 의회에서 최근에 자행된 일[10]에 대해 매우 부끄러워한다. 정치인들이 어느 정도까지 극단으로 밀고 나가는지, 어느 정도로 비천한 일을 할 수 있는지에 대해 나는 놀랐다고 말할 수밖에 없다.

내가 다음 일요일 연합교회에서 영어 설교를 한다. 이번 주 기도 모임은 우리 집에서 열리고 해리슨 씨가 인도한다.

우리 두 사람 다 평소처럼 건강하고, 로티는 봄 집 청소를 오늘 끝냈으며, 나와 함께 많은 사랑을 식구들에게 전한다.

너의 사랑하는 형제
유진 벨

---

10 무엇을 말하는지 알 수 없음.

1896년 5월 18일, 월요일 밤
한국, 서울

사랑하는 어머니께

저희는 한 주가 넘게 매일 우편물을 기다리고 있는데 아직 소식이 없습니다. 이번 금요일이면 우편물을 받은 지 3주가 됩니다. 집으로부터의 소식에 주려 있고, 바깥세상의 소식을 알게 해 줄 신문이 읽고 싶어 마음이 조급합니다.

이곳은 별다른 변화 없이 매일 매일이 평소와 다름없습니다. 날씨는 아주 상쾌했고, 이른 아침에 약간 불을 피우는 것으로 충분합니다. 오늘은 꽤 따뜻해서, 저는 제가 가지고 있는 가벼운 여름 양복 중 하나를 입고 있고, 로티는 중국 재단사의 도움을 받아서 지금 막 완성한 멋진 새 겉옷을 즐거운 모습으로 입고 있습니다. 회색 겉감에 분홍색 줄무늬가 있고 로티에게 아주 잘 어울립니다. 샐리 사촌이 로티를 위해 옷감을 골라 주었고, 지난 마지막 우편물에 에바에게서 새로운 소매와 깃의 본을 받았습니다. 로티는 자기가 일류 스타일로 옷 입은 것으로 생각합니다.

채소들은 계속 잘 자라고, 저희가 바라는 대로 채소가 잘 재배될 것 같은 전망입니다. 거름을 많이 주어야 했기 때문에 유충과 야도충이 너무 많아서 고민이지만, 그래도 모든 채소가 잘 자랄 거라고 생각합니다. 이곳에는 각종 벌레가 많아서, 어떤 과일이든 재배하기에 큰 장애가 됩니다. 그러나 선교사들은 해충제 등을 사용하여 대체로 자기들이 원하는 만큼 충분히 과일을 재배하는 것 같은데,

토착민들에게는 해충제가 생소한 듯합니다. 밭에 대해서 제가 가장 싫어하는 면은 저희들이 여름 동안 멀리 딴 곳에 가서 살아야 해서 오랜 기간 밭을 방치해 두어야 한다는 것입니다. 사람을 두어서 밭을 돌보도록 하지만 항상 피해가 생깁니다. 저희가 영구적으로 살 집은 여름에 두고 떠나지 않아도 될 건강한 곳이 되면 좋겠습니다.

저희는 작년 여름에 갔던 산으로 7월 1일 아니면 15일에 떠날 것 같습니다. 저는 말 한 필을 빌려서 지난 토요일 그곳으로 해리슨 씨와 함께 가서, 저희의 방을 조금 넓힐 수 있을지 알아보았습니다. 모든 것이 저희가 작년에 남겨둔 그대로였고, 그곳 스님들(합 27명)은 저희가 여름을 지내러 다시 오는 것을 매우 기쁜 마음으로 고대하는 모습이었습니다. 저희들 방의 처마가 사방으로 4피트 정도 나와 있으므로, 작년에 길이 12피트, 폭 8피트로 만들었던 저희 방을 많은 비용을 들이지 않고 길이 17피트, 폭 13피트로 늘릴 수 있을 것 같습니다.

얼마 전에 저는 이곳의 중국인 목수에게 아주 멋진 책상을 만들게 했습니다. 제가 너무도 원하던 것이었습니다. 이곳의 감리교 여자 선교사 한 분이 미국에서 금화 30불 하는 책상을 운송해 왔습니다. 그런데 운송하면서 입은 손상이 너무 커서 그 중국인 목수가 책상을 모두 분해해서 고쳐야 했습니다. 그러는 과정에서 그 목수가 그 책상이 어떻게 만들어졌는지를 배우게 되었고, 그것과 똑같은 것을 저를 위해 견목을 써서 만들어 주었는데 은화 41.5불, 요즘 환율로 해서 금화 약 25불이 들었습니다. 아주 기품 있는 책상입니다. 어떻게 생겼는지 어머니께 보여드리기 위해, 잡지에서 오려낸, 거의 제 책상의 복사판 같은 책상의 사진을 보내드립니다. 위에 선반이 있고 돌돌 말려지는 문을 내려서 자물쇠로 채울 수 있게 되어 있습니다. 서랍들이 양쪽에 있고 거기에 덧문이 있는데, 덧문 안벽에 여분의 문구를 보관할 수 있게 되어 있습니다. 제가 현재 저희 선교회의 회계인데, 이 책상이 회계 업무에 매우 유용합니다. 전체적으로 아주 멋진 가구이고, 저희 재산 목록에 좋이 추가되었습니다. 제가 한국에 사는 한에는 이 책상을 즐기고 싶습니다. 옮기기 힘들 정도로 책상이 아주 큰데, 다행히 셋으로 쉽게 분리하여 옮길 수 있습니다.

저희 집 뒤뜰에는 잘 만들어진 정구장이 있습니다. 레이놀즈 씨, 해리슨 씨, 그리고 제가 정구를 많이 칩니다.

저희의 모든 선교 사역은 잘 되어가고 있습니다. 레이놀즈 부인의 건강이 꽤 좋아졌고, 보기에도 좋습니다. 그가 지난 일요일 오후에 교회에 참석했습니다. 테이트 씨 남매가 전주에 있다가 최근에 서울로 돌아왔는데, 지난 토요일 모든 짐을 싸가지고 그곳에 영구 정착하러 떠났습니다. 『미셔너리』에서, 이번 가을에 여의사 한 분이 선교사로 이곳에 온다는 소식을 어머니께서 보셨을 것으로 생각합니다. 그가 테이트 남매가 있는 전주로 가서 거기서 미스 테이트가 하는 여성 사역을 돕게 될 것입니다.

최근에 제가 애니에게 쓴 편지 가운데 하나에, 한국인으로 10년간 미국에서 지냈고, 지금은 이곳에서 『독립신문』의 편집인인 제이슨 의사Dr. Jaisohn에 관한 말을 했었습니다. 그는 영어를 미국 사람처럼 잘하는데, 일주일에 한 시간씩 저희 선교사들로 반을 이루어 한국어를 가르치기로 동의했습니다. 다음 주 토요일부터 시작할 것입니다. 그로부터 많은 것을 배울 것으로 기대합니다.

어머니께 정기적으로 『독립신문』을 보내드리고 있습니다. 신문을

받으시는지 알려주시고, 그 신문을 어떻게 생각하시는지도 말씀해
주십시오. 그 신문이 이곳의 정황을 조금 더 잘 전해주는지요?

많은 사랑을 모두에게 보내며
사랑하는 어머니의 아들
유진 벨

1896년 5월 25일
한국, 서울

사랑하는 애니에게

고대하던 우편물이 3주가 지난 뒤에 드디어 지난 금요일 도착했다. 한동안 읽을 수 있는 신문, 잡지 등과 편지 세 통이 배달되었다. 로티의 친정에서 온 편지들과 함께 우리 집에서 세 통의 편지가 왔다. 4월 2일 자로 쓰신 어머니의 편지, 네가 4월 8일 자 그리고 4월 15일 자로 쓴 편지이다. 그래서 3주를 기다린 결과 나는 3주 몫의 편지를 받은 셈인데, 말로 표현할 수 없을 만큼 반가웠다. 이렇게 편지가 올 때면 우리는 모든 것을 제쳐놓고 6시간쯤 편지와 우편물을 읽는 데만 "몰두한다dive in". 이번 우편은 막 저녁 식사 자리에 앉으려고 할 때 왔기 때문에 우리들은 밥을 다 먹기까지 기다리는 것도 힘들었다.

어윈에게 편지와 엠브리의 사진을 보내줘서 고맙다고 하는 답장을 마침내 했다. 그가 내 답장을 곧 받게 되면 좋겠다. 미스 줄리아와 미스 아멜리아에게 거의 1년 전에 받은 편지에 대한 답장도 어머니 전교로 해서 스콧츠 스테이션으로 보냈다. 내가 주소를 모르므로 네가 그것을 맞는 주소로 보내주기를 바란다.

아치의 성적표가 별로 좋지 않았다니 마음이 좋지 않다. 내가 보낸 양복이 아치의 성적을 더 끌어내릴까 두렵다. 첫째, 시내 위로 새 다리가 생겼다고 해서 기쁘다. 체사피크 오하이오 철도회사(C&O)의 새 객차들이 좋은 듯한데, 우리에게는 '신 포도'[11]이다. 난 급수시설이 스콧츠 스테이션에 생기기를 아직도 바라고 있다. 로티가, 네가 아무 것이나 꽃씨를 보내주면 너무 좋겠다고 한다. 다음에 집에서 무엇이든 박스에 넣어서 보내게 될 때, '이른 장미Early Rose' 12개, 아이리시 감자, 그리고 씨로 사용할 하얀 밭옥수수를 약간 보내주었으면 한다. 그리고 우리에게 소포를 보내는 방법을 정확하게 알 수 있도록, 스미스 상점에서 발간한 설명서를 동봉한다. 이 설명서를 어디에 잘 보관해두면 고맙겠다.

네가 해리슨 씨가 식사시간에만 우리와 함께했다면 다른 시간은 어디서 보내느냐고 물었다. 그는 우리의 긴 집 반대쪽 끝에 있는 방 <u>셋을</u> 썼었는데, 독채를 쓰는 것이나 거의 같았고, 식사 때에만 우리에게 왔었다. 그는 지금 도성 밖 전킨 씨네 집을 돌보고 있다.

네가 여기에는 어떤 사진사들이 있느냐고 물었지. 한국인 사진사가 있다는 말은 내가 들은 적이 없지만, 이곳의 어떤 일본인들은 매우 훌륭한 사진사들인데, 일본인들은 특히 그런 일에 성공적인 것 같다.

네가 3월 10일 자로 쓴 내 편지를 받았다고 했는데, 내가 3월 6일 자로 아버지께『코리안 리포지터리』를 부쳤으니 그 편지와 같이 도착해야 했을 것으로 생각된다. 아버님이 그것을 받으셨는지?

너의 질문에 대답하자면 나는 아직 내 수염을 좋아한다. 허나, 편지 봉투 속에 사진이 만져질 때 그게 내 사진일거라고 생각하지는 말아라.(수염 기른 자기 사진은 보내지 않을 것이란 뜻인 듯. – 역자.)

---

11 신 포도(sour grapes): 여우가 자기가 따먹을 수 없는 포도를, 저건 신 포도일거라고 했다는 이솝우화에서 나온 표현.

어제 밤과 오늘 비가 시원하게 내렸고 그 덕분에 밭에 새 기운이 만연한데, 최근 밭에 대한 이야기를 충분히 한 것 같아서 더 이상 하지 않겠다. 오늘 오후, 단지 한 달 반 전, 4월 10일에 만들어 놓은 딸기 밭에서 딸기를 1쿼트[12] 땄다. 아마도 올해 몇 갤런 정도는 딸 수 있을 것 같다. 네 생각엔 어떠냐?

최근에 우리가 얼마나 훌륭한 하인들을 데리고 있는지, 특히 지난 크리스마스 이후로 같이 있는 하우스보이에 대해 네게 썼었다. 이 하우스보이는 내가 이때까지 보아 온 하인들 중에 의심할 여지없이 가장 좋은 하인 중의 하나여서, 언제까지 그럴 수 있을까 염려스럽기까지 하였다. 어제 그가 술이 취했고, 내가 한밤중에 뜰에 있는 그의 방으로 들어가서 말릴 때까지, 아내를 때리고 난동을 부렸다. 그의 아내가, 그가 더 이상 술을 먹지 못하도록 막으려고 안간힘으로 그와 싸우고 있었을 때, 나는 내가 채 깨닫기도 전에 그를 세게 발로 찼다. 그의 아내가 나중에 내게 와서 그가 실직하면 그들은 굶을 수밖에 없으니 제발 그를 내보내지 말아 달라고 빌었다. 나는 그의 아내가 매우 안쓰러워서, 그가 오늘 와서 겸손한 자세로 사과를 여러 번 했을 때 그에게 한 번만 더 기회를 주기로 하였다. 그를 자르고 얻을 수 있는 어느 하우스보이보다 그가 월등한 하인일 것이기에, 우리는 그를 포기하는 것을 극히 주저한다.

나의 선생님이 며칠 전에 말하기를 그의 가까운 이웃 중 한 집에서 밤에 싸우다가 둘째 아내가 첫째 아내를 죽였다고 한다. 작년 이맘때쯤 미스 테이트의 이웃에서 첫째 아내가 우물에 빠져서 죽었는

---

12 부피의 단위. 1쿼트는 0.95리터.

데, 그의 남편이 둘째 아내를 집안에 들이고 본처인 그를 때리고 집 밖으로 쫓아내서 그렇게 되었다고 한다. 이런 것들이 이교 세계에서 누리는 지복(至福) 중 하나이다. 이런 일이 자주 일어나는 것이 참으로 끔찍하다. 이교도의 삶을 경험하기 전에는 우리가 복음으로 인해서 누리는 축복을 제대로 깨닫지 못한다.

지금은 잘 시간이 되었으니 편지를 마감해야겠다. 내가 항상 편지 끝에 말하는 것처럼, 우리 두 사람 다 매우 건강하고, 로티가 나와 함께 많은 사랑을 식구들에게 보낸다.

사랑하는 너의 형제
유진 벨

1896년 5월 28일, 목요일 오후, 3시
한국, 서울

사랑하는 어머니께

이 소식을 어머니께 전하는 제가 얼마나 기뻐하고 있는지 어머니는 아마 모르시겠지요. 어머니께 손자가 생겼다는 것을 아시면 너무 기뻐하실 것을 저는 압니다. 몸무게 9파운드 4온스[13]의 건강한 사내아이가 어제 오후 3시 20분에 태어났습니다.

제가 어머니께 에비슨 의사와 훈련받은 간호사 미스 제이콥슨이 온다고 말씀드렸었는데, 그들의 귀중한 도움으로 모든 것이 잘 되었습니다.

어젯밤엔 저희들 모두 잠을 잘 잤습니다. 로티와 아기도 무두 건강합니다. 미스 제이콥슨이 조금 전까지 이곳에 계속 머물렀고, 저희가 원할 때까지 계속 매일 저녁에 와서 아침까지 있어 줄 것입니다. 그리고 헐버트 부인과 버스티드 부인이 매일 와서 도와야 할 모든 일을 해주겠다고 약속했습니다. 저희에게는 또한 보물 같은 한국 여자가 있는데, 그는 경험이 많아서 무엇을 어떻게 해야 하는지 잘 알고 있습니다. 그는 제가 본 한국인 중에 가장 조심스럽고 사려 깊은 사람입니다. 그러니 어머니는 저희가 필요한 모든 도움을 매일 받을 수 있도록 엄청나게 축복받은 것을 아시겠지요. 루이빌에 있었다 하더라도 이보다 더 좋은 도움을 얻지는 못했을 것입니다. 감사

---

13 4.2kg

할 일이 너무나 많고, 아기 때문에 너무 행복하고 자랑스럽습니다.

아들 이름을 헨리 베나블이라고 지으려고 하는데, 만일 로티가 장인어른의 이름을 따르기를 원하면 저는 그것도 아주 좋습니다. 아기가 나오기 전에 저희들이 의논하기를, 아기 이름을 딸이면 로티의 어머니 이름을 따서 하고, 아들이면 아버님의 헨리와 어머니의 베나블을 따서 하자고 했었습니다. 저희는 <u>헨리 스콧</u>으로 똑같은 이름으로 하고 싶지 않아서 베나블로 대체했습니다.[14] 어머니는 헨리 베나블이 좋은 이름이라고 생각되지 않으세요?

미스 제이콥슨이 저희와 함께 있는 것이 놀라운 축복입니다. 매우 친절하고 무엇을 어찌해야 할지 잘 아는 사람입니다.

로티가 어머니께 사랑을 전하며, 어머니께서 아기를 보실 수 있었으면 하고 바란답니다. 어머니께 "저희들의 아기"를 보실 수 없는 것이 저희가 져야 할 가장 큰 십자가 중 하나입니다. 아기가 아주 잘 생겼습니다. 어느 모로 보나 건강한 아이의 멋진 표본입니다.

우편물이 오늘 오후에 왔습니다. 신문들과 플로렌스가 로티에게 보낸 길고 멋진 편지를 받았고, 제게 온 편지는 없었습니다. 어머니께서 아기에 대한 소식을 아시기를 몹시 원하실 것 같아서 매일, 아니면 하루 걸러서라도 로티가 어떻게 지내는지 편지를 드리겠습니다. 그러나 로티의 상태는 아주 좋고, 그동안 최적의 건강을 유지해 왔기 때문에 그 점에 관해서는 염려를 놓으셔도 됩니다.

---

14 헨리는 유진 벨 아버지(윌리엄 헨리 벨)의 가운데 이름, 베나블은 어머니(프란시스 베나블 스콧 벨)의 가운데 이름, 스콧은 어머니의 혼전 성이고, 유진 벨의 형의 이름이 헨리 스콧 벨이다.

어머님과 모두에게 사랑을 전하며
사랑하는 당신의 아들
유진 벨

추신. 날씨는 최고로 좋습니다. 기분 좋을 정도로만 서늘한데, 아기를 위해서 난로를 약간 피우고 있습니다.
헨리가 할아버지와 할머니께 사랑을 보내며, 이것이 …… 이 되는 것으로 생각합니다. (원문: & he thinks this come into …… 문장의 뒷부분 없음. - 역자)

1896년 5월 30일, 토요일 오후, 3시
한국, 서울

사랑하는 어머니께

로티가 아무 탈 없이 건강하다는 소식을 기쁘게 전합니다. 에비슨 의사의 말이 로티는 더 이상 바랄 것이 없을 정도로 상태가 좋고 건강하다고 합니다. 아마도 지난 몇 개월간 로티가 특별히 건강했던 까닭으로 생각합니다.

그러나 불쌍하게도 아기가 좋지 못했습니다. 그래도 지금은 좀 좋아졌고, 미스 제이콥슨과 에비슨 의사 말로는 아기가 곧 괜찮아질 것이라고 합니다. 에비슨 의사 생각에는 아기가 위에 가스가 차서 그랬는데, 가스 찬 것은 나아졌고 지금 좋아 보이지 않는 것은 아기가 너무 울어서 그런 것 같다고 합니다. 지금은 살이 좀 빠졌는데(처음에는 다들 그러리라고 믿습니다.) 태어났을 때는 정말 살찌고 통통했습니다. 머리는 검은 편이고, 제 생각엔 눈이 로티의 눈을 닮은 것 같은데, 지금으로선 확실히 말하기는 이른 것 같습니다. 미스 제이콥슨은 아기가 저를 닮았다고 하고, 로티는 어머니를 닮았다고 합니다. 모종의 내기에 걸려든 것 같은 생각이 드시지 않습니까?

하우스보이가 아기를 처음 보고는, 아기가 세 달쯤 자란 한국아이 같다고 하더니, 아기가 우는 소리를 듣고는 일 년 된 아이처럼 운다고 했습니다. 미스 제이콥슨은 아기의 발육 상태가 아주 좋아서 한 달 된 아이처럼 보인다고 말했습니다.

편지가 아주 짧아서 죄송합니다. 집안일과 제 아들이 제가 그에게 주목할 것을 요구해서 더 이상 시간이 없습니다.

　미스 제이콥슨이 늘 저희와 함께 있고, 그렇게 도움을 받게 되니 저희가 확실히 축복받은 사람들입니다.

　저희 두 사람의 사랑을 모두에게 전하며

　사랑하는 당신의 아들

　유진 벨

1896년 6월 9일
한국, 서울

사랑하는 어머니께

어머니의 손자가 내일이면 태어난 지 2주가 됩니다. 만일 어머니께서 그 아이를 보실 수 있다면, 잘 생기고 <u>살찐</u> 작은 아기를 보실 것입니다. 현재로선 그 아기가 지금까지 세상에 태어난 아기들 중에 가장 착한 아기입니다. 거의 언제나 잠을 자고, 어젯밤 배가 고팠던 때를 빼고는 일주일 내내 한 번도 울지 않았습니다. 단 하나 두려움은 이같이 완전하게 좋은 것은 언젠가는 끝날 것이라는 점입니다. 아기가 매일 매일 살이 오르고 무럭무럭 커갑니다. 로티가 며칠 전 아기가 크게 웃도록 만들었다고 선언했습니다. 어쨌거나 어머니는 매우 똑똑한 손자를 두셨습니다.

로티는 계속 건강하고 곧 일어나 일상으로 돌아올 것입니다. 미스 제이콥슨은 이제 더 이상 오지 않고, '아마'(한국인 유모)[15]와 제가 아침마다 아기 목욕을 시킵니다. 미스 제이콥슨이 훈련을 너무 잘 시켜서 유모가 일을 꼼꼼하게 잘하고, 이런 사람이 있는 것이 저희에게는 큰 행운입니다. 아기는 밤새 잠을 잘 자는데, 밤에 두 번을 깨워서 젖을 먹입니다. 언젠가는 한번 잠들면 깨우지 않아도 될 때가 오겠지요.

---

15 원문에 "armah"(Korean nurse) 로 되어있다. 유진의 아내 로티의 편지에 아마라는 단어 설명이 자세히 되어 있는데, 간단히 말하면 서양인들이 동양의 여자 하인이나 유모 등을 총칭해서 부를 때 쓴 단어라고 한다. 뒤에 armah가 계속 나온다.

오늘 저녁엔 우리 밭에서 난 햇감자를 상에 올렸습니다. 완두콩도 며칠째 먹고 있고, 다른 콩도 곧 먹을 수 있을 것입니다. 작년에 수확한 감자에서 은화 5불어치를 팔고, 남은 것을 올해 햇감자가 나올 때까지 먹었습니다. 딸기가 꽤 많이 나왔고, 농축된 우유로 딸기 아이스크림을 자주 만들어 먹었습니다. 로티가 마실 우유를 중국 우유 장사로부터 삽니다. 7월 1일이나 15일에 산에 올라가게 되면 저는 소 한 마리를 세내서 데리고 갈 생각입니다. 한국 소는 우유를 매우 적게 내지만 값은 아주 쌉니다. 한 달에 1불이면 소를 한 마리 세낼 수 있지 않을까 생각합니다.

저희 조리사가 오늘 아픕니다. 그러나 어머니의 조리사가 아플 때 어머니와 애니가 겪는 불편함과는 다릅니다. 하우스보이가 아침을 했고, 그가 오늘은 세탁하는 날이라, '아마'가 저녁을 준비했습니다. 일요일에 비가 많이 와서 문지기는 오늘 하루 종일 밭에서 일했습니다.

저희가 산에 올라갈 때 아마도 지금 저희가 살고 있는 이 집은 내주어야 할 것 같습니다. 레이놀즈 부부가 이 도시의 다른 곳으로 이사할 계획이고, 9월 1일쯤 다시 내려올 때는, 저희 집에서 걸어서 5분 거리에 있는 레이놀즈 부부가 지금 살고 있는 집으로 들어갈 것입니다. 물론 저희 정원은 그대로 유지하면서 농산물 수확을 할 수 있을 만큼 할 것입니다.

저희가 꽤 오래 아무 우편물도 못 받았습니다. 곧 우편물이 오면 좋겠습니다. 지금쯤이면 아치와 마샬이 집에 와 있겠네요. 어머니께서 그 애들이 오면 반가운 것처럼, 그 애들도 집에 오는 것이 즐겁겠지요. 얼마 동안이라도 저희도 그렇게 집에 있을 수 있으면 얼마나 좋을까요. 어머니께서 언젠가 이곳을 방문하시겠다는 이야기를 중단하지 말아 주십시오. 매일같이 여행이 좀 더 편해지고 경비도 저렴해지고 있습니다. 이곳으로의 여행이 얼마나 즐거운 것인지, 저희가 실제로 여행을 하기 전에는 몰랐었습니다. 그 여행을 다시 하라고 한다면, 저는 밴쿠버로 경유해서 우리가 타고 온 것과는 다른 증기선편을 택했을 것입니다. 그렇게 하면 항해가 한층 더 즐거울 것입니다.

로티가 어머니께 사랑을 전하고, 헨리가 할머니와 할아버지, 삼촌들과 고모들을 보러 가고 싶다고 합니다. 마샬과 데이빗한테 그들의 [헨리로 인한] 영광스런 자리가 감사하냐고 물어보아 주십시오.

많은 사랑으로
사랑하는 당신의 아들
유진 벨

1896년 6월 24일
한국, 서울

사랑하는 누이에게

지난주에는 너무 게을러져서 집에 엽서 하나 겨우 보내고 편지는 쓰지 못했다. 토요일에 5월 8일 자로 쓴 너의 멋지고 긴 편지를 받고, 거기에 매우 무덥고 불쾌한 날씨에 대해 쓴 것을 읽고는, 나는 이렇게 날씨가 좋은데도 달랑 엽서 한 장 써 보낸 것이 부끄러워졌다.

어머니께서 보내주신 5월 1일 자 편지를 열흘 전쯤 받았다. 네가 전하는 모든 소식에 우리도 많은 관심이 있었다. 물론 우리는 헌돈 부인의 무모함을 듣고 어안이 벙벙하다. 그를 조금이라도 가까이 알고 있던 사람들은 모두 어떤 면에서 그는 다소 이질적이라는 것을 알고 있었다. 그러나 그 누가 그의 괴팍함이 그렇게까지 심하게 드러날 줄 알았겠니? 나는 아무것도 모르기는 하지만, 두 사람의 결별이 남자가 이상했었기보다는 그의 별남 때문인 것 같은 생각이 든다.

반대로, 장로교 노회가 킨 씨를 사역에서 중지시켰다는 말은 놀랍지가 않다. 내 판단으로도 벌써 그렇게 했어야 했었다. 근년에 조금이라도 그를 가까이 알아온 사람들 모두가 그가 돌았거나 아니면 비열한 사람인 것을 알고 있다. 어느 쪽인지 결정을 못 내리겠는데, 노회에서의 발언들에 의하면 둘 다일 것 같은 생각이 든다. 내가 직접 가보거나 들어본 모든 곳 중에 리치몬드가 그런 일에서 가장 두각을 나타내는 것 같다. 내가 그곳에 살도록 부름 받지 않은 것이 진정으로 감사하다. 그리고 지금의 내 감정으로는 앞으로도 다시는 그곳으로 부름 받는 일이 없기를 희망한다.

가뭄이 그렇게 심하다니 마음이 아프다. 가뭄 소식을 우리가 접했을 적에, 여기는 내가 경험한 것 중 가장 심한 장대비가 내리는 중이었다. 비정상적으로 이른 장마여서, 여름이 끝나기 전에 다시 한 번 더 우기가 올 것 같다. 그것 말고는 날씨가 쾌적하고, 비가 심하게 올 때에도 별다른 불편함은 없었다. 나의 장인과 장모께서 방문했다는 소식을 들으니 기쁘다. 특히, 시골을 좋아하시는 장모님께 즐거운 여행이었을 것으로 안다.

우리의 아기가 오늘로 4주가 되고, 계속 아주 잘 자란다. 착한 아기 노릇을 계속한 것은 아니었으나, 너도 알다시피 아기들은 가끔 울면서 크는 것이 아니겠니? 로티는 이제 자리에서 일어나 계속 잘 지내고 있다. 우리는 7월 4일 저녁에 미국 공사관에서 열리는 연회에 참석할 것으로 기대하고 있다.

제이슨 의사가 우리가 살고 있는 집을 샀다. 8월에 그의 아내가 미국에서 올 계획이다. 우리가 산에 올라가는 7월 10일쯤에 소유권을 넘기려고 한다. 9월 1일에 산에서 내려오면, 우리는 우리 선교회 소유의, 이곳에서 도보로 5분 거리에 있는, 레이놀즈 씨가 지금 살고 있는 집으로 옮긴다. 지금 우리 집보다는 덜 좋지만, 그래도 꽤 좋은 집이다. 레이놀즈 씨네는 도시의 반대쪽으로 옮겨 간다. 채소밭은 물론 우리가 계속 가꿀 것인데, 농사가 아주 잘 되어서 우리가 원하는 만큼 충분히 야채를 공급받는다. 최근 들어서는 라즈베리와 그것으로 만든 아이스크림을 맛있게 먹고 있다.

스콧에게 언제라야 미스 조를 만나러 그렇게 멀리까지 가는 것을 멈출 것이냐고 물어보아라. 만약에 스콧이 계속 그러면 데이빗이 하루에 10센트씩 받으며 크림 분리기를 돌보아서 곧 부자가 될 것이다. 너도 조 벨 씨의 부인을 좋아한다고 하니 기쁘다. 아버님께서 어떻게 아스파라거스 밭을 가꾸시는지 내게 편지를 알려주시면 좋겠다.

로티와 나는 짐상자에 대해서 약간 생각이 다르다. 마지막 짐을 받았을 때 우리가 은화 17불(금화 9~10불)을 지불했다. 그때는 값이 좋게 생각되었는데, 짐에 너무 많은 것이 들어 있었다. 어떤 물건이든지 샌프란시스코에서 부칠 때 물건 값의 25% 내지 33 $\frac{1}{3}$%가 든다. 관세의 부담이 제일 크다. 위더스푼 부부께서 보내주신 그 상자에 포함된 물품의 가치가 금화 39불이었다. 로티가 루이빌로부터 주문한 마른 음식들, 미스 데이비스의 시계, 드루 부인의 모자 등등이 포함되어 있었다. 물품을 샌프란시스코로 보내는 데 드는 우편요금이면 같은 양의 물품을 이곳 한국까지 보낼 수 있을 것으로 생각된다. 한번 물어서 알아보아라.

로티와 너의 조카가 나와 함께 식구들에게 사랑을 전한다.

사랑하는 너의 형제
유진 벨

추신. 로티의 말이, 내가 물건의 우송비에 대해 잘못 알고 있다고 한다. 책은 추가 우편료를 내지 않는다고 한다.

1896년 6월 30일
한국, 서울

사랑하는 아버님께

오늘 저녁에는 비가 오니 그 틈을 타서 아버님께 편지를 씁니다. 지난주에 애니에게 편지를 쓴 이후로 우편물을 받지 못했는데, 곧 도착할 것이라 기대합니다. 최근에 비가 많이 내려서 저희 채소밭이 보기가 좋고, 원하는 대로 먹을 수 있을 만큼 채소가 나옵니다.

제가 이번 봄에 벌통을 하나 샀다고 말씀드렸지요. 통에 벌이 너무 적게 들어서 올해 벌떼들이 생길지 확신이 없었는데, 어제 꽤 큰 벌떼가 모여들었습니다. 벌이 들어가도록 통을 나무 위에 올려놓았다가 두 번이나 나무에서 내려놓았는데, 벌들이 계속 다시 나무 위로 올라갔습니다. 그러니까 저희 조리사가 왜 벌통을 한국 사람들이 하는 식으로 하지 않느냐고 그러기에, 그럼 한국식으로 어떻게 해보라고 맡겼습니다. 그랬더니 그가 가서 어떤 시럽 같은 것을 사왔고, 짚으로 커다란 깔때기 모양의 뚜껑을 만들어서 그 안쪽에 시럽 같은 것을 발랐습니다. 그리고는 그것을 가지고 나무 위에 올라가서 벌떼 위에 놓고 빗자루로 잠시 쓸듯 하니까, 벌떼가 다 그 뚜껑 안으로 들어갔습니다. 그걸 가지고 내려와서는 저보고 벌통 위쪽에 사방 6인치 정도의 정사각형 구멍을 내달라고 해서 그렇게 했더니, 그 구멍 위에다 벌떼가 붙은 짚으로 된 뚜껑을 그대로 놓고 언저리를 진흙으로 봉했습니다. 그러니까 짚 모자에 붙은 벌떼가 모두 벌통으로 들어갔고, 오늘 보니 제대로 잘 된 것 같습니다. 그들의 방법이 저희가 하는 방법보다 더 발달한 것으로 생각됩니다.

집에서 오는 신문에서 요즘 꽤 많이 은화자유주조[16] 문제의 찬반 양론을 토론하는 하는 것을 읽었습니다. 그 글들을 매우 자세히 살펴 읽었는데, 무제한 은화를 주조하는 것에 반대하는 의견 하나에 어느 누구도 답한 사람이 아직까지 없습니다. 그 의견을 설명하자면 다음 과 같습니다. 일본이나 멕시코의 은화는 은의 함량이 미국의 은화보 다 높습니다. 그런데 가치로 따지면 우리 돈으로 54센트밖에 안 됩니 다. 다르게 말하면 미국의 은화 1불짜리 하나로 일본 은화 1불짜리를 거의 두 개 살 수 있습니다. 만일 미국이 은화자유주조를 선포하고, 금화와 마찬가지로 은화의 가치를 보장하는 조치를 취하게 되면, 아 버님이든 누구든 부자가 되고 싶은 사람은 미국 돈을 이쪽으로 보내 서 일본 은화를 하나에 54센트씩 많이 사서, 그것을 다시 미국으로 가져가서 그 은으로 100센트 가치의 미국 돈을 비용부담 없이 자유롭 게 주조하기만 하면 됩니다. 명백한 것은 미국이나 어느 나라 정부도 그런 현상을 감당할 수 없습니다. 정부는 곧 은화로 홍수가 나다시피 되고, 그 결과는 미국이 동양의 나라들과 함께 은본위의 늪에 빠지게 될 것입니다. 저도 이곳에 오기 전까지는 은화자유주조를 선호했었 습니다만, 화폐본위에 관한 한 저는 미국이 이런 나라들의 수준으로 추락하는 것을 보게 될 것 같아 두렵습니다.

일본에서는 일당으로 일본 은화 20센트만 주면 일용노동자를 원

---

16 은화자유주조(Free Silver Movement): 은화를 통화에서 제외한 1873년의 통화법 에서 촉발된 것으로, '은도 금과 같이 정부가 보장하여 자유롭게 주조하도록 하게 하자'는 금은 양본위제를 주장한 운동. 중서부와 남부의 농민들과 서부의 은광업자 들의 지지를 받았으며 1896년 대통령선거 때에 절정을 이루었지만, 금은 양본위제 를 주장한 민주당 후보가 패배한 뒤에 미국의 화폐는 금본위제로 굳어졌다.

하는 만큼 얼마든지 구할 수 있는데, 그 돈은 미국 돈으로 은화 10센트 정도 됩니다. 은화자유주조를 주장하는 사람들은, 다른 나라와는 상관없이 미국이 은화의 가치 보장을 금화의 가치 보장과 같은 차원으로 유지할 수 있다고 주장합니다. 한마디로 해서 말도 되지 않습니다. 예를 들어서, 북태평양 철도회사가 미국 동부의 어느 지점에서 일본을 거쳐서 중국 상하이로 가는 운송선을 운영한다고 합시다. 미국에서 은화를 지불수단으로 받아들이는 데 현재로선 은화 1개를 금화 100센트로 계산합니다. 그들이 태평양을 건너서 일본에 도착하자마자 지불수단으로 또 하나의 은화가 추가됩니다. 그 은화엔 미국의 은화보다 더 많은 은이 함유되어 있지만 가치로는 미국 금화로 54센트밖에 쳐주기를 않습니다. 왜 이런 차이가 납니까?

그것은 단순히, 미국에선 은화의 양을 제한함으로써 금화하고의 가치대비를 유지할 수 있기 때문입니다. 미국이 은화자유주조를 선언하는 바로 그 순간부터 그것은 불가능하게 되는 것이, 위에서 말한 운송회사에서는 미국 은화에 실제로 함유된 은을 팔아서 얻을 수 있는 가치 이상으로는 그 돈을 쳐주지 않을 것입니다. 그렇지 않으면, 그들이 일본의 은화를 하나에 54센트씩 주고 살 수 있는 만큼 사가지고 와서 미국 화폐로 다시 주조해 내면 100센트 가치의 돈이 되어서, 은화 1불당 46센트의 이익을 보게 됩니다. 그들이든 누구든 이런 식으로 부자가 되기까지 얼마나 걸릴 것 같습니까? 그런 비율로 말입니다. 그래서 다른 나라들과는 상관없이 은화자유주조를 주장하는 사람들이, 동방의 오래된 나라들이 오랫동안 자행해 온 것, 즉, 타국의 실패에서 배워야 할 것을 배우지 못한 실수를, 단지 다른 방식으로, 답습하게 되는 것이 저는 두렵습니다. 어느 한 나라가,

그 나라가 아무리 넓다 해도, 세상의 다른 나라들을 불문하고 혼자 일을 진행하기에는 세상이 너무 가까워졌습니다. 마치 어느 개인이 남들과 전혀 상관없이 혼자서 원하는 대로 살 수 있는 것이 불가능한 것처럼 말입니다.

여기서 그만 이 이야기를 멈추는 게 좋겠습니다, 그렇지 않으면 아버님께서 저더러 발 벗고 나서서 은화자유주조 반대운동을 하라고 하실 것 같습니다.

아버님의 성함을 딴, 아버님의 손자 헨리는 계속 잘 자랍니다. 아기가 밤새 잘 잔다고 말할 수 있어서 기쁩니다. 로티는 다시 외출하기 시작했고, 이제 다시 전처럼 건강하고 튼튼해지기 시작했습니다. 저희는 여름을 산에서 보내려고 7월 6일쯤 이동할 계획입니다. 저희는 이곳에서 7월 4일 기념행사를 제법 크게 하려고 계획하고 있습니다. 제가 독립선언문을 읽게 되고, 미국 공사 씰 씨가 그날 밤 리셉션을 준비할 것입니다.

최근에 로티가 크로켓 파티 하는 사진 한 장을 친정에 보냈는데, 친정식구들이 다 본 후에 저희 집으로 보내라고 부탁했습니다. 그 사진에 나오는 아버님의 아들 모습을 잘못 알아보실 수도 있으실 거예요. 수염이 너무 많이, 아니면 아버님께서 즐겨 말씀하시는 것처럼, 아주 조금 자랐기 때문이지요. 그 사진은 선교사 중 한 사람인 벙커 씨가 그의 집 뜰에서 찍은 것입니다.

로티는 지금 비가 그치자 누구를 방문하러 나갔고, 아니면 누구한테 전할 말이 있어서 나갔는지도 모르겠습니다. 헨리가 할아버지, 할머니, 그리고 삼촌들과 고모들에게 사랑을 전합니다.

사랑하는 당신의 아들

유진 벨

1896년 7월 11일
한국, 서울(관악산)

사랑하는 어머니께

어머니, 이번 주에 새 집으로 이사하기 시작했고, 또 이곳 관악산에 위치한 절로 어제 올라왔기 때문에 일찍 편지를 드리지 못했다고 설명 드리기 위해 이 엽서를 보냅니다.

이곳 날씨는 서늘하고 매우 쾌적합니다. 다음번에는 최근에 제가 받은 길고 멋진 편지들에 대한 답장을 쓰겠습니다.

많은 사랑으로
사랑하는 당신의 아들
유진 벨

1896년 7월 18일
한국, 서울 근교 삼막[17]

사랑하는 어머니께

이사를 하느라고 모든 것이 무질서하게 되어, 어머니께서 5월 27일 자로 보내주신 긴 편지를 어디다가 두었는지 모르겠습니다. 그 편지를 지금 제가 가지고 있지 않으니, 어머니께서 쓰신 많은 것들에 대해 답변을 드릴 수가 없게 됐습니다. 저희 아이가 태어나던 바로 그날 어머니와 스콧 둘 다 제게 길고 다정한 편지를 보내고, 애니가 그 이튿날 28일에 편지를 보낸 것이 조금 특이하지 않나요? 그 이후에는 아무 편지도 받지 못했지만, 그 세 통의 편지가 준 즐거움으로 한동안 충분했습니다. 그간 저희는 모든 세간을, 저희가 산에서 서울로 돌아오면 살게 될 선교회 소유 집에다 옮겼습니다.

7월 10일 이곳으로 올라왔고, 여기서 9월 1일까지 지낼 것 같습니다. 그때 만일 아기와 로티가 건강하고 또 누구 한 사람 그들과 함께 집에 있어 줄 사람을 구할 수 있으면, 저는 짧게 남쪽으로 여행하기를 원합니다. 로티는 제가 바랐던 만큼 건강 회복이 빠르지 못했고, 그 결과로 아기도 아주 좋지는 못했습니다. 로티가 우유를 정말 좋아해서 저는 송아지가 딸린 소를 은화 36불 주고 샀는데, 하루에 3쿼트[18]의 우유가 나옵니다. 그 우유를 로티가 마시고 싶은 만큼 다 마시고,

---

17 원문에 "Sam Mak"이라 표기했다. 677년 원효가 창건한 관악산에 있는 절 삼막사를 가리킨다.

18 2.8리터.

남는 것을 해리슨 씨한테 하루에 세 잔을 은화 12센트 받고 팝니다.

이곳의 날씨가 아주 좋고 서늘합니다. 우기임에도 불구하고 쾌적해서 로티와 아기의 건강이 좋아지고 있습니다. 허나, 로티의 모유가 아기에게 충분한 것 같음에도 불구하고 에비슨 의사는 아기에게 멜린 유아식[19]을 조금 먹여보라고 제안했습니다. 아기가 섭취하는 것이 아기에게 맞지 않는 면이 있는 것 같고, 그래서 잠을 제대로 못 자고 보채게 된다고 했습니다. 아기가 대체로 밤에 잠을 잘 잡니다. 그렇게 말할 수 있는 것이 아주 감사합니다. 그런데, 낮에는 그가 자야 할 만큼 충분히 자지 못합니다. 저는 여러 가지 이유로 아기가 벌써 가공식품을 먹어야 하는 것이 아쉽지만, 그것이 오래 가지 않기를 바랍니다.

이곳에서 저희는 편안한 여름을 보낼 수 있게 되었습니다. 방을 늘려 지어서 편안하게 꾸며 놓았고, 창문 세 개에 작은 욕실이 있습니다. 로티는 혼자 일인용 침대에서, 저는 접는 간이침대에서 자고, 아기는 전킨 부인이 빌려준 요람에서 잡니다.

스콧에게, 편지에 제가 궁금했던 농장 이야기를 적어 보내 주어서 무척 반가웠다고 전해 주세요. 스콧의 사업이 잘 되는 것이 기쁩니다. 곧 답장을 하겠습니다.

한국에서 출판되는 10월 호 『미셔너리』 한국 편에 실릴 편지를 좀 전에 썼습니다.

제가 애니에게 원하는 만큼 자주 편지를 못 해도 항상 애니의 편

---

19 원문에는 "Mellins food". 보스턴의 멜린 식품회사(Mellin's Food Co.)에서 생산하던 분말 유아식.

지를 기대할 수 있는 것이 고맙다고 전해주세요.

　우편물을 가지고 갈 사람이 지금 막 서울로 떠나려고 해서 이제 마감해야겠습니다.

　모두에게 사랑을 보내며

　사랑하는 당신의 아들

　유진 벨

1896년 7월 28일
한국, 서울 근교 삼막

사랑하는 누이에게

너의 조카가 조용히 잠든 동안, 로티와 나는 기회 삼아 편지를 쓴다. (요즘은 편지 쓸 기회가 전에 그나마 있었던 것만큼도 생기지 않는다.) 나는 위에 언급한 어린 남자young man가 이제는 무럭무럭 잘 자라고 있다고 말할 수 있어서 기쁘다. 출생 이후 6주 간의 인생 경험을 통해서 그가 이 세상이 힘든 곳이라고 거의 결론을 내리게끔 되었다고 생각한다.

지난 번 어머니께 나는 에비슨 의사가 가공식품을 조금 주어보라고 조언했다고 썼다. (거기에 대해서 우리는 여러 가지 이유로 매우 안 좋게 생각했다.) 그래도 아기에게 무언가 잘못된 것을 알았기에 우리가 무언가를 해야 하는 것을 알고, 지난 열흘 동안 멜린 유아식을 우유에 섞어서 주었다. 그랬더니 그 어린 남자young man가 이젠 커지고 살찔 마음을 내었고, 먹을 때만 빼놓고는 거의 모든 시간은 잠을 자겠다는 마음을 먹었다. 우리는 처음엔 부족한 것이 모유의 양이 아니라 질이라고 생각했었는데, 이제는 아마도 둘 다일 것이라는 결론을 내리게 되었다. 로티가 줄 수 있는 양 전부를 먹고도 유아식을 아주 많이 먹는다. 그래서 지금은 로티가 산후 회복이 되어가고 다시 튼튼해지고 있으니 모유의 양도 많아지기를 바라고 있다. 우리는 모유 이상 아기에게 좋은 음식이 없다고 믿기 때문에, 가공식품을 먹어야 하는 게 후회스럽다. 여기에서 유아식이 <u>아주 비싸</u>

다. 그리고 추가적으로 문제 되는 것은, 우유병에 관한 한 모든 것을 아주 조심스럽게 다루어야 한다는 것이다. 아무리 다른 일을 잘하는 하인이라고 해도 그 일만은 하인에게 맡겨둘 수가 없다. 더해서, 로티는 진심으로 모유로 아기를 기르기를 선호했고, 모유 외에 다른 것에 의존하지 않게 되기를 소망했었다. 그러나 아기가 잘 자라주기만 하면 이런 문제들을 놓고 불평하지 않을 것이다.

아기는 너무 사랑스러운 작은 친구이다. 네가 아이를 볼 수 있으면 얼마나 좋을까. 아기가 지금 잠에서 깨어나 요람에 누운 채 옹알이를 한다. 얼굴에 통통 살이 찌고, 우리가 같이 놀아주면 웃고, "아구우우 -우"하고 소리 낼 줄도 안다. 머리통이 잘 생겼고 눈이 많이 반짝인다. 처음에 우리는 아기가 조상 누구로부터인가 (누군지는 모르지만) 뭉툭한 코를 물려받았나 싶어 걱정했는데, 이제는 코도 날이 서기 시작한다. "아빠의paw's"코를 조금만 더 닮게 되기를 바란다.

－－－－－－－－－－내가 이 편지를 쓰기 시작한 이후로 위에서 말한 어린 남자young man가 거의 완전히 깨어나서 아빠의 관심을 요구하고 있다. 그 모습을 로티가 즉석에서 카메라로 찍었는데 지금 이 편지에 동봉하는 것은 그 사진의 복사판이다. 이 사진의 아기 모습이, 지난 6주간 낮 동안은 늘 이런 모습이었고, 밤에는 주로 잠을 잤다. 그리고 이 사진에 아기 아빠의 아름다운 수염이 아주 잘 보이기도 한다.

농담은 이제 접어두고, 우리는 훌륭한 아기가 생겼고 이 아기가 너무 자랑스럽고, 이 아이를 위해서라면 이제껏 겪어온 고통의 두 배도 기꺼이 겪을 것이다. 이 아이를 미국의 식구들이 볼 수 없다는 것이 나를 향수에 젖게 한다. 우리가 이 아이를 식구들에게 보여주고 싶은 마음이 고향의 식구들이 아이를 보고 싶은 마음보다 클 것이라고 생각한다. 다시 서울로 내려가면 일본인 사진사한테 이 아이의 사진을 잘 찍게 해서 너에게 보내겠다. 아기가 계속 잘 자라면 아주 잘 생긴 아기 모습을 보낼 수 있을 것이다. 로티가 지금 아기에게 젖을 먹이고 있는데, 이따금 먹이기를 중단하고 아기와 놀아주고 아기가 "아구"라고 하는 소리를 듣고는 한다.

이번 여름은 비가 엄청 많이 왔다. 우기가 매우 일찍 왔었고, 이제 다시 새로운 우기가 시작되었다. 우기 때 가장 불편한 것은 빨래를 한 후 옷을, 특히 아기 것들을 말리기 힘들다는 것이다. 빨래를 말리기 위해 할 수 없이 바깥쪽의 방에 불을 피워야 한다.

마샬의 편지와 함께 네가 6월 5일 자로 보낸 아주 흥미 있는 편지가 며칠 전에 도착했다. 같은 우편으로 거의 같은 날 쓰신 어머니의 엽서도 받았다. 마샬이 집에 오는 것이 얼마나 좋았을까, 그리고 또 식구들도 마샬이 집에 오니 얼마나 반가웠을까 상상할 수 있다. 허나, 마샬이 <u>145파운드</u>[20] 나간다는 게 믿겨지지 않는다. 그 애가 체사픽 오하이오 열차C&O로 직접 올 수 있었다니 잘 됐다. 마샬이 루이빌을 방문했기를 바란다. 마샬에게 내가 곧 답장을 쓰겠다고 전해다오. 마샬이 9월에 학교로 다시 돌아간다고 하니 기쁘고, 아치도 중단하지 않기를 바란다.

그리고 데이빗을 루이빌에 있는 고등학교에 보내는 경비가 너무 많이 들지 않기를 진정으로 바란다. 아주 여러 면에서 그 학교가 센트럴 대학만큼, 아니면 그보다 더, 좋다. 그 학교에서는 외국어 교

---

20 65.8kg

육을 많이 하지는 않지만 영어와 과학은 더 많이 강조한다.

조시 사촌과 메리가 캘리포니아 여행 이후 회복이 안 되었다니 안타깝다. 조시 사촌에게 내가 아직 나의 편지에 대한 답장을 기다리고 있고, 내가 메리가 써서 보내겠다고 한 편지를 아직도 기다리고 있다고 전해 주어라. 로스앤젤레스 교회에서 나온 미스 웜볼드는 아주 훌륭한 젊은 숙녀이다. 그가 사촌 조시가 방문했을 때 집에 없었던 것이 매우 미안하다고 한다.

네가 아주 좋은 정원을 가졌다니 반갑다. 우리는 밭을 두고 떠나야 했기에 그리고 채소를 산으로 보낼 때 잘 판단해서 보낼 수 있는 책임자가 없기에 손실이 아주 많다.

드디어 새 교회 건물에 들어가게 되니 참 좋을 것이다. 이 편지가 도착할 때면 벌써 새 건물에서 예배보고 있기를 바란다. 프리어슨 씨의 건강이 좋다니 반갑다. 그들에게 우리 인사를 전해주고, 우리를 생각해주고 또 선물을 보낸다니 감사해 한다고, 어떻게 해서 그것이 여기까지 오게 되는지 아는 우리로선 더욱 그렇다고, 미리 전해주어라. 만일 아이다 파울러가 아직 떠나지 않았으면(내 짐작에는 그녀가 떠났을 것 같은데), 만약 떠났다면 어윈 씨에게 부탁해서 내가 안부를 전한다고 말해 달라고 해라. 내 생각에 메리 스콧 목슬리와 "리틀 조지"는 둘이 아주 잘 어울릴 것 같은데, 그렇지 않니? 메리 벨이 결혼한다는 것이 사실이라면 그녀가 좋은 사람을 만나게 되기를 바란다.

너에게 내가 소를 샀던 경험에 대해 이야기해주지 않았다. 송아지가 딸린 암소 한 마리를 이 산까지 몰고 왔는데, 은화 36불을 들였다. 농사일을 너무 많이 한 소라서 젖이 적게 나왔다. 그래서 다른 소에 대해 들은 게 있어서 그 소를 보러 5마일을 걸어서 갔다. 가 보니 그 소도 상태가 같았다. 내가 가 보았을 때 그 소는 실제로 쟁기를 끌고 있었는데, 한국인들은 송아지가 늘 어미 소를 따라다니도록 하기 때문에 어미 소의 우유의 질이 어떤지, 양은 충분한지 전혀 알아볼 길이 없었다. 게다가 주인이 40불 밑으로는 절대 팔지 않겠다고 해서 그냥 돌아와서, 한국 소치고는 젖을 많이, 하루에 3쿼트 내지 1갤런[21]의 우유를 내는 것을 내가 확실하게 아는 소를 사기로 했다. 소를 쉬게 하고, 좋은 풀과 하루에 2갤런씩 밀기울을 먹이니 우유의 질도 금방 좋아졌다. 밀기울은 갤런당 은화 4센트를 주고 산다. 해리슨 씨에게 하루에 은화 12센트만큼의 우유를 파니까 거기서 사료 값이 나오고, 소에게 최고로 좋다는 깊은 산에서 나오는 풀과 다른 잡초들은 공짜로 구한다.

이곳에 가축을 위한 울타리가 있는 것을 내가 본 적이 없는 터라, 소를 아주 긴 밧줄로 말뚝에 매어서 밖에 내어 놓는다. 소를 내가 돌보므로(이는 고향의 옛 추억을 몹시 상기시킨다.), 나중에 소를 팔아야 할 때 산 값보다 좀 싸게 팔아야 하는 것 외에는, 우리가 원하는 우유를 마음껏 싸게 먹고, 여름 동안은 거의 돈이 안 든다. 한국인 중에 소젖을 짜는 것에 대해 아는 사람이 없기 때문에 내가 직접 우유를 짜고, 소가 계속 우유를 많이 내도록 노력을 많이 한다.

잭 해링톤의 부고를 『센티널』에서 보았다. 불쌍한 친구, 그가 이 세상에서 겪은 모든 고통에서 벗어나기를 바란다.

우리가 받아 보는 주 3회 발간되는 신문[22]에 최근 실린 전신을 통해

---

21 3quarts = 2.8liters; 1gallon = 3.8liters

서, 켄터키주뿐만이 아니라 민주당이 전국적으로 은화자유주조 운동
을 강하게 지지하고, 대통령 후보자도 그에 따라 추대되었다는 것을
보았다.[23] 짐작하건대 내가 자유은화를 반대해서 아버지께 쓴 편지가
미국에 제시간에 도착하지 못한 때문인 것 같다. 은화자유주조 정책
이 실행되면 나라 전체에 커다란 재앙이 될 것이라고 나는 믿을 수밖
에 없다. 내 생각이 잘못일 수도 있다. 그렇기를 바란다. 어쨌든,
나는 다른 쪽에선 현 정책과 금본위를 확고히 지지하고 있는 것을
다행이라 여긴다. 이렇게 해서 사람들이 무엇을 원하는지, 또는 무엇
을 원하는 것으로 <u>생각하는지</u> 알게 될 것이다. 은화자유주조가 진행
되면 의심의 여지없이, 그것이 그들이 목적하는 바라면, 많은 자산가
들에게 큰 손해를 입힐 것이지만, 그와 동시에, 농부와 노동자 같은
계층의 사람들에게도 가장 쓰디쓴 타격을 줄 것으로 나는 생각한다.
이는 그와 동일하거나 비슷한 정책을 추구했던 나라들 모두에서 명백
하게 입증된 사실이다. 은광업자들과 은을 많이 끌어 모을 위치에
있는 사람들에게만, 50센트만큼의 은을 1불짜리 은화로 수수료 없이
주조해서 단기적 이익을 취하게 하는 기회가 될 것이다.

그러나 이렇게 멀리 사는 나로서는 기꺼이 나라가 원하는 대로 하
게 내버려두고 그 결과를 지켜볼 것이다.

---

22 원문은 "triweekly newspaper." triweekly는 3주에 한 번을 뜻할 수도 있고 1주에
세 번을 뜻할 수도 있는데 이 경우는 후자로 판단되고, 『독립신문』을 일컫는 것으
로 추측한다. 『독립신문』은 처음에 주 3회, 화·목·토요일에 발간하였다.

23 1896년 미 대통령선거에서 민주당은 은화자유주조 운동의 가장 강력한 정치인인
윌리엄 제닝스 브라이언을 후보로 추대하였다. 그는 결과적으로 11월의 대통령선
거에서 공화당의 윌리엄 맥킨리에게 패한다. 그 후 은화자유주조운동은 서서히 수
그러들고, 1900년엔 다수 공화당의 주도로 단일 금본위제 법안이 통과된다.

로티와 내가 식구들에게 사랑을 전하며, 지금 배불리 먹고 요람에 누워서 재롱을 떨고 있는 헨리가 할머니들, 할아버지들, 다 보고 싶고, 삼촌 고모 이모 그리고 모든 친척들이 몹시 보고 싶다고 한다.

사랑하는 너의 형제
유진 벨, "아빠"

추신. 한국인 한 사람이 밤에 소를 밖에 그냥 두면 호랑이가 소를 물어간다고, 내가 밤에 소를 밖에 두는 것에 반대했다.

1896년 8월 13일, 목요일
한국, 서울 삼막(관악산)

사랑하는 데이빗

어머니께서 6월 18일 자로 쓰신 편지에, 네가 어머니께 여쭙기를 유진 형이 나의 편지에 답장을 안 한 게 있다고 쓰셨다. 네가 나에게 답장을 안 한 것이 없는 게 확실하니? 그리고 내가 매주 집에 편지를 쓰고, 너는 내가 쓴 것에 대해 듣든지 직접 읽든지 하니까, 너와 나 사이의 편지를 네가 일일이 따져서는 안 된다고 나는 생각한다. 그렇지 않니? 애니는 나와의 편지 교환을 따지지 않고, 내가 한 번 쓰는 동안 거의 두 번을 쓴다. 너희 중 누구라도 애니를 도와서 편지를 해 준다면, 애니가 할 일이 그렇게 많은데도 많은 시간을 편지쓰기에 쓰지 않아도 될 것으로 나는 생각한다.

애니가 최근에 쓴 편지에 식구들 모두가 [내가 미스 아버클 편으로 보낸] 한국 옷 등을 보고 즐거웠다고 해서 기뻤다. 그것을 보낸 후, 더 많은 것을 보냈을 수 있었겠다는 생각이 들었으나, 또 한편으로는 미스 아버클 편으로 짐을 너무 많이 보내는 것을 원하지 않았다.

아버님께서 이제 다시 건강이 회복되셨다니 잘됐다. 나는 아버님께서 당신이 그렇게 아파지실 가능성이 늘 있다는 것을 아시면서도 충분히 주의하시지 않는 것 같아서 걱정이 된다.

마샬이 루이빌에 즐겁게 잘 다녀왔다고 하던가? 마샬도 이제 많이 커서 젊은 숙녀가 되었겠구나. 그리고 나는 너 데이빗도 이젠 <u>출발선에 나섰을 것</u>으로 기대한다. 라이드 사촌이 마샬이 집에 있을 때 올 수 없는 게 안됐다. 허나, 애니 스펜서는 벌써 회복되었기를 바란다. 아치에게 이제 그만 양복을 벗어두고 건초 밭으로 가면 어떻겠냐고 물어보아라. 쌤 해일리가 얼마간이나 너희와 함께 있었지? 만약 애니 해일리도 미스 볼드윈 대학에 갈 수 있다면 마샬이 좋겠다.

(페이지 없어짐.)

－－－－－ 저녁시간 내로 돈이 도착하지 않을 경우에 사람을 서울로 보내서 포졸들을 불러와서 그들을 전부 체포해 감옥에 넣을 [것이라고 했다]. 그 말에 사람들이 동요했고, 자기들끼리 다시 의논하고 사람들을 일일이 뒤졌지만 돈을 찾을 수 없었다. 그들이 산속의 한 신당(神堂)에 가서 산신령께 제사를 드리고, 돈을 가져간 사람이 누군지 물어보기로 결정을 해서 그렇게 했다. 그러나 그때쯤에는 레이놀즈 씨가 벌써 메모를 써서 그의 하인을 경찰에 보낼 준비를 다 한 뒤였다. 그러나 하인이 막 출발하려 할 때 우리 조리사가 현관에 누군가 금방 거기다 놓아두고 간 돈을 발견했다. 그렇게 해서 그 일이 끝났다.

그런데, 토요일 아침에 우리가 아침 식사를 하려고 방에서 나오니까, 모두들 흥분해서 말하기를, 누가 밤사이에 레이놀즈 씨의 소를 훔쳐갔다고 했다. 절에 있던 사람들 모두에게 물어보았지만 아무 정보도 얻을 수 없었다. 그래서 그와 해리슨 씨 그리고 하인 두 명이 도둑을 찾으러 나섰다. 소는 밧줄로 매어서 풀밭에 내어 놓았었는데, 도둑이 소를 그냥 끌고 가버린 것이었다. 한참 동안 발자국을 따라갔지만, 더 이상 어느 쪽으로 갔는지 흔적이 보이지 않았다. 그들은 토요일에 산을 넘어서 20마일 정도를 걷고는, 소에 대해서는 아무것도 듣지도 보지도 못한 채 밤늦게 완전히 녹초가 되어서 돌아왔다. 그런데, 하인 두 명은 일요일 밤 12시가 되어서도 돌아오지 않았고, 그들이 마침내 돌아와서 말하기를, 밤중에 소를 죽인 백정을 우리들이 찾은 것으로 생각된다고 했다. 레이놀즈 씨의 조리사는 매우 예리하고 또한 거짓말을 그럴 듯하게 할 수 있는 사람임이 분명하다.

레이놀즈 씨의 조리사가 수소문 끝에, 이곳과 제물포 사이에 있는 어느 마을에 사는 백정 하나가 금요일 아니면 토요일 밤에 소 두 마리를 잡았다고 하는 말을 들었다. 그가 그 백정에게 가서, 제사에 쓸 고기가 필요한데 새로 잡은 소고기가 있느냐고 물었더니 백정이 말하기를 방금 소 두 마리를 잡았는데 하나는 황소이고 하나는 암소라고 하면서, 어떤 부위를 원하느냐고 물었다고 했다. 그가 제사에 쓰게 소머리가 필요하다고 하니, 백정이 머리는 벌써 팔렸다고 했다. 그래서 가죽은 없느냐고 물었더니, 그것도 다 팔렸다고 했다. 그래서 조리사는 꼬리라도 달라고 했더니, 백정이 무언가 의심하기 시작하면서 금방 잡은 소는 두 마리가 아니고 황소 한 마리만 잡았다고 했다. 그때 조리사가 그 백정을 도둑이라고 비난했고, 거기에 백정은 화를 냈다. 동네 사람 한 무리가 모여들어서 조리사와 그와 함께 있었던 다른 하인을 때리려고 하기에, 그들은 사과를 하고 빌어서 그 자리를 빠져나왔다고 했다.

이것이 그 조리사가 일요일 밤 12시에 돌아와서 한 말이다. 그래서 레이놀즈 씨와 해리슨 씨가 월요일 새벽 3시에 일어나 장총과 권총을 가지고 한국 사람 세 명과 함께 그 마을로 자초지종을 알아보러 갔고, 또 서울로 사람을 보내어 경찰policemen 여섯을 불러오게

했다. 그들은 모두 마을로 가서 그 백정을 찾았는데 그는 두려움에
거의 사색이 되다시피 했다. 그는 처음에는 부인하다가 나중에는 모
든 것을 고백했고, 그를 놓아주면 그가 지금 가지고 있는 돈과 또
구할 수 있는 모든 돈으로 보상하겠다고 했다. 그러나 레이놀즈 씨
가 거절하자, 그 백정은 다시 모든 것을 부인하면서 자기가 황소 한
마리밖에 잡지 않았다고 말했다. 레이놀즈 씨는 그를 잔혹한 한국
경찰에게 넘기는 것을 매우 유감스럽게 생각했지만 그렇게 해야만
했고, 그 백정을 서울로 보내어 감옥에 갇히게 했다. 레이놀즈 씨가
괴로워한 것은, 한국에서 범죄의 의심이 가는 누구를 심문할 때, 그
가 고백할 때까지, 아니면 그가 거의 죽기 직전까지 <u>때리고</u>, 여러
날을 두고 고문을 하기 때문이었다. 지난 겨울에 감옥에 갇혔던 한
한국인이 내게 말한 바로는, 심문하는 포도청 관리들이 매일 밤 감
옥에 찾아와서 때리고, 그의 두 무릎과 발목을 함께 묶은 후 막대기
를 다리 사이에 넣고 비틀었다고 한다.

레이놀즈 씨는 이 사람이 미국식으로 재판되도록 해보려고 서울
로 갔다. 한국인들은 증인이란 개념에 대해 별로 신경을 쓰지 않는
데, 사람들은 말하기를 한국인은 모두 거짓말을 한다, 그 거짓말 때
문에 죽게 될 것을 알면서도 거짓말을 한다고 한다. 그 말이 맞는
것 같다. 그 마을 사람들이 모두 마음을 바꿔서 그 백정의 편을 들었
다. 그의 고백 말고는 그 백정이 레이놀즈 씨의 소를 그날 밤 죽였다
는 것을 입증할 증거가 극히 희박한데, 이제 와서 그가 그것을 부인
하고 있다. 그러니 이 일이 어떻게 끝날지 모르겠다.

그 소는 레이놀즈 씨의 소유가 아니고, 중국인 낙농업자에게서 한
달에 은화 7불을 주고 세낸 것이었다. 보통 한국소들보다 좋은 소여

서 하루에 3쿼트 정도의 아주 진한 우유를 내었다. 그 소를 잃은 것은 정말 애석한 일이다. 도적을 잡기 위해 든 경비 외에, 레이놀즈 씨는 소 값으로 은화 40불을 물어야 한다.

며칠 전에 나는 한국 조랑말을 한 마리 살 뻔했다. 어떤 이가 타기에 좋은 조랑말을 은화 16불에 판다는 말을 듣고, 이곳으로 데려오라고 전갈을 보내어서 그가 조랑말을 데리고 왔다. 아주 훌륭한, 내가 한국에서 본 조랑말 중에서 사람이 타기에 가장 좋은 말 중의 하나였는데, 자세히 살펴보니 뒷다리 무릎관절이 튀어나왔고 걸음을 약간 절었기에, 나는 저렴한 가격에라도 그 말을 사는 게 두려웠다. 그러나 다음에 그렇게 싸게 파는 조랑말을 보게 되면, 조랑말을 소유하는 즐거움과 탈 것이 있다는 편리함을 위해서 사게 될 것이라 생각한다. 나는 서울에 있는 집과 정원을 보기 위해 되도록 자주 서울로 내려가기를 원하는데, 거기까지 거리가 10마일이고 아주 걷기 힘든 길이다. 조랑말을 사서 여름에 이곳 산에서 풀을 먹이다가 다시 팔면 돈이 든다 해도 별로 많이 들지 않을 것이다. 내가 본 그 말이 절뚝이지만 않았어도 바로 내가 원하던 그런 말이었는데 몹시 아쉽다.

너의 작은 조카가 계속 잘 자라고 살이 쪄간다. 지금 아기는 턱이 두 개가 되었고, 잘 놀며, 엄청 재미있다. 놀아주면 웃고 모든 것을 알아보는데, 이제는 크게 소리 내어 웃기 시작했다. 누구를 닮았는지 아직 모르겠다. 할 수 있는 대로 빨리 아기 사진을 식구들에게 보내서, 누굴 닮았는지는 식구들이 결정하도록 하겠다. 나는 아기에게 자주 미국의 할아버지, 할머니, 그리고 모든 삼촌과 고모, 이모들에 대해 이야기해주며, 그들 모두가 얼마나 아기를 보고 싶어

하는지 말해준다. 그런 말이 아기를 매우 즐겁게 하고, 미국에 가서 식구들을 만날 수 있는 때를 벌써부터 고대하고 있는 것 같다.

두 번에 한 번쯤은 가공식품을 먹이는데, 우유 여덟 술에 멜린 유아식 한 술을 타서 준다. 가공식품을 주기 시작하고부터 아기가 좋아지고 성장이 아주 빨라졌다.

선교사에게 아이가 생기면 급료가 올라가는데, 아이 한 명당 일년에 금화 100불을 더 받는다. 그래서 지금 우리는 그만큼 급료를 더 받는데, 분유가 매우 비싸기 때문에 아기에게 그 돈이 모두 들어가게 되지만, 우리는 헨리 몫으로 나오는 돈을 쓰지 않고 전액을 아이가 자랄 때까지 저축을 해서 그 돈으로 대학에 보내려 한다. 우리에게 쉽지는 않겠지만, 헨리가 자라면 미국으로 보내서 좋은 교육을 꼭 받게 할 마음이다. 헨리 몫의 돈을 15살이 될 때까지 모으면 1,500불이 될 테니, 굉장한 일이 아니겠니?

이곳에선 한두 달, 거의 쉬지 않고 줄기차게 비가 내렸다. 그래서 모두가 장마에 지쳤었는데, 이제는 이곳 산에서는 확실히 기후가 선선하고 쾌적해져서 우리를 즐겁게 한다. 로티는 다시 기운도 생기고 건강해졌다. 매일 저녁 아기가 잠들었을 때 둘이서 산길 걷는 것을 즐긴다. 산의 풍경은 매우 아름답고, 중국이 있는 서쪽으로 멀리 바다가 보인다. 우리는 자주 바다 너머로 지는 아름다운 일몰을 보는데, 그런 풍경이 어떨 때는 우리를 깊은 향수에 빠지게 한다. 특히, 헨리를 데리고 집에 가서 식구들에게 보여주고 싶다는 생각이 들 때 더욱 그렇다. 그러나 그렇게 향수에 젖도록 우리 자신을 내버려 둘 수 없으므로, 곧 그런 생각을 멈추고 다른 일들을 생각해야 한다.

오랫동안 아팠던 레이놀즈 부인이 이제는 다시 거의 회복이 되었다.

로티와 내가 모두에게 사랑을 보낸다. 우리는 애타게 편지를 기다린다. 식구들이 아기에 대해서 어떻게 생각하는지 알고 싶다. 내가 네게 쓰고 있는 이 편지의 길이만큼 네가 길게 답장을 하면, 나도 곧 답장을 해 주겠다.

사랑하는 너의 형제
유진 벨

1896년 8월 23일
한국, 서울 근교 관악산

사랑하는 어머니께

오랫동안 기다렸던 우편물이 지난 월요일에 왔고, 어머니와 애니에게서 제가 아기에 대해 쓴 편지를 받았다고 하는 편지를 받았습니다. 물론 실제로 아기를 보여드리는 것이 제일 좋았겠지만 그러지 못하니, 어머니와 식구들이 아기에 대해 어떻게 생각하시는지 알고 싶었는데, 식구들이 모두 기뻐하시는 것 같아 저희도 매우 기뻤습니다. 아기는 작은 귀염둥이로 계속해서 살이 쪄가는 중입니다. 이제는 머리를 들 수 있고, 종잇조각이든 무엇을 주면 받아서 가지고 놉니다. 가공 유아식을 주기 시작하면서 아기가 눈에 띄게 좋아졌습니다. 그리고 이제는 분명해진 사실이, 불쌍하게도 아기가 첫 6주 동안에는 먹는 것이 충분하지 않았다는 것입니다.

로티에게 아이의 이름을 헨리 위더스푼으로 짓자고 전에도 제안했고 근래에 또 그렇게 했습니다만, 로티는 지금 이대로의 이름이 좋다고 합니다. 저는 아기가 위더스푼이라는 가운데 이름middle name을 가지면 아주 좋을 것으로 생각합니다.

레이놀즈 씨가 소를 잃어버렸다고 말씀드렸었지요. 소도둑은 잡히지 않았지만, 훔친 소인 줄 알고도 도살한 백정이 체포돼서 유죄 판결을 받았습니다. 지난 금요일 아침에 레이놀즈 씨는 다시 은화 31불을 주고 소를 샀습니다. 그런데 바로 <u>그날 밤</u>, 도둑이 와서 그의 소와 저희 소를 모두 훔쳐갔습니다. 하인 두 명과 형사detectives 두 명이 나가서 뒤를 쫓고 있지만, 소들은 벌써 도살되었을 것입니다. 먼젓번 소를 도둑맞은 이후로 저희들은 소를 면밀히 감시했고, 하인들이 소가 있는 데서 10피트[24] 떨어진 곳에서 자게 했는데, 도둑들이 밤 1시에 왔던 것 같습니다. 그 뒤에 비가 심하게 왔지만 그래도 도둑들의 자취를 1, 2마일 정도까지 추적할 수 있었고, 다음 날 아침 6시까지는 사람들이 뒤쫓게 해 놓았는데, 그 사람들이 아직 돌아오지 않았습니다.

그래서 저희에겐 지금 엄마 잃은 송아지 세 마리가 있습니다. 송아지들이 너무 작고 아주 쓸모가 없어서 그냥 남에게 줄 생각입니다. 우리 아기가 먹을 우유가 없어졌으니 할 수 없이 농축우유를 쓰고 있는데, 아직까지는 아기가 잘 적응하는 것 같습니다. 큰 술로 물 10에 농축우유를 큰 술로 하나, 그리고 멜린 유아식을 큰 술로 하나 타서 줍니다. 이렇게 하는 것이 질도 좋지 않고 양도 적게 나오는 젖을 얻기 위해 암소를 기르는 것보다 편리합니다. 하지만 돈은 더 들 것으로 생각되고, 저희는 지금 당연히 은화 36불 되는 소를 잃어버렸기에 아주 가난해진 느낌입니다. 저는 밤에 소를 가두어 둘 수 없는 한 다시는 소를 사지 않을 생각인데, 이곳에서 저희들의 거처를 마련하는 것만으로도 고민거리는 충분합니다.

어머니께서 전해주신 메리 벨의 결혼 이야기에 흥미가 있었는데, 『센티널』에서도 그 결혼에 관한 기사를 보았습니다. 메리 벨의 배필이, 메리 벨의 아버지가 그에게 그랬던 것처럼, 좋은 사람이기를 진심으로 바랍니다.

---

24 약 3미터.

갈트 하우스와의 계약이 깨어지게 되었다는 말을 듣고 저희 두 사람 다 고민스럽습니다. 그러나 애니가 편지에 쓴 대로, 5갤런을 계속 그들이 공급받도록 하는 데는 성공하셨습니다. 우선 그것으로 시작해서 차츰 다시 이전 수준으로 늘어나게 되기를 바랍니다. 그것이 안 되면, 다른 좋은 고객들이 생겨서, 어린 동생들이 학교를 중단하지 않아도 되기를 바랍니다. 다른 것은 못 주더라도 그들에게 좋은 교육을 주도록 노력하십시오. 좋은 교육이 어머니께서 그 애들에게 줄 수 있는 그 어떤 것보다 더 귀한 것입니다. 어머니께서는 이제껏 저희 다른 형제들에게 훌륭히 그렇게 해주셨습니다. 바라기는 어머니께서 조금 더 희생을 하시게 되더라도 어린 동생들이 저희들처럼, 아니면 저희들보다 더 좋은 혜택을 받게 되기를 바랍니다. 제가 조금이라도 도울 수 있었다면 그보다 더 감사할 일이 없겠지요.

마샬과 쌍둥이들이[25] 서로 만날 수 있었다니 다행입니다. 그 애들이 시골을 좋아합니다. 마샬을 보러 온 것이 꽤 즐거웠을 것으로 압니다. 어머니께서는 쌍둥이들이 지금처럼 서로 덜 닮은 것을 보신 적이 있으신지요?

저희는 내일 서울로 돌아갈 생각입니다. 연안 증기선 편이 운행된다면 저와 해리슨 씨가 남쪽 지방으로 곧 여행을 할 계획입니다. 누구 한 사람을 우리 집에서 로티와 지내게 하든지, 아니면 로티가 어떤 누구네로 가서 지내든지 할 것입니다.

제이슨 의사는 저희가 비운 집을 아주 우아하게 잘 꾸며 놓았고,

---

25 여기서 쌍둥이는 유진의 아내 로티의 1881년생 쌍둥이 막내들 메이블과 폴린을 지칭하는 것으로 짐작된다.

이제는 그 집이 서울에서 가장 좋은 집들 가운데 하나가 되었습니다. 그의 부인과 부인의 형제가 아직 서울에 도착하지 않았다면, 하루나 이틀 안으로 미국에서 도착할 것입니다. 그들은 워싱턴부터 나가사키까지 가는 패스를 얻었습니다. 그 노선 전체를 통제하는 유니온 퍼시픽 철도 회사에 "영향력이 있는" 장인이 얻어준 것입니다. 제이슨 의사 말로는 어머니께서도 이곳에 저희를 보러 오시려면 그렇게 하셔야 좋다고 했습니다. 그렇게 되면 좋지 않겠습니까? 제이슨 의사도 이곳으로 올 때 똑같이 패스를 끊어서 왔는데, 언제든 돌아갈 때까지 유효합니다. 저희는 모두 제이슨 의사의 부인이 도대체 어떤 여자이기에 한국 남자와 결혼을 했을까 하는 호기심으로, 보고 싶어 합니다. 그러나 그녀가 미국에서 양복을 입고 서양 교육을 받은 그와 같이 멋진 남자를 보았을 때, 그 남자의 한국 친척들에 대해서 알게 되기란 달에 있는 사람을 알게 되는 것과 마찬가지였을 것입니다.

한국에 오래 살면 살수록 더욱 이 나라 전체가 부패한 것 같다는 생각이 듭니다. 저희들이 일상 말하기를 한국에도 정직한 법과 정직한 관료들이 있어야 한다고 하지만, 실상 이 나라에는 정직한 사람들이 전부 관료가 된다고 하더라도 자리를 전부 채울 만큼 정직한 사람의 숫자가 충분하지 않습니다. 보도에 의하면, 모든 외국인을 몰아내고 온갖 폐행에 끝장을 내려 작심한 동학도가 서울에 3천 명이 있다고 하는데, 아무도 그에 대해 불안해하지 않습니다. 그리고 신문들이 아무리 과장되게 보도를 하더라도 놀랄 필요가 없습니다. 한국인들은 약한 민족이며 외국인들을 두려워합니다. 외국인에 대한 두려움이, 파렴치한이 남에게서 돈을 갈취할 때 이용하는 것 중의 하나로, 복음 전파에 가장 큰 장애물입니다. 예를 들면, 기독교인 협력자로 종사하는 한 한국인이 설교자로 남쪽의 한 선교기지에 남겨졌을 때, 그가 외국인 행세를 하며 돈을 갈취하면서 하는 말이, 돈을 내놓지 않으면 이 힘 있는 외국인들이 큰 소동을 일으킬 것이라고 한답니다.

하루나 이틀 전에도 레이놀즈 씨가 기독교인이라고 고백하는 사람들 편을 들어 어떤 일에 관여하기를 거절했을 때, 그들이 레이놀즈 씨에게 명함을 달라고 졸랐습니다. 그들은 아마도 그 명함을 보여주면서 그들이 힘센 외국인에 의해서 보호받고 있다는 증거로 사용할 것입니다. 저는 미국 공사관에 사람을 보내어 소도둑을 잡는데 도움을 요청했습니다. 씰 씨가 제게 그의 명함을 보냈고 저는 그것을 형사detective에게 건네줄 때 조심스럽게, 꼭 다시 돌려 달라고 해야 했습니다. 그러지 않으면 의심의 여지없이 이런 저런 소송 건에서 그 명함을 이용해 돈을 갈취할 것입니다. 『독립신문』에 보도되는 많은 사소한 일들에서 한국 정부가 얼마나 여러 면에서 부패했는지 아실 수 있습니다.

제가 『옵저버』와 『미셔너리』에 보낸 글이 어떤지, 어머니의 의견을 말씀해 주십시오.

애니가 메리 벨에게 준 선물이 아주 멋지다고 생각합니다.

제가 서울에 들렀을 때, 저희의 아름다운 정원이 잡초로 우거진 것을 보고 너무도 마음이 아팠습니다. 제이슨 의사가 그것을 잘 가꾸겠다고 약속을 했었습니다. 저희가 여름을 다른 곳에서 보낼 때 감내하기를 배워야 하는 일들 중에 하나가 밭 문제입니다.

저희 둘 다 잘 지내고 있고, 로티도 지난겨울 때와 같이 나날이 건강해지고 있습니다. 로티와 제가 사랑을 전합니다. 로티가 얼마 전 아기의 이름을 그냥 헨리 유진으로 정하자고 했습니다. 올 10월

말 연차회의에서 아기가 세례를 받게 될 것으로 기대합니다.

　당신의 사랑하는 아들
　유진 벨

1896년 9월 6일, 일요일
한국, 서울

사랑하는 어머니께

제가 집에 편지를 쓴 지 벌써 두 주가 되니, 제가 집에 편지 쓰는 일에 신경을 쓰지 못한 것 같습니다. 그동안 저희가 받은 우편물은 풍성했습니다. 마샬과 폴린이 함께 쓴 편지와 반가운 아버님의 편지를 받았습니다. 마샬이 편지에 2센트짜리 우표밖에 붙이지 않아서 제가 10센트를 지불해야 했습니다.

아버님의 건강이 좋지 않으셨다니 죄송스럽습니다. 진작 회복되셨기를 바라고, 건강해지신 몸으로 로버트 삼촌과 함께 여행도 할 수 있으셨기를 바랍니다. 또한 비로 홍수가 났다니 안타깝습니다. 제가 받은 편지들에 될수록 빨리 답장을 하도록 하겠습니다. 제가 한국에 있는 동안 자주 집에 편지를 쓰기로 한 결심을 지키지 못한 이유는 보통 때보다 훨씬 바빴기 때문입니다. 소를 잃어버린 일로 여러 가지 성가신 일들이 생겼는데, 저희가 하인들을 의심해서 저희 조리사와 레이놀즈 씨의 하인 둘 등 세 명의 하인을 체포하게 하였습니다. 저희들은 그들로부터 아무것도 찾아내지 못했고, 저는 어제 경찰청police headquarter에 가서 저희 조리사를 빼내어 왔고, 그들이 그를 다시 체포하려 할 경우 저는 그의 편을 들겠다고 했습니다. 실은 그들 모두가 단지 증인으로 불려갔을 뿐이었는데도 그들은 체포되었고, 차꼬에 발이 채워졌습니다. 다행히 그들은 한국 풍습대로 자백을 받아내기 위해 고문을 당하지는 않았습니다. 레이놀즈 씨의 두 하인은 아직 갇혀 있습니다. 허나 저는 그들이 무엇이라도 알아낼 것이라 생각하지 않습니다.

이 모든 일에 더해서 저희는 8월 25일 산에서 내려왔고, 새 집으로 들어갔습니다. 그리고는 로티를 근처에 있는 감리교 선교사인 벙커 부인의 집 뜰과 연결되는 다른 집으로 옮겨주었습니다. 제가 지방에 가고 없는 동안 로티는 거기서 식사를 하게 됩니다. 저는 내일 새벽 4시에 출발할 예정입니다. 로티는 말소리가 들릴 수 있는 가까운 거리에 이웃이 있고, 벙커 부인의 집과도 아주 가까우며, 밤에는 유모가 함께 있을 것입니다. 벙커 부인은 아주 훌륭한 가정주부이고 식탁을 멋지게 차립니다. 로티가 그 집에서 식사를 하게 된 것은 아주 큰 행운입니다.

해리슨 씨가 저와 함께 갑니다. 부산까지 증기선을 타고 가서, 거기서부터 작은 범선으로 한국의 남해안을 돌아서 갑니다(이곳에 언젠가는 저희의 선교 지부를 세우기를 바라고 있습니다). 그리고는 다시 육로로 해서 서울로 돌아옵니다. 아마 6주 정도 걸릴 것 같습니다. 저는 저의 기독교인 선생님과 동행하고, 책, 전도지 등을 가지고 가고, 해리슨 씨는 약을 챙겨갑니다. 즐거운 여행, 좋은 일을 많이 하게 되기를 바랍니다. 저희들이 먹을 것을 전부 통조림 등으로 가져가고, 조리사로 하인 한 명을 데리고 갑니다.

저희들의 하인들은 모두 여름 동안 노름을 했고, 그들 모두에게 크고 작은 문제들이 생겼습니다. 이전 문지기는 여름이 시작되자 떠났고, 어젯밤 저는 하우스보이를 해고했습니다. 그래서 저희와 함께 있던 하인은 조리사뿐입니다. 이 조리사는 제가 없는 동안 로티의 빨래를 해주고 심부름을 해 줄 것입니다. 새 조리사를 들였는데,

며칠 가지 않았습니다. 조리도 잘하고 능력도 있지만 저희가 의지하던 조리사만큼은 저희가 좋아하지 않았습니다.

아기는 더 이상 바랄 수 없을 정도로 건강하고, 일주일에 반 파운드 정도씩 꾸준히 늘고 있습니다. 아직 아기 사진을 찍을 시간이 없었던 것이 실망스럽습니다. 그러나 로티가 곧 찍어서 보내드릴 겁니다. 로티를 두고 가는 마음이 이번에는 매우 편안합니다. 로티와 아기가 둘 다 건강하고, 훌륭한 하인 둘이 있으며, 좋고 편안한 집에 머물 수 있기 때문입니다. 유모는 아주 명철하지는 않지만 마음이 착한 나이가 지긋한 사람이고, 깊이 신뢰할 수 있는 사람이어서 매우 편안합니다.

이곳 날씨는 쾌청하고, 벌레 등의 문제 말고는 전반적으로 즐거운 여행을 할 수 있기를 바랍니다.

제이슨 부인이 도착했고, 한국에 대한 혐오감을 공표했습니다.

지난 금요일에 죽은 왕후의 시신을, 아니면 시신으로 가정되는 것을 옛 궁궐에서 도시의 외국인 지역으로 옮겨서 특별히 세운 건물에 한 달 동안 안치하였는데, 그 건물을 세우고 시신을 옮기는 비용이 25,000불이 든다고 들었습니다. 699명이 왕후의 관을 메었고, 그 행렬은 거의 하루 종일 걸렸습니다. 행렬의 광경은 볼 가치가 있는 구경거리였습니다. 이 행렬을 위해서 거리를 넓혔는데, 도시의 그쪽 지역을 위해서는 좋은 일입니다.

로티는 지금 제 옆에 앉아서 헨리와 놀고 있고, 헨리는 크게 소리 내어 웃고 있습니다. 로티가 어머니와 모든 식구들이 헨리를 볼 수 있었으면 하고 소원한답니다. 오래지 않아 아기 사진을 볼 수 있게 되기를 바랍니다.

북장로교 선교회의 무어 부인, 밀러 부인, 미스 제이콥슨 모두가
많이 아팠습니다. 무어 부인은 꽤 힘든 경우여서, 여행을 할 만큼
회복이 되면 귀국시켜야 할 것 같습니다.
  로티가 저와 함께 식구들께 사랑을 전합니다. 부산에서 편지나 엽
서를 부칠 수 있기를 바랍니다. 그 이후로는 제가 우편이 닿지 않는
곳에 있게 되므로 한동안 소식을 듣지 못하실 것입니다.

  사랑하는 당신의 아들
  유진 벨

1896년 9월 23일
한국, 서울

한국에서의 통신

유진 벨 목사

4년 전에 우리 남장로교회가 한국에 선교부를 개설하였고, 다른 교단들에서는 우리보다 7년 앞서 이곳에서 선교를 시작했다.『옵저버』독자들도, 지난 11년간의 선교 사역의 결과로 주님의 포도원의 이쪽 정황이 어떠한지 궁금해 할 것 같다.

한국은 한마디로 말해서, 세계에서 가장 힘든 선교지의 하나이면서, 동시에 가장 고무적인 곳이기도 하다. 지난 2년 동안 한국이 겪었던 험난한 정치적 역정에 관한 보도를 읽어본 사람이라면 누구라도 이곳에서 어느 종교 사역이건 감수해야 하는 장애물들에 대해 모르지 않을 것이다. 아마도 세속적 간행물들에 보도된 이런 글만을 접한 일반 독자들은 단지 그 어려움만을 생각하고, 시민사회에 대한 어둡고 우울한 진술을 똑같이 교회에 적용시키려 할 수 있다. 한국의 교회는 이렇게 명백히 불리한 상황에서도『시편』에서 의인에 대해 예언했던 것처럼, 종려나무처럼 무성하고, 암벽에서 번성하는 레바논의 백향목과 같다. 한국의 기독교는 이러한 고난과 불안의 시기 속에서도 끊임없이 성장하여, 오늘 현재 1천 명 이상의 신자가 자선과, 능동성과 또 다른 신실함의 증거들에서, 세계의 어느 선교지도 능가하지 못할 기록을 남기고 있다.

내가 잘못 알고 있지 않는 한, 세계 어느 선교지에서도 선교 개시

10년 내에 이렇게 고무적인 보고를 본국의 교회에 보낸 적이 없었다. 작년에는 교회 회원 수가 그전 해에 비해 61%의 증가율을 보였는데, 일부 고국의 교회들이 부러워할 만한 기록이다. 지난 가을 10년 만에 열린 회의에서 보고된 바로는, 42개의 교회가 정기적으로 주일예배를 드리고 있으며, 그 중 여섯 교회는 토착인 목사가 사역하고 있고, 445명이 주일학교에 등록했다. 몇몇 교회가 순전히 토착인의 헌금으로 세워지고, 다른 많은 교회에서도 토착인 신자들이 교회 건축과 다른 목적을 위해 넉넉하게 헌금했다. 작년의 연간 1인당 평균 헌금이 1불이 넘었다.

작년 겨울 서울에서 한 장로교회가 전적으로 토착인의 헌금에 의해서 세워졌는데, 높은 사회적 지위에 있는 사람들까지, 전통의 관습을 깨고, 사회적 비난과 경멸을 감수하면서 손수 나서서 교회 건축을 도왔다. 그런데, 이 교회가 이젠 교인들을 모두 수용하기에 너무 적어져서 증축이 필요하게 되었다.

작년의 통계가 지금은 전혀 옛 것이 되었다. 최근의 통계가 아직 나오지 않았지만, 믿을만한 단서들에 근거할 때, 올해가 한국 교회 역사상 가장 고무적인 해라고 믿어진다. 많은 수의 신도들이 예배에 모이고, 세례 받을 준비를 하는 예비 교인들이 늘었으며, 토착 기독 교인들의 진정성의 증거들이 더 뚜렷해졌다. 내륙 여러 곳에 선교 지부가 생기고 있는데, 우리 남장로교 선교회에서도 남쪽에 두 곳의 선교 지부를 세웠고, 머지않아 다른 곳에도 지부가 생길 전망이다.

한국에 장로교단은 전체적으로 하나밖에 없지만, 우리 남장로교 선교회가 작기는 해도 꽤 많은 신자를 불러 모으는 수단이 되었다. 우리 선교회의 선배 선교사들의 한국어 능력이 출중해서 사람들을 많이 모을 수 있는 여건이 잘 갖추어져 있다. 이상과 같이 교회의 상황을 요약할 수 있겠다.

선교 사역에 있어서 정치 사회적 분야에 관여하는 것은, 특히 상황을 정확히 알기가 매우 어려운 나라에서는 절대 금물임에도 불구하고, 나는 그것에 관해서 한마디, 한국을 위해서 안 할 수 없다. 사회적 분야에서건 종교적 분야에서건 한국의 발전을 위해 힘써 온 우리들은 오랫동안, 주로 일본 언론을 통해서 외부 세계로 전달되어 공공매체에 실린 한국 문제에 관한 언설에 대해 격분해 왔다. 일본이 한국을 위해서 다른 어느 나라도 하지 못할 일을 했고, 한국인이라면, 그리고 한국인의 행복을 바라는 사람이라면 누구나 그것에 깊이 감사해야 할 것이라는 것, 우리도 기꺼이 그것을 인정하고, 칭송받아 마땅할 일본의 그 노력에 합당한 고마움을 일본에게 돌린다.

그러나 한국 왕이 궁궐을 나온 이후로 일본은 그 특권을 잃은 것 같다. 왕이 궁궐에 있을 동안에는 실상 그는 일본과 정부의 친일파 고문들의 포로였는데, 이젠 그가 러시아 공사관으로 피신했고, 그곳에서 친일 내각을 해산하고 자기가 원하는 내각을 만들었다. 그 사건 이후, 서울에 주재하는 신뢰할 수 없는 특파원들에 의해 일본 언론에 기재된 많은 언설들이 말하는 것은 다음과 같이 요약된다. 불쌍한 한국은 지금 빠르게 몰락하고 있다. 그 이유는 명백히 일본이 더 이상은 한국의 국정을 자기들이 의도하는 대로 할 수 없게 되어서, 소위 개혁정책을 더 이상 시행할 수 없게 되었기 때문이다.

비록 일본이 자기들 때문이라는 것을 부정하지만, 그 개혁의 많은 부분이 겉옷 소매의 길이나 담뱃대 길이를 법으로 정하고, 머리를 어떻게 하는가 하는 일들이었다. 일본 때문에 이런 일들이 일어났다고 하는 것이 정당하건 아니건, 한국인들은 명백하게 만장일치로 일본 때문에 이런 변화가 왔다고 믿는다.

한국이 파멸에서 구원되는 것은 일본에 달려있다는 주장을 우리는 결코 받아들이지 않는다. 반대로 우리는, 일본의 영향력이 사라진 기간 동안에 한국이 놀랄만한 발전을 이루었고, 정치적으로도, 감탄해 할 정도까지는 아니더라도, 그 어느 때보다 번성하고 있고 전망이 밝다는 증거 몇 가지를 제시하고자 한다.

그런 식의 비관적인 판단이 일본의 세속적 언론에서 발견되는 현상은 놀랄 일이 아니다. 특히, 신임장을 주어 한국의 궁정에 파견한 자기네 나라 공사가 왕후의 시해에 불미스럽게 연루되었을 당시에 일본이 불명예스럽게도 이루어내지 못했던 변혁을, 다른 나라의 우호적인 보호 아래에서 한국이 성공적으로 시행하고 있는 것을 기억할 때 더욱 그렇다. 그런데, 일본 언론의 그러한 언설이 우리 기독교 매체에 글을 쓰는 사람들에게 진실로 받아들여지고, 온 세상에 그러한 일본 언론의 언설이 정확한 상황인 듯 잘못 알려지는 현상이 한국의 발전을 위해 헌신하고 있는 우리들에게는 깊이 우려되는 일이다.

일본에 계신 그리난 목사가 6월 10일 자『옵저버』에 일본이 왜 한국개혁에 실패했는지 설명을 한 후에 이렇게 결론을 맺었다: "한국에서 중국의 영향이 사라지고 러시아의 힘이 커졌다는 것 외에는 한국은 그 전과 달라진 것이 거의 없다. 불쌍한 한국! 한국은 정신적으로, 도덕적으로 그리고 경제적으로 안타까운 상태에 처해 있다."

그에 의하면 일본이 '실패'한 이유가 한국의 고질적인 부패 때문이라고 한다. 우리는 그리난 목사(그가 진심으로 한국이 잘 되기를 바라는 사람인 것을 우리도 알고 있다.)와, 그와 같은 생각을 가진 모든 사람들에게 제안하고 싶다. 일본이 실패한 또 다른 이유는 한국에 진출한 많은 일본인들의 '고질적인 부패' 때문이다. 그리고 우리는 그리난 목사에게 이노우에 백작[26]이 말한 것으로 알려진 진술을 고려해 볼 것을 권한다(부언컨대, 이노우에는 일본이 한국 궁정으로 파견한 사람들 중에 가장 유능한 공사이자 정치인이다). 그가 "한국에 사는 일본인들은 개화되어야 한다"고 말한 것으로 알려져 있다. 또한, 1895년 8월자 『코리안 리포지터리』에 자기의 일본인 동포에 대해 아래의 글을 실었다:

일본인들은 예의가 없을 뿐만 아니라 자주 한국인들을 모욕한다. 그들은 한국인 고객들을 대할 때 무례하고, 어떤 작은 오해가 생길 때에 일본인들은 주먹질하기를 주저하지 않는다. 어떤 때는 한국인들을 강물에 던져 넣기까지 하고, 무기도 사용한다. 일본 상인들은 그래서 자주 무뢰한이 되고, 결과적으로 많은 사람들이 유죄판결을 받게 된다. 상인이 아닌 일본인들도 더 심하게 무례하고 폭력적이다. 그들은 한국을 독립국가로 만들었다고 말하고, 그들이 동학교도들을 진압했다고 하고, 그런 일본인들에게 감히 반대하고 복종하지 않는 한국인들을 배은망덕한 자라고 그들은 말한다.

그리고 이노우에 백작은 계속해서 한국인의 일본인에 대한 증오에 대해 설명한다. 필자는 일본인들의 "주먹을 쓰는 것"에 대한 개인적 증언을 첨가할 수 있다. 이노우에 백작이 말한 일본인이 개화되

---

26 이노우에 가오루(井上馨, 1836~1915)는 을미사변(1895) 직전에 일본 공사였다가 후임 미우라 고로(三浦梧樓, 1847~1926)에게 인계하고 귀국했으며, 을미사변 후 천황이 특사로 한국에 보냈다.

어야 할 필요성이 일본 당국에 의해 실행되지 않았고, 그 결과가 그의 후임인 미우라 자작과 또 다른 일본인들이 연루된 그 불행한 사건에서 발생한 문제이다. 미우라와 일당의 협조 없이는 한국의 왕후가 시해되는 일은 절대 없었을 것이다. 한국인들의 일본인에 대한 증오가 300년 전 일본이 한국을 침략했을 때로 거슬러 올라간다고 하니, 일본인들이 다시, 한국인들로 하여금, 그게 정당하건 아니건 간에, 앞으로 300년 동안 일본인들을, 증오가 아니라면 심하게 싫어하게 할 일을 저지른 게 아닌가 우리는 두렵다.

『옵저버』에 기고한 글에서 우리의 형제가 말하기를 한국은 한두 가지 달라진 것 외에는 예전과 거의 똑같다고 말했다. 그러나 우리는 반대로, 일본이 한국에 대한 통제력을 잃은 이후 한국이 이룩한 놀라운 진전을 보여주기 위해 다음의 사실들을 제시한다.

이 시대의 가장 고무적인 징표이며, 교육과 계몽의 강력한 수단이 현재 주 3회, 영어와 한국어로 발간되어, 한국 전역으로 배포되는 신문이다. 그 신문의 편집인 필립 제이슨 의사는 한국에서 출생했고, 미국의 장로교 교인으로, 미국에서 12년 사는 동안 귀화하여 미국 시민이 되었다. 『독립신문』의 다수 민중을 위한 노력은 한국에 큰 이익으로 돌아올 것이다. 5월 23일 자에, 편집인이 현 정부에 대해 말하면서, "폐하께서 자신을 감금하고 있는 자들을 피해 궁궐에서 나오신 이후로 행한 몇 가지 일들"을 다음과 같이 열거했다. "첫째로, 나라의 소란을 진압하고자 하는 지속적이고 강력한 시도를 했고 …… 그리고, 재정부에는 사업 능력이 출중하고, 사심이 없는 것에 대하여는 의심할 바가 없는 외국인을 책임자로 임명했고, …… 또한, 군대 재정부에는 보수가 후한 군대의 가치와 보수가 부족한 군대의 위험성을 익히 인지하고 있는 외국인을 책임자로 임명했고……, 서울과 제물포 간 철도 건설에 관한 합의가 이루어졌고, 서울의 거리를 넓히고 개선하기로 결정했고, 러시아어 교육을 위한 학교를 설치하기로 하였고, 인쇄국은 새 활자와 기계를 갖추고 신뢰할만한 모양새로 거듭났다-실상을 말하자면, 최근 3개월 간 우리는, 지난 10년 동안에 볼 수 있었던 것보다 더 많은 실질적인 발전을 다양한 방면에서 볼 수 있었다."

위에서 언급한 철도는 미국 회사에 의해 건설될 것이다. 한국 정부가 계약서에 이미 서명했다. 공사는 이번 여름부터 시작된다. 서울과 의주를 잇는 철도에 관한 비슷한 계약이 한국 정부와 프랑스 회사 간에 체결되어 있다. 일본은 서울과 부산 간 철도 건설의 이권을 신청해 놓은 상태다. 이 모든 철도가 완성되면 한국의 수도는 서쪽의 제물포, 북쪽 의주, 남쪽의 부산 등 항구에 철도로 연결되는 것이다. 이러한 발전상에 덧붙여 우리가 언급하고자 하는 것은, "새 위생법, 도로 보수, 미국인 변호사의 도움 하에 생긴 재판제도의 변화, 지방 예비군 설립, 독립문 건설, 공원 설립, 등"이다. 다른 나라들이 한국에 와서 철도를 건설하고, 법제도, 군대와 재정 등 정부 부처의 정비를 돕고 있다는 사실이 한국이 일본에만 전적으로 의지하고 있지 않다는 징표이다.

물론 우리들은 한국이 여러 면에서 아직 부패한 나라인 것을 알고 있다. 그러나 우리는, 단지 일본이 더 이상 소위 개화를 하도록 허락되지 않아서 한국이 멸망으로 향하게 될 것이라는 주장에 수긍할 수 없다. 오히려 한국은 우리 주님 예수그리스도에 대한 신앙으로 고양되어야 하고, 종교와 정치 분야에서 정직하고 의로운 기독교인 시민들에 의해서 인도되어야만 한다. 그리고 우리는 본국의 교회들이, 아주 많은 도움이 필요한, 그러나 밝은 전망을 가진 이 선교지에 더 많은 사역자를 속히 보내줄 것을 호소한다.

　한국, 서울에서

1896년 10월 3일
한국, 부산

사랑하는 어머니

해리슨 씨와 제가 좌수영Choa Su Young에서의 선교 여행을 끝내고 서울로 돌아가기 위해 여기 부산에 있습니다. 지금 항구에 오늘 오후 일본으로 우편물을 싣고 갈 증기선이 정박해 있습니다. 그래서 어머니께 저희가 여기까지 안전하게 와 있다고 알려드리기 위해 몇 줄 씁니다.

로티와 아기의 소식을 들은 지가 한 달이 되었으니, 제가 얼마나 초조하게 그들에게 다시 돌아가고 싶어 할는지 어머니께서는 상상하기 힘드실 겁니다. 어머니께서는 아버님께서 한 달 이상 집을 비우실 때 어떤 마음인지는 아시겠지만, 집을 떠나 있는 동안 아버님에게서 한 마디 소식조차 듣지 못한다는 것이 어떠할 지는 진정 모르십니다.

좌수영(左水營)은 전에 말씀드렸듯이 한국 최남단 해안에, 부산에서 100마일, 서울에서 325마일 정도 떨어진 곳에 있습니다. 저희는 제물포에서 증기선을 타고 부산으로 왔고, 부산에서 노와 가마니로 만든 돛을 단 작은 한국 배에 올랐습니다. 좌수영까지 이틀에 가기를 희망했는데, 그 100마일을 가는 데에 루이빌에서 샌프란시스코 가는 것만큼 오래 걸렸습니다. 사흘 낮과 밤을 그 작은 배에서 음식을 만들고 식사를 하며 잠을 잤습니다.

저희는 좌수영이 장래에 선교 지부를 둘 잠재적 지역으로서 매우 맘에 들었습니다. 주민들은 저희를 친절하게 맞아 주었고, 선생님의 도움을 받아서 저는 생전 처음으로 삼사백 명 되는 군중들에게 복음을 전하는 설교를 했으며, 해리슨 씨는 의료봉사로 쉴 틈이 없었습니다. 청결하지 않기 때문에 생기는 귀와 눈의 병, 말라리아, 가려움증, 그리고 그 도가 극심한 연주창(連珠瘡) 등이 해리슨 씨가 가장 많이 치료한 질병이었습니다.

이곳은 성벽으로 둘러싸인 인구 5천의 도시로, 도성 밖은 인구 밀집도가 다소 높은 시골입니다. 큰 강 하구에 위치해 있기 때문에 내륙과의 소통이 가능합니다. 닭과 계란, 생선 등이 풍부해서 마음껏 먹을 수 있었고, 듣기로는 그곳에 아주 좋은 소고기 시장도 있다고 합니다. 어느 한 마을에서는 계란 10개를 1센트에 샀습니다. 커다란 생선 한 마리를 금화 4센트 주고 샀는데, 저희들이 두 끼를 먹기에 충분했습니다. 닭은 한 마리에 6~7센트였습니다. 그것이 지금의 가격이지만, 저희가 그곳에 정착해서 살게 되면 저희에게 부르는 가격이 금방 두 배로 뛸 것으로 기대합니다.

전도지를 많이 배부했는데, 저희들이 뿌린 씨 중에 얼마는 결실을 맺기를 바라고 기도합니다. 선교 지부로 매우 알맞은 곳이기는 하지만, 증기선이 정기적으로 운행되기 전까지는 그곳에 지부를 세운다는 것이 실용적인 것 같지 않습니다. 전에는 정기 증기선이 있었습니다. 증기선 운행이 일시적으로 중단되었는데 그 이유는 한국 정부와 일본 증기선 회사 간에 갈등이 생겼기 때문입니다. 곧 모든 것이 잘 해결되어 정기 운행을 다시 시작하게 되기를 바랍니다.

그곳에 있는 동안 저희는 커다란 정부 관사를 확보해서 거기에 머물렀습니다. 그 집은 비어 있었고, 정부로서는 전혀 쓸모가 없는 건물입니다. (어렵겠지만) 이 집을 구입해서 고치면 한두 가족이 살기에 아주 좋을 것 같습니다. 이렇게 헐어지고 폐가가 된 비슷한 집들이 여러 채 있습니다. 한국 전역에 걸쳐 이런 정부 관사들이 많은데, 가난한 백성들을 착취해서 사치하게 살던 게으르고 쓸모없는 수없이 많은 관리들이 살기 위해 화려하게 지어졌던 집들입니다. 그 부패한 관리들의 수를 알게 되신다면 백성들의 빈곤함에 놀라시지 않을 것입니다.

좌수영에서 말을 얻어서 육지로 서울까지 올 생각이었으나, 말을 구할 수가 없어서 다시 작은 배로 부산으로 돌아와야만 했는데, 닷새가 걸렸습니다. 지금 저희는 북장로교 선교회의 어빈 의사 집에서 접대를 받고 있습니다.

이곳에 수요일에 도착했고, 저희가 탈 배를 오늘까지 기다려야 했습니다. 제가 견뎌야 하는 가장 어려운 일이 여행길이 너무 느리고 게다가 지연이 많이 되는 것입니다. 이번 여행이 어떠했는지, 그 여정의 극도의 지루함과 지연에 대해 이해하실 수 있도록 구체적으로 말씀드리겠습니다. 서울을 떠나 3마일을 걸어서, 육로로 30마일 되는 제물포까지 강을 따라 증기선을 타고 가는데 하루가 걸렸고, 제물포에서 증기선을 타기까지 사흘을 기다렸습니다. 부산까지 이틀, 바람의 방향이 바뀌기를 기다리는데 이틀, 그리고 좌수영까지 가는데 나흘 걸렸습니다. 거기서 말을 구하기 위해 30마일을 가야 했는데 배로 15마일 가고, 15마일은 걸어서 갔으며, 돌아올 땐 배로 10마일, 걸어서 20마일, 배 기다리는데 8시간, 그래서 그 다음 날 밤 2시에 돌아왔습니다. 좌수영에서 돌아올 때는 부산까지 닷새 걸려서 왔고, 배 기다리는 데 오늘까지 사흘, 서울에 도착하기까지 아마도 사나흘 더 걸릴 것 같습니다.

한 달 동안의 여행 중에 목적지에 있었던 기간은 단지 7일뿐이었습니다. 그러니 어머니께서는 이곳에서의 여행이 얼마만큼 인내심에 대한 시험이 되는지 상상하실 수 있으시지요. 제가 고백하건대, 이번 여행에서, 한국 선원들이 밤에 배를 멈추고 잠을 자는 것을 막기 위해 제가 밤을 거의 새우면서 그들을 지켜봐야 했는데, 그때 저의 인내심이 심한 시험을 거쳤습니다.

그러나 거기에 대해 속을 태운다고 도움이 되는 것이 없습니다. 저희가 고국에서 그랬던 것처럼 여기에서도 바삐 움직이려고 했더라면 저희는 곧 지쳐버렸을 것이기 때문입니다. 한국인은 자리에 주저앉아서 내일 가든 다음 주에 가든 상관하지 않으며, 그게 왜 우리에게 문제가 되는지 이해하지 못합니다.

집을 떠난 이후 저는 완벽하게 건강했고, 로티와 아기도 건강한 모습으로 다시 보게 되기를 고대합니다. 또한 집에 가면 제가 마음껏 즐겨 읽을 편지가 많이 있기를 바랍니다.

모두에게 많은 사랑을 전하며
당신의 사랑하는 아들
유진 벨

1896년 10월 12일, 월요일
한국, 서울

사랑하는 누이들에게

너희들이 8월 2일 자로 함께 보낸 편지를 해리슨 씨와 내가 마악 시골로 선교 여행을 떠나려고 할 무렵에 받아서 즐겁게 읽었다. 너희들 모두가 여름 더위로 고생을 많이 한 것 같구나. 이곳에서는 더운 날이 별로 없었고, 더워도 너희가 겪은 그런 더위와는 비교할 바가 아니었으니, 너희들이 이곳에 우리와 함께 있었다면 좋았을 것이다. 한국은 정말 기후가 좋다. 모든 신문들이 미국 여러 곳에서 일어났던 홍수와 그로 인한 피해에 대해 보도했는데, 너희들도 똑같은 소식을 전해왔구나. 여름에 그토록 비가 많이 내린 것은 범상치 않은 일이다. 이곳의 장마철 때와 비슷했을 것으로 생각된다. 이곳에도 이번 여름엔 보통 때보다 비가 더 많이 왔었지만, 지난 두 달 동안은 날씨가 좋았다.

우리는 선교 여행에서 10월 5일에 돌아왔다. 아버님의 8월 5일 자 편지와 함께 보내주신 신문을 받았다. 아버님께 내가 신문을 받았고, 그것을 "읽고 숙고할 것"이나 신문에서 주장하는 대로 은화주조법이 좋은 일이라고는 믿을 수 없다고 말씀드려다오. 미국이 큰 나라이기는 하나, 그렇다고 사람들이 생각하는 것처럼 미국이 세상의 모든 은의 가치를 바꿀 수 있으리라고 나는 믿을 수 없다. 나는 생명보험에 들어 있고 적은 돈이지만 은행에 저금이 있는데, 내 돈이 은으로 지불된다고 생각하기조차 싫다. 네가 알아야 할 것이, 이곳에서 우리는 항상 은화를 쓰는데, 그 가치가 우리 돈으로 치면 50센트밖에 안된다. 그런데 실제 은의 함량은 미국 은화보다 더 많다. 미국이 혼자의 힘으로 이곳을 비롯해 다른 모든 나라들의 은화의 가치를 두 배로 끌어올릴 수 있다고 믿을 수가 없다.

『센티널』에 실린 잭슨에서의 찰리 로건의 업적을 칭송하는 기사를 보았다. 아버님과 로버트 삼촌이 태덤 스프링스로의 여행을 계획했던 것보다 짧게 끝내야 했던 게 안타깝다. 데이빗의 프랭크포트 방문은 어땠는지? 조시 사촌은 올 여름에도 예년과 마찬가지로 친척들의 방문이 줄을 이었나 보다. 만약 사람들이 너무 많이 찾아오는 것을 원하지 않는다면, 그렇게 방문하기 좋은 집을 가지고 있지 않아야 했을 것이라고 그에게 말해 주어라. 이때쯤에는 마샬이 미스 볼드윈 대학으로, 그리고 아치가 리치몬드의 대학으로 돌아갔기를 바란다.

로티가 며칠 전에 "우리 아들The Boy"의 사진 두 장을 우송했다. 로티와 같이 찍은 사진에는 아이가 아주 어려 보이는데, 두 사진 다 잘 나왔다고 생각한다. 허나, 둘 다 실물에는 못 미친다. 내가 여행에서 돌아와서 다시 보았을 때 아이가 그간 얼마나 많이 자랐었는지 너희들은 상상도 못 할 것이다. 이젠 정말 큰 아이가 되었다. 버터 통처럼 통통하다. 행복하고 성품이 좋은 아이이다. 큰 소리를 내서 웃고, 그가 좋아하는 아빠는 여행에서 돌아온 후 그와 노는데 많은 시간을 보내고 있다. 내가 그 아이의 옆구리를 살짝 물을 때 그의 모습과 웃음소리를 너희들이 들을 수 있으면 얼마나 좋을까. 벌써 잠깐 동안은 혼자 앉아 있고, 이 편지가 도착할 즈음에는(가는 데 충분히 많이 시간이 걸리면) 걷고 말도 할 것이다.

너희들이 마침내 새 교회에서 예배드릴 수 있게 되어 기쁘다. 얼마나 좋을까 상상해 본다.

　여행에서 돌아온 후 나는 집을 고치고, 치우고, 바닥을 깔고 하는 등의 집 일로 매우 분주했다. 이사 온 직후엔 곧 있을 나의 여행 스케줄 때문에 손을 보지 못했다. 그냥 이사 와서 바닥에 깔개를 깔고 모든 것을 임시로 배치해 놓았으므로, 지금은 집을 청소하고 고칠 것을 면밀히 고치는데 일이 꽤 많다. 집의 도면을 그려서 보내주겠다.[27]

　농사일을 전혀 모르는 제이슨 의사에게 밭을 맡기고 산으로 떠나야 했는데, 채소를 그와 나눠 먹어야 했고, 가을걷이 채소들은 잘 되지 않았고, 어쨌든 만족스럽지 않았다. 언더우드 박사의 밭에 내가 심어 놓았던 셀러리는 너무 잘 되었다. 겨우내 먹고도 남을 정도이다. 셀러리가 이곳에서는 아주 잘 된다. 집에 셀러리를 보낼 수 있으면 참 좋겠다는 생각을 한다.

　우리는 잃어버린 소에 대해서 아무것도 보거나 듣지 못했는데, 아예 그럴 거라고 기대하지도 않았다. 우리의 하인들이 체포되고 조사를 받았다는 말을 했을 텐데, 그들에게서 아무것도 알아낼 수가 없었긴 하지만, 나는 하인들 몇몇이 소를 훔친 일에 어떤 식으로든지 연루되어 있었다고 해도 전혀 놀라지 않을 것이다. 하인들은 여름 동안 다른 면으로 도박과 같은 나쁜 짓들을 했다. 오랫동안 함께 해 오고 우리가 좋아했던 우리 조리사도 도박에 빠져서 절간의 중들에게 돈을 꽤 잃었다. 그는 며칠 간 우리를 떠나 있었는데, 서울로 돌아와서 그의 아버지와 대면하고 벌을 받는 것이 두려웠기 때문이다. 우리는 며칠 동안 다른 조리사를 두었는데 만족스럽지가 않아서 결

---

27 서울에서의 이 세 번째 집 도면은 원문에 포함되어 있지 않음.

국 전의 그 조리사를 다시 불렀다. 그는 그 어느 때보다 훨씬 일을 잘하고 있는 듯하다.

우리는 하우스보이를 해고했다. 이제 막 새 사람을 만났고, 내일부터 시작할 것이다. 문지기도 바뀌었다. 유모로 둔 나이든 여자는 우리에게 많은 위안이 되고 있다. 그녀는 먼저 번 유모처럼 명철하거나 빠르지는 않으나,[28] 천성이 선하고 더할 나위 없이 충실하다.

헨리가 모두에게 사랑을 전한다.

우리 모두 잘 있고, 식구 모두에게 잘생긴 우리 아기를 보여주고 싶다.

사랑하는 형제,
유진 벨

---

28 원문은 She is bright and quick as the first one we had but she is a good old soul & as faithful…. 인데 She is not이어야 의미가 통한다. 그리고 이전의 1896년 9월 6일 자 편지에 "유모는 아주 명철하지는 않지만 마음이 착한 나이가 지긋한 사람이고, 깊이 신뢰할 수 있는 사람"이라고 했다.

1896년 10월 23일
한국, 서울

사랑하는 누이에게

내가 너에게 긴 편지를 쓸 시간이 없었던 것이 미안하다. 그러나 지금 우리는 선교회 연차회의 중이라 매우 바쁘다.

며칠 전에 받은 우편물에 아버님의 엽서를 받았는데 어머니께서 일주일이나 몹시 편찮으셨다는 소식을 전해 오셨다. 나는 어머니 일이 많이 염려된다. 어머니께서 쾌차하셨다거나 아니면 적어도 진전이 있으시다는 소식을 전해 주는 새 편지를 곧 받게 되기를 희망한다. 우편물을 속히 받을 수 없는 먼 곳에 사는 것이 힘들다. 같은 우편 편에 어머니의 사진도 있었다. 우리 두 사람 다 훌륭한 사진이라고 생각한다. 사진으로서 최고로 잘 나올 수 있는 수준만큼 훌륭하다. 어머니 사진을 갖게 되어 너무 기쁘다. 그 사진을 두 쪽 사진 틀 한편에 넣고 다른 쪽은 아버님의 사진을 넣기 위해 비워둘 것이니, 아버님께 곧 사진을 찍어서 우리에게 보내주시기 바란다고 말씀드려라.

잊어버릴까 봐 먼저 말하는데, 우리는 오늘 모펫 씨와 함께 저녁 식사를 했다. 그는 이곳의 북장로교회 선교사이다. 윌리 라일 사촌이 인디애나주의 매디슨에 사니까, 아마도 그가 모펫 씨에 대해 이야기하는 것을 들었을 것 같다. 그는 한국에 7년 있으면서 놀라운 사역을 했다. 그가 이번 11월 3일에 이곳을 떠나서 고향에서 1년 동안 머물 것이다. 그의 미국 주소는 인디애나주 매디슨시, 에스 에이 모펫 목사

Rev. S.A. Moffett, Madison, Ind.이다. 우리 식구가 그를 초청해서 만나 보기를 바란다. 그가 이곳 우리의 형편을 자세히 알려줄 것이다. 식구 모두 그와의 만남을 매우 즐거워 할 것이다. 그는 이곳 선교사들 가운데 최상급에 속하고, 실상 내가 이제껏 알아온 사람들 중 가장 훌륭한 사람 중 하나이다. 그의 사역지는 한국의 북쪽인데, 지난 5년 간 한국에서 가장 성공적인 선교 사역을 하였다.

이사벨 버드 비숍 부인은 작가로 세계 각국을 다녔는데, 오늘 그가 말하기를, 세계 곳곳의 143개의 선교지를 방문했는데, 모펫 씨의 선교지에서의 사역이 자기가 본 중에 가장 훌륭하다고 했다. 모펫 씨가 귀국하면 루이빌을 방문할 것이고, 또한 그가 인디애나주 매디슨에서 시작해서 매머드 케이브까지 자전거 여행을 할 것이라니, 그가 자전거 여행 중에 셸비빌 근처로도 지날 것이다.[29] 내 생각엔 식구들이 즉시 그에게 편지를 해서 적당한 때에 방문해 달라고 부탁하는 것이 좋을 것 같다. 왜냐하면 그가 미국에 있는 동안 몹시 바쁠 것이기 때문이다. 내가 이 일에 이렇게 열심인 이유는, 모펫 씨를 만나서 그를 알게 되고, 그로부터 한국 선교 사역에 대해서 이야기를 듣고 나면 모두들 너무 기쁠 것을 알기 때문이다. 그리고 그로부터 듣는 것이 내가 쓰는 편지 100장이 설명하는 것보다 훨씬 나을 것이다. 그는 열정가가 아니고 과장도 하지 않고, 또 그가 들려줄 선교 사역에 대한 이야기가 경이롭게 들릴 수 있겠지만, 그럼에도 불구하고 그의 이야기는 모두 진실이다. 곧 편지를 써서 그에게 될수록 빨리 와 달라

---

29 매머드 케이브(Mammoth Cave)는 켄터키주 남쪽에 있는 도시. 매머드 케이브 국립공원이 근처에 있다. 루이빌의 남쪽에 있는데, 인디애나주 매디슨시에서 매머드 케이브로 가려면 루이빌 지역을 거쳐 가게 된다. 셸비빌이 루이빌에서 가깝다.

고 부탁하기를 바란다. 그는 북장로교 소속이지만 폭넓은 진보주의
자로서 우리 남장로교 선교사와도 함께 일했고, 우리에게 큰 도움을
주었다. 그의 부친은 남부 사람이고, 그는 한국에 있는 우리 남장로교
선교회가 가진 가장 좋은 친구 중의 한 사람이다. 무엇보다도 그는
내가 알아온 사람들 중에서 가장 영적이고 훌륭한 사람 중 하나이다.

이곳 날씨는 쾌적하고, 그 덕분에 모두가 다 잘 있다. 아기는 날로
살이 찌고 귀여워진다. 아마도 하루에 천 번 우리 식구들이 우리 아
기를 볼 수 있었으면 하고 바란다. 아기는 우는 법이 거의 없고, 유
쾌하고 좋은 성품을 가졌다. 대체로 밤에 한 번 정도 깨는데, 요즘
들어 어떤 때는 저녁 6시에 잠들어서 아침 6시까지 줄곧 잠을 자기
도 한다.

모두에게 사랑을 전하며, 어머니께서 완전히 건강해지셨기를 바
란다.

사랑하는 형제
유진 벨

1896년 10월 25일, 일요일 밤
한국, 서울

어머니께

저희는 지금 저녁 식사를 마치고, 헨리는 잠이 들어가고, 로티와 저는 등불 가에, 장작불이 포근하게 타고 있는 난로 곁에 자리를 잡았습니다. 로티는 『미셔너리』 최신호를 읽고 있고, 저는 잠시 어머니와 소통하면서 시간을 보내려 합니다. 저는 아버님의 엽서에서 어머니께서 몹시 편찮으셨다는 소식을 전해들은 이후 어머니 걱정이 매우 컸습니다. 그러나 이 편지가 도달할 때쯤에는 어머니께서 다시 강건해지셨기를 바랍니다.

제가 어머니께 말씀드렸는지 모르지만, 지금 미스 데이비스가 저희와 함께 거주하고 있습니다. 그는 저희 집 뜰에 있는 집에 사는데, 테이트 남매가 전에 살던 집입니다. 그는 남쪽에 가서 드루 씨네, 전킨 씨네와 합류할 텐데, 그곳으로 이동할 때까지 잠시 저희와 함께 살고 있습니다.

북장로교 선교회 연차회의가 지금 일 주일째 진행되고 있는데, 며칠 더 계속할 것입니다. 장로교 평의회Pres. Council도 한 번 모였고, 2~3일간 더 회의가 진행될 것입니다. 이 모임 후에 저희 남장로교 선교회 연차회의가 시작될 것입니다. 지방으로부터 모든 선교사들이 많이 모여드는 것이 매우 즐겁습니다. 테이트 남매, 전킨 부부와 그 자녀들이 전라도에서 올라왔고, 꽤 많은 북장로교 선교사들도 변방의 여러 선교 기지에서 왔습니다.

드루 의사 부부는 군산에서 오지 못했는데, 그들의 아기가 아프기 때문입니다. 그래서 그들이 거기에 홀로 남아 있습니다. 만일에 아기가 죽으면 그 부부에게 얼마나 슬픈 일이 될까요. 드루 의사 부부와 전킨 씨 부부가 해안선을 따라 운항하는 증기선이 필요한 물품을 공급해줄 것을 믿고 그곳으로 이주했는데, 증기선의 운항이 중단되었고, 그들은 선교 사역의 어려움을 구체적으로 겪고 있습니다. 한번은 식품이 거의 완전히 떨어져서 아기에게 미음을 먹여야 했습니다. 전킨 씨가 소를 세내는 데 성공했는데, 전킨 씨가 몸져눕고, 그래서 전킨 씨 부인이 한 번도 젖을 내본 경험이 없는 소의 젖을 짜야 했습니다.

드루 부인도 역시 병이 심하게 들었는데 지금은 회복되었습니다. 그들은 8피트 정방형의 방이 몇 개 있는 초가집에서 삽니다. 한국인 하인들이 있지만 훈련되어 있지 않아서, 드루 씨 부인과 전킨 씨 부인이 대부분 직접 조리하는데, 화로wharo에 숯불을 사용해서 합니다. 다른 연료가 없고, 있다 하더라도 초가지붕 때문에 그것을 스토브에 태워서 쓸 수가 없습니다. 방의 난방은 한국식으로 마른 풀, 잡초, 잔가지 등을 태워서 방바닥을 덥힙니다. 그들이 내년에 집을 지어 좀 더 편안하게 지낼 수 있기를 바라고 있습니다.

저희가 한 달 전에 어머니께 아기 사진 두 장을 보냈습니다. 하나는 혼자서 찍은 것이고, 다른 하나는 로티와 함께 찍은 것입니다. 사진들이 잘 도착했기를 바랍니다. 사진들이 잘 나왔다고 생각하지만, 어떤 사진도 실제 아기처럼 밝고 사랑스러울 수 없고, 아기가 얼마나 예쁜 눈을 가졌는지 보여주지 못합니다. 우리 아기는 제가 보아온 중에 가장 빛나는 얼굴을 가진 아기 중 하나이고, 선한 성품에 쾌활합니다. 물론 아기가 로티의 시간을 많이 필요로 하지만, 그래도 키우는 데 있어서 거의 문제가 없습니다. 아기의 "나이든 여자 old lady"는 아침에 오는데 그때쯤엔 아기도 깨어나기를 원하고 밤에 졸릴 때까지 깨어 있습니다. 유모는 점심을 싸오고 저녁은 집에 가서 먹습니다. 그는 매우 신뢰할 만하고, 항상 하루에 한두 시간씩 헨리를 뜰에 데리고 나가며, 여러모로 저희에게 위로가 됩니다. 그러니 저희가 다른 많은 면에서처럼 이런 면에서도 얼마나 복이 많은지 아실 것입니다.

어제 저희는 전킨 씨 부부를 초대해서 함께 식사를 했고, 오후에는 제이슨 의사 집에서 열린 환영 파티에 갔는데, 러시아 공사 부인인 웨버 부인, 저희 공사관의 알렌 의사와 부인, 그리고 감리교 선교회의 헐버트 부인의 도움을 받아서, 장로교 선교회 명의로, 제이슨 부인[30]을 환영하는 자리였습니다. 제이슨 부부는 집을 우아하게 꾸며놓았고, 제이슨 부인은 젊어 보이고 꽤 아름답습니다. 그가 서울이 "한

---

30 다음의 따옴 문장은 서재필 부부의 결혼 초의 삶과 제이슨 부인의 일면목을 보여주는 관심이 가는 글이다. "[제이슨의 부인] 뮤리엘은 제임스 뷰캐넌 전 대통령과 사촌 형제이자 남북전쟁 당시 철도우편국을 창설해 초대 국장을 지낸 미국 육군 대령 출신의 정치인 조지 뷰캐넌 암스트롱(George Buchanan Armstrong)의 딸이었다. 그의 아버지는 이미 사망했지만, 의붓아버지인 예비역 육군 대위 출신 제임스 화이트가 워싱턴에서 유명 인사였던 탓에 그는 '워싱턴 포스트'를 비롯한 언론의 조명을 받았다. 그 후, 서재필과 뮤리엘 암스트롱은 두 딸 스테파니(Stephanie Jaisohn)와 뮤리엘(Muriel Jaisohn)을 두었다. [66] 서재필은 뮤리엘 암스트롱과 결혼한 후 1894년 6월 워싱턴에서 의사 개업을 하였으나, 백인들의 유색인에 대한 편견과 인종차별로 생계유지에 많은 어려움을 겪었고, 신혼살림도 워싱턴에 있던 주미조선공사관 직원 관사에 방을 빌려 차렸다. 이후 평생을 독립운동 참여 등 그가 가정 생계에 초연하여 빚과 파산, 굶주림에 시달리면서도 아내 뮤리엘은 남편을 탓하거나 원망하지 않았고, 이는 그가 전심전력으로 독립운동에 전념할 수 있는 배경이 되었다." (ko.wikipedia.org/wiki/서재필)

마디로 끔찍하다"고 했는데, 선교 사역에는 거의 아무런 관심도 없는 것으로 보입니다. 최근에 어떤 이에게 그처럼 말을 했다고 합니다. 그 부부는 함께 자전거를 타고, 돈이 아주 많은 사람들처럼 돈을 쓰는 것 같습니다. 제이슨 씨는 모든 사람들에게 인기가 있는 것 같은데, 최근에 저에게 말하기를 한국에 오천 명의 선교사가 있으면 좋겠다고 했습니다. 선교사들이 한국의 유일한 희망이라는 결론에 그가 도달했다고도 말했습니다.

애니에게 보낸 편지에 썼듯이, 어머니의 사진을 저희가 받았습니다. 그 사진이 너무 마음에 듭니다. 미스 데이비스가 어머니께서 "꽤 예쁘다"고 하고, 제가 또 다른 좋은 말들을 많이 들었지만, 어머니께서 허영에 빠지실까 봐 말씀드리지 않겠습니다. 어머니 사진틀 한쪽에 아버님의 사진을 기다리고 있는 빈 공간이 있다고, 제가 그 사진을 곧 받아보기를 원한다고 아버님께 말씀드려 주십시오.

저희들은 최근에 하우스보이를 여러 차례 바꾸었는데, 지금 있는 보이는 만족스러울 것 같습니다. 아무것도 모르는 사람에게 세탁 및 모든 것을 우리가 원하는 대로 가르치는 것은 커다란 과제입니다. 그러나 대부분의 교육을 조리사가 시킵니다. 한국에 처음 왔을 때 두었던 하우스보이는 얼마 전에 죽었습니다. 그는 저에게 그가 기독교인이라고 했고 저도 그렇게 생각합니다.

올해는 풍년이었고, 따라서 쌀값도 많이 떨어졌습니다. 그러나 정부와 많은 관리들이 너무 타락해서 백성들이 그들의 정직한 노동의 대가를 제대로 받기가 어렵습니다. 어떤 재산도 안전하지 않으며, 시골 사람들은 도적으로부터 거의 보호를 받지 못하는 것 같습니다. 그러기에 시골에는 집 한 채가 홀로 있는 것을 볼 수 없고, 집들이

상호 보호를 위해 작은 마을로 모여져 있습니다. 서울이나 다른 도시의 성벽은 외적으로부터 보호하기 위해서가 아니라, 자기 백성들로부터 보호하기 위해서 세워졌습니다. 제가 한국 사람들에게 미국의 도시는 벽으로 둘러싸여 있지 않다고 말하면, 그들은 종종 도둑과 반역자는 대체 어떤 식으로 대처하느냐고 묻습니다.

꽤 오랜 기간 한국 정부는 견실한 경찰력과 지방의 소란을 막기에 충분히 강한 군대를 육성하려고 노력해 왔는데, 군인들을 지방으로 보내면 그들은 종종 다른 사람들과 다를 바 없이 타락해 버립니다. 가장 어려운 것은, 권력을 부여해도 안전할 만큼 정직한 장교와 병사들을, 어느 부서가 되었건, 찾아내는 일입니다. 한국인들은 개인의 권리라는 것을 거의, 아니면 전혀 모르는 것 같습니다. 힘이 곧 정의입니다. 아주 오랜 세월 한국인들은 높은 계급의 사람이 낮은 계급의 사람이나 재산을 마음대로 하는 것에 길들여져 있습니다.

최근 영국 공사관에서 공개 경매가 있었는데, 멋진 가구들과 온갖 가정용품들이 많이 나왔습니다. 하지만, 모여든 외국인 사회 인사들 외에도, 그 집에서 살게 될 신임 총영사가 모든 살림살이를 그 경매에서 마련하기 위해 거기에 있었고, 다른 한 사람은 그가 서울에 곧 짓게 될 호텔을 꾸밀 가구들을 찾고 있었기에, 물건들이 비싸게 팔렸습니다. 저는 공구 상자, 목공구 세트, 멋진 권총, 그리고 아주 좋은 말안장에 좋은 가격으로 입찰했지만 모두 제 지갑이 감당할 수 없는 높은 가격으로 다른 사람들에게 팔렸습니다. 적어도 아주 좋은 램프 하나는 건졌습니다. 벙커 부인이 저를 위해 사 주었고, 저는 그것을 로티의 크리스마스 선물로 주려고 합니다.

저희들 모두 잘 있고, 로티와 아기가 할머니께 많은 사랑을 보냅니다.

　사랑하는 당신의 아들
　유진 벨

1896년 11월 8일, 일요일
한국, 부산

사랑하는 누이에게

일주일 전쯤에 받은 네 편지가 반가웠고, 어머니께서 많이 괜찮아지셨다니 다행이다. 또한 아치와 마샬이 다시 학교로 돌아가게 되어서 기쁘다.

우즈 씨가 우리의 생활공동체fraternity 소식지를 보내 주었는데, 거기에 센트럴 대학 학생들 사진이 실렸고 양복을 입은 아치도 보였다. 사진에는 아치가 매우 좋아 보이는데, 실제로는 어떤지 모르겠다. 어머니의 건강이 좋아지신 것이 너무 다행이고, 네가 내 편지를 읽는 지금쯤엔 완전히 회복하셨기를 바란다. 어머니께서 사진을 보내실 때 쓰신 8월 22일 자 편지가 어제 11월 8일에야 도착했다고 말씀드려주기 바란다. 어디 있다가 그렇게 늦게 배달되었는지는 알 수가 없다. 사진은 한 달 전에 받았다. 그래도 편지를 받는 즐거움은 마찬가지였고, 어머니께서 전해주신 소식들을 듣게 되어서 좋았다.

최근엔 몹시 바빴다. 집에 편지를 쓴 지 두 주가 지났으니 정말 미안하다. 너도 알다시피 우리가 알지 못하는 사이에 시간이 흐르는구나.

선교회 연차회의가 좀 전에 끝났다. 나는 1년 더 회계로 선출되었는데, 부가로 시간이 많이 요구되는 자리이다. 연차회의는 흥미 있었는데, 남쪽에서의 우리의 사역에 관해 몇 가지 문제들을 결정짓지 못했다. 그 결과로 레이놀즈 씨를 빼고는 남자들 모두가 하루 이틀 내로 남쪽으로 여행을 떠나는데, 한 달 내지 6주 정도 떠나있게 될 것이다.

그러니 내게서 소식이 없을 때 너는 그 이유를 알 것이다. 이번 여행은 추운 날씨에 고생스러울 것이기에 몹시 염려가 된다. 올해는 추위가 작년보다 일찍 시작되었고, 한 달 이상 계속 난로를 피웠다.

미스 제이콥슨이 장티푸스로 많이 아프다는 소식을 전하게 되어 마음이 아프다. 무어 씨 부부가 건강 문제로 가을에 귀국했다는 소식은 전에 이미 썼던 것으로 믿는다.

모펫 씨는 1년 휴가차 며칠 전에 이곳을 떠났다. 그가 귀국하면 꼭 그를 초청해서 모두들 그를 만나 보아라. 정말 좋은 사람이다. 우리는 그를 많이 좋아하고, 조언을 구할 일이 있을 때 항상 그를 찾는다.

어머니께서 편찮으셨을 때 네가 수고가 많았겠구나. 미스 제이콥슨처럼 숙련된 간호사가 있었다면 얼마나 좋았을까 싶다.

11월 5일 맥킨리가 대통령에 당선되었다는 소식을 들었다. 아버님이 보내주신 신문들을 읽었으나 이해되지 않았다고 아버님께 말씀드려라. 나는 오히려 민주당 사람이면서 금본위주의자인 인사가 대통령이 되기를 바랐지만, 그게 불가능했으니 결과에 대해서 후회는 없다.[31] 은본위가 시행되는 이곳에서 어떻게 누구라도 다른 나라들과 관계없이 사는 것이 가능할지 나는 모르겠다.

이 편지와 함께 어머니께 메모를 써서 함께 부치려고 하니 여기서 이만 줄인다.

사랑하는 형제
유진 벨

---

31 1896년 미 대통령선거에서 패배한 민주당 후보 브라이언은 은화자유주조운동의 대표적 지지자였다.

1896년 11월 8일, 일요일
한국, 서울

사랑하는 어머니

지금 막 애니에게 편지를 쓰면서 어머니의 건강이 많이 회복되어 가는 게 너무 기쁘다고 했습니다. 아버님의 엽서에서 어머니께서 편찮으시다는 소식을 들은 이후 저희는 몹시 염려하고 있었습니다.

지금은 정말 아름다운 일요일 오후입니다. 로티는 소파에 누워서, 네가 자라서 집을 떠나면 엄마에게 긴 편지를 써야 한다고 헨리에게 말을 하고 있습니다. 그리고 제가 지금 아들을 위해서 좋은 본을 보여야 된다고 제게 말합니다. 하루에 천 번, 어머니와 모든 식구들이 저희 아기를 볼 수 있기를 바라는 것 같습니다.

헨리는 사랑스러운 작은 친구입니다. 오늘 아침 로티와 제가, 저희는 눈이 멀어서 아기가 잘 생겼는지 아닌지를 분별하지 못한다는 것에 동의했습니다. 그러나 어머니께서는 저희가 보내드린 두 사진을 보시고, 저희들이 이렇게 아기 자랑하는 것이 근거 있다는 사실을 아시겠지요. 아기가 지금 20파운드가 나가고 명랑할 대로 명랑하고 살이 찔 대로 쪘습니다. 아침마다 목욕시킬 때 아기는 욕조에서 물을 발로 차고 튀기고 하면서 아주 재미있어 합니다. 배가 고프거나 보챌 때에도 물에만 들어가면 뚝 그칩니다. 종종 밤새도록 잠을 자는데, 보통은 밤에 한 번은 젖을 먹여야 합니다. 아기가 저와 장난치며 즐겁게 놀고, 제가 아기를 깨물면 아기는 언제나, 거의 언제나 두 손 가득 제 머리카락을 움켜쥐고 세게 잡아당기는데, "아파"

라고 하면 무슨 뜻인지 아는 것 같습니다. 제가 몇 번 어머니께 말씀 드렸듯이, 저희에겐 보물같이 귀한 유모가 있습니다. 제가 집을 떠나 있을 때면 유모가 밤을 같이 보낼 것이고, 새 하인 두 명도 집에서 잘 것입니다.

저희는 요즘 셀러리 수확이 좋아서 그것을 즐겨 먹습니다. 제가 본 셀러리 중에 가장 좋은 것으로 아주 하얗고 아삭아삭 합니다. 너무 많아서 저희가 다 먹을 수 없을 정도인데, 어머니께 보낼 수 있으면 얼마나 좋을까요. 커다란 셀러리 다발이 500개 정도 있는데, 한 뭉치면 서너 사람들이 두 끼를 먹고도 남을 정도입니다. 그러니 한 겨울 내내 셀러리를 원 없이 먹을 수 있을 거라고 기대합니다. 아주 영양이 좋고 싱싱합니다. 추수감사절 때 칠면조를 구할 수 없으면 차선으로 셀러리와 꿩으로 대체할 수 있습니다. 그러나 유감스럽게도 그때쯤 저는 아마 집에 없을 것입니다.

이 편지가 어머니께 도착할 때는 거의 크리스마스가 될 것이라는 사실이 실감이 되지 않습니다. 바쁘게 지낼 때는 시간이 빨리 흐르고, 곧 저희가 집으로 돌아갈 날이 오겠지요. 그러나 제가 이곳에서 한 일이 너무 적은 것 같이 느껴집니다. 휴가를 가기 전에 많은 것을 성취하고 싶습니다.

저희 사랑을 모든 친구들과 친척에게 전해 주시고, 제 편지를 못 받아서 섭섭해 하는 사람들이 있으면 제 대신 죄송하다고 전해 주십시오. 월 벨의 상점이 불에 탄 소식을 듣고서 마음이 안 좋았습니다. 그들을 생각하면 안타깝습니다. 매티 벨로부터 아기를 위한 아주 예쁘고 작은 자루 옷을 선물 받았습니다.

그러고 보니 잊어버릴 뻔했는데, 지난 연차회의 때 아기가 "헨리 베나블"이라는 이름으로 세례를 받았습니다. 로티와 장모님, 장인 모두 베나블이라는 이름을 위더스푼으로 바꾸는 것을 탐탁해 하지 않았습니다. 왜냐하면 루이빌에 실제로 헨리 위더스푼이라는 사람이 있습니다. 우리와는 아무 관계도 없는 사람인데, 다른 사람들이 그의 이름을 따서 우리 아이 이름을 지은 것으로 생각할까 봐 그랬습니다.

전킨 씨가 우리 아기에게 세례를 주었는데, 그가 저희들의 결혼 선물로 로버트 위더스푼 씨가 준 세례 용기를 사용했습니다. 라이온 즈 씨에게 세례 인증서를 보낼 것이며, 헨리 베나블 벨은 루이빌 제일장로교회의 유아 세례자 명단에 올려질 것입니다.

이제 교회에 갈 시간이 되었으니 이만 줄이겠습니다. 어머니께서 이 편지가 도달하기 오래전에 이미 강건해지셨기를 빕니다. 위에 언급된 예외를 제외하고는 이곳 선교사 공동체는 제가 아는 한 모두들 잘 있습니다.

저희 두 사람의, 아니, 저희 세 사람의 사랑을 어머니와 모두에게 전하며,

사랑하는 당신의 아들
유진 벨

추신. 제가 헨리에게 키스와 포옹을 해 주고, 그것은 할머니가 해주는 것이라고 말해 주었습니다.

1896년 11월 18일
한국, 서울

사랑하는 어머니

저는 지금 강을 따라서 제물포로 가는 작은 증기선을 타고 있습니다. 거기서 저는 시골로 가서 한 달 정도 있을 것입니다. 집을 떠나기 전에 어머니께 조금 더 긴 편지를 쓰리라 생각하고 있었지만 떠나기 바로 전에 해야 일이 너무 많이 생겼었습니다.

저는 오늘 아침에 로티와 아기가 잘 있는 것을 보고 떠났고, 4주쯤 후에, 아니면 적어도 크리스마스까지는 집으로 돌아올 것입니다.

스콧에게서 아주 길고 반가운 편지를 바로 얼마 전에 받았습니다. 제가 할 수 있는 한 속히 답장을 하겠습니다.

만일 제가 편지를 다시 쓸 기회가 없게 될 경우를 위해서, 이 기회에 식구 모두에게 행복한 크리스마스를 맞으시기를 바란다는 말씀을 드립니다.

스콧이 어머니의 회복에 대해 편지에 쓴 것을 보고 짐작하건대, 지금쯤은 어머니께서 완전히 회복이 되셨을 것으로 믿습니다.

모두에게 사랑을 전합니다.

매우 서두르며,
사랑하는 당신의 아들
유진 벨

1896년 11월 22일
한국, 군산

사랑하는 형[32]

형의 편지를 며칠 전 고맙게 받았다. 형의 편지는 언제나 즐거운데, 형은 다른 사람들이 이야기하지 않는 농장에 관한 일을 자세히 알려주기 때문이다. 형의 계획과 전망에 대해 듣는 것이, 그리고 비록 땅 농사는 실망스러웠지만 우유 사업이 매우 잘 된다는 소식을 듣고 반가웠다. 밭작물이 팔리는 가격에 대해 들으니, 농부들이 그토록 변화를 열망하는 것이 놀랍지 않다.

그러나 내게 놀라운 것은 은화자유주조가 원하는 변화를 가져올 것이라고 사람들이 생각하는 것이다. 형이 아버님께서 열혈 은화 지지자라고 말했는데 내가 이런 식으로 말하면 아버님께서 나하고 의절하고 싶어 하실 테지만, 여기 상황에서 그 문제를 검토해 볼 때 어떻게 다르게 생각할 수가 없다. 만약 내가 고향에 있었더라면 아마 다르게 생각했을 것이다. 내가 아는 한 한국에 사는 외국인들 중 오직 한 사람만이 은화자유주조가 미국의 국익에 좋다고 생각하는데, 그가 어느 은광에 이해관계가 있는 사람이라고 들었다.

내 의견으로는, 농부들이 단결해서 관세에 반대하여 끝까지 투쟁한다면 오히려 훨씬 좋을 것이다. 제조업자들은 보호를 받기 때문에

---

32 원문에 "My dear Brother"로 되어 있고 수신인의 이름이 특정되어 있지 않은데, 본문의 내용으로 보아 2살 위 형 스콧에게 쓴 것으로 추정된다.

농부들로부터 양모(羊毛)를 그들이 원하는 가격으로 사들여서 완제품으로 세 배를 받고 판다. 예를 들자면 이렇다. 아버님께서 결혼 때 양복을 사라고 내게 주신 돈이 지금 내게 있다면, 이곳에서 그것과 똑같은 양복을 맞춤으로 <u>세 벌</u>을 사고도 얼마간 돈이 남을 것이다. 그 이유는 물화가 영국에서 관세 없이 들어오기 때문인데, 이것은 고향의 농부들이 두세 배를 치러야 하는 많은 것들의 일례일 뿐이다.

형이 감자 1배럴에 50센트라고 했는데, 여기서 우리가 감자를 살 때, 그 가격이 일정하게 파운드당 은화 2센트에서 4센트라고 하면 형이 어떻게 생각할까 궁금해진다. 형이 돼지고기는 3.5센트라고 말한 것으로 기억나는데, 우리가 여기서 미국산 햄을 살 때 파운드당 은화 50센트를 주어야 한다. 형이 우유를 백 파운드에 7센트에 판다고 했는데, 여기서는 우유를, 크림이 거의 없거나 아니면 전혀 없는 것인데, 한 병에 은화 12센트에 판다. 한 병으로 세 잔이 나온다. 물론 이런 것이 화폐 문제와는 상관없는 일이지만, 두 나라의 사정이 그렇게 다르다.

이 편지를 내가 군산에서 쓴다고 했는데, 드루 의사와 전킨 씨가 살고 있는 곳이다. 서울에서 150마일 정도 떨어져 있다. 나는 지금 전킨 씨와 남쪽으로 3~4주 여행을 떠난다.

로티와 형의 조카 다 잘 있다.

내가 총을 하나 샀다. 사냥으로 즐거운 시간을 보낼 것을 기대한다. 이 나라는 야생 거위, 오리, 꿩 등등이 지천이다. 전킨 씨는 어느 날 아침 식사 전에 꿩 여덟 마리를 잡고, 어제 아침 식사 전에 야생오리 떼를 향해 탄환 둘을 쏘아서 세 마리를 떨어뜨렸다. 아주 멋진 스포츠이다. 형도 이 스포츠를 즐길 수 있었으면 하고 많이 바란다.

증기선이 출발 기적을 벌써 울려서 이만 끝내야겠다.

모두에게 사랑을 전하며 이만 총총.
사랑하는 형제
유진 벨

1897년

1897년 1월 2일
한국, 서울

사랑하는 누이에게

나의 새해 다짐인 편지쓰기, 특히 식구에게 편지쓰기의 실행을 새해 둘째 날인 오늘부터 시작하겠다.

너의 11월 12일과 15일 자로 쓴 반가운 긴 편지가 며칠 전에 도착했다. 여기까지 오는 데 꽤 오래 걸려서, 우체국 소인을 보니 뉴욕까지 들렀다가 왔는데, 그걸 받아들고 너무 반가웠다. 식구들이 아기의 사진을 좋아한다고 해서 기쁘다. 아주 잘 된 사진이라고 우리는 생각한다. 이곳의 일본 사진사가 사진 12장에 은화 5불, 현재 환율로 해서 금화 2불 60전을 받는데, 네 생각에 매우 싸다고 생각하지 않니?

내가 어머니께 마지막으로 보낸 편지에 우리의 아기에 대해 가장 중요한 소식을 잊어버렸는데, 한 달쯤 전에 치아 두 개가 나왔고 또 몇 개가 더 나오려고 한다. 하루에 천 번씩, 우리 식구들이 아기를 볼 수 있다면 하고 내가 생각하는 것 같다. 아주 귀엽고, 벌써 나와 장난을 치기 시작한다. 내가 본 중에 가장 행복한 아기이다. 아침 6시 반쯤 일어나면 뭐라고 소리를 낸다. 오늘 아침에는 일어나서부터 유모가 온 7시까지 계속 소리를 냈다. 면역주사도 잘 맞았고 사내답게 잘 견뎌냈는데, 주사 맞은 다리가 많이 아파 보였다.

그래, 메리 윌슨과 메리 아데어가 둘 다 결혼을 했구나. 메리 아데어의 결혼 소식이 『센티널』에 실렸다. 내 생각에도 그녀가 잘한 것 같다. 메리 월슨도 똑같이 잘 되기를 바란다. 어머니께서 매디슨 여행에 관해 쓰신 편지가 네 편지보다 늦게 쓰신 것인데, 이곳에 도착하기는 너의 편지 직전의 우편물에 포함되어 왔다. 어머니께 내가 다음 주에 답장을 드리겠다고 전해주어라. 라이드 사촌이 어머니께 그 여행을 시켜준 것이 고맙다.

모두들 행복한 크리스마스를 보냈기를 바란다. 우리도 잘 보냈다. 우리는 난생 처음으로 산타크로스 노릇을 하고, 헨리를 위한 스타킹에 이것저것 작은 것들을 넣었다. 나는 로티에게 식당에서 쓸 걸이용 램프와 몇 개 작은 것들을 선물했다. 로티는 내게 새 옷 한 벌과 책상용 회전의자, 캔디 등을 선물했다. 우리가 선물을 고르는 데 현명하고 실용적이라고 생각되지 않니?

의자와 다른 선물들도 얼마 전 영국 공사관에서 있었던 경매 때 미리 사두었다. 우리 각자가 벙커 부인에게 우리를 위해 물건을 사서 크리스마스 때까지 간직해 달라고 했고, 서로가 한 일들을 모르고 있었다. 이제 나는 아주 좋은 책상과 의자가 있다. 내 마음에 꼭 든다. 책상이 너무 멋있고 편리하다. 네가 내 아늑한 서재를 한번 볼 수 있으면 얼마나 좋을까. 날씨가 추울 때는 난로 하나를 더 피우지 않아도 되게, 내 서재에서 저녁과 아침을 먹는다. 낮에는 침실 옆에 있는 식당이 충분히 따뜻해서 점심은 거기에서 먹는다. 이곳의 연료 값이 너무 비싸도, 부엌의 조리용 화덕에 더해서 난방용 난로 두 개는 필수이다. 로티가 아기와 유모를 위해 그리고 공부를 하기 위해 침실에 난로를 피워야 하고, 나도 공부하고 또 한국인이나 외국인이나 찾아오는 손님을 맞기 위해 서재에 난로가 있어야 한다.

네가 중국에서 온 스튜어트 부부를 만나고 그들의 이야기를 들을 수 있었다니 기쁘다. 그들이 지금은 나이가 꽤 들었을 것 같다. 마샬의 학교 성적이 우수하다고 하니 기쁜데, 아치가 좀 더 만족스럽지 못하다니 섭섭하다.

선거는 이제 끝났으니, 거기에 대해 아무 말도 하고 싶지 않다. 단지, 변화를 원하는 농부들과 또 다른 사람들의 심정에 나도 전적으로 공감한다. 나는 양측의 주장을 읽고 연구해 보았지만, 은화자유주조가 그들이 원하는 그런 변화라고는 믿을 수가 없다. 그것이 어떤 식의 변화를 초래할지 그들이 깨닫고 있다고 나는 믿지 않는다. 현재로는 높은 관세가 농부들의 가장 큰 적인데, 은화자유주조는 더 큰 적이 될 것이라고 믿는다.

오늘, 내가 본 중에서 가장 슬픈 장례식 가운데 하나였을 장례식에 다녀왔다. 켄뮤어 부부의 어린 아기가 어제 죽었다. 켄뮤어 씨는 영국성서공회 대리인이며 1년 전에 한국에 왔다. 부부가 결혼한 지는 17년 되었는데 작년 9월에 첫 아이—아들이 생겼고, 당연히 뛸 듯이 기뻐했는데, 정말 잘 생기고 귀한 아기였다. 그들에게 어제는 정말 슬픈 새해 첫날이었다. 그들이 어떻게 그 슬픔을 견딜 수 있을지 모르겠다. 장례식이 바로 얼마 전에 끝났는데 켄뮤어 씨가 아들을 묻기 위해 몇몇 친구들과 3마일 떨어진 강가에 있는 외국인 묘지[33]까지 갔다. 그는 아기의 작은 관을 무릎에 올려놓은 채 일꾼 네명이 운반하는 남여 위에 앉아서 갔다. 슬픈 광경이지 않니?

내가 어머니께 드리는 편지에서 말한 대로 나주에 살 집을 얻는

---

33 서울에 외국인 묘지가 따로 없었으므로, 제중원 의사 빈튼 선교사가 1890년 7월에 세상을 떠났을 때에 한강 가 양화진에 묘지 터를 구입하였다. 지금 합정동에 남아 있는데, 공식 명칭은 양화진외국인선교사묘원이다.

것이, 지금으로선 별로 전망이 좋지 않다고 이야기하게 되어서 마음이 안 좋다. 오히려 그런 집을 얻게 된다는 것이 지금으로선 놀라운 일일 것이다. 작은 초가집이라도 하나 개인으로부터 사서 사정이 나아질 때까지 거기서 기거하는 것 외에 어떤 다른 방법이 있을지 모르겠다.

로티와 아기는 잘 있고, 나와 함께 애니 고모와 모든 식구들에게 사랑을 전한다.

지금은 특별히 바쁠 때보다도 더 바쁜데, 선교회의 연례 재무보고를 작성해서 본국에 보내야 하기 때문이다. 아주 지루한 작업이다.

성급하게 써서 다시 읽어보지도 못하고 보내는 이 편지에 있을 모든 실수를 용서해다오.

모두에게 많은 사랑을 보내며
사랑하는 너의 형제
유진 벨

1897년 1월 6일
한국, 서울

사랑하는 누이(마샬)

내가 특별히 너에게 편지를 쓰는 것이 너무 오랜만이라 미안하다. 내가 집에 편지를 보내면서 너도 읽을 수 있도록 보내 주라고 부탁했는데, 적어도 몇 개 정도는 받아서 읽을 수 있었기를 바란다. 너도 알다시피 편지를 쓸 시간을 갖는다는 것이 어디에서나 힘들지만, 특히 이곳에서는 더 힘든 것 같다. 나는 지금 받은 지 일 년이 넘도록 답장을 못 하고 있는 편지들이 여럿 있다.

애니의 최근 편지에 너의 학교 성적이 우수했고 식구들이 그로 인해 많이 기뻐했다고 들었다. 나는 네가 금년에도 미스 볼드윈 대학교에 돌아갈 수 있어서 너무 좋다. 네가 좋아하는 것도 알고 있다.

크리스마스를 잘 보냈기를 바란다. 집이 몹시 그리웠는지? 우리도 그런 휴일이 되면 항상 집에 더 가고 싶고, 특히 올해는 식구들에게 아기를 보여주고 싶어서 더 집이 그리웠다. 아기는 참으로 귀여운 작은 친구이다. 너도 조카를 보면 그렇게 생각할 거라고 확신한다. 사진이 잘 나오긴 했어도, 자주 식구들이 우리 아기를 실제로 볼 수 있다면 하고 바란다. 아기가 꽤 많이 컸고, 이젠 혼자 앉아 있고, 치아도 두 개가 났고, 아빠와 재미난 장난도 많이 한다. 아기가 너무 명랑하고 재미있다. 아기가 세례 받았을 때 설교하는 사람에게 응답이라도 하듯 줄곧 웅얼거렸다. 아기가 자라서 큰 소년이 될 때까지 식구들이 아기를 보지 못한다고 생각하기가 너무 힘들다. 마샬 고모가 아기를 보러 이곳에 와서 내가 오늘 오후 소파에서 했던 것처럼 아기와 놀며 즐거운 시간을 보낼 수 있다면 얼마나 좋을까.

우리는 조용하지만 아주 즐거운 크리스마스를 보냈다. 나는 로티에게 식당에 걸어 놓을 램프를 선물했고 로티는 나에게 책상용 회전의자를 선물했다.

나는 최근에 지방으로 갔던 긴 여행에서 돌아왔다. 우리 선교부에서 나를 전라남도 남단에 있는 읍성인 나주로 보내기로 결정했다. 날씨가 풀리는 대로 그곳으로 가서 살 집을 마련할 계획이다. 그렇게 해서 집이 어느 정도 고쳐지면 로티와 나는 그곳으로 옮기기를 원하는데, 우리와 함께 의사도 같이 간다. 올 가을에 의사 한 사람이 더 오기로 되어 있는데 그땐 그곳에 영구 정착하면 좋겠다. 거기까지 이곳에서 육로로 8일 걸린다. 정기 증기선편이 곧 생기기를 바란다. 나주는 해안에서 큰 강을 따라 30마일 떨어져 있으므로 모든 짐을 배로 나를 수 있으면 좋겠다.

네가 학교생활과 공부하는 것이 어떠한지 내게 편지로 알려 주기를 바란다.

지방에 가면, 우리는 사냥하는 재미가 아주 좋다. 적어도 다른 사람들은 그랬다. 하루는 전킨 씨가 총 한 방으로 들기러기 다섯 마리를 잡았고, 무리가 날아갈 때 두 마리를 더 잡았다. 이 나라는 그야말로 들짐승 천국이다. 시골로 출장 갈 때면 꿩, 들기러기, 오리, 비둘기 등등을 마음껏 먹는다.

편지가 이렇게 짧아서 미안하지만, 적어도 이 편지로 내가 너를 아주 잊지 않고 있다는 걸 알기 바란다.

우리는 모두 잘 있고, 로티와 헨리가 나와 함께 "마샬 고모"에게 사랑을 전한다.

 사랑하는 형제
 유진 벨

1897년 1월 7일
한국, 서울

사랑하는 아버님

최근에 받은 편지들에서 아버님과 스콧 형님이 제게서 답장이 없다고 하신다는 것을 읽었습니다. 그게 사실이라면 아마도 제가 보낸 편지가 아직 도착하지 않아서일 것입니다.

최근에 이곳은 겨울 날씨가 계속되고 있는데 작년에 비하면 날씨가 다양한 편입니다. 눈도 많이 왔고 비도 내렸습니다.

극심한 추위가 가시는 대로 저는 다시 나주로 내려가 집 하나를 사서 고치고, 이번 가을엔 이사하려고 합니다. 정부 소유의 빈 집을 살 수 있기를 바랐는데, 아마도 계획을 변경해야 할 것 같은 생각입니다. 이제는 실제 저희가 사역해야 할 곳에 정착하고 싶은 마음이 간절합니다. 저는 한국어에 능숙하다고는 할 수 없지만, 실제 설교를 정기적으로 하는 것을 시도할 준비가 된 것으로 느껴집니다. 지금 저희가 살고 있는 서울의 이 지역은 교회를 새로 시작할 수 있는 곳은 아닙니다. 근처에 이미 오래된 선교사들에 의해 여러 교회가 세워져 있기 때문입니다. 저는 나주읍의 형편이 만족스러웠고 저희가 정착하기에 좋은 곳이라고 생각하는데, 사람들이 많이 살고 있는 주변지역으로의 접근성이 좋고, 또 물길을 통해 바깥세상과의 소통이 용이합니다.

미스 제이콥슨이 많이 아프고, 회복되지 못할까 봐 몹시 두렵다는 소식을 드리게 되어 마음이 무겁습니다. 미스 제이콥슨은 숙련된 간호사로 저희와 같은 때에 이곳으로 왔고, 헨리가 태어날 때 로티와 함께 있어 주었습니다. 간에 농양이 생겨서 수술을 한 번 했고, 다시 수술을 할 겁니다. 수술 없이는 회복할 가능성이 거의 없고, 수술을 하더라도 회복할 가능성이 50%밖에 안 된다고 합니다. 저희들 모두가 안타까워하고 있으며, 로티는 그를 돌보기 위해 할 수 있는 어떤 일이든 하겠다고 자원했습니다. 이곳에 훌륭한 의사들과 숙련된 간호사들이 있어서 그를 위해 할 수 있는 모든 것을 해 볼 것입니다. 그는 자신의 병에 대하여 밝은 태도를 가진 것 같고, 주님의 뜻이라면 온전히 죽을 각오가 되었다고 합니다. 그러나 참으로 안타까운 일이지요. 그의 가족은 노르웨이에 있습니다.

　어머니의 편지가 어제 왔는데, 그 편지에 아버님께서 헨리에게 보내시는 멋진 선물 10불에 대해 말씀하셨습니다. 로티와 제가 너무 기뻤습니다. 아기도 할아버지의 10불이 그에게 얼마나 많은 좋은 선물들을 안겨주는지 보면 똑같이 기뻐할 것입니다. 저희는 오늘 스미스 상점에 춘계 주문을 보내려던 참이었으니, 아버님의 선물이 아주 적절한 시간에 도착했습니다. 그 돈으로 아이의 식사용 높은 의자 high chair와 침대를 마련할 것입니다. 둘 다 이곳의 중국인 목수에게 주문해서 만들 수 있습니다. 저희는 아버님의 특별한 선물을 꼭 필요한 실용품에만 쓰고 싶지 않아서, 스미스 상점에 멋진 흔들목마 하나를 주문했습니다. 아니, 목마 하나가 아니고 흔들리는 두 개의 말 사이에 아이가 앉는 자리가 있는 것입니다. 아이가 그것을 보면 너무 좋아할 것입니다. 그런 멋진 선물을 1.5불에 살 수 있었습니다. 그리고 남는 돈으로는 아이의 높은 의자와 침대를 주문제작하기에 충분합니다. 둘 다 아이에게 꼭 필요한 것들입니다.

아버님과 식구들이 저희 아기를 볼 수 있다면 얼마나 좋을까요. 아기의 아빠는 아기가 너무 자랑스럽고, 제가 확신하건대 아기의 할아버지도 아기를 보신다면 똑같이 느끼실 것입니다.

저희의 늙은 한국인 유모가 계속해서 큰 위안이 됩니다. 아기도 유모를 아주 좋아합니다. 유모는 아침 일찍 와서 늦게까지 있습니다. 월급이 금화 2.5불인데 매우 미소(微小)한 것 같지만, 그래도 그 정도가 이곳에서의 보통 급료입니다. 제가 유모를 늙은이라고 말했지만 실상은 42세나 43세밖에 안 됐습니다.

저희 조리사 또한 아주 훌륭합니다. 그는 일관되고 신실하며, 로티를 집안일에 대한 근심과 걱정으로부터 많이 자유롭게 해 줍니다. 그 때문에 저희 두 사람 다 이번 겨울에 한국어 공부에 매진할 수 있었습니다. 그런 훌륭한 도움이 없이 그런 매진이 불가능했겠지요.

선교사들이 하인을 너무 많이 둔다고 자주 비판받습니다. 그러나 다른 것은 차치하고 순전히 경제적인 측면에서 볼 때, 하인을 시켜서 하루에 10센트 주고 할 수 있는 일을 하기 위해 하루 1.5불을 받는 선교사의 시간을 쓰게 하는 것이 이치에 닿는 일인지요? 그 외에도 이곳 형편에 밝은 사람이라면 이해할 수 있는 많은 이유들이 있습니다.

저는 아버지를 위해서 브라이언의 낙선이 안타까울 뿐입니다. 허나 저는 진실로 은화자유주조 정책이 농부들에게 해로울 거라고 믿습니다. 어떤 식으로든 변화는 있어야 하겠지만, 은화자유주조가 농부들에게 도움이 될 변화라고는 믿을 수 없습니다.

저희는 크리스마스를 즐겁게 보냈습니다. 그러나 그런 명절 때면 항상 고향의 가족들과 함께 있고 싶어집니다. 저희는 너무 오래, 이제는 전차나 기차를 타 보는 것이 특별히 귀한 기회가 될 만큼, 그런 것들을 못 보고, 이곳에 떨어져 살았습니다.

저는 몇몇 한국인 친구들에게 미국에서는 어떤 식으로 사회가 돌아가는지 설명해왔습니다. 그런 이야기들이 그들에게 깊은 인상을 남기는 듯합니다. 특히 저희가 어떻게 대통령으로부터 시작해서 정부 지도자들을 모두 선출하는지가 그랬던 것 같습니다. 이곳에서는 그런 것은 금시초문이고, 모든 정부 관료들이 임명되는데, 대체로 한 계층에서, 즉 서울에 사는 양반층 남자들이 적격 여부에 관계없이 임명됩니다. 그 결과는 지방으로 보내지는 관료들이 그 주민들을 무섭게 억압한다는 것입니다. 어느 누구를 막론하고 그들에 의해서 하인이나 노예처럼 취급됩니다. 제가 미국에서는 관료들은 공중을 섬기는 사람들로 생각한다고 말하면 그들은 놀라서 눈을 크게 뜹니다. 이곳에서는 이제껏, 그리고 지금도 광범위하게 관료들이 국민에게 도움을 주는 것이 아니라, 가장 큰 저주가 되고 있습니다. 그러니 가난한 한국 사람들이 하루 벌어서 하루 먹고 산다고, 그것을 게으름 탓이라고 비난할 수 없는 것이, 만일 그들이 그 이상 벌게 되면 악덕관리에게 [빼앗기게 될] 것이기 때문입니다.

사랑하는 당신의 아들
유진 벨

1897년 1월 7일
한국, 서울

사랑하는 어머니

로티가 제 옆에서 『하퍼』 크리스마스 호를 펴 놓고 졸고 있는 사이에 저는 어제 도착한 어머께서 보내주신 슬리퍼가 얼마나 저를 기쁘게 했는지 말씀드리려고, 아버님께 보내는 편지에 함께 넣을 메모를 적고 있습니다. 꼭 맞는 사이즈에 멋지고 편안합니다. 고맙습니다. 집에서 신기도 하겠지만, 한국 사람의 집을 방문할 때 주머니에 넣고 가기에 꼭 맞춤한 물건이라서, 제가 오래 간직할 것입니다. 발에 양말만 신은 채로 남의 집에 들어가는 것이 늘 마음에 걸렸었습니다. 그러나 여기서는 그것에 아주 익숙해집니다. 며칠 전 밤 기도회 때, 에비슨 의사가 언더우드 박사 댁 응접실에, 그때 그곳에 여자들이 가득했었는데, 털실로 짠 양말만 신은 채 들어왔습니다. 신발에 진흙이 묻어 있었기 때문이었습니다.

저희는 언제나처럼 건강하다고, 그래서 사역과 언어 공부에 매진하고 있다고 말씀드릴 수 있어 기쁩니다. 제 생각에 아버님과 스콧 둘 다 제가 답장을 안 한 게 있다고 잘못 알고 있는 것 같습니다. 어머니와 애니의 11월 26일 자 편지가 어제 도착했는데 그 답장을 곧 쓰도록 하겠습니다.

로티와 헨리가 저와 함께 할머니와 모든 식구들께 사랑을 전합니다.

사랑하는 당신의 아들
유진 벨

1897년 1월 17일, 일요일 밤
한국, 서울

사랑하는 누이에게

네가 최근에 보낸 편지를 어디에 두었는지 찾을 수가 없고, 지금 그 편지가 없어서 너의 질문에 대답을 할 수는 없지만, 네 편지가 고마웠던 건 변함없다. 그 편지가 어머니의 편지와 함께 왔는데, 둘 다 매우 즐겁게 읽었다. 그리고는 한동안 우편물을 못 받았다. 나는 미국에서 일본으로 오는 증기선편에 대해 신경을 쓰고 있지 않기 때문에, 우편물이 언제쯤 도착할지를 모르고 지낸다. 아침마다 내 서재의 창문으로 밖을 보며 일본 우체국에 우편물이 왔다고 신호하는 깃발이 올라 있기를 바라지만 그 깃발이 자주 올라가지는 않고, 어떤 때는 올라가도 일본과 중국에서 오는 우편밖에 없을 때가 있다.

오늘은 매우 겨울다운 느낌의 날씨이다. 눈이 계속 내리고 있지만 그리 춥지는 않다. 오늘 거의 하루 종일 조용한 일요일을 보내고 있다.

지난 번 편지에 미스 제이콥슨이 심각하게 아프고 그래서 우리가 몹시 불안했다고 했었다. 간에 농양이 생겨서 지난 월요일에 매우 정교하고도 위험한 수술을 했다. 그 수술이 없이는 그가 살 가망성이 전혀 없었다. 수술 이후 어제 밤까지 그런대로 견뎠었다. 오늘 오후 로티가 그의 상태를 알아보라고 사람을 보냈더니, 그의 상태가 심히 안 좋고 아마도 죽어가는 것 같다는 전갈이다. 하니 그에게 희망이 없는 듯하다. 우리는 이 때문에 너무 슬프다.

우리는 그를 매우 좋아했고 그도 우리 집에 오는 것을 즐겨하는 듯, 고향 사람들이 하던 것처럼 식사시간에 아무 때나 들르기도 했다. 너도 알듯이 그가 우리와 같은 때에 이곳에 왔고, 헨리를 낳을 때에 도움을 많이 받아 우리는 그에게 매우 감사했다. 그는 매우 경건하고 헌신적인 기독교인이었으며, 기꺼이 죽을 각오가 되어 있었다. 그는 숙련된 간호원으로, 아주 드문 수술인 그 수술 하는 것을 직접 본 사람으로, 회복할 가망성이 매우 희박하다는 것을 알고 있었다. 그는 죽는 것에 담담해 했고, 죽을 가능성에 대해 이야기했다. 로티에게 화분 몇 개를 보내면서, 그가 죽으면 직접 길러 달라고 했다. 죽음은 어디서나 슬픈 일임이 분명하지만, 이곳에서는 더욱 그렇다. 그리고 이 경우에는 보통 때보다 더한 것 같다. 그의 식구들은 모두 노르웨이에 있다.

우리는 언제나처럼 잘 있고, 너의 어린 조카는 이제 이가 두 개 더 나오려고 한다. 이번엔 반대로 위쪽에 난다. 어젯밤에 꿈을 꾸었는데, 우리가 미국 식구들과 함께 있었고, 너는 아기를 내내 안고 있으려고 했다. 그러나 나는 아기를 내가 안고서 모두에게 자랑하고 싶어 했는데, 로티가 그러면 웃음거리가 될 것이라 했지만 너희들은 하나도 나를 비웃지 않았다.

아기는 점점 더 우리 위에 군림하려 하고, 자기가 원하는 것을 아주 쉽게 표현한다. 그 애는 고양이를 가장 큰 호기심의 대상으로 생각하는지, 고양이가 근처에 있으면 누구에게든 무엇에든 관심을 주지 않는다. 아침에 하는 목욕만큼 아이가 좋아하는 것이 따로 없다. 유모가 물을 가져오는 것을 보자마자 그것이 무엇인 줄 알고 목욕을 하려고 한다. 욕조에 혼자 앉아서 물을 튀기면서 혼자 좋아한다. 목욕 후 우유를 마시고 나면 낮잠 잘 준비가 된다. 그럴 때 우리는 매일 아이를 잠시 밖으로 내보내는데, 아무리 추운 날씨에도 마찬가지이고, 단지 옷을 춥지 않게 잘 입힌다. 눈이나 비가 올 때는 유모가 그냥 현관에서만 걸린다. 아이가 밖의 시원한 공기를 좋아한다. 바깥공기를 쐬면 보채다가도 조용해지고 자주 잠이 든다. 내가 이쯤해서 편지 내용을 바꾸지 않으면 이 편지가 또 "아기에 대한 편지baby letter"라고 하겠구나. 에바가 로티에게 편지하기를, 로티의 편지를 읽으면 우리 아기가 늘 "요람에 누어서 <u>숨을 쉬고 또 쉬고 또 쉬고!</u>" 하는 모습을 떠올리게 된다고 했다.

나는 나주에 있는 정부 소유의 빈 건물을 사겠다는 희망을 포기했다. 2월이나 3월에 그리로 내려가서, 땅을 사고 살 집을 지어야겠다. 길게 보면 그것이 훨씬 더 만족스러울 것 같다.

로티와 나는 부지런히 한국어를 배우고 있는데, 시간도 많이 걸리고 마음도 강해야 하는 것 같다. 한국어는 지독하게 어렵다. 내가 한국어로 말하는 게 편안해지기까지, 아니면 내가 우리의 새 진리를 그들이 이해할 수 있도록 한국말로 설명할 수 있을 때까지 아직 시간이 걸릴 것이다. 그래도 선교 사역은 매우 고무적이다. 나는 한국의 모든 장로교회를 관할하는 장로교 총회의 회원이다. 우리는 내일 만나서 세례 받을 교인들을 심사한다. 내가 알기로 서울에만 50명 정도가 된다고 한다. 각 후보자는 개별적으로 철저한 심사를 거쳐야 한다. 공개적으로 기독교인이 되겠다는 의사를 표명한 후 6개월 동안의 교육과정을 거치지 않으면 누구도 세례를 받을 수 없다. 회심하지 않은 사람들을 교회에 들이지 않기 위해 우리는 예방조치를 철저히 해야 한다. 고향에서도 이렇게 예방조치를 취한다면 교회의 회원 수가 꽤 많이 줄 것이다.

지난 번 편지에, 할아버지의 선물 10불을 가지고 얼마나 많은 멋진 것들을 살 것인지 썼었다. 흔들목마, 식사용 높은 의자, 그리고 아이가 커질 때까지 쓸 수 있는 작은 침대를 마련하려고 한다.

근래에 로티와 나는 우리가 수확한 셀러리를 집에 보낼 수 있으면 얼마나 좋을까 생각할 때가 많다. 셀러리가 우리가 실컷 먹고도 남을 만큼 많은데, 내가 맛본 여느 셀러리보다 못하지 않다. 셀러리를 오래 보관하기 위한 조치를 성공적으로 하고 구덩이를 파서 보관했는데, 일이 전혀 힘들지 않았고, 셀러리는 싱싱하게 보관되었다. 다음 봄과 여름에도 좋은 밭을 가꿀 수 있기를 바란다. 우리가 작년 여름에 수확한 것들 외에 올해는 새로 만든 밭에서 아스파라거스가 자랄 것이다. 나주에 정착해서 영구적으로 살 집에 이런 것들을 할 수 있게 되면 너무나 좋을 것 같다.

아치와 마샬에게 지난주에 편지를 보냈는데, 그 애들이 편지를 제대로 받았기를 바란다. 스콧 형에게 내가 군산에서 보낸 편지를 받기나 했는지 물어봐 다오.

이사벨라 버드 비숍 부인이 서울에 있는데, 한국에 대한 책을 쓰고 있다. 이번 여름에 책이 나온다[34]고 한다. 나는 많은 관심을 가지고 그 책을 기다리고 있다. 한국에 대해 이제까지 출간된 책 가운데 가장 훌륭한 책일 것이라고 기대하고 있다. 최근에 그가 한국에 대해 흥미로운 강연을 했다. 네가 루이빌에 간다면 신학교 도서관에 가서 그리피스가 쓴 『한국의 안과 밖Corea Within and Without』이라는 책을 빌려서, 250년 전 배가 파선되어서 한국 남해안에 표류한

---

34 1898년에 출간된 『조선과 그 이웃 나라들(Korea and her Neighbors)』을 말한다.

한 네덜란드인에 관한 기록을 읽어 보아라. 그들은 이곳에서 13년간 옥살이를 했다. 그 책은 로빈슨 크루소만큼 흥미가 있다.

모두에게 사랑을 보내며
사랑하는 너의 형제
유진 벨

1897년 1월 31일, 일요일 밤
한국, 서울

사랑하는 부모님

내일이면 저희가 집을 떠나온 지 2년이 됩니다. 그렇게 오래된 것처럼 느껴지지 않는데, 한편으로는 아주 오래된 것 같습니다. 지난 2년 동안 저희들은 큰 어려움 없이 많은 축복을 받으면서 잘 지냈습니다.

최근에 드린 편지들에 제가 미스 제이콥슨의 중병에 대해 이야기 드렸지요. 그가 수술 후 9일 동안 생명을 유지하다가 1월 20일에 죽었습니다. 저희들은 병의 진상을 안 후로는 거의 희망을 갖지 않았습니다. 그처럼 죽음에 대한 준비가 되어 있거나 죽음을 그렇게도 밝은 체념으로 맞는 사람은 정말 드물 겁니다. 그의 밝게 순종하는 마음이 그를 아는 저희 모두에게 큰 힘과 위로가 되었습니다. 그는 죽거나 살거나 온전히 주님의 뜻대로 따를 각오가 되어 있었습니다.

그가 아픈 동안 밀러 씨 댁에 있었고 거기서 죽었지만, 장례식은 집이 조금 큰 언더우드 박사의 댁에서 있었습니다. 많은 한국인들이 장례식에 왔고, 외국인 사회 인사들이 모두 참석했습니다. 간단한 조사가 영어와 한국말로 있었습니다. 한국 기독교인들이 3~4마일 되는 묘지까지 관을 메고 가고, 많은 한국인들과 선교사들이 뒤를 따랐습니다. 관을 메는 것은 매우 천한 일로 간주되어 아주 천한 상여꾼들만이 고용되는 일이라고 들었는데, 이렇게 한국 기독교인들이 관을 메고 간 것은 참으로 주목할 만한 일입니다.

지난 번 있었던 선교사의 장례식과 많이 대조되었습니다. 감리교 선교사인 헐 의사가 3년 전에 죽었는데, 제가 그를 아는 사람들에게 듣기로는 그처럼 자비로운 성격의 사람이 없었고 모든 힘을 다해서 한국인들의 삶을 향상시키기 위해 일을 했다고 합니다. 그가 죽었을 때 관습대로 관을 메고 묘소까지 갈 일꾼들이 고용되었는데, 그들이 반 정도 가서는 관을 내려놓고 돈을 더 달라고 했다고 합니다.

저희 모두가 미스 제이콥슨의 죽음을 매우 슬퍼합니다. 그는 정말 훌륭한 인품의 사람이었습니다. 그가 죽기 바로 전에 유언을 남겼는데, 그의 모든 것을 선교회의 "여성 사역"에 기부했습니다. 그의 유품들이 지난주에 공개 경매에서 팔려서 은화 700불을 모았습니다. 로티가 작년 크리스마스 때 저희 아기 헨리가 주는 것으로 해서 은으로 된 설탕 스푼을 미스 제이콥슨에게 선물했었는데 그 수저가 그가 죽은 후 로티에게 다시 돌아왔습니다. 또한 헨리의 사진 한 장도 다시 돌아왔는데, 저는 그것을 라이드 사촌에게 보내려고 합니다.

저희 선교 사역의 아름다운 결실에 대해 말씀드려야 하겠습니다. 부모님께서 아시다시피 한국에 있는 세 장로교단-호주 장로교, 북장로교, 남장로교-이 연합하여 한국에 하나의 장로교 교단을 형성했습니다. 그리고 이 연합교단은, 토착 교회의 조직화가 완성될 때까지, 선교사들로 구성된 총회가 관리하고 있습니다. 지난 번 총회에서 저는 올 한 해 동안 총회의 일원으로 선출되었습니다. 지난 두 주일 동안 오후에 세례 후보자들을 심사하느라 매우 바빴습니다. 언더우드 박사가 목회하는 서울의 한 교회와 그 교회가 개척하는 선교교회에서 신청한 세례 후보자를 벌써 50명을 심사했고 그 중 30명을 세례자로 받아들였습니다. 남은 사람들은 기다리라고 하거나, 추가 교리문답 과정에 배당되었습니다.

후보자가 신실하고 기독교인일 가능성은 있다고 믿어지지만 모르는 것이 많을 때나, 또는 저희들이 확실히 판단할 수 없을 때는 추가 교리문답 수업을 듣게 합니다. 심사 결과 저희들이 후보자가 잘못된 동기로 세례 받기를 원한다고 믿을 이유가 있을 때, 그런 일이 선교지에서 종종 생겨나는데, 그냥 기다리라고 말해 줍니다. 같은 교회에 아직도 15명 내지 20명을 더 심사해야 합니다. 지난겨울, 그 교회는 완전히 토착교인들의 헌금으로 교회 건물을 지었습니다. 그리고 도성 밖에 있는 선교교회도 재정적 도움 없이 교회 건축이 거의 완공 단계에 있습니다. 레이놀즈 씨가 섬기는 교회에서는 최근에 10명 정도가 심사를 받았는데, 그 중 4~5명이 오늘 세례를 받았습니다. 서울의 또 다른 곳에서 50명이 세례를 신청했고, 모펫 씨가 사역하는 북쪽 지역에서는 100여 명 후보자가 있는 것으로 압니다. 작년에 전킨 씨가 내려간 남쪽 지방에서는 그가 벌써 2명에게 세례를 주었고, 세례를 기다리는 다른 후보자들이 있습니다. 이처럼 선교 사역은 매우 고무적입니다. 이런 추세가 얼마간 지속된다면 곧 건실하고 자립적인 교회가 많이 생길 것입니다. 북쪽 지방의 한 교회에서는 전적으로 자신들의 재정으로 외국 선교사 한 사람을 초빙하는 것을 의논하고 있다고 합니다.

세례 후보자들은 총회 회원과 한국인 두 명 앞에서 개별적으로 단독 심사를 받는데, 심사가 매우 철저합니다. 아래 질문들이 주어지고 중요한 대답들을 기록합니다.

1. 이름

2. 주거지

3. 나이

언제 처음 복음에 대하여 들었습니까?

누구로부터?

그때 어떤 생각이었습니까?

얼마동안 복음을 믿어 왔습니까?

당신이 "믿는다"고 하셨는데 그 믿는 내용이 무엇입니까?

당신이 어떻게, 그리고 왜 그리스도에 의해 구원을 받을 거라고 기대하는지 설명해주십시오.

당신은 죄인입니까?

당신의 죄들은 용서받았나요?

그리스도가 당신을 위해서 한 일이 무엇입니까?

당신은 지금도 매일 죄를 짓고 있습니까?

지금 죄를 지으면 당신은 무엇을 하십니까?

기도하면 그리스도께서 당신을 용서하신다는 것을 어떻게 아십니까?

성령의 임재하심과 증거하심이 당신과 함께하십니까?

당신이 그리스도인이라고 믿는 이유가 무엇입니까?

지금의 당신의 행위가 전과 다릅니까?

얼마나 자주 기도하십니까?

무엇을 기도하십니까?

다른 가족에게 복음에 대하여 이야기한 적이 있고, 가족과 당신의 친구들이 복음을 믿도록 노력했습니까? (이것은 매우 중요한 질문임.)

주일을 지키십니까?

어떻게?

집 안에 있는 우상신들은 어떻게 하셨습니까?

조상에게 제사를 지내십니까?

첩이 있습니까?

여자일 경우, 당신은 본처입니까 아니면 첩입니까?

세례의 의미에 대해 말씀하십시오.

왜 세례 받기를 원하십니까?

당신이 진실로 믿는다면 세례 없이도 구원받을 수 있습니까?

생계를 위해 무슨 일을 하십니까?

부모님께서는 길고 힘든 심사라고 생각하실지 모르나, 오랜 경험 끝에 이런 식의 심사가 필요하다는 것을 배우게 되었습니다. 누가 좋지 않은 동기를 가지고 왔으면, 대답 어딘가에서 그것이 드러나기 마련입니다. 복음에 대한 지식만이 아니라 진실함을 심사하는 것입니다. 진리를 조금만 알되 바른 방식으로 안다면, 그들이 길 잃은 죄인이고 그리스도가 그들의 구주라는 것을 알고, 그 앎이 진실하다면 그것으로 충분합니다. 저는 부모님께서 이 세례문답 심사를 직접 보실 수 있었으면 하고 바래봅니다. 그들의 간증은 매우 명확하고 강합니다. 그들 중 어떤 이들은 정말 신실하고 믿음이 어린아이 같습니다.

안 좋은 소식을 전하게 되어 죄송하지만, 저희가 이곳에 온 이후 계속 함께 있었던 조리사가 어제 밤에 말 한마디 없이 떠났습니다. 오늘 듣기로는 저희가 그가 원하는 대로 3불을 가불해주지 않았기 때문에 화가 났다고 합니다. 그가 훌륭한 조리사였고 정말 좋은 하인이었지만, 로티는 하우스보이를 약간만 가르치면 곧 그 자리를 메꿀 수 있을 거라고 생각합니다. 바로 얼마 전에, 저는 문지기 없이 조리사와 하우스보이 그리고 유모가 모든 일을 할 수 있게 하려고 시도해 보았지만, 하인들이 관행을 거스르는 일을 하지 않으려 해서 실패했습니다.

아기가 아직 감기가 떨어지지 않았는데, 그것만 빼고는 저희 모두 잘 있습니다. 애니에게 저한테 『브라이언트 앤드 스트래톤 회계학』 책을 될수록 빨리 보내주는 것을 잊지 말라고 말해 주십시오.

로티와 헨리가 저와 함께 할머니와 할아버지 그리고 식구 모두에게 사랑을 전합니다.

사랑하는 당신의 아들
유진 벨

1897년 2월 10일
한국, 서울

사랑하는 데이빗

집에서 소식을 들은 지가 꽤 오래되었다. 내 생각에 한 달쯤 된 것 같다. 그 사이 우편물이 두 번 왔는데, 집에서 온 편지는 없었다. 매일 우편을 기다리고 있는데, 마침내 우편이 오면 어디에선가 지연되었던 편지들을 모두 받아보게 되기를 바라고 있다.

이번 겨울에는 추운 날이 꽤 많았으니, 작년 겨울처럼 좋은 날씨는 아니었다. 올 겨울은 변덕이 심해서 추울 때 더 추운 것처럼 느껴진다. 로티는 지난 주일에 심한 감기로 고생했는데 지금은 다시 괜찮아졌다. 그러나 아기가 아직 감기를 앓고 있는데, 어떻게 해야 감기를 낫게 할지 모르겠다. 에비슨 의사가 오늘 약을 보내주었는데 그 약이 잘 듣기를 바란다. 오늘 아침에 나는 아기가 홍역에 걸린 것으로 생각했다. 홍역에 접촉되었을 가능성이 어느 정도 있었기 때문인데, 홍역은 아닌 것 같다. 어차피 홍역이 걸리려면 차라리 지금 걸려서 그것을 극복하는 것도 괜찮을 것 같다.

드루 의사가 우리 집에 머물고 있는데, 어제 자전거를 타고 내리막 길에서 빨리 가다가 한 사람과 부딪히면서 심하게 넘어졌다. 무릎을 다쳤는데 오늘 보니 거의 움직이지 못한다. 일어날 수가 없고 많이 고통스러워한다. 에비슨 의사가 오늘 아침에 그를 보러 왔고 그를 치료하고 있다. 에비슨 의사는 상태가 심각하다고 생각하지는 않는 것 같은데, 그래도 며칠 동안은 걸을 수 없을 것 같다.

최근에 배달된 고향에서 오는 신문에서 사람들이 쿠바 사태에 대해 매우 흥분해 있고, 미국과 스페인 사이에 문제가 발생할 가능성[35]이 있다고 했다. 그 후에 그에 대한 소식을 조금밖에 접하지 못했는데, 우리가 들은 것은 쿠바인들이 스페인과의 싸움을 포기할 준비가 되어간다는 것이었다.

한국의 정세는 변함이 거의 없다. 왕은 아직 러시아 공사관에 있다. 지방엔 무법자 무리들이 강도질하고 약탈한다. 아무 쓸모없이 도적질이나 하는 수많은 관리들이 사람들의 목을 조이고 있다, 등등.

상황이 그럼에도 불구하고 우리의 선교 사역은 매우 고무적이고 교회는 계속 늘어나고 있다. 나는 곧 늘어나는 교인들에 대해 『크리스천 옵저버』에 실릴 짧은 글을 쓰려 한다.

언제든 남쪽으로 가는 배편이 있을 때 나는 나주로 가서 한 달 동안 있으려고 하나, 그것이 언제가 될지 모르겠다. 가는 배편이 곧 있을 것이라고 들었지만, 확실하게 말할 수 없다.

지난 번 편지에 우리 조리사가 월급의 일부를 가불해 주지 않아서 떠난 것에 대해 썼던 것으로 믿는다. 그래서 다른 사람을 하나 고용했는데, 똑같이 조리를 잘하는 듯싶고, 다른 면에서도 만족스러운 하인이 되기를 바란다. 이곳에서 우리는 고향에서 일반적으로 사람들이 부리는 것보다 많은 수의 하인을 두고 있는데, 도움을 많이 받긴 하지만 문제도 또한 많다.

그들은 우리가 아무리 잘 지키려고 해도 물건을 훔쳐낸다. 나는

---

35 이듬해인 1898년에 미국과 스페인 사이에 전쟁이 일어나고 미국이 승리한다. 그 결과로 쿠바는 독립이 되었지만 강력한 미국의 영향 하에 놓이게 되고, 또 미국은 스페인 식민지였던 필리핀, 푸에르토리코, 괌 등을 식민지로 얻게 된다.

장작과 석탄이 있는 곳은 잠가두고, 아침마다 장작 수를 세고 석탄은 양동이로 정해진 수대로만 가져가게 한다. 그럼에도 불구하고 그들은 부엌에서 장작을 훔쳐내고 램프에서 석유를 훔쳐가는 것으로 생각한다. 이곳에 오랫동안 있었던 사람들은 그들이 "너무 많이" 훔치지 않는 한 그들의 도둑질에 그리 신경을 쓰지 않게끔 되었다. 로티와 내가 이곳에 처음 왔을 때 우리는 다른 선교사들이 필요 이상으로 하인들이 많다고 생각했고, 그들보다 하인 한 사람을 적게 써보려고 했으나, 곧 그것이 일을 하지 않음을 알게 됐다. 그리고 최근에도 한 사람을 줄이려는 시도를 해보았는데 결과는 마찬가지였다. 감리교 선교사인 벙커 부인은 8년 동안 같은 조리사를 데리고 있었는데, 얼마 전 그를 해고해야 했고, 지금은 아무도 그곳에 가려 하지 않는다. 그녀는 지금 하인이 한 사람도 없다. 하인들이 그를 보이콧한 것이다.

내게 곧 편지를 써주기 바란다. 농장에서 일어나는 일들이 궁금하고 스콧의 올 농사가 어떠했는지 듣고 싶다.

우리는 지난여름에 암소를 하나 키우려다가 몹쓸 경험을 해서 그 후로는 더 이상 시도를 하지 않았다. 네 어린 조카에게 아직 농축우유와 멜린 유아식을 먹이고 있는데, 돈이 꽤 많이 든다.

아만다가 아직 조리사로 있는지, 올해 농장의 일손은 어떠한지 궁금하다.

식구들이 모펫 씨를 만났거나 그로부터 소식을 들었는지?

로티가 나와 함께 식구들에게 사랑을 전한다. 너의 조카는 자고 있는데, 만약 깨어 있었다면 "데이빗 삼촌"에게 보내는 유쾌한 메시지가 있었을 것으로 확신한다. 할아버님이 보내주신 선물로 주문한 헨리의 흔들목마가 4월 1일까지는 배달되기를 바라고 있다.

많은 사랑을 식구들에게 보내며,

사랑하는 너의 형제

유진 벨

추신. 프랭크 사촌이 준 편지 용지가 거의 다 없어져 가는 것이 안타
깝다.

1897년 2월 18일
한국, 서울

누이 애니에게

나는 지금 막 한동안 쓰고 있던 『크리스천 옵저버』에 보낼 글을 마쳤고, 이제 저녁 식사 전에 네게 짧게라도 편지를 쓰도록 해보겠다. 오늘은 저녁 기도 모임이 있는 날이어서 식사 후에는 편지를 쓸 수가 없기 때문이다.

로티는 다시 침실로 돌아와 아마와 함께 바느질을 하고 있다. 너의 어린 조카는 유모차에 앉아있고, 가끔 주의를 해달라고, 또는 유모차에서 꺼내달라고 요구한다. 나는 서재에서 책상에 앉아 있는데, 이 책상은, 아늑한 서재와 함께, 내게 큰 기쁨을 주는 귀중한 물건이다. 로티는 내가 책상에 이렇게 앉아있는 것을 너무 좋아한다고 한다. 나는 아침에 이 서재에서 선생님과 한국어 공부를 하고, 오후에 어디 나갈 곳이 없을 때는 대체로 이곳에 앉아 있다.

마침내 아이의 감기가 거의 떨어진 것 같고, 이제는 이전과 같은 모습이라고 전할 수 있어서 반갑다. 감기가 심했을 때 아기는 기침 때문에 자주 한밤중에 깨어나서 자기가 좋아하는 아빠를 깨어 있게 했다. 로티와 내가 교대로 아기와 함께 깨어 있었다. 이제는 다시 밤에 잘 잔다. 어제 밤에는 저녁 8시부터 아침 6시까지 계속 잤다.

이번 주 로티와 나는 우리가 명실 공히 사교계의 일원인 것처럼 느껴졌다. 일요일엔, 아직 자전거 사고로 무릎을 다쳐서 누워있는 드루 의사에게 친구인 블레이클리 의사가 방문했다. 블레이클리 의사와 드루 의사는 버지니아 대학에 함께 있었다. 그는 지금 해군에 속해있고 제물포에 정박 중인 "보스턴"호에 주둔하고 있다.

우리는 그를 월요일 점심에 초대했고, 같은 월요일 저녁에 우리 모두가 미국 공사관에서 씰 부인이 주관한 만찬에 초대되었다. 해군의 블레이클리 의사와 더톤 중위를 환영하는 저녁 7시 만찬이었다. 드루 의사는 갈 수 없었고, 알렌 의사 부부가 참석했었다. 훌륭한 저녁 식사였고, 즐거운 시간이었다.

화요일 밤에 로티와 나는 언더우드 박사가 주최하는 저녁만찬에 갔고 거기서도 즐거운 시간을 가졌고, 식사는 전날 저녁때보다 더 훌륭한 10가지 코스 요리였다. 모두들 맘껏 먹을 수 있을 만큼 양이 적지 않았다. 언더우드 박사의 형이 부자이고 언더우드 부인의 식구들도 부유해서, 그들은 원하는 만큼 돈이 풍족한 사람들이다. 그들은 선교 사역에 돈을 많이 쓰고, 또한 집을 멋지게 꾸며놓고 살고 이 벽지의 나라에서도 네가 상상할 수 없을 만큼 많은 편의 시설을 갖추고 있다. 집 위에는 물을 공급하는 물탱크가 있다. 보일러가 있어 스팀으로 집을 데운다. 그 외에, 침실, 서재, 응접실, 식당에는 옛날 식 벽난로가 있어 장작불이 기분 좋게 탄다.

저녁 만찬에 씰 부부와, 공사관으로부터 씰 부인의 자매, 그래함 부인, 알렌 의사 부부, 켄터키 출신의 그레이트하우스 장군 등이 참석했다. 그 집에는 잘 훈련된 한국인 하인들이 있었지만, 언더우드 박사는, 그가 이룬 여러 가지 성취에 더해서 훌륭한 조리사였고, 이 저녁만찬 준비에 그가 실제적으로 많이 도왔음이 분명하다. 내가 이 제껏 경험했던 것 중에서 가장 훌륭한 조리였기 때문이다. 이 부류의 사람들과 공사관들은 해마다, 아니면 때때로 돌아가면서, 외국인 사회의 인사들을 모두 초청하여 만찬을 연다. 언더우드 부부는 최근에 이와 비슷한 만찬 파티를 열어 오늘과는 다른 사람들을 초청했는데, 그렇게 친구들을 돌아가며 초청하는 것으로 생각된다. 이런 만찬에 정장이 있는 남자들은(공사관 직원, 해군 장교와 몇몇 다른 사람들) 모두 정장을 한다. 우리가 정장을 입을 필요가 없는 시골로 가는 것이 아니었다면, 내 정장을 아치에게 보낸 것을 후회했을지도 모르겠다.

화요일 밤 만찬 뒤에는, 모인 사람 중 아무에게나 편지쓰기 놀이로 재미있는 시간을 가졌다. 편지를 받은 사람은 그게 누구로부터 왔는지 모르는 채 답을 한다. 그런 후에 무명으로 쓰여진 편지들을 사람들이 즐거워하는 가운데 크게 읽었다. 로티는 부족한 한국어 능력을 극복하고, 씰 씨에게, 그의 영향력을 행사하여 새 철도 건설에 일자리를 하나 마련해줄 수 없겠느냐고 하면서, 자기는 노동은 할 수 없고, 감독이나 건널목을 지키는 일을 원한다고 하는 편지를 써서 두각을 나타냈다. 이것은 실제 한국인들로부터 거의 매일 듣던 말이다. 씰 씨가 아주 재치 있게 답변을 했는데, 그의 생각에는 감독 일만 명에 적어도 노동자 두 명은 필요하다고 말했다.

세계여행을 하면서 흥미 있는 곳이 어디였는지 묻는 편지에 대해 로티는 흥미 있는 곳들은points of interest 바로 컴퍼스가 가리키는 곳들points of compass, 북쪽, 동쪽, 남쪽 그리고 서쪽이라고 답변했다. 그러니 너는 이 나이 많은 숙녀가 나이 들어가면서 똑똑해져 간다고 생각하지 않니?

이곳 공사관들에는 중국인 하인들이 있는데, 그들은 훌륭한 하인들이다. 그들은 기본적으로 매우 일관되고 충실하다. 식탁에 앉은 많은 손님들을 접대하는 일에 시계처럼 정확하게 움직인다. 그들은 일정하게 한 장소에 소속되어 있어서, 공사관 직원이 바뀔 때마다 한 가족에서 다음 가족에게로 전수된다. 고용되기 전에 조리나 가사를 전문적으로 배우면서 동시에 영어를 배운다. 중국에 그들을 훈련하는 정규 학교들이 있다. 직업 조리사는 협회guild 회원이 되며 다른 일은 하지 못하게 되어 있다. 중국인들은 여러 면에서 괄목할 만한 사람들이다. 미국 대륙 태평양에 면하여 사는 많은 사람들이 이들 안정적인 중국인 하인들을 쓰고 있다고 한다. 그러니 고향에서도 검둥이들darkies이 그런 일을 더 이상 하지 않게 될 때 중국인 하인이 해결책이 될 수도 있을 것이다.

프랭크 사촌이 준 편지 용지들이 다 떨어져서 섭섭하다. 너라면 어떻겠니.

내가 타고 갈 것으로 기대하는 남쪽으로 가는 배가 아직 안 떠났다. 언제라도 곧 떠난다는 소식을 듣게 될 것이다.

집에서 소식을 못 들은 지가 한 달 내지 6주가 되었다. 로티는 그동안 편지를 많이 받았다. 내게 오는 편지는 어디서 지연됐던지 유실된 것이 확실하다.

로티와 헨리가 서재에 들어왔다. 로티가 고양이와 놀고 있고, 헨리는 좋아서 큰 소리로 웃는다. 그들이 나와 함께 식구들에게 사랑을 전한다.

사랑하는 너의 형제
유진 벨

추신. 우리 집에서 일하던 조리사가 언더우드 집에서 일하고 있는 것을 보았다. 상상이 가니? 그는 그 집에 정규 하인은 아니고, 만찬 접대를 돕고 있었다. 그는 그 일에 매우 훌륭하다. [해고 이후로] 그를 보는 것이 이번이 처음이다.

1897년 2월 28일, 일요일 밤
한국, 서울

사랑하는 누이에게

네가 1월 8일과 10일에 쓴 편지와 어머니께서 1월 12일에 쓰신 편지가 일주일 전 지난 토요일에 도착했다. 적어도 한 달 이상을 식구들 소식을 못 듣다가 마침내 이 편지들을 받고 얼마나 기뻤을지 너는 이해하겠지.

크리스마스와 조리 등에 대해서 네가 편지에 썼었지. 지금은 2월의 마지막 날, 새해로 넘어와서 벌써 두 달이 지나갔다. 얼마나 시간이 빨리 가는지. 한 일요일에서 다음 일요일까지 2~3일밖에 안 되는 것 같다. 헨리가 어제로 아홉 달이 되었고, 벌써 많이 자랐다. 아직 확실하게 기어 다닌다고는 말할 수 없지만, 어떤 식으로든 방 이쪽저쪽으로 옮겨 다닌다. 의자를 잡고 잠시 일어설 수 있으니, 곧 걸을 수도 있을 것 같다. 아이가 얼마나 똘똘한지, 어떤 일을 처음으로 수행하고 어떤 재주를 피우는지 너는 로티한테 이야기를 들어야 한다. 이 자랑스러운 아빠는 아기가 사랑하는 엄마만큼 그 모든 것에 대해 잘 이야기해줄 능력이 없다.

우리가 한국에 온 지 거의 2년이 되어 간다. 내가 얼마나 한국말을 조금밖에 하지 못하는지를 생각하면, 벌써 시간이 그렇게 된 것을 이해하기 어렵다.

식구들이 목이 뻣뻣해지는 것과 유행성 감기 등으로 크리스마스 주간에 병원 신세를 좀 진 모양이구나. 네 말에 의하면 아버님의 증상이 내가 전에 아파하곤 하던 종류의 "평범하게" 목이 **뻣뻣**해지는 것과는 다르다고 했다. 만일 아버님께서 내가 아파하던 것과는 다른 식으로 아프시다는 뜻이라면, 네 말이 맞는 것 같다. 그러나 오빠의 목이 아팠던 것이 그저 <u>평범한</u> **뻣뻣**함에 지나지 않았었다고 말하는 것이라면, 미안하지만 나는 너와 생각이 다르다. 네 목이 만일 내 목이 그랬던 것과 같은 식으로 그저 <u>평범하게</u> **뻣뻣**해지는 경험을 네가 하게 된다면, 다른 어떤 방법보다 더 확실하게, 내 말이 무슨 뜻인지 깨닫게 될 것이다.

나는 한국에 온 후로 한두 번 외에는 목이 아픈 고통을 겪지 않았다. 그러나 내가 생각하기에 똑같이 **뻣뻣**하고 아픈 증상이 허리에 몇 번 있었다. 그리고 나는 그것이 네가 말한 대로 류머티즘이라고 결론을 내렸다. 어제 나는 시골에 갈 때 가져갈 궤짝들의 경첩과 걸쇠를 손보느라 종일 밖에서 일을 했다. 허리를 굽히고 무릎을 쭈그리기를 꽤 많이 했는데, 조금 감기 기운이 생기고, 밤이 되어서는 허리를 펼 수 없이 많이 아팠다. 그래도 지금은 거의 괜찮아졌다. 나에게는 그런 식의 아픔이 아주 오래가지는 않지만, 그래도 아픈 동안은 꽤 아프다.

어머니께서 쾌차하시고 다시 건강을 찾으셨다니 기쁘다. 그리고 또 네가 한국 사진들을 받고 그것들을 좋다고 하니 기쁘다. 한국에 와 보지 않은 사람이 그런 사진들만으로도 얼마나 많은 것을 배울 수 있는지 설명하기가 쉽지 않다. 아치와 <u>데이빗</u>은 사교계의 신사들이 되었구나. 나는 아치의 학교 성적이 나아진 것이 기쁘다. 마샬이 더 이상 아프지 않았기를 바란다.

지금쯤 나는 엠브리를 잘 알아볼 것 같지 않다. 그가 <u>좀 커졌을</u>

<u>때</u> 어윈이 그를 주일학교와 교회에서 가르쳤던 이야기를 했다. 네가 모펫 씨의 방문에 대해 실망하지 않기를 바란다. 어머니의 매디슨 방문이 좀 늦추어지면 좋겠다. 그러면 어머니께서도 모펫 씨가 고국 으로 가져간 한국 물건들을 볼 수 있을 것이기 때문이다. 그런 기회는 다시없을 것이다. 그런 물건들이 값이 비싸서 우리는 집에 갈 때 그런 좋은 물건들을 많이 가져갈 수 없기 때문이다. 모펫 씨가 꼭 루이빌에 갈 것이고, 거기서 우리 식구들을 보러 갈 것이라고 생각한다. 위더스 푼 박사도 모펫 씨가 신학교를 방문해주기를 원하신다.

내가 오늘 밤에 어머니께도 편지를 쓰려고 하니, 이 편지는 여기 서 그치겠다.

많은 사랑을 담아서,
사랑하는 너의 형제
유진 벨

1897년 2월 28일, 일요일 밤
한국, 서울

사랑하는 어머니

오랫동안 기다리던 우편물이 일 주일 전에 왔고, 어머니와 애니가 1월 12일에 보낸 편지를 받았습니다. 먼 나라에서 오는 소식에 대하여 성경이 어떻게 말했던가요? 마른 땅에 내리는 소낙비와 같다고 말한 것으로 기억합니다. 그것이 정확하게 성경에 있는 비유이건 아니건, 아주 좋은 비유인 것이 확실합니다. 저희들이 오랫동안 허탕치며 "우편 깃발"을 주시하고 있다가, 마침내 집으로부터 소식을 듣게 되어 너무 반갑습니다.

저도 집에 가서 어머니께서 좋다고 하신 프리어슨 씨의 좋은 설교들을 듣고 싶습니다. 이곳 서울에서는 선교사들이 연합교회에서 차례로 돌아가며 설교를 합니다. 저희들 모두가 각자의 일로 너무 바쁘고 설교를 위한 준비는 따로 시간을 내어서 해야 하기 때문입니다. 그렇기 때문에 보통 설교가 최고 수준은 못 됩니다. 그래도 설교를 잘하는 선교사들이 있고, 어떤 때는 특별히 좋은 설교를 듣기도 합니다. 사방이 이교(異敎)와 사악함으로 둘러싸인 곳에서, 다른 모든 것은 차치하고서라도, 하나님의 집에서 예배드리는 회중과 함께 만난다는 자체가 특권입니다.

저희가 시골로 내려가면 이 예배가 많이 그리울 것입니다. 보통은 저희 선교사들만이 예배에 참석하는데, 종종 이곳에 사는 외국인들이 옵니다. 어느 일요일에는 다음에 열거하는 모든 나라의 사람들이

참석했습니다: 영국, 미국, 캐나다, 노르웨이, 독일, 중국, 일본, 러시아, 한국, 그리고 스웨덴이었습니다.

어머니의 작은 손자가 포근하게 자기 침대에 눕혀진 지 이미 오랜데, 아마 깨어 울지 않고 내일 아침 7시까지 잘 것입니다. 로티는 책을 내려놓고 머리를 내 무릎에 기대고 거의 코를 골 지경까지 되었습니다. 그러니 저는 이 편지를 서둘러 마감해야겠습니다.

저는 나주로 가기 위해서 목포행 증기선편의 소식을 헛되이 기다려 왔습니다. 전킨 씨는 오랫동안 증기선을 기다리다가, 어제 군산으로 가기 위해 작은 돛배로 제물포를 떠났습니다. 이틀이 걸릴 수도 있고, 열흘이 걸릴 수도 있습니다. 그는 부인과 아이들 둘을 데리고 제물포까지 육로로 가야 했습니다. 그들의 아기는 저희 아기와 나이가 같습니다. 아무리 빨리 간다고 해도 8시간이 걸리므로, 2월의 날씨에 정말 심각한 여행길입니다. 강을 따라 갈 수도 있었겠지만 강이 얼어서 길이 막혔습니다. 드루 의사는 아직 이곳에 있는데, 며칠 후에 비슷한 작은 배로 출발하려고 합니다. 그는 짐이 많아서, 강의 얼음이 녹으면 배가 와서 짐을 실어가야 합니다.

저도 증기선편으로 목포까지 갈 생각을 포기했고, 나주까지 육로로 갈 것입니다. 육로로 200 내지 250마일 되는데, 조랑말로 아침부터 어두워질 때까지 계속 가면 적어도 8일 정도 걸릴 겁니다. 저는 3월 8일 월요일에 출발하여 아마도 한 달 내지 6주 정도 출타할 것입니다. 저는 조랑말 세 마리를 끌고 갑니다. 하나에는 짐을 가볍게 싣고 그 위에 제가 타고, 다른 하나도 짐을 가볍게 해서 저의 선생님이 타고, 조리사는 선생님과 번갈아서 조랑말을 타고, 셋째 조랑말에는 책과 식량 등을 싣고 가려고 합니다. 이렇게 짐을 싣고 조랑말 세 마리와 저희 세 사람이 가는 모습을 사진으로 찍어서 보내드리고 싶지만, 아무래도 그것은 불가능할 것 같습니다.

최근 들어 날씨가 꽤 온화해졌고, 지금은 매우 좋은 날씨입니다. 여행하는 동안도 날씨가 좋기를 바랍니다. 레이놀즈 씨는 전주로 가 있는데, 이번 봄에 거기에 집을 지으려고 합니다.

제가 잊어버릴 뻔했는데, 한국의 왕이 마침내 러시아 공사관을 떠나서 외국인 지역에 새로 지어진 궁궐[36]로 들어갔습니다. 이 일은, 적어도 러시아 공사관을 나온 일은, 그동안 왕에게 그렇게 하도록 청원해온 적지 않은 수의 백성들을 만족시키기 위한 것이었습니다. 이제 같은 사람들이 다시 옛 관습으로 돌아가기 위해 그동안에 이루어진 모든 개혁을 폐지하려고 합니다. 한국은 정치적으로 매우 딱한 처지에 놓여 있습니다. 제가 믿기로는 복음 외에는 거의 희망이 없습니다. 최근 『옵저버』에 실린 제 글을 보시면 이곳의 선교 사역이 얼마나 고무적인지 알 수 있으실 것입니다.

로티가 지금 꿈나라에 있지 않고 깨어 있다면 분명 시어머니께 드리고 싶은 말이 있을 테지만, 지금 상태에선 저희 세 사람의 사랑을 할머니, 할아버지, 삼촌들과 이모, 고모들 모두에게 전하는 것으로 편지를 끝내겠습니다.

지금 그곳은 일요일 이른 아침일 테니, 저희가 지구의 이쪽에서 잠자는 동안 어머니는 지구의 다른 쪽에서 프리어슨 씨로부터 또 하나의 훌륭한 설교를 듣고 계시기를 바랍니다.

---

36 고종은 러시아 공사관에서 나와 그곳에서 가까운 경운궁으로 이어했는데 새로 지은 것은 아니고 수리한 것이었다. 경운궁이 후에 덕수궁으로 불리게 되는데 덕수궁이라는 명칭이 일제의 잔재라는 지적이 있다.

사랑하는 당신의 아들

유진 벨

1897년 3월 18일, 목요일
한국, 전라도, 나주

사랑하는 어머니

오늘 밤 제가 모국어로 대화할 수 있는 가장 가까이 있는 사람에게 도달하려면 사흘을 여행해야 하는 그런 곳에 와 있는 처지를 어머니는 아실런지요? 작고 더러운 이 한국 여인숙Korean inn을 들여다보시면, 흙바닥, 흙벽, 그리고 창호지 문과 창문 등으로 된 작은 방 안에서, 한국 의자, 그러니까 방바닥에 앉아 궤짝 위에서 편지를 쓰고 있는 저를 볼 것입니다. 그래도 저는 마음이 아주 편안합니다. 저 혼자 이 방을 사용할 것으로 기대하고 있고, 석유, 작은 램프, 식료품, 그리고 무엇보다 벌레들의 왕국인 한국식 방바닥 위에 직접 누워 자지 않아도 되게 접이식 간이침대 등 문명생활의 이기들을 지참하고 왔기 때문입니다. 그러나 아무리 주의해도, 바로 지금도 제 몸에 벌레들이 기어 다닙니다. 그러니 곧 그런 작은 일에는, 고향에서 신경 쓰던 식으로 신경을 쓰지 않는 법을 배우게 됩니다.

저는 제 선생님과 함께, 언덕 위 공기 좋은 곳에 로티와 헨리가 이번 가을에 옮겨 올 수 있도록 작은 집을 지을 계획을 가지고 며칠 전에 이곳으로 왔습니다. 저의 선생님이 그가 거처할 방과 제가 쓸 방 둘, 그리고 작은 서재를 꾸밀 방이 있는 집을 하나 샀지만, 주민들이 저의 선생님이 "외국인"과 관련된 것을 알고 큰 소란을 피웠습니다. 그래서 일을 더 이상 추진하기 전에 조금 더 기다려 보기로 결정했습니다. 그 집을 개조하면 제가 이곳에 올 때 머물 수 있는 편안하고 깨끗한 집으로 만들 수 있습니다.

저희들이 이곳에 오는 것을 주민들이 반대하는 주된 이유는, 전에 이곳에 살던 일본인들이 그랬다고 그들이 말하는 것처럼, 저희가 한국 여자들이 빨래하는 곳에서 벌거벗고 목욕을 할까 봐 두려워하기 때문인 것 같습니다. 그들의 외국인에 대한 지식은 일본인으로 한정되어 있고, 모든 외국인들은 다 비슷하다고 생각합니다.

한국인들은 마음이 사악하고 생각이 부도덕해서, 자연스럽게 저희들을 의심합니다. 특히 저희가 저희의 아내들과 함께 있지 않을 때에 더욱 그렇습니다. 선교사의 가정생활은 그들에게 커다란 구체적 실물교육입니다. 미혼 여성 선교사들은 견뎌내야 할 것이 많습니다. 미혼 여성 선교사들이 저희 남자 선교사들의 첩이 아니라는 것을 믿게 하는 데 큰 어려움이 있습니다. "아이가 몇이나 되느냐"는 질문에도 대답해야 합니다.

제가 하우스보이를 이곳으로 데리고 왔는데, 그가 아주 훌륭한 조리사 노릇을 합니다. 그는 양철로 된 뚜껑이 있는 보통 비스킷 만드는 통에 위아래로 석탄불을 놓아서 베이킹파우더를 넣은 비스킷을 잘 만듭니다. 주석으로 만든 작은 오븐도 있는데 닭이 아주 잘 구워집니다. 통조림 식료품을 많이 가져왔고, 정어리 통조림, 치즈, 크래커, 잼, 우유와 버터, 커피 등등을 가지고 와서 식생활은 문제없습니다.

저는 이곳에 온 뒤에 로티에게서 소식을 듣지 못했고, 바깥세상에서 무슨 일이 일어나는지 아무것도 모릅니다. 내일 여기에 보태서 조금 더 쓸까 생각하는데, 오늘 밤에는 이만 줄이겠습니다.

모두에게 많은 사랑을 보내며,
당신의 사랑하는 아들
유진 벨

1897년 4월 6일
한국, 서울

사랑하는 어머니

오늘 밤은 제가 무척 피곤하지만 어머니께 짧은 편지라도 드리겠습니다.

며칠 전에 어머니께 엽서를 보내면서 제가 무사히 집에 돌아왔고, 로티와 헨리도 모두 잘 있다고 전해드렸습니다. 저희가 지금 살고 있는 집은 수리할 곳이 아주 많은데, 드루 의사가 가구 등을 내갔기 때문에 저희는 방 몇 개를 더 쓸 수 있습니다. 그래서 로티와 저는 집을 수리하는 중이고, 여름에 좀 더 편안하게 지낼 수 있도록 방들을 다시 정돈하는 중입니다. 오늘은 목수와 미장공을 불러서 일을 하고 있어서, 그들 일을 보아주느라 바쁩니다. 만일 어머니께서 이런 한국 집에서 사셨다면, 이리저리 칸막이를 세워서 방들을 마음대로 바꿀 수 있으셨을 것입니다. 칸막이로 방을 나누는 것이 아주 쉽습니다.

저는 또한 남쪽으로 출장 갔던 일로 해서 지연되었던 밭일 때문에 바쁩니다.

어머니께서 어린 손자가 여기저기로 기어서 사람들이 걷는 것만큼이나 빠른 속도로 돌아다니는 것을 보실 수 있으면 하고 꿈을 꿉니다. 아기는 늘 깨어 있고 뭐든지 재미있어 합니다. 이 아이는 특별히 돌보아주거나 사람 손을 많이 타지 않고, 거칠기도 해서, 안아서 어르려고 하면 언제나 코나 머리칼을 잡아당깁니다. 여윳돈이 있다고 제가 판단되면 어머니께서 요청하신 것처럼 저희 가족사진을 찍어서 어머니께 보내드리겠습니다. 그러나 제 생각에 다음 사진은 집에서 이쪽으로 와야 할 것 같습니다. 아버님께 혹시 생각이 다르신지 여쭈어 보세요.

미국 성서공회 대리인인 피터즈Pieters 씨에 대해 제가 전에 편지에 썼던 것으로 생각되는데, 그도 저처럼 나주에 갔었습니다. 그는 젊은 유대계 러시아인인데, 1년 전쯤 일본에 있을 때 기독교로 개종하고 한국에 성경을 팔러 파송되었습니다. 그러나 이제부터는 이곳의 북장로교에서 운영하는 병원에 보조로 고용될 것 같습니다. 그가 나주에 갔을 때 제게 말하기를 2~3년 동안 병원에서 보조역으로 일하면서 의술에 대해 배울 만큼 배우고, 미국으로 가서 의학 공부를 하고, 미국 여자를 아내로 얻어 의료선교사로 다시 한국으로 오고 싶다고 했습니다.

로티가 어제 외출에서 돌아와서, 피터즈 씨의 신부로 채택된 여자가 러시아에서 와서 지금 빈톤 박사 집에서 머물며 피터즈 씨가 시골에서 돌아오기를 기다리고 있다고 제게 말했을 때 제가 얼마나 놀랐을지 상상해 보십시오. 그 혼인은 러시아 풍습대로 양가 부모들에 의해(그들 부모들은 아직 유대교인입니다.) 결정된 것이고, 신랑 될 사람은 그에 대해 알지도 못한 채 그와 결혼하기 위해 신부가 이곳으로 보내진 것입니다. 그 일의 진행사항은 나중에 말씀드리겠습니다.

로티가 저와 함께 사랑을 보내며, 헨리도 그가 벌써부터 꿈나라로 가 있지 않았었다면 사랑하는 할머니께 전할 말이 있었을 것입니다.

사랑하는 당신의 아들
유진 벨

1897년 4월 14일
한국, 서울

사랑하는 누이에게

지난번에 내가 집으로 보내는 편지를 쓴 이후로 우리는 아직 아무 우편물도 받지 못했다. 정원 일과, 빠르게 헐어져 가는 우리가 사는 이 옛집을 수리하느라 나는 몹시 바쁜 시간을 보냈다.

네가 알다시피, 작년 가을에 로티와 나는 우리 선교회 소유의 이 집으로 이사 왔다. 집이 아주 커서, 우리가 이사 오기 전까지는 두 가족이 살고 있었다. 로티와 내가 집 전체를 쓰게 된 것도 사실은 바로 얼마 전이다. 고칠 곳이 너무 많아서, 선교회에서 나에게 금화 25불의 예산으로 팔 수 있을 정도로 집을 고쳐보라고 했다. 그래서 지난 열흘 동안 나는 한국 목수, 미장공, 벽지 바르는 사람들과 일하느라 바빴는데, 확실히 육체에 무리가 가는 것 같다. 그들로 하여금 내가 원하는 대로 일을 하게 하기 위해서는 매순간 그들을 감시해야 한다.

나는 또 일꾼 두 명을 불러서 마당과 밭일을 하게 하였다. 마당 아래쪽으로 작은 밭을 만들고, 밭을 만들면서 들어낸 잔디 떼를 마당 곳곳 맨흙이 들어난 곳에 옮겨 입혀서 마당의 모양이 현저히 향상되었다. 걷는 길도 내고, 거기에 작은 자갈을 깔았다.

집 전면 외벽 전체를 갈색 벽지로 발랐는데 페인트칠한 효과가 난다. 지붕의 처마가 3피트 정도로 집 전체를 둘러쳐져 있으므로 벽지가 비에 젖지 않는다. 침실과 거실 그리고 식당도 벽지를 새로 발랐다. 이 모든 것을 하는 비용이 금화 25불을 넘지 않았는데, 전과는 아주 다른 집처럼 보이고, 우리 생각에 썩 좋아 보인다. 식당은 (이 국적인 테두리와 천장을 제외하고는) 전체를 이곳에서 파는 갈색 종이로 발랐는데, 식당 전체를 바르는데 25센트가 채 안 들었다. 집 전면 벽을 갈색 벽지로 바르는 것은 금화 60센트 정도 들었다.

우리는 겨울 동안은 집의 한 쪽만 쓰면서 연료 값을 줄이느라 좁은 공간에 붙어서 살다시피 했는데, 지금은 날이 따뜻해졌으니 이제 집 전체를 쓰면서 내가 보내는 집 도면대로[37] 넓게 퍼져서 산다. 우리는 부엌 외에 방 4개에 가구를 비치했다. 바닥에는 모두 일본식 돗자리를 깔았고, 내 서재를 빼고는 방 가운데에 사방 8피트의 카펫을 놓았다. 우리가 집을 얼마나 잘 가꾸어 놓았는지, 네가 와서 볼 수 있으면 참 좋겠다. 우리는 지금 이 집이 매우 편안하다.

다만 한 가지 아쉬운 것은 우리가 이런 편안한 숙소를 곧 떠나야 하고(올 가을 내지 내년 봄), 이 집은 팔리게 될 것이다. 내 서재에는 난로, 내 책상, 책장, 작은 테이블, 사전 스탠드, 그리고 의자 세 개가 있다. 식당에는 식탁 외에 사이드보드, 작은 테이블, 벽에는 로티의 예쁜 도자기들이 진열된 기다란 선반, 식탁 중앙 위에는 거는 램프, 의자 등이 있다.

거실에는 책장, 로티의 책상, 소파, 작은 테이블, 옷장, 의자 등이 있다. 침실에는 우리 침대, 헨리의 침대, 옷장, 화장대, 세면대, 내 서랍장, 작은 테이블 하나와 의자 등이 있다. 이런 가구들과 그림 몇 점, 훌륭한 가정주부가 예쁘게 배치할 수 있는 여러 작은 장식물

---

37 원문 데이터에 도면이 남아있지 않다.

들로 지상에서의 우리 거처의 내부는 이루어져 있다.

그렇다고 이런 모든 것들이 아주 세련되고 우아하게 장식되어 있다고 생각하면 안 된다. 왜냐하면 집은 예쁘고 새롭게 개조되었지만 우리 가구들 대부분은 내가 손수 만든 것이기 때문이다. 집에 있는 테이블 세 개는 내가 손수 물품 상자에서 나온 나무로 만들고 페인트를 칠한 것이다. 일인용 박스매트리스에 내가 다리를 달고 로티가 천으로 덮어서 소파로 쓰고 있다. 그리고 큰 박스에는 경첩을 달고, 로티가 천으로 그것들을 싸서 우리 옷을 넣는 옷장으로 사용하거나 침구들을 보관하는 데 사용한다. 어떤 테이블들은 내가 손수 상자를 이용해서 만들었지만, 로티가 수를 놓아 만든 흰 테이블보를 덮어 놓아 아주 멋있다.

우리 밭이 아주 작은데, 그래도 잘 되기를 바란다.

한 2~3주 안에 나는 다시 나주로 가서 한 달 정도 있을 것이다.

헨리가 심한 감기로 여러 날 앓고 있어서 우리가 한동안 심란했는데, 이제는 많이 좋아졌다. 지금 네가 헨리를 볼 수 있으면 얼마나 좋을까. 그 아이는 확실히 활달한 아이이다. 잠자는 시간 외에는 1분이라도 가만히 있는 법이 없다. 아직 걷지는 못해도 얼마나 빨리 기어 다니는지, 모든 사람들과 조리사까지도 달라붙어서 아이가 사고를 내지 않도록 막아야 한다.

나는 자주 아이를 목에 태우고 방 주위를 걷는데, 아이가 그것을 몹시 좋아한다. 대개는 아이가 내 머리를 끌어당겨서 오래 태워줄 수가 없다. 또한 내 발 위에 타고 걷는 것을 좋아하는데, 그럴 때는 주로 혼잣말로 흥얼거린다. 아이가 나이든 유모를 좋아하고 유모도 아이를 좋아해서, 둘이 아주 잘 지낸다.

아이가 이제 닭고기 스프를 먹기 시작하고, 계란 반숙과 비튼비스 켓 등을 조금씩 갉아 먹는다. 오래지 않아 <u>그 비싼</u> 농축우유와 멜린 유아식에 지금처럼 많은 돈을 쓰지 않아도 되기를 바란다. 우리가 육아비로 일 년에 금화 백 불씩 받는 것을 쓰지 않고 아이의 교육비 로 저축하려고 노력하기 때문에, 그렇게 유아식에 돈을 쓰기가 좀 어렵다.

쉘돈 헐버트는 헨리보다 약간 일찍 태어났는데 3주 전에 죽었고, 침례교 선교사 폴링 씨의 아기는 폐렴으로 많이 아프다. 그런 일 때 문에 헨리가 감기에라도 걸리면 우리는 염려하게 되고, 그럴 때마다 아기의 회복을 위해 온갖 노력을 한다.

머지않아서 나는 아기와 함께 사진을 찍으려 한다. 아버님께서 보 내주신 돈의 일부로 주문한 아기의 흔들목마가 도착했는데, 아직 그 걸 타기에는 아기가 약간 어리다고 아버님께 말씀드려라.

또 아버님이 보내주신 돈으로 감리교 선교회의 아펜젤러 부인으 로부터 아주 예쁜 유아침대를 샀다. 쓰던 것이지만 거의 새 것같이 아주 좋은 침대인데 은화 십 불을 주었다.

로티는 벌써 잠자러 들어갔고, 밤이 늦어가니 나도 이만 편지를 끝내야겠다.

모두에게 사랑을 보내며
사랑하는 너의 형제
유진 벨

추신. (퓰리엄에게 내 환호성을 보낸다!)

1897년 4월 24일
한국, 서울

사랑하는 어머니

제가 지난번에 어머니께 편지를 했는지 애니한테 했는지 잊어버려서, 그냥 어머니께 편지를 하겠습니다. 만일 애니에게 쓸 차례였으면, 애니에게 이 편지를 네 것으로 읽으라고 하십시오.

오래 기다리던 우편물이 어제 왔습니다. 3주 만에 처음 받는 우편이었습니다. 애니가 3월 2일에 쓴 길고 멋진 편지와 마샬이 2월 21일에 쓴 편지를 받았습니다. 또한 여러 종류의 신문들도(대통령 취임식에 관한 보도 등) 받았고, 로티도 집으로부터 편지를 받았습니다.

시골에서 돌아온 이후 계속 정신없이 바빴는데, 이제 한 열흘 정도 되면 다시 나주로 가서 저희가 가을에 이사 갈 집을 짓도록 노력해 보려고 합니다.

지금 제 시간을 사로잡고 있는 많은 일들을 다 말씀드리기는 어렵지만, 무슨 일이든 고국에서 일을 하는 속도보다 두 배 정도 더 시간이 걸리는 듯합니다. 지금은 밭일을 거의 끝냈습니다. 감리교의 버스티드 의사 부부가 버스티드 의사의 건강 문제로 귀국을 하는데, 제가 그들의 밭을 떠맡기로 이야기가 되었습니다. 그래서 올해는 딸기와, 구스베리, 라즈베리, 배, 사과 등이 아주 많이 수확될 것입니다.

스튜어트의 방문이 좋았다니 저도 기쁩니다.

최근의 편지 중 어딘가에, 애니가 『리포지터리』에 대해 물어보았습니다. 금년에는 제가 그것을 식구들에게 계속 보내드릴 수 없어서 죄송합니다. 식구들이 계속 구독하기를 원하신다면 1년 구독료가 은화 3불, 금화로 1.6불 정도입니다.

애니가 루이빌에 잘 다녀왔다니 반갑습니다. 위더스푼 박사께서 부기에 관한 책을 보내주셔서 바로 지난 번 우편물로 도착했습니다.

애니 말이, 헨리가 이가 나는 동안 잘 견뎌서 기쁘다고 했습니다. 지금 이가 여덟 개가 났는데, 요즘 며칠 동안 편치 않았습니다. 감기가 들어서 밤에 기침을 합니다. 에비슨 의사의 말로는 심한 감기가 아니라고 하니, 곧 낫게 되기를 바라고 있습니다. 아기가 똑똑하고 잘 놀고 잘 먹는데, 에비슨 의사의 말로는 입맛이 좋은 것이 아기의 감기가 심각하지 않다는 것을 시사하는 것이라고 합니다. 이제는 거의 혼자서 설 수 있고, 끊임없이 움직입니다.

아기의 늙은 유모가 오늘 아침엔 아기가 석탄 통에 들어가지 못하게 하고, 난로에 가까이 가지 못하게 하고, 또 다른 위험한 일을 못하게 하는 데 시간을 너무 많이 써서 다른 일은 할 시간이 없다고 불평을 했습니다. 로티가 그녀에게 말하기를, 지금 그렇게 문제가 많다면 아기가 걷게 되면 어떻게 하냐고 물었습니다. 유모가, 그 나이가 되면 하지 말라는 말을 알아듣는다고 대답했습니다. 이곳의 외국인 자녀들이 그렇듯이, 헨리도 한국어를 먼저 말하고 알아듣게 될 겁니다. 저희도 아이에게 반은 한국말로 하고, 물론 다른 하인들에게서는 한국말밖에는 듣지 못합니다.

아치와 마샬의 학교 성적이 좋았다고 하니 정말 기쁩니다. 제가 축하한다고 전해주십시오. 스콧과 데이빗에게 제가 귀국했을 때 흥미 있는 경쟁 상대가 되도록 지금부터 열심히 체스를 연마하라고 말해 주십시오.

고국의 화폐 문제에 관해 제가 한 발언들이 식구들에게는 제가 농부들의 반대쪽 편을 드는 것으로 해석되는 것 같습니다. 저도 농부들을 위해서 개혁이 꼭 필요하다는 것에 대해 식구들과 같은 생각이고, 적어도 식구들만큼, 아니면 식구들보다 더, 그 어느 때보다 농부들의 처지를 동정합니다. 허나 저는, 지금 상정된 은화에 관한 법안이 다른 누구에게보다 농부들에게 힘든 타격을 줄 거라고 진실로 믿습니다.

최근 신문을 보시면, 은본위 시행에 앞서 나간 일본이 이젠 은본위제가 작동을 하지 않음을 깨닫는 단계까지 온 것을 알게 되실 것입니다.

오늘은 춥고 비가 내려서, 저의 등이 제가 역시 아버님의 아들임을 알려주고 있습니다. 한국에 온 이후 받은 비슷한 경고로 인해, 저도 아버님께서 겪으시는 것과 같은 류머티즘으로 인한 여러 가지 어려움을 피할 수가 없는 것을 깨닫습니다.

저는 내일 우리 외국인 교회에서 설교합니다.

해리슨 씨가 전주에서 와서 지금 저희와 함께 있습니다. 그가 저와 함께 나주로 갈 것입니다.

서울과 제물포를 잇는 철도공사가 진행되고 있습니다. 미국에서 서울에 있는 특송 회사로 오는 춘계 화물이 도착했습니다. 더 많은 서울의 거리들이 넓혀지고 있습니다. 한두 사람 빼고는 이곳의 외국인들이 모두 건강하게 잘 지내고 있습니다. 선교 사역은 매우 고무적이고, 우리가 감사해야 할 커다란 원인이 됩니다.

로티와 헨리가 저와 함께 식구들께 사랑을 전합니다.

사랑하는 당신의 아들
유진 벨

1897년 5월 2일 일요일 밤
한국, 서울

사랑하는 어머니

제가 지난 번 어머니께 편지를 드린 이후로 어머니께서 3월 26일자로, 어머니의 우드레이크[38] 여행 등에 대해 쓰신 길고 반가운 편지를 받았습니다. 어머니께서 즐거운 여행을 하셔서 저도 기쁩니다.

애니가 몸이 좋지 않다니 안됐습니다. 지금쯤은 벌써 나아졌기를 바랍니다. 로티에게 보내신 장갑이 아직 도착하지 않았지만, 다음 우편으로 받을 수 있기를 바랍니다. 앤드루 씨의 죽음을 말씀하시면서 한국 사람들도 자살을 하느냐고 어머니께서 물으셨지요. 한국인 사이에도 자살이 매우 잦습니다. 바로 며칠 전에도 에비슨 의사가 제게, 아편, 양잿물, 목 찌르기 등으로 자살을 시도한 사람들을 아주 많이 치료했다고 했습니다.

지난 한 주 동안은 시골에 내려갈 준비를 하느라고 매우 바쁘게 지냈습니다. 해리슨 씨와 저는 내일 아침 나주로 출발해서 한 달이나 6주 정도 가 있을 계획입니다.

며칠 전에 사진사를 집에 오게 해서, 저희들이 지방으로 여행할 때 하는 것처럼 말 탄 모습을 찍게 했습니다. 어머니께 하나를 보내고 또 하나는 『미셔너리』에 보내려고 했는데, 사진이 잘 나오지 않

---

38 켄터키주 루이빌(Louisville)에서 100km 동쪽에 있는 우드레이크(Woodlake)를 지칭하는 듯하다.

앉습니다. 내일 아침 일찍 다시 찍을 때에는 사진이 잘 나오면 좋겠습니다. 어머니의 아들과 손자가 함께 있는 사진은 성공적이었습니다. 아기의 실물에는 못 미치지만, 아마 제가 사진으로 얻을 수 있는 최상의 모습이라 생각합니다. 어제 시험 인화본을 확인했으니, 사진이 나오는 대로 될수록 빨리 어머니께 보내라고 로티에게 부탁하겠습니다. 어머니께서는 아마도 저의 사진 속의 모습이 저와 같지 않다고 생각하실 텐데, 저의 멋진(?) 수염과 전보다 살이 많이 쪘기 때문입니다. 제가 아주 행복한 아빠 같아 보인다고 생각지 않으세요? 어머니께서 사진을 좋아하시면 좋겠습니다.

수요일에 헨리의 포경수술을 시행했습니다. 그에게 꼭 필요했던 일이었습니다. 수술 받을 때 전혀 문제가 없었고, 하루 지난 후에도 불편해하는 기색이 전혀 없는 듯했습니다. 오늘은 완전히 회복이 된 것 같고, 이 일이 끝나서 기쁩니다. 그래도 아기가 아직 감기 기운이 다 가시지는 않았습니다. 겉으로 아파 보이지는 않지만 아직 약간 기침을 하는데 별것 아니기를 바랍니다.

밭의 작물이 올해는 늦습니다. 이제까지 아스파라거스와 무 말고는 거둔 것이 없습니다. 아스파라거스는 아주 잘 되어서 맛있게 먹었습니다. 아스파라거스 밭 하나는 꼭 가꾸려고 해왔습니다. [제가 없는 동안] 로티가 밭의 준비를 잘 해놓았고, 봄에 일찍 나오기 때문에 아스파라거스 키우는 것이 즐겁습니다.

나주에 여행하면서 저는 딸기 모종과, 라즈베리와 구스베리 가지들을 가져가서 싹을 틔우려고 합니다. 이곳에서 밭일은 저에게 기분 전환과 즐거움을 주는 것들 중 하나이면서, 좋은 채소를 확보하는 유익한 일이므로, 항상 잘 가꾸어진 밭을 가지려고 합니다. 제게 원예에 대한 책이 두세 권 있고, 정착하는 대로 제 나름으로 궁리한 방법들도 적용해 볼까 합니다.

어머니께서 제 편지 중 하나를 라이드 사촌에게 보내서 선교회 모임에서 읽게 하시겠다고 하셨지요. 제 편지에는 흥미 있는 선교에 관한 소식이 별로 없는 것이 마음에 걸립니다. 오히려 『옵저버』나 『미셔너리』에 실린 제 편지를 보내는 것이 나을 것으로 생각됩니다.

언더우드 씨의 건강 문제로 부부가 일본에 가 있습니다. 버스티드 의사의 건강 문제로 그 부부가 며칠 내로 미국으로 떠나는데, 두 경우 다 몸에 무리가 가도록 일을 해서 생긴 문제입니다.

조이스 감독님이 도착했고, 감리교 연례 회의가 이번 수요일에 시작될 것입니다. 감독님이 오늘 설교를 했는데 아주 훌륭했습니다. 가끔 새로운 사람의 설교를 듣는 것은 저희에게 특별한 기쁨입니다.

우리의 선교 사역은 계속해서 고무적이지만, 이곳의 정치 상황은 매우 우울합니다. 정부를 운영할 만큼 정직한 인재들이 충분히 없는 것이 커다란 문제 같습니다. 정부가 속에서부터 썩었습니다. 제이슨 의사가 며칠 전에 정부가 실제로 산 사람의 가죽을 벗겼다고 제게 말했습니다. 다른 이는 너무 심한 매로 다리뼈가 드러나고, 종아리에 크게는 5센트짜리 동전 크기의 가죽이 온전히 떨어져 나갔다고 합니다. 이 사람들은 무조건 잡혀 들어와 재판도 없이 이런 식으로 당하는데, 종종 그들이 유죄이긴 해도, 결백한 이들도 꽤 자주 이렇게 고통을 당합니다.

제이슨 의사가 오늘 아침 한국 교회에서 설교를 했습니다. 우리말로 "심퍼티Sympathy"라는 말이 의미하는 것에 대해 이야기하고 싶었는데, 거기에 맞는 한국말이 없어서 그냥 영어 단어를 쓰고 그것의 의미를 설명해야 했다고 합니다. 어머니께서는, 어느 민족이 <u>동정심 이라는 말조차 없을 정도로</u> 동정심이라는 것을 거의 모르고 산다는 것이 슬프게 생각되지 않으신지요?

제가 편지 쓰기를 잠시 멈추고 로티에게 더 이상 쓸 것이 있느냐고 물으니, 로티 말이 제가 얼마나 훌륭한 아내와 사는지, 그리고 사진 속의 제가 얼마나 잘 생겼는지 어머니께 말씀드리라고 합니다. 첫째 것은 어머니께서 익히 아시는 바고, 둘째도 사진에서 직접 보실 터이니 제가 더 이상 언급할 필요가 없는 것 같습니다. 그래서 저희 세 식구의 사랑을 모두에게 전하는 것으로 이만 마감하겠습니다.

사랑하는 당신의 아들
유진 벨

추신. 로티가 한국 예술의 한 견본으로 나비 하나를 보냅니다. 제대로 잘 도착하면 좋겠습니다.

1897년 5월 19일
한국, 전라도, 나주

사랑하는 어머니

제가 비록 세상으로부터 멀리 떨어져 있지만 건강하게 잘 지내고 있다는 것을 어머니께 알려드리기 위해 이 메모를 보내드립니다. 스콧이 몬태나에 있을 때, 세상에서 동떨어져서 사는 것 같이 느껴진다고 말하곤 했습니다. 형이 이곳 한국의 남쪽 지방에 와 있다면 어떻게 느낄지 궁금합니다. 서울에서 이곳까지 편지가 오는데 11일이 걸립니다. 만일 로티나 아기가 아파서 제가 서둘러서 집으로 가야 할 일이 생기면, 로티가 편지를 쓴 때부터 제가 집에 도착할 때까지 18일이 가장 짧게 걸리는 기간입니다. 그러나 그런 일은 없으리라고 믿습니다. 오늘 로티의 편지를 받았는데 로티와 헨리 모두가 다 잘 있고 평안하다고 합니다.

해리슨 씨와 제가 집을 짓기에 적당한 작은 땅을 성공적으로 구입했는데, 막상 집을 지으려면 동네 사람들의 반대가 있을 것입니다. 주민들이 우리가 이곳에 거주하는 것을 원하지 않기 때문인데, 제 생각에 그 욕설과 비난의 화살은 저희에게 땅을 판 사람에게로만 향할 것입니다. 이곳에 있기가 지독히 외롭고 곤고합니다. 고향에서, 일상에서 벗어나는 것 등 캠핑하는 즐거움을 모두 뺀 그런 "캠핑"과 비슷합니다.

저는 물품 상자를 이용해서 세면대와 작은 테이블을 만들었습니다. 간이침대는 의자로 사용하기도 하고 침대로도 사용합니다. 하인 한 사람이 함께 있어서 식사 준비와 빨래를 합니다. 오늘 아침 저는 그가 그의 머리에 쓰는 매우 더럽고 기름기로 찌든 "망건"이라는 머리띠를 제 칫솔로 닦는 것을 목격했습니다.

지난 번 제가 편지를 드린 뒤에, 집에서 아무 소식도 듣지 못했습니다. 우편물이 곧 도착하고 로티가 집으로부터 오는 소식을 제게 전달해 줄 수 있으면 좋겠습니다.

이곳의 형편상 더 이상 쓸 것이 없으니 그만 줄일까 합니다. 『포럼』과 『하퍼』 한두 부와 날짜가 오래된 『크리스천 옵저버』가 제가 가진 기분 전환용 읽을거리입니다.

모두에게 저의 사랑을 전하며,
사랑하는 당신의 아들
유진 벨

1897년 6월 17일
한국, 서울

사랑하는 아버님

아버님께서 5월 11일 자로 보내주신 편지를 며칠 전에 감사하게 받았습니다. 아버님께서는 애니의 편지와 함께 넣어 보내려고 편지를 썼다고 하셨는데, 애니의 편지는 같이 있지 않았습니다. 지난 두 달 동안 제가 받은 편지라고는 아버님의 이 편지와 스콧의 편지가 전부였습니다. 불평하려는 것은 아니고, 단지 제가 근래에 집으로 보낸 편지가 별로 없는 것과 상쇄되기를 원하는 것뿐입니다.

우드레이크에 즐겁게 다녀오셨다니 반갑습니다. 헨리 삼촌과 아버님께서 그렇게 서로 못 보고 지냈던 것은 참으로 유감스러운 일이었습니다.

아버님께서 제 암소에 대해 편지 써 주셔서 제가 깊이 감사드립니다. 풀렌와이더 씨와의 서면 계약에 그가 일 년에 한 번 저에게 암소에 대하여 편지를 써주기로 되어 있는데, 이제껏 그로부터 한 줄의 연락도 못 받았습니다. 저는 이곳에서 그에게 편지를 했는데도 말입니다. 저는 어린 암소[39] 한 마리가 있는 것이 기쁩니다. 로티와 제가 귀국할 때, 태평양을 건너서 가는 여행 경비는 선교회에서 지불해 주지만, 유럽을 통해서 가려면 약간의 추가 경비가 필요한데, 이 소로 그 추가

---

[39] 여름에 관악산에 거처하는 동안 우유를 얻기 위해 암송아지가 달린 암소를 샀다가 어미 암소를 도적맞고 암송아지 한마리가 남았었음.

경비를 충당하려고 합니다. 재정적으로 여유 있는 선교사들은 귀국할 때 선교회에서 지급하는 최단거리 여행 비용에 조금 더 보태서 유럽을 경유해서 가는데, 그렇게 가는 것이 비교적 조금 더 비쌉니다. 지난 번 스튜어트 부인이 집에 갈 때 그렇게 갔습니다. 저희가 귀국할 때를 대비해서 벌써 이렇게 공중누각을 짓고 있습니다. 지구 일주 여행을 했다는 것이 굉장한 일일 것으로 저는 생각하는데, 아버님 생각은 어떠신지요?

『센티널』에서 앨버트 로건이 플로리다로 갔다고 읽었습니다. 제가 처음 설교하던 때 저 스스로가 매우 작은 소년같이 보인다고 생각했었는데, 그런 면에서 찰리 로건이 저보다 앞섰습니다.

아버님께서 손자의 사진을 받아 보신 후에야 이제 손자가 생겼다는 것을 깨달으셨다고 말씀하셨지요. "행복한 아빠"와 함께 찍은 아기의 사진을 어떻게 생각하시는지요? 사진에서 보시듯이, 저는 이제 멋진 수염을 기른 것 외에도 결혼 이후 30 내지 35파운드 정도 살이 쪘습니다. 그러니 아버님이 지금 저를 보시면 알아보기 힘드실 겁니다. 이 편지와 함께 제가 말을 탄 모습을 찍은 사진을 동봉할 수 있어서 기쁩니다. 바로 이런 모습으로 선교사들이 여행을 합니다. 그 사진에서 저를 알아보시지 못하실 것 같은데, 지금 제 모습이 제가 미국을 떠날 때의 모습과 전혀 다르기 때문입니다. 그래서 말씀드리는데, 코트의 단추를 채운 사람이 저이고, 또 다른 사람은 저의 동행이었던 해리슨 씨입니다. 지난 번 나주로 떠나기 바로 직전에 찍은 사진입니다. 로티가 정문 현관에 서 있는 모습이 보이고, 또 헨리가, 그가 몹시 따르고 좋아하는 나이든 유모에게 안겨 있는 모습도 보이실 겁니다.

말을 탄 모습(출처: 유진벨재단)
오른쪽이 유진, 왼쪽은 해리슨. 오른쪽 뒤 현관 마루에 아마가 헨리를 안고 있고, 로티가 그
옆에 있음. 집은 목포로 이사 가기 전에 살던 서울에서의 세 번째 집에서.

    저는 아버님께서 이 사진을 받게 될 것이 너무 기쁩니다. 이 사진
에는 저희가 살고 있는 집의 모습도 보이기 때문입니다. 제가 얼마
전에 애니에게 보낸 저희 집 도면을 꺼내 보시면 매우 멋지고 편안
한 저희 집에 대한 그림이 생기실 것입니다. 사진에 보시면 로티가
서있는 현관은 바로 저의 침실 앞이고, 거실이 집의 가운데 있고,
식당과 부엌 그리고 저의 서재가 사진에서 왼쪽에 있습니다. 이 집
은 전형적인 한국 집의 구조로 지어졌습니다. 안 마당을 중심으로
이런 모양의 건물을 배치하는데, 이것을 "안채inner room" 혹은 여자
들의 거소라고 부릅니다. 집안 식구들과 친척, 또는 각별히 가까운
친구들 외에는 어떤 남성도 안채에 들어서지 못합니다. 손님은 집

앞쪽에 있는 별도의 건물에서 맞습니다.

한국 사람들은 식사할 때, 음식 일체를 8인치 정도 높이에 직경 1피트 정도의 동그랗고 조그만 상에 놓아서 사람들이 앉아 있는 곳으로 가져옵니다.

다시 사진으로 돌아가서 제가 아버님께서 꼭 보시기를 원하는 것은 저희들이 한국에서 육로로 여행을 할 때의 말을 탄 모습입니다. 사진에 보이는 조랑말들은 보통보다 큰 것들인데, 그 몸집에 비해 엄청나게 힘이 셉니다. 제가 탄 조랑말에 제 몸무게 말고도 150파운드의 짐을 실었습니다. 말 한쪽으로 보이는 상자에 취사도구와 음식을 실었고, 말의 다른 쪽에는 간이용 침대, 옷, 총 등등을 실었고, 등 위에 침구가 실려서 제가 그 위에 앉았습니다. 말을 잡고 있는 한국인들은 말잡이들인데, 말을 끌고 목적지까지 함께 갑니다. 한국 말들은 굴레에 길들여지지 않았고, 굴레가 실상은 통제가 힘들 때 잎에 물리는 조그만 재갈이 달린 고삐만으로 통제합니다. 대부분의 말이 수말이기 때문에 종종 재갈을 물립니다. 뒤에 서있는 한국인은 저의 조리사입니다.

서울에서 나주로 가는 일정은 해 뜰 때부터 어두워질 때까지 여행해서 일요일을 빼고 8일이 걸렸습니다. 일요일은 전주에서 보냈습니다. 조랑말로 가는 것이 그리 나쁜 여행은 아니지만, 매우 느리고 지루하다라는 말로는 표현이 모자랍니다. 허나 신체적 피로로 말하면 고향의 말안장에 타고 가는 것보다 쉬운 편으로 생각됩니다. 8일 동안 매일 그렇게 여행하는 것을 상상해 보십시오. 켄터키에서 캘리포니아까지 왕복에 걸리는 시간이지만 실제 여행 거리는 250 내지 275마일 밖에 안 됐습니다. 길은 사람들이 걸을 만큼밖에 안 되는 좁은 곳이 많고, 또한 높은 산 고개를 넘어서 가는데, 한국의 작은 조랑말들은 이런 길을 가는 데 매우 효율적입니다. 서울과 나주 사이에 5개 내지 6개의 아주 높은 고개가 있습니다. 냇물을 건너는 다리들이 대개 폭이 2피트 내지 3피트 밖에 되지 않기 때문에 숙련된 조랑말이 필수입니다. 큰 내를 건널 때는 작은 배를 사용합니다.

아버님께서 최근 들어 류머티즘으로 고생이 많으셨다고 하니 안타깝습니다. 날씨가 따뜻해졌으니 고통스런 시간은 넘기셨기를 바랍니다.

메리온 하비슨이 결혼했다는 소식을 신문에서 보았습니다. 그 남자를 다른 여자가 차지하도록 한 것이 애니가 할 수 있었던 최상이었느냐고 애니에게 물어보아 주십시오.

저희는 다 잘 있고, 헨리도 쑥쑥 잘 자랍니다. 아이의 몸무게가 지금 26파운드이고, 걸어서 방을 가로 지를 수 있습니다. 이제는 식사용 높은 의자에 앉아서 저희들 식탁에 동석합니다. 높은 의자는 아버님께서 선물로 주신 돈의 일부로 구입한 것입니다. 오트밀, 계란 반숙, 빵과 그레이비 등을 먹는데, 여름이 끝날 때까지는 먹이는 음식에 유의하고 우유를 주식으로 하게 할 것입니다. 헨리와 로티가 저와 함께 식구들 모두에게 사랑을 보냅니다.

사랑하는 아버님의 아들
유진 벨

1897년 6월 24일
한국, 서울

사랑하는 장모님

저희들은 어제 여러 우편물을 받고 많이 기뻤습니다. 제가 집에서
온 편지를 받았고, 로티는 장모님과 메이블, 그리고 플로렌스로부
터 생일날 쓴 편지를 받았습니다. 그리고 정기적으로 받는 신문들과
저희가 언제나 반기는 것, 커다란 스크랩 한 묶음을 받았습니다.

또한 장모님께서 『릴리저스 아웃룩Religious Outlook』을 제 생일선
물로 보내주셔서 감사를 드립니다. 잡지가 정기적으로 배달되고 있
으며, 저희 둘 다 아주 좋아합니다. 장모님께서 보내주시는 이 신문
들과 잡지들만큼 저희들이 감사함으로 받는 것은 없습니다. 『리터
러리 다이제스트』를 장모님께서 다 보신 후에 저희에게 보내주신다
니 감사한 마음으로 받겠습니다. 저희가 계속 구독하려고 했으나,
생활비를 줄이려고 그만두었습니다. 『센트럴 프레스비테리안』은 로
티가 편지에 쓴 것처럼 거기에 나오는 모든 기사를 거의 다른 신문
에서도 보기 때문에, 장모님께서 그것을 보내시려고 추가 지출을 하
실 필요가 없다고 봅니다. 그렇지만 성의는 감사합니다. 제가 로티
에게 크리스마스 선물로 『하퍼』 정기구독을 해주었고, 발로우 부인
이 신문과 잡지를 때맞춰서 로티에게 보내주셔서, 읽을거리는 충분
히 공급됩니다. 시골로 여행을 할 때 잡지 몇 개 가지고 가면 좋습니
다. 하루 종일 한국말로 말하려면 지치는데, 가끔 제 자신으로 돌아
와 독서를 하는 것이 저에게 달콤한 기쁨이 됩니다.

아마도 로티가 장모님께 저의 최근 나주행 여행에 대해 말씀드렸을 것으로 생각합니다. 저는 매우 좋은 장소에 집을 지을 땅을 샀고, 집을 짓기 위한 계획을 하는 중이었는데, 지방 관리에 의해서 정지되었습니다. 저희가 내륙에 거주할 조약상의 권리가 없는 이유로, 서울의 중앙정부에 이 일을 의뢰할 때까지 기다리라고 했습니다. 그 일이 저희들의 일을 지지하는 "배후자" 제이슨 의사의 영향으로 잘 해결되었다고 말씀드릴 수 있게 되어서 기쁩니다. [한국의] 외교부 대신이 현지 지방 관리에게 저희 일에 방해하지 말라는 공문을 보냈습니다. 제이슨 의사가 제게 중앙 정부가 선교사들이 내륙에 거주하는 것을 반대하는 것이 아니라 오히려 지지한다고 그 관리에게 말하라고 했습니다. 일이 이렇게 풀리게 되어 제가 어지간히 안심하게 되었습니다.

가을에는 의사 한 사람이 더 이곳으로 올 것으로 확신을 가지고 기대하고 있습니다. 로티와 제가 그 의사와 함께 10월이나 11월에 나주로 이사할 수 있기를 바랍니다. 나주에 저희가 소유하고 있는 작은 집은 겨울 외에는 살기에 적당치 않습니다. 그러나 집을 증축하거나 수리하면 몇 달 동안은 아주 편안하게 지낼 수 있습니다. 그렇게 지내다가 봄에 도시 밖 언덕 위에 집을 짓게 되기를 희망합니다.

제게 또한 나주에 아주 좋은 부동산을 확보할 다른 계획이 하나 있습니다. 정부 소유 건물 중에 지금은 비어있는 것들이 있어서 지난 가을에 하나를 계약하려고 하다가 실패했습니다. 최근에 이곳 서울의 매우 영향력 높은 관리 한 사람이 저희가 지금 살고 있는 이 집을 구입하기를 원한다는 것을 알게 되었습니다. 며칠 전에 제가 그를 찾아가서, 그가 나주의 그 건물을 저희를 위해 확보해 주면 저희 선교회에서는 기꺼이 그 건물과 지금 이 집을 맞바꿔 줄 수 있을 거라고 말했습니다. 이 계획이 성공하기를 바라지만, 아마도 그렇게 되기 어려울 것입니다.

집을 새로 처음부터 지어야 하는 어려움을 겪지 않아도 되는 유일한 희망이 그렇게 교환하는 것입니다. 집을 짓는다는 것이 고향에서도 여간 힘든 일이 아니지만, 이곳에서는 10배 더 힘이 듭니다. 신뢰할 수 있는 건축업자와 유능한 일꾼들을 얻기가 힘든데다, 좋은 건축 자재를 확보하기가 매우 어렵습니다. 윗가지와 마루 원자재에 요철을 깎고 파고 하는 일을 일일이 손으로 해야 하는 상황을 생각해 보십시오.

나주에 선교 지부를 차리는 것에 대해 한 가지 매우 감사한 것은, 그곳은 언덕과 산의 접근성이 좋아서, 높고 공기 좋은 곳에 집을 지을 수 있고, 폭염일 경우 저희가 원하면 쉽게 산으로 피서를 갈 수도 있다는 것입니다. 하지만 산과 언덕은 제가 본 한국 어느 곳에나 널려 있는데, 들은 통상 좁고 작으며 사방이 산으로 둘러싸여 있습니다. 한 번 보면 알 수 있는 것이, 고향에서 보는 높은 구릉지대 같은 것이 한국에는 없습니다. 일반적으로 말해서 한국의 땅은 평지이든지 가파른 언덕이나 산입니다. 한국인들은 높은 지대의 이점을 몰라서 집을 거의 모두 평지에 짓습니다.

장모님께서는 한국에서의 선교 사역이 고무적인 것에 대해, 특히 모펫 씨가 있는 평양에서의 사역이 그러한 것에 대해 듣고 기뻐하셨을 줄로 압니다. 저희 남장로교회의 선교 사역에 대해 말씀드리자면, 한국의 남쪽에서 사역의 기간이 충분하지 않아 지금까지 많은 결실을 맺지 못하고 있지만, 저희 중 많은 선교사들이 내륙으로 이동할 수 있게 되어서 고무되어 있습니다. 저희들만이 현재 서울에 남아 있습니다. 저희 남장로회가 가장 늦게 선교를 시작한 교단 중 하나이지만, 선교사가 직접 내륙의 현지에 거주하면서 사역하는 선교 지부의 수가 저희가 다른 어느 교단보다 하나 이상 더 많습니다. 한국 어디에서나, 지금 저희들이 사역하는 남쪽 지방에서 그렇듯이, 처음에는 항상 복음에 대해 심한 거부감을 보여 왔습니다. 이러한 나쁜 편견과 핍박이 평양처럼 심한 곳이 없었는데, 지금 그곳에서의 사역이 아름답게 축복을 받고 있듯이, 저희도 일단 강한 편견이 차츰 없어지면서 남쪽에서도 풍성한 수확이 있게 될 것을 바랍니다.

레이놀즈 씨가 떠난 이후로 그가 도시 동쪽지역에서 섬기던 교회를 제가 맡고 있습니다. 로티는 미스 데이비스가 가르치던 어린 소녀들을 위한 주일학교를 만들고 싶어 합니다. 그렇게 하려면, 주일날이 아니라 토요일 오후에 해야 할 것입니다. 유모가 할 수 있는 한 일요일에는 교회 예배에 참석하게 되는 것이 꼭 필요하다고 저희가 느끼기 때문입니다. 나이든 이 유모가 저희에게 커다란 위안이 되어 왔습니다. 그는 매우 유능한 하인이면서 누구보다도 가장 신뢰할 수 있는 사람입니다. 불평하는 일이 없고 항상 즐거운 모습에 유머가 있습니다. 그래서 헨리도 그 유모를 몹시 따릅니다. 헨리가 이제는 안 가는데 없이 돌아다니며 문제를 일으키지만, 유모는 항상 인내와 즐거움으로 아이를 대해줍니다. 저희는 이 유모를 무슨 일이 있어도 포기하지 않을 것입니다. 저희와 함께, 영구적이 아니라면 저희가 새 사람을 훈련시킬 수 있는 몇 달만이라도, 시골에 함께 갈 수 있기를 바랍니다.

저희가 얼마나 간절히 장모님께서 저희 헨리를 보실 수 있었으면 하고 바라는지 모르실 것입니다. 아이는 같이 있기에 너무 재미있고 매력 또한 넘칩니다. 그는 우리에게 그치지 않는 위안과 기쁨의 원천입니다. 로티가 편지에 쓴 것처럼, 아기는 지금 입안 가득 이가 많이 났고, 아직 말을 한다고는 할 수 없어도, 자기가 원하는 모든 것을 말하는 것이나 마찬가지로 알게 해줍니다. 저희들 주위에 이 아이만큼 잘 성장하는 아이를 제가 보지 못했습니다. 아이를 보는 사람마다 아이가 매우 명석해 보인다고 말합니다. 보내드린 사진 어느 것도 아이의 실제 모습 근처에도 못 갑니다. 저희는 사진 하나를 더 찍으려고 생각하고 있는데, 한국인들이 어떻게 등에 아이들을 업는지 보여주기 위해 아마의 등에 업힌 모습을 찍어서『어린이 선교Children's Missionary』에 보내려고 합니다. 그것이 다른 사진들보다 아이의 실제 모습을 더 잘 보여 주게 되면 좋겠습니다.

장모님께서 편지에 메이블이 좋아졌다고 해서 기쁘고, 장모님께서 언급하셨듯이 속히 열도 떨어지기를 바랍니다. 플로렌스에게 제가 답장을 해야 되는 것을 잊지 않고 있다고, 곧 답장을 하도록 노력하겠다고 전해주십시오. 저는 각종 선교회나 간행물들에 서신을 보냄으로써 한국 선교에 대한 관심을 촉구하도록 노력해 왔습니다(다른 선교사들은 이젠 그런 일에서 손을 뗀 것 같습니다). 그래서 요즘 제가 개인적으로 편지를 쓸 시간이 마음먹는 만큼 생기지 않습니다. 저희는 7월에 제푸[40], 나가사키, 그리고 부산으로 짧은 여행을 다녀올까 생각 중입니다.

---

40 제푸(Chefoo): 중국 산둥반도에 위치한 해안도시 옌타이(Yantai, 烟台). 청나라가 1858년에 서양 여러 나라들과 톈진조약을 맺으면서 등주(登州)를 옌타이로 개명하여 개항(開港)하였다. 경치도 좋고 날씨도 좋아서 사양인들에게 피서지로 이름났는데, 진시황이 순찰했다는 즈푸(芝罘) 섬 때문에 서양인들에게는 제푸(Chefoo.)로도 불렸다.

로티와 헨리 모두 잘 있고, 저와 함께 많은 사랑을 모두에게 보냅니다.

진실하게
유진 벨

1897년 6월 30일, 수요일
한국, 서울

사랑하는 어머니

고마운 어머니의 5월 19일 자 편지를 며칠 전에 받았고, 곧 답장을 쓴다고 마음먹었는데 따뜻한 날씨와 일반적으로 제가 좀 게을러져서 답장이 늦어졌습니다.

애니의 증상이 호전되지 않고 아버님께서도 류머티즘으로 고생을 많이 하신다는 소식을 듣고 마음이 아픕니다. 그러나 지금쯤엔 날씨가 건조해지기 시작할 테니, 아버님과 애니 모두 회복되었거나 아니면 적어도 병세가 호전되었기를 바랍니다. 아버님이 위층에서 주무시는지요? 혹시 집 안이 너무 습해서 아버님 류머티즘이 더 심해지는 것이 아닌지 두렵습니다.

저희가 이곳에 온 이후 한 가지 감사한 것은 저희들이 <u>건강했</u>다는 것입니다. 로티와 저는 매우 건강하고, 아기도 바랄 것 없이 건강합니다. 여기 있는 또래 아이들 중에 헨리보다 더 잘 자라 준 아이는 제가 알기에 없고, 비슷하게라도 비견될 아이가 거의 없습니다. 이제 헨리는 이가 12개가 나왔고, 걸어서 어디든지 가고, 밝고 명철하기가 꼭 … 꼭 그의 <u>아빠</u> 같습니다! 아직 말은 못 하는데, 자기 나름대로 훌륭한 신호체계가 있어서 다른 말이 필요 없습니다. 이제는 저희들과 같이 식탁에서 식사합니다. 제 옆에 높은 의자에 앉히고 닭 뼈나 스테이크 조각을 주어 빨아 먹게 하고, 오트밀이나 빵과 그레이비 등을 언제나 잘 먹습니다. 아이가 아주 활동적이어서, 그 에 너지를 충당하려면 어느 정도는 고형식이 필요하게 되었습니다. 하루에 한 번 오트밀을 주는데 아이가 그것을 잘 소화시키니, 현재 상태에서 그의 필요에 딱 맞는 음식입니다.

며칠 전에 서울에 거주하는 영국 아이들이 빅토리아 여왕 즉위 60주년을 기념하여, 서울에 사는 외국인 어린이들을 파티에 초청했습니다. 로티가 헨리를 데리고 갔는데, 저희 아이가 모든 이들에게 가장 주목을 받고 모두 저희 아이가 잘 생겼다고 생각하는 듯했습니다. 파티에 잘 적응했다고 합니다. 자기보다 훨씬 나이 들고 큰 아이를 "넘어뜨리고" 단sweet 케이크를 빼앗고 부스러뜨리곤 했답니다. 그래서 집에서는 아이에게 단 것을 주지 않는데, 로티가 단 케이크 작은 조각을 아이에게 주어야 했답니다.

헨리의 유모도 함께 갔는데, 다른 아이들에 비해 저희 아이가 매우 자랑스러운 듯했습니다. 파티에서 돌아와서는 유모가 하는 말이, "다른 아기 중에 우디 아기 다 못하오Tarrun aggie choongie oudi aggie taw muhao"라고 말했습니다. "모든 아이들 중에 저희 아이가 제일 예뻤다"는 뜻입니다. 유모가 아이를 매우 사랑하고, 아이도 유모를 몹시 따릅니다. 하루는 그녀가 로티에게 말하기를, 전에 다른 아기를 돌볼 때 우유에 약을 타 넣는 것을 잊어버려서 빈톤 부인으로부터 해고된 후에, 아이가 너무 보고 싶어서 울고, 담장 너머로 아이를 보기 위해 그 집에 가곤 했다고 합니다. 저희 집에 온 이후로 변함없이 확실하게 신뢰할 만한 하인이었고, 저희는 그녀를 어떤 이유로도 포기하지 않을 것입니다.

현재 저희 집에 있는 다른 하인들도 다 괜찮은 하인들로 느껴지지만, 그들에 대해서도 똑같은 칭찬을 할 수 있다면 … 하는 생각을 합니다. 얼마 전에 하우스보이를 새로 들였습니다. 그가 찾아와서 하는 말이, 자기는 기독교에 대해 조금 들었던 적이 있는데 더 많이 배우고 싶다고, 그래서 자기가 먹고 살기에 충분한 일감만 있으면 평생을 저와 함께 지내고 싶다고, 제가 천당에 가면 거기에 따라가고 미국으로 돌아가면 거기도 따라가겠다고 했습니다. 그 당시에는 그에게 시킬 만한 일이 없었지만 그의 진실을 시험해 보기 위해서 밭의 풀을 뽑게 하고, 제가 생각하기에 아주 힘든 다른 일감들을 찾아서 시키면서 하루에 금화로 6~7센트를 지불했습니다. 지난주에는 빨랫감이 많았었는데 그 세탁을 도와주라고 했습니다. 무슨 일이든 모든 것을 찾아서 시켜본 결과로는, 그가 앞으로 좋은 하인이 될 수 있을 것 같습니다. 저희들의 하우스보이가 장사를 한다고 그만두었기에 그를 하우스보이로 고용했는데, 바라기는 이제껏 보여준 것처럼 만족스런 하인이 되기를 바랍니다.

어머니께서는 성실하고 힘센 남자를 일당 6센트를 주고 밭일을 위해 고용할 수 있다면 … 하고 생각해 보지 않으시는지요? 그래도 고국의 어떤 사람들은 선교사들이 하인을 두어서는 안 된다고 생각하는 사람들이 있습니다. 저희 급료가 하루에 3불 정도 되는데, 싼 비용으로 사람을 고용하여 할 수 있는 일을 저희가 매달리거나 시간을 많이 할애하는 게 효과적인지요?

저도 저희 하인들 수가 너무 많다고 생각합니다. 그러나 이 나라의 관습이 그렇게 하도록 되어 있습니다. 로티와 저에게 하인이 넷이니 제가 생각해도 터무니없는 때가 있는데, 고향 사람들에게는 더욱 그렇게 생각될 것이 당연합니다. 허나 문제는 관습입니다. 이곳의 철칙 같은 관습이 하인의 숫자를 결정합니다. 예를 들면, 지난겨울에 저희

문지기가 하는 일이 나무를 패고, 물을 길어오고, 석탄을 가져오고, 그 외 다른 작은 일들 외에는 할 일이 없기에, 저는 그를 그만두게 했습니다. 그리고 제가 대신 그 일들을 할 만큼 하고 나머지는 다른 하인들한테 시켜서 문지기에게 주는 월 2불의 급료를 줄이려고 했습니다. 그러자 다른 두 하인이 제게 와서 그들도 그만두겠다고 했습니다. 이 말이 뜻하는 바는, 저의 직간접 경험에 의해, 저희가 더는 그들을 대신할 사람을 구할 수 없게 된다는 것이고, 그래서 로티가 조리도 하고 빨래도 해야 하게 될 것이고, 그러면 로티는 한국어 공부와, 그런 일을 하지 않아도 될 때 그가 할 수 있는 선교 사역에 관련된 모든 일을 중단할 수밖에 없게 된다는 것입니다.

어머니께서 제 사정을 이해하지 못할까 봐 이런 말씀을 드리는 것이 아니라, 이런 일을 가지고 험담하는 사람들에게 답해주실 수 있을 것 같아서입니다. 제가 시무하던 보스턴 교회의 한 교인이, 그 교회는 제가 아는 한 국내 선교건 국외 선교건 자신들만을 위한 일 외에는 일전도 써본 적이 없는 교회인데, 자기는 하인 하나도 둘 여유가 없는데 벨 씨는 하인을 여러 명을 두고 있으니 자기는 더 이상 해외 선교에 한 푼이라도 기부하지 않겠다고 말을 했다고 합니다. 위더스푼 박사께서 그 말에 화가 나셔서 왜 해외 선교사들이 하인들을 두어야 하는지를 설명하는 긴 편지를 쓰셨는데, 제가 감히 진실을 말씀드리자면, 이제까지 그 사람이 그 교회에 기부한 돈을 전부 합해도 선교사의 양식은커녕, 구두끈 사기에도 모자랄 것입니다.

저 자신도 많은 하인들을 두고 있는 것이 유감스럽지만, 때론 좋은 일이라고도 생각됩니다. 그들과 매일 함께 살면서 기독교 가정의 삶을 보여줌으로써 다른 어떤 방법보다 더 효과적으로 복음을 가르치게 되기 때문입니다. 예를 들면, 얼마 전에 저를 찾아 온 한 사람이 제가 보기에는 기독교를 진지하게 배우고 싶어 하고 이방 종교를 버릴 준비가 되어있었지만, 한 가지, 복음에 대해서 무지하고 가르침을 받을 필요가 있었습니다. 저희는 모든 하인들과 함께 아침마다 한국말로 기도회를 합니다. 찬송가 두 곡을 부르고, 제가 성경구절을 읽고 설명해주고, 그것에 대해 질문합니다. 그 전체가 30분 정도 걸립니다. 이렇게 해서 하인들은 규칙적으로 복음에 대한 교육을 많이 받습니다. 지금 저희 집에 있는 문지기는, 아니면 정원사라고 불러도 좋고요, 제가 본 중에 가장 지성적인 한국인 기독교인들 중 하나이고, 제가 그를 철저히 신뢰합니다. 유모도 제 생각에는 좋은 기독교인입니다. 다만 이 노부인은 본래 분별력이 부족하고, 최근에야 글을 배우기 시작했으며, 성경에 대해서 잘 모릅니다. 그러나 문지기는 제가 다음 시골 출장 때 함께 가려고 하는데, 자기가 알고 있는 것을 진심으로 그리고 열심히 다른 사람들에게 전하는 사람으로, 복음을 선포하고 가르치는 일에 큰 도움이 될 것으로 기대합니다.

저는 "C.U. Outing"[41]에 대해 아버님의 생각과 같습니다. 아무리 양보해서 좋게 생각해준다 해도 의심스럽다고, 물론 남학생들에겐 즐겁겠지만, 이곳 한국인들의 표현을 빌리자면 "하지만but"입니다.

어머니께 말씀드린 것 같은데, 제이슨 의사와 부인 사이에 지난 6월 9일 딸이 태어났습니다. 이름은 "스테파니"입니다. 로티가 아기를 보았는데 아기가 한국 아이 같지 않고 그 엄마를 닮아서 예쁘다

---

41 무엇을 말하는지 알 수 없으나 혹시 아치와 데이빗이 다니던 유진의 모교, 그리고 남학생들이 대부분이던, 센트럴 대학교(C.U.=Central University) 학생들의 피크닉이나 유람여행(Outing)을 뜻할 수도 있겠다.

고 합니다.

지난 6월 22일 저희는 영국 공사관에서 열린 여왕 즉위 60주년 축하 파티에 가서 즐거운 시간을 가졌습니다. 거기서 한국 관리들 몇 사람을 만났고 <u>유창하게</u>(?) 그들의 말로 대화를 했습니다. 로티는 에스콧 부인이 준 예쁜 하얀 드레스를 입었고, 저는 아버님이 주신 결혼식 때 입었던 양복을 입었는데 두 번째로 늘려야 했습니다. 이곳의 파티 정장은 닳지도 않고 유행도 타지 않는다는 것을 어머니께서도 아시겠지요.

헨리가 방금 들어와서 종이를 달라고 해서 어머니의 편지가 담겼던 봉투를 주었습니다. 그걸 받고 아주 신나하는 걸 보면, 할머니에게서 온 것이라는 걸 아는 듯합니다. 그걸 들고 현관으로 나가서 이리저리 잡아당기며 아주 재미있어 합니다. 이제 다시 그걸 들고, 자주 하는 것처럼 웃고 혼자 옹알거리며 들어옵니다. 아침에 낮잠에서 깨어난 후에 우스꽝스런 모습으로 그저 방 안을 여기저기 돌아다니고 있습니다. 아이의 지금 바로 그 모습을 보고 싶지 않으신지요.

요즘 가뭄이 극심해서 농부들은 그로 인해 큰 고통을 겪고 있습니다. 모내기를 방금 끝낸 시기라 어느 정도 비가 꼭 와 주어야 합니다. 다행히 저희 밭은 낮은 지대에 있어서 그 혜택을 많이 봅니다. 이제 비가 내리기 시작하면 보통 때보다 긴 장마가 될 것으로 기대합니다.

로티와 제가 _____로 가는 작은 여행을 계획해 왔는데[42]……

(나머지는 유실됨.)

---

[42] 원문 "Lottie and I have been trtiny(trying의 오타로 생각된다.) to plan a little trip to…." 결혼기념일을 기해 제푸(Chefoo)로 여행가는 계획을 세웠다고 했으니 "제푸로"가 아닐까 생각되는데, 그 뒷부분은 유실되었다.

1897년 7월 8일, 목요일
한국, 서울

사랑하는 누이에게

　네게서 편지를 받아본 지가 꽤 오래되었다. 내가 네게 편지를 쓴
지도 꽤 오래되었다고 생각되지만, 그래도 너는 내가 매주 집에 보내
는 편지가 식구 모두를 위한 것임을 알고 있을 것이다. 네가 봄에
몸이 좋지 않았다고 듣고는 마음이 좋지 않았다. 지금쯤은 이미 오래
전에 나았기를 바란다. 고국에서 우편물을 받은 지 3주가 되었다.
예정대로라면 일본에 [6월] 29일 도착이었으니 오늘이나 내일 우편
물이 오기를 기다리고 있다.

　여긴 가뭄이 심해서 기근의 위험까지 있었는데, 엊그제 밤까지 가
뭄이 계속되다가, 비가 내리기 시작해서 36시간을 계속 내렸다. 오
랜 가뭄 후에 그렇게 비가 많이 내린 것이 기쁘지 않니? 한국인들은
비가 오게 하기 위해 기우제(祈雨祭)를 드리기 시작했었다. 이제 비
가 너무 많이 오면 그들은 비가 멈추게 해달라고 다시 제사를 드릴
것이라고 한다. 이런 공식 기우제는 처음엔 하급 관리가 약간의 음
식을 놓고 시작한다. 그래도 가뭄이 계속되면, 조금 더 높은 관리가,
그 다음엔 그보다 좀 더 높은 관리가 점점 더 많은 쌀과 과일, 술을
놓고 드려야 한다. 그래도 비가 오지 않으면, 왕이 직접 정성 들여
제사상을 차리고 비를 내려주는 신에게 제사를 드린다. 그러면 비를
내려주는 신이 이 영예로운 대접을 기꺼워하여 꼭 비를 많이 내려준
다고 한다.

지난 월요일 밤에 우리는 모두 미국 공사관에서 베푼 독립기념일 기념파티에 갔었다. 얼마나 많은 나라의 사람들이 오는지를 보기 위해서라도 네가 이곳에서 열리는 이러한 큰 기념파티에 와 볼 수 있으면 좋겠다. 예를 들어 이번 파티에는, 미국, 영국, 독일, 프랑스, 캐나다, 러시아, 일본, 중국 그리고 한국인들이 참석했다.

로티와 나는 7월 20일 제푸로 가서 열흘 간 머물기로 결정했다.

나주에서 30마일 떨어져 있는 목포가 이번 10월 1일 조약항(條約港)으로 개항된다. 그러면 정기적으로 증기선이 그리로 갈 것이고, 우리가 나주로 옮긴 후에 물품과 우편물 등을 받을 수 있게 된다.

우리는 모두 잘 있다. 로티와 우리의 어린 희망이 함께 애니 고모와 모든 식구들에게 사랑을 전한다.

사랑하는 형제
유진 벨

1897년 7월 16일
한국, 서울

사랑하는 어머니

오늘은 어머니께 편지를 쓰겠다고 마음먹었는데, 지금 우체국으로 사람을 보내며 저희 모두 잘 지내고 있다고 알려드리려 이 엽서를 씁니다. 제가 편지를 쓰지 못한 채로 한 달 동안 받지 못한 고향에서의 편지를 이 사람이 가져올지도 모른다는 생각이 들어서입니다.

모두에게 사랑을 전합니다.

서두르며
사랑하는 당신의 아들
유진 벨 드림

1897년 7월 27일
한국, 서울

사랑하는 마샬

며칠 전에 너의 6월 6일 자 편지를 애니가 같은 날짜에 쓴 편지와 함께 받았다. 집에서 편지를 받은 지 꽤 오래되었기에 네 편지를 받는 게 얼마나 기뻤는지 모른다. 내가 전에 그랬던 것처럼, 학기가 끝나고 집에 와서 행복할 것으로 안다. 나도 식구들이 보고 싶고 헨리를 데리고 집에 가고 싶은 마음이 깊으니, 네가 아홉 달을 떨어져 있다가 집에 온 것이 얼마나 기쁠지 넉넉히 짐작할 수 있겠다.

날이 갈수록 이렇게 멀리 있는 것이 마음에 부대낀다. 내 생각에 그 이유가, 식구들 모두가 우리 헨리를 볼 수 있으면 하고 내가 너무도 원하기 때문인 것 같다. 아이가 나날이 더 흥미로워져 가는데, 날이 더워지면서 내가 일에 전념할 수 없는 요즘, 헨리가 좋아하는 이 아빠는 하루 중 많은 시간을 그와 노는 데 보낸다. 아이가 관심을 너무 많이 받아서 버릇이 없어질 가능성이 많고, 벌써 약간은 그렇게 되어버린 느낌이 있는데, 그래도 우리는 아이를 위해서 최선을 다하려고 노력한다. 아이가 누구에게서나 관심을 끌 수밖에 없도록 너무 매력적이고 흥미롭다. 내가 본 아이들 중에 가장 순종적인 아이이다. 무엇이든 갖고 싶어도, 내가 아니라고 하면, 그것을 갖게 해 달라고 열심히 조르기는 해도, 거의 언제나 내 말을 듣는다. 가끔 조금씩 매를 주어야 하는 때도 있긴 하지만 대체로 말을 잘 듣는다.

아이가 꽃을 매우 좋아하고, 꽃을 볼 때마다 코에 대고 냄새를 맡고는 그 꽃을 내 코에도 댄다. 또 내 시계를 자기 귀에 대고 똑딱거리는 소리를 듣는다. 내가 아이보고, "아빠 사랑해줘" 하면 와서 뽀뽀를 해주든지 머리를 숙여 내 어깨에 댄다. 아이가 넘어져서 다치면 우리가 한국말로 어디가 아프냐고 묻는데, 아이는 항상 머리에 손을 댄다. 다친 곳이 정반대 쪽일 때라도 아픈 곳은 머리이다. 한 하인이 아이에게 코를 풀고 싶으면 손가락으로 코 한쪽을 누르고 코를 풀라고 가르쳐 주었다. 그런 것과 또 다른 많은 재주가 너의 똑똑한 어린 조카가 이제껏 쌓은 업적들이다.

아직도 이가 나오느라고 아이가 힘들어하는 중이다. 벌써 이가 12개가 나왔고, 조금 기다렸다가 다시 나왔으면 하고 바랐지만 벌써 위의 송곳니eye teeth 2개와 아래 어금니stomach teeth 2개 해서 전부 4개가 다시 나온다. 이것들은 다른 이빨이 나올 때보다 더 힘든 것으로 알고 있는데, 그래도 헨리가 아직까지는 잘 견디고 있다. 이빨이 나오는 것 때문에 아이가 설사를 했는데 그래도 그 때문에 기운 없어하지는 않는 것 같고, 그 외에는 보통 때나 별다름 없고 밤새 잠도 잘 잔다. 설사 때문에 우리가 조금 걱정을 하기는 했는데, 이제 그게 이빨이 나오느라고 생긴 것인 줄 아니까, 이빨이 다 나오면 다시 좋아지리라 생각한다.

네가 "아들에 사로잡힌" 편지를 받았다고 생각할까 봐 주제를 바꿔야겠다. 우리는 토요일(오늘이 화요일) 부산으로 가서 북장로교의 어빈 부부와 함께 며칠을 보내려고 한다. 다 합해서 3주 정도의 휴가를 보내려고 하는데, 헨리가 배 여행을 즐기고, 편도에 이틀 걸리는 항해가 순조롭기를 바란다. 제푸에 가는 것은 경비가 너무 많이 들어서 포기했다. 휴가에서 돌아오면 곧 군산에서 8월 30일부터 열리는 연차회의에 참석하기 위해 출발해야 한다. 서울에서 거기까지 닷새 걸린다. 거기서 나는 직접 나주로 가서 우리가 10월에 그곳으로 이사할 수 있도록 모든 일을 잘 처리할 수 있게 되기를 바라는데, 확실한 것은 전혀 아니다.

애니가 묻기를 식구들이 [물품] 박스를 보내면 우리가 받을 수 있느냐고 했다. 받는 것은 문제가 아닌데, 드는 비용이 문제이다. 박스를 보낼 때 샌프란시스코까지 지불해주면, 우리가 기꺼이 이곳까지 오는 경비를 지불하겠다. 물품 목록과 가격, 그리고 전송할 사람의 주소를 적어서 박스를 스미스 상점으로 보내라. 그러면 그 상점에서 우리에게 보내줄 것이다. 여기까지 오는 데 대체로 시간이 많이 걸리지만, 배달 자체는 문제가 없다.

네가 기대했던 바대로 아치와 데이빗 둘 다! 리치몬드에서의 졸업식이 즐거웠기를 바란다.

네가 살도 찌고 키도 언니나 어머니보다 더 커졌다니, 이제 네가 정말 젊은 숙녀가 되어 있겠구나. 스콧 형에게 조지타운에 가느라고 "신발이 닳고 몸이 지치도록 하는 것"을 언제나 멈출 거냐고 물어봐 다오.

애니가 이제는 편지쓰기를 너에게 넘기겠다고 했다. 너도 애니처럼 잘 해주기를 바란다. 애니가 이번 봄에 몸이 계속 좋지 않았다는 말을 듣고 마음이 아팠다.

로티가 아버님께 류머티즘 치료를 위해 일렉트로포이즈[43]를 구하

---

43 일렉트로포이즈(Electropoise)는 Hercules Sanche가 "발명"한 치료기구인데, 전기의 신비한 힘을 이용해 각종 질병을 치유한다는 선전으로 1890년대부터 널리 팔리기 시작했다. 초기부터 그 의학적 효과에 의문이 제기되었으며, 후에 사기로

시라고 말씀드리라고 한다.

　너와 모든 식구들의 안녕을 빌며, 사랑하는 형제
　유진 벨

1897년 8월 22일
한국, 서울

사랑하는 아버님

로티와 저는 부산에 가서 한 열흘 정도 보낸 후 수요일에 돌아왔습니다. 돌아온 이후로 저는 다시 남쪽으로의 여행 준비를 하느라고 바빴습니다. 내일 아침 밝을 때 출발해서 제물포로 가서 증기선을 타려고 합니다.

집에 돌아오니 많은 편지가 기다리고 있어서 기뻤습니다. 2~3개의 편지가 집에서 왔고, 제가 오래전부터 원하던 아버님의 사진이 왔습니다. 아버님이 그동안 많이 변하셨든지 아니면 특별히 잘 된 사진이 아니던지 하는 느낌이지만, 사진이란 원래 그런 것이라 생각합니다. 어쩌다가 좋은 사진이 나오기도 하지요. 어쨌든 아버님 사진이 있어서 저는 기쁘고, 이제 어머니의 사진이 있는 액자에 함께 넣어 두겠습니다.

류머티즘으로 그렇게 고생을 하신다니 정말 죄송스럽습니다. 날이 따뜻해지고 건조해지면 증상이 좀 좋아지기를 제가 바랐습니다. 식구들 말로는 아버님께서 전혀 불평하지 않으신다고 하니, 그 고통을 어떻게 견디고 계신지 모르겠습니다. 로티가 계속 저에게 아버님께 일렉트로포이즈를 써보라고 말씀드리라고 합니다. 로티는 그 물건의 대단한 신봉자입니다. 제가 로티와 같은 생각이라고 말씀드릴 수는 없지만, 그것을 하나 소유하기 전에는 로티가 절대로 만족하지 않을 것 같습니다. 저희가 한국에 온 후로 건강 때문에 특별히 무엇을 필요로 하지 않을 만큼 운이 좋았는데도 말입니다. 아버님께서 고생이 너무 길어지기 전에 그 고통에서 벗어나게 해 줄 무엇인가를 찾게 되시기를 바랍니다. 장마철 외에는 한국 기후가 류머티즘에 좋은 것 같습니다.

어머니와 애니의 편지에서 새로운 소식을 많이 듣게 되어서 기뻤습니다. 될수록 빨리 답장을 쓰겠습니다.

어머니께서는 프랭크 사촌이 선교사에 대해 말한 것에 관해 꽤 많이 말씀하셨습니다. 그러한 편견의 연유를 육군이나 해군에게서, 특히 대부분의 장교들이 한두 번쯤은 외국의 선교 지역에 주둔해 보았던 해군에게서 찾아내기란 어려운 일이 아닙니다. 그들이 보는 것은 대체로 항구에 거주하는 외국인들뿐입니다.

사업차 외국 선교 지역에 나와서 사는 외국인들은 근본적으로 그가 어느 나라에서 왔든 그 나라에 대한 수치입니다. 그들은 습관처럼 술을 마시고 떠들썩하게 놀고, 첩을 데리고 살고, 중국인이나 일본인 여자들과 결혼하는 경우도 적지 않은데, 어떤 때는 자녀가 이미 여럿 생긴 후에 그렇게 합니다. 한국에 거주하는 많지 않은 미국과 유럽 출신의 사업가들 중에 제가 알기로 일본인 아내나 첩과 살고 있는 사람이 넷이고, 한 사람은 중국 여자와 살고 있습니다.

선교사의 삶과 하는 일 자체가 결혼 관계나 다른 영역에서 절제 없는 삶을 사는 그들을 정죄하는 입장이 되는 것입니다(일본이나 중국 여자와 결혼하는 것이 죄라는 말이 아니라, 많은 경우에 그들의 결혼이 실제로는 정식 결혼이 아니라는 것입니다). 그 결과 이 사람들은 선교사들을 뱀을 싫어하듯 증오합니다. 또한, 선교사에 대한 더할 수 없는 혐오 기사로 채워진 영어신문이 중국과 일본에서 다수 발간

됩니다. 그런 이유로 해군 장교들이나 다른 해외여행자들이 이런 류의 사람들만 만나보고, 귀국해서는 그들이 들은 것들을 그대로 퍼뜨립니다. 거기다가 해군이 특히 선교사들을 싫어하는 듯합니다. 때론 선교사들이, 사업가들이나 여느 미국이나 영국의 시민이면 요구할 수 있는 생명과 재산의 보호를 실제로 요구했기 때문입니다. 그런 이유로 선교사들은, 폭도들에게 습격당하고 살해되는 것에 대해서 절대로, 포함을 파견해서 조약국가로부터 온전한 신변보호를 해달라고 미국 정부에 요구해서도 안 되고, 때로 미국시민으로서 당하는 모욕도 원망하지 말아야 한다고, 선교지에 파견된 해군들은 믿고 있는 듯싶습니다. 그들 간에 이러한 감정이 있기 때문에, 선교사들이 실제로 실수를 저지를 경우, 절대로 기회를 놓치지 않고 그것을 들추어내고 확대시킵니다. 선교사들도 똑같이 사람이고, 어느 집단에서 다 있듯이 말썽을 일으키는 사람들이 있습니다. 이런 이들이 구설수에 올라 너덜해질 때까지 이리 씹히고 저리 씹힙니다.

어떤 때는 악의 없는 선교사들도 실수를 합니다. 예를 들면, 서울에 있는 한 선교사의 아내가, 마침 뭔가 일이 터질 것 같은 그런 때였는데, 미공사관 경비병이 술에 취해 있는 것을 사람들이 보았다고 미국에 있는 그의 형제에게 보내는 편지에 썼습니다. 미국의 그 형제는 깊이 생각하지 않고 그 편지를 워싱턴의 국방부에 보냈고, 국방부가 조사에 들어가서 그 진술이 한 여자에게서 비롯된 것으로 판명이 났는데, 그가 그것을 증명할 길이 없어서 다만 전해들은 소문일 뿐이었다고 진술서를 써야 했습니다. 그래서 이 사건이 선교사들은 거짓말쟁이고, 헛소문이나 퍼뜨리는 위선자라는 추가 증거가 되어 세상 전체로 퍼져 나갔습니다. 그러니 프랭크 사촌의 선교사에 대한 편견의 근원을 찾는 것은 어렵지 않습니다.

그러나 이 주제를 공들여 조사한 공명정대한 마음을 가진 사람들의 판단에 의해서, 선교사 집단의 정당성이 여러 번 증명되었기 때문에, 이젠 이 문제가 더 이상 왜곡되어 기사화되거나 출판되지 않을 것입니다. 누구라도 원한다면, 민간의 직업을 가진 공정한 사람들의 증언을 수록한 책들을 구해 읽고 확신을 얻을 수 있을 것입니다. 가장 큰 문제는 사람들이 거짓말 외에는 다른 아무것도 믿으려 하지 않는 것입니다. 성경이 말하듯이, "육체적인 마음은 하나님을 적대하고 하나님의 법에 복종하지 않으며, 실제로 그렇게 될 수도 없습니다."[44] 그러나, 이 주제에 대해서는 이 정도로 충분한 것 같습니다.

저는 며칠 전에 한국 조랑말을 한 마리 샀는데, 육로로 남쪽으로 여행할 때 쓰려고 합니다. 꽤 좋은 말이지만 작은 편인데, 그래도 대부분의 말보다는 타기에 좋은 말입니다. 뛰는 걸음으로 한 시간에 4~5마일을 갈 수 있을 듯합니다. 두세 번 저녁에 헨리를 말에 태워 주었는데 모든 아이들이 그렇듯이 아이가 무진 좋아하고 자꾸만 타고 싶어 합니다. 매번 저희가 "말mal"(horse) 하고 말할 때마다 아이는 말을 찾기 위해 현관으로 뛰어나갑니다. 이 말을 위해 (금화) 13.5불이라는 큰돈을 썼습니다. 안장을 (금화) 1불을 주고 샀으니, 장비에는 많은 돈을 쓰지 않은 것을 아실 겁니다. 말 유지비로 한 달에 3불 정도 들 것 같습니다.

헨리가 자라면 아이가 늘 탈 수 있도록 말을 사주고 싶습니다. 저

---

44 로마서 8:7 "육신의 생각은 하나님과 원수가 되나니 이는 하나님의 법에 굴복하지 아니할 뿐 아니라 할 수도 없음이라." (개역 한글판)

와 스콧이 8살 내지 10살 되었을 때 저희들의 망아지를 아주 재미있게 타던 일을 기억합니다.

제가 막 고향집에서 받은 이 편지들을 식구들이 쓰고 있을 때에는 고향의 식구들이 한창 무더운 여름 날씨를 겪고 있었네요. 여기서는 저희가 부산으로 출발할 때까지 88도가 가장 더운 날씨였습니다. 그러나 그 후로 그리고 제 생각에 지금도, 그보다 더 더운 것 같습니다. 비가 많이 내려서 습하고 무덥기 때문에 더욱 그렇게 느껴집니다.

지난 우편으로 남 캐롤라이나주의 미스 매티 잉골드 의사와 버지니아주의 씨 씨. 오웬 의사가 이번 가을에 저희 선교부에 합류할 것이라는 소식이 왔습니다. 체스터 박사가 저희를 방문하기 위해 한국에 올 것입니다. 오웬 의사는 부유한 사람으로 지금은 드루 의사를 후원하고 있고, 이곳에 자비로 오는 것으로 믿습니다. 오웬 씨는 목사이면서 의사입니다.

이제, 밤이 늦어져서 이만 줄이겠습니다. 아버님의 류머티즘이 조금이라도 나아지시기를 바랍니다.

모두에게 사랑을 전하며,
사랑하는 당신의 아들
유진 벨

추신. 로티와 헨리가 둘 다 잘 있으며, 식구들께 사랑을 전합니다.

1897년 9월 5일, 일요일 오후
한국, 전라도, 나주

사랑하는 누이에게

나는 지금 한국의 남쪽 황야에 혼자 와 있는데, 군산과 전주가 가장 내게서 가까운 동료들의 선교지로 이곳에서 이삼일 걸려야 닿을 수 있다. 이 일요일 오후에 고향의 식구들은 지금 무엇을 하고 있는지 궁금하다. 너는 나에게 편지를 쓰고 있기를 바라고, 다른 식구들은 "낮잠"을 자고 있다고 하면 맞는 추측일 거다.

겉으로 보아서는 오늘이 일요일인지 전혀 알 수 없지만, 나는 버릇처럼 닭 우는 소리와 또 다른 일요일과 관련된 우리에게 익숙했던 소리들을 떠올린다. 그러나 이 사악한 도시의 사람들은 일요일도 평일과 다름없이 일을 하고 거래를 하고, 그리고 이 순간 가장 크게 내 귀에 들리는 소리는 빨래하는 여자들이 집 앞에 흐르는 작은 냇가에서 빨래 방망이를 두드리는 소리이다. 이들은 흐르는 시냇가에서 빨랫감을 바위에 놓고 두드려서 빨래를 한다.

내가 비슷한 이야기를 너무 많이 해서, 이번에 서울에서 여기까지 오면서 겪은 시련에 대해서 네가 흥미가 없을지도 모르겠다. 육로로 8일 걸리는 여행길이 얼마나 지루하고 짜증스러운지를 내가 여러 번 이야기했지. 이번에는 증기선을 타고 목포로 왔다. 그 자초지종이 이렇다. 나는 내가 출발하기를 원하는 날보다 며칠 전에 제물포에 갔고, 증기선이 8월 23일 월요일 12시에 반드시 떠난다는 언약을 받았다. 모든 준비를 갖추어서 토요일에 제물포에 도달하는 것이 불가능해서, 월요일 새벽 3시에 일어나서 조랑말로 25마일 내지 30마일, 그 중 1~2마일은 2~3피트 깊이의 진흙과 물을 거쳐야 하는 그런 길을 힘겹게 가서 오후 한 시쯤 제물포에 도달했지만, 예정됐던 증기선은 아예 출항하지 않았다. 대신에 다른 증기선이 8월 29일, 일요일에 떠난다는 말만 들었다. 그래서 나는 화요일에 집으로 돌아왔다가 금요일 아침에 다시 말을 타고 떠났다. 토요일 하루 종일 집을 수리할 목재를 배에 싣고, 또 가져갈 식료품들을 구하기 위해 힘들게 일했다. 그렇게 해서 일요일 아침 날이 밝아올 때 증기선을 타고 출발했다. 군산에 도착한 것이 그날 밤이었고, 다음 날 아침 동틀 무렵 출발하기 전에 잠시 군산에 있는 사람들을 방문하는 즐거움을 가졌다.

월요일 저녁 어두워지기 직전에 우리는 목포에 도착했고, 깜깜해서 아무것도 안 보이기 전에 내 물건의 일부를 어렵게 배에서 내려놓는 데 성공했다. 열려진 창고에 간이침대를 놓고 막 잠 들려고 하는데, 사람들이 내게 와서 증기선이 이튿날 아침 동이 트는 대로 떠나기 때문에 횃불로 불을 밝히고 배에 남은 내 목재를 전부 내려야 한다고 말했다. 내가 그들에게 대답하기를 그것은 내 문제가 전혀 아니다, 만일 내 물건을 밤에 다 내려야 한다면 그것은 한국인 대리인의 책임이다 라고 했더니, 대리인이 그렇게 했다.

밤 12시에 그가 20~30명의 일꾼들을 데리고 와서 열 사람 일꾼분의 목재 하역비로 8불을 달라고 했다(한국에서는 한 번 하역에 1센트 조금 넘는 하역비를 지불한다). 한참을 이야기해서 잠을 좀 자야겠으니 이만 물러가고 아침에 해결하자고 설득했다. 내가 토스트, 구운 소시지, 커피로 된 아침 식사를 채 마치기도 전에 한 무리가 와서, 한국인 일꾼들의 소란스러움을 겪어 본 사람만이 알 수 있는 그런 특별한 "교섭"[45]을 하기 위해 내게 들이닥쳤다. 이런 토론엔 모든 동네 사람들과 구경꾼들도 참여하는 것이 예사인데 이 경우도 예외는 아니었고, 이 일과 전혀 관련 없는 몇몇 사람들이 가장 열정적으로 대변인 노릇을 했다. 이런 토론이 세 시간 계속되었다. 나는 묵묵히 앉아 있다가, 우리 하인이 적절한 때 내 편을 들어서 품위 있게 토론에서 점수를 얻는 동안 가끔씩 한두 마디 거들었다.

이런 토론은 왜 하느냐, 일은 이미 다 끝난 거니까 정당한 품삯을 지불하고 가라고 하면 되지 않느냐 하고 네가 물을지 모른다. 일이 그런 식으로는 절대 끝나지 않는다. 내가 만일 그랬다면, 그들 모두를 화나게 했을 것이고, 그들이 더 이상은 내 물건들을 하나라도 옮겨주지 않았을 것이기 때문에 나는 그곳에서 빠져 나올 수가 없었을 것이다. 그래서 나는 (묵묵히 참으면서) 앞서 말했듯이 세 시간 동안 있었는데, 다행히 구경꾼 몇이 내 편을 들고, 마침내 그 중 한 사람이 "낯 뜨겁게 이런 작은 일로 8불을 요구한 사람이 누구요?" 하고 외쳤다. 하인이 우두머리를 가리키자 "당신 어디 사시오? 대체 어떤 사람이오?" 하고 계속 묻고, 그 질문에 우두머리가 당황한 듯 멋쩍어했다. 그때 그 대변인이 나에게로 돌아서서 말하기를, "당신이 어떻게 해야 할지 내가 말하겠소. 당신이 정당하다고 판단하는 대로 하시오. 20센트든 40센트든 우린 괜찮소"라고 했다. 그래서 내가, 한국인들은 평상시에 한 번 하역에 1.2센트를 지불하는데 나는 그 배를 주겠소. 라고 말하고, 하인에게 돈을 가져와서 지불하라고 했다. 그랬더니 그 대변인이 일꾼들이 밤일을 했으므로 조금 더 얹어

---

45 원문은 "perlave."인데, palaver의 오타로 추정하고 번역했다.

주어야 되지 않겠느냐고 말했다. 나도 관대하게 마음을 열고 그들에게 40센트라는 많은 돈을 지불했고(지금 환율로 금화 19센트가 된다.), 우리 모두는 좋은 친구로 헤어졌다.

내가 이렇게 자세하게 말하는 이유는 단지 이 것이 우리가 겪어야 하는 천일[46] 건의 거래의 전형이기 때문이다. 그런 다음 나는 나주까지 강을 따라 30마일을 짐과 사람을 태우고 갈 돛배를 흥정해야 했다. 이번에는 다른 때보다 덜 "옥신각신[47]"하며 흥정에 성공했고, 물이 밀려들기 시작하는 12시에 출발했다.

강을 거슬러 갈 때는 밀물 때만 갈 수 있다는 것을 네가 모를 지도 모르겠다. 밀물이 6시간 정도 계속되고, 한 시간 정도 잠잠했다가 반대편으로 썰물이 된다. 그래서 6시간 항해를 하고, 7시간 물이 바뀌기를 기다린다. 우리가 항해를 시작해서 목포가 시야에서 겨우 사라질 즈음에 강한 역풍이 불었기 때문에, 닻을 내리고 바람이 바뀔 때까지 기다려야 했다. 항해를 다시 시작했을 때는 밀물이 거의 끝나갈 무렵이어서 얼마 가지 못해 다시 닻을 내리고, 다음 조수가 밀려오는 밤 한 시까지 기다려야 했다. 그래서 나는 강둑에 앉아서 나뭇가지 몇 개를 모아서 불을 피웠고, 토스트와 커피 그리고 통조림 소시지를 먹고, 내 간이침대를 어느 오두막집 앞 현관에 펴놓고 오후 내내 오던 폭우를 피할 장소를 마련했다.

나는 모기장을 치는 번거로움이 싫어서 모기장 없이 잠을 청했는데, 밤 한 시에 다시 조수가 밀려와서 항해를 할 수 있을 때까지 모

---

46 원문 "a thousand and one". 『천일야화』에서 빌려온 표현으로 생각된다.
47 원문 "powpow".

기 때문에 거의 잠을 자지 못했다. 나는 배 위에 있는 상자들 위에 담요를 펴놓고 계속 잠을 청했는데, 이번에는 좀 더 성공적으로 아침까지 잠을 잘 수 있었다.

아침엔 앞에 열거한 음식을 다시 먹으려는데, 제물포의 호텔에서 조달한 이급품 식빵에 곰팡이가 많이 핀 것을 발견했다. 한국 사람들이 "먹을 수밖에 없소muggle su park yo op so"라고 말하듯이, 작은 배의 비좁은 공간에서 비스킷을 만들 수도 없고 해서, 그 빵이라도 먹을 수밖에 없었다. 그래서 이렇게 하루와 반나절, 두 밤 후에 나주에서 3마일 밖에 있는 강나루인 재창[48]에 닿는 데 성공했다.

두 번째로 밤에 배에서 잠을 자기로 했다. 모기가 배 위에는 덜한 것으로 느껴졌기 때문이다. 그러니 네가 그 시간에 우연히 이곳을 지났다면, 너는 강물이 돌아가는 아름다운 곳에 닻을 내린 한국의 배 위에 너의 사랑하는 오빠가 9월의 찬 이슬을 피하기 위해 고무로 만든 덮개[49]를 뒤집어쓰고 자고 있는 불쌍한 광경을 보았을 것이다

다음 날 일꾼들을 찾기가 아주 어려워서 결국 통상 임금의 두 배를 주고 나주에 9월 2일 목요일 낮 12시에 도착했다. 이곳에 와서야 석 달 전에 주문하고 대금의 일부를 지불했던 목재가 하나도 도착하지 않았고, 증축에 필요한 초가지붕에 쓸 볏짚은 추수가 끝날 때까지는 구할 수가 없는데, 앞으로 적어도 한 달은 걸린다는 사실을 알게 되었다.

나는 목수들을 구하려고 애썼는데 근방에 목수장은 한 명뿐이고,

---

48 전라남도 나주시 다시면의 가장 남쪽 마을인데, 영산강이 흘러가는 죽산리 조등벌에 재창나루가 있다.

49 원문은 "rubber blanket"이다.

그는 매우 독립적이어서 앞으로 두 주 동안은 아무 일도 하고 싶지 않다고 했다. 그래서 계획했던 일 중에 꽤 많은 부분을 내가 스스로 나서서 했다. 그게 그 사람들의 정신을 들게 한 것 같다. 목수 둘이 내일 아침부터 와서 일하기로 약속했다. 4명의 삯일꾼이 하루에 (은화) 22센트를 받고 일하는데, 그 네 명이 하는 일이 고향에서 한 사람이 일하는 양보다 적다. 그들은 하루의 반은 담배를 피우고, 나머지 반은 먹는 일로 보낸다.

이 편지가 나의 시련에 대한 편지로 생각되니? 전혀 그럴 맘은 아니었다. 자찬(自讚) 같지만, 나는 이러한 거래 과정에서 아직 한 번도 인내심을 잃은 적이 없다. 한국인과 거래하는 데 있어서 어느 무엇보다도 필요한 것이 인내심이다. 그들은 게으르고 느긋해서, 내가 화를 내거나 걱정하거나 조바심쳐 보았자 얻는 것 하나 없이 나만 지치게 된다. 그들은 마냥 주저앉아서 완전히 만족스런 모습으로 긴 담뱃대로 담배를 피우는데, 아무리 악을 쓰고 머리를 쥐어뜯어도 그들은 전혀 꼼짝도 안한다.

이 집의 개수와 증축이 끝나면 나의 작은 초가집은 아래 도면과 비슷하게 될 것이다. 네가 보기에도 편안하고 아늑해 보이겠지만, 그렇게 완성되려면 아직 멀었다.

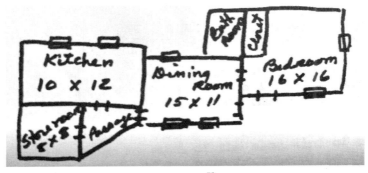
집 도면[50]

–왼쪽 상단: 부엌 10×12 피트, 위에 창문 두개

–왼쪽 하단 왼쪽: 창고 5×5 피트

–왼쪽 하단: 통로. 위, 왼쪽, 오른쪽으로 각각 문이 있음.

–가운데: 식당 15×11 피트, 위에 창문 하나, 아래로 창문 둘, 오른
  쪽으로 문 둘, 그리고 왼쪽으로는 통로로 빠지는 문이 있음.

–오른쪽 상단 왼쪽 구석: 목욕실

–오른쪽 상단 목욕실 오른쪽: 옷장

–오른쪽 도면: 침실 16×16 피트, 아래로 문이 있고 왼쪽으로 난 문
  은 식당으로 통함. 아래로 창문 하나, 오른쪽 옆으로 창문

  침실은 완전히 새로 지어져야 하고 다른 데도 수리할 곳이 많다.
그래서 할 수 있으면 11월에 이곳으로 이사 오기를 원하지만, 내년
봄 이전에 이사하는 것은 거의 불가능할 것 같다.

  체스터 박사가 10월에 우리 선교회를 방문하러 오는데, 그러면

---

50 이 도면에는 유진의 먼저 집들처럼 밖에서 목욕실로 통하고, 목욕실에서 옷장으로,
  그리고 옷장에서 침실로 통하는 문이 그려져 있지 않다.

우리의 이사가 지연되어서 가을에 이사를 하기에는 너무 늦어질 것 같다.

이곳에는 선교 사역에 관해 고무적인 것이 전혀 없다. 대부분의 다른 지역에서와 마찬가지로 천천히 인내하며 일을 해나가야 할 것으로 생각된다.

식구들 모두 안녕하기를 바라고, 아버님이 시도하고 계시는 몇몇 류머티즘 치료방법이 효과를 보였기를 바란다. 내가 떠날 때 헨리가 아주 심한 감기에 걸려 있었고, 이가 또 나느라고 문제가 있었다. 아기가 사랑하는 유모도 아팠으니, 로티가 즐겁지 못할까 봐 걱정된다. 게다가 로티가 드루 의사 부부와 그들의 세 자녀를 집에 데리고 있고, 하인들은 그리 능숙하지 않기 때문이다. 나는 10월 1일 경에 집으로 돌아갈 예정이다.

많은 사랑을 모두에게 보내며 너의 사랑하는 형제
유진 벨

1897년 9월 12일, 일요일 오후
한국, 나주

사랑하는 어머니

제가 일주일 전에 애니에게 이곳 나주에서 편지하면서 이곳으로의 여행 등에 관해 이야기 해 주었습니다. 그 이후에는 어머니께서도 상상하실 수 있다시피 별로 이야깃거리가 될 만한 일이 없었습니다. 한 주에 사흘 목수들이 와서 일을 합니다. 그들의 느려터진 양은 여전합니다. 아침 8시경에 와서 조금 일을 하고, 일을 한 시간만큼 담배를 피면서 쉬고, 그러기를 두세 번 하면 저녁시간이 되고 그러면 그들은 모두 밥 먹으러 갑니다. 밥을 먹거나 담배를 피운다는 핑계가 없을 경우는 그냥 하던 일을 일제히 중단하고 이웃에 있는 선술집에 가서 술을 마십니다.

한국에서는 어떤 일에건 일꾼을 고용할 때 반드시 하루 몇 번의 술값을 얹어주는 것이 관습입니다. 저는 물론 그렇게 하지 않았지만, 그들이 보통 받는 일당보다도 훨씬 더 많이 지불해서 그들이 원하는 대로 그 돈을 쓰게 했습니다. 그래서 그 돈으로 하루에 세 번 술을 마십니다. 이 나라 일용직 노동자의 평상 임금은, 먹고 자는 것을 자기가 해결하고, 하루에 (금화) 9~10센트입니다. 목수나 미장이의 일당은 하루에 (금화) 15~16센트입니다. 저는 일용 노동자는 일당 은화 24센트를 주고 목수는 (은화) 40센트, 미장이는 은화 30센트를 줍니다. 이 것이 어머니께는 매우 적은 것으로 생각되실 테지만, 그들이 실상 하는 일이 얼마나 적은지 알게 되시면, 그것이 부당하지 않다는 것을 알게 되실 것입니다.

저는 영어로 말하는 사람이 아무도 없는 이곳에서 지낸 지 두 주쯤 되었습니다. 그리고 저는 아직 한국어에 능숙하지 못해서 모국어처럼 듣고 말한다는 것은 어림도 없습니다. 그러나 흥미로운 대화 비슷한 것이라도 하는 데 있어서 언어보다 더 큰 장벽은, 한국인들은 아주 어리석고 무지해서 대화가 될 만한 소재를 전혀 모른다는 사실입니다. 그들은 고향의 10살 아이들이 아는 만큼도 세상에 대해 아는 것이 없고, 더 한심한 것은 그들 자신의 국가에 대해서도 아무것도 모른다는 것입니다. 그들은 생각을 안 하고, 독서를 하나도 안 합니다. 결과적으로 그들과는 대화를 위한 어떤 흥미로운 공통 주제도 찾아내기가 힘듭니다.

나이가 든 목수들은 도래송곳이나 수준기를 생전 보지도 못했다고 합니다. 저는 앞대문에 문고리를 만들고 줄을 달아서 밖에서도 문을 열 수 있도록 했습니다. 그들 중 누구도 그런 생각을 해본 적이 없고, 다들 무척 경이로워 합니다. 그들은 거의 못을 쓰지 않고 모든 일을 합니다. 못을 쓰지 않고 목재를 결합하고 맞추는 데 아주 능숙합니다. 그들은 커다란 목재를 똑바로 자르는 것이 꼭 톱으로 자른 것 같습니다.

집을 떠나온 이후 로티에게서 편지 한 통을 받았습니다. 로티는 잘 있고 헨리도 거의 회복되었다고 소식을 드릴 수 있어서 제 마음이 기쁩니다. 어머니께서는 제가 그들과 떨어져 있는 것 때문에는 외로워하지 않을 거라고 생각할지도 모르겠습니다. [그러나] 저는 지난 며칠 동안 밤에, 제가 습관적으로 고향으로 식구들을 만나러 가는 꿈을 꾸는 것만큼 많이, 서울에 가는 꿈을 꾸었습니다.

지금까지는 제가 집을 떠났다가 돌아올 때마다 헨리가 제가 누군
지 잊어버리고, 여느 낯선 사람처럼 두려워하고 선뜻 나에게 안기려
하지 않았습니다. 이젠 큰 아이가 되었는데, 이번에도 다시 친해지
기까지 시간이 걸릴 건지 궁금합니다.

제가 시골에 와 있을 때는 집에서 오는 편지와 신문들을 많이 그
리워합니다. 여행에서 집으로 돌아가서 많은 편지들을 읽게 되는 것
은 항상 즐겁습니다. 제가 받는 다음 편지에는 아버님의 류머티즘이
좋아지고 식구들 모두 안녕하다는 소식을 듣게 되면 좋겠습니다.

많은 사랑을 모두에게 전하며,
사랑하는 당신의 아들
유진 벨

1897년 10월 5일
한국, 서울

사랑하는 스콧

며칠 전에 나주로부터 집에 돌아와서 내가 여행하는 중에 도착한 형의 편지를 받았다. 형에게서 소식을 듣게 되어 너무 반가웠고, 농장 사업에 진전이 있었다는 소식엔 더욱 반가웠다. 신문에서 농산물의 가격이 오르는 중이라는 기사를 읽었을 때에는 어디까지가 그저 언론이 하는 소리인지 알 수 없었다. 형의 결혼에 대한 포부는 차치하고, 형의 재정적인 전망이 좋아서 나는 기쁘다. 형이 소원하는 바가 모두 이루어질 때까지 일이 계속해서 잘 되어가기를 바란다.

내가 집에 돌아왔을 때 로티와 헨리는 모두 잘 지내고 있었는데, 그게 오래가지 못했다. 헨리가 심한 감기에 걸려서 기관지염이 되었다. 열이 102도[51]까지 올라갔고 지난주에는 몹시 아파서 아이가 사흘 동안 침대에서 지냈다. 아이가 늘 활발하고 쉴 새 없이 움직이는데 이번에는 침대에만 누워 있어서, 아이가 많이 아픈 게 확실하다고 느꼈다. 아이가 정말로 너무 아프고 편치 않아서 잠도 잘 못 자고 입맛도 없어졌다. 그러나 최근에 미국에서 도착한 여의사 잉골드 씨가 우리 집에 함께 있어서, 그녀의 훌륭한 치료 덕분에 아기가 나아지기 시작했다. 지금은 거의 완전히 회복되어서 아프기 전의 우리아기 같아 보이지만, 아픈 동안 많이 수척해지기는 했다.

---

51 화씨 102도는 섭씨 38.9도이다.

헨리가 불행하게도 로티가 감기에 잘 걸리는 경향을 물려받은 것 같고, 우리가 할 수 있는 모든 노력을 해도 아주 사소한 구실에도 감기에 걸리는 것을 막지 못하고 있다. 밤에 아이에게 담요를 얼마나 많이 혹은 적게 덮어주어야 할지 판단하기가 힘들고, 요즘 가을 날씨는 아침저녁으로 서늘하고 한낮에는 꽤 따뜻해서 옷을 어떻게 입혀야 하는지도 마찬가지로 쉽지 않지만, 다행히 우리가 밤에 깊이 잠들지 않아서 아이를 돌보는 데 도움이 된다. 형이 지금의 우리 아이를 볼 수 있다면 얼마나 좋을까. 이젠 제법 큰 아이가 되어가고, 말도 꽤 잘 알아듣는다.

나도 여행에서 돌아온 후 설사로 약간 고생하는 중이다. 설사가 이곳에서 꽤 큰 문제인 것 같다. 아주 많은 사람들이 이번 여름에 이질(痢疾)에 걸렸었다. 우리는 항상 주의를 하는 편으로, 식수를 일체 끓여서 사용하고, 과일 등 날 것을 먹는 것에 조심을 하지만, 그런 모든 예방책에도 불구하고 선교사들 사이에 배앓이가 흔히 일어난다. 태양의 어떤 작용 때문에 일어나는 일인가 싶다.

나주에 있는 동안, 우리의 작은 집을 수리하고 일부를 증축하는 것을 성공적으로 끝내서, 좀 더 나은 집을 마련할 때까지 그런대로 그 집에서 편안하게 지낼 수 있을 것 같다. 그래도 이번 가을에는 이사할 수 없다. 아직 함께 갈 팀이 없기 때문이다.

체스터 박사가 한 2주 내로 도착할 것으로 기대하고 있는데, 그가 도착하면 한 달 정도 그와 함께 남쪽으로 여행할 계획이다.

지난 일요일에 한국 국왕이 호칭을 황제로 바꾸었다. 이제 한국은 제국이 되었다. 한국인들이 황제가 왕보다 더 높다고 생각하는 것 같다.

제물포에서 서울까지의 철로가, (다리와 최종 3마일을 빼고는), 크리스마스까지는 완성이 되고 기차도 다니게 될 거라고 한다. 그러나 내 생각에는 아마도 내년 여름이나 가을이라야 그렇게 될 것 같다. 그런 공사는 대개 예상보다 오래 걸린다. 철도 일에 종사하는 일꾼들이 하루에 은화 35센트를 받는다. 세계 각국에서 은값이 이렇게 저렴한 것에 대해 은화자유주조를 지지하는 사람들은 어떻게 생각하는지? 브라이언이 대통령에 당선되지 않았기 때문이라고 생각하는지? 그들은 미국의 독자적 자유주화 정책이 전 세계의 은값을 두 배로, 즉 은 16온스가 금화 1불과 동일하게, 올릴 수 있다고 믿는지?

우리 식구 모두 평소처럼 안녕하다. 헨리는 이제 다시 제 모습으로 돌아와서 밝고 재미있게 지낸다.

모두에게 사랑을 전하며
사랑하는 형제
유진 벨

1897년 10월 13일
한국, 서울

사랑하는 어머니

제가 마지막으로 집에 편지를 한 후에 집으로부터 받은 소식이 없습니다만, 내일 우편물이 오는 날이니 소식이 있기를 바랍니다.

18일 월요일에 도착할 예정인 체스터 박사를 맞으러 토요일에 제물포를 향해 출발할 계획입니다. 증기선 편이 있으면 그와 함께 그것을 타고 남쪽으로 가려고 합니다. 증기선이 없으면 서울로 다시 돌아와서 조랑말을 타고 육로로 가서 두 주 아니면 한 달 머물려고 합니다. 체스터 박사의 편지에 그가 한국에 머물 시간이 두 주 이상은 안 된다고 하는데, 연차회의에 참석하고 선교지 이곳저곳을 두 주 안에 둘러본다는 것은 어처구니없는 계획입니다. 제물포에서 증기선이 없으면(증기선 일정은 언제나 불확실합니다.) 육로로 전라도까지 갔다 오는 데만 두 주가 걸릴 텐데, 체스터 박사가 적어도 한 달은 한국에 머물게 되기를 바랍니다.

어머니의 어린 손자는 아주 빠르게 자라고 있고 놀라운 면이 많아서, 그 어느 때보다 더 지금 어머니께서 아이를 보실 수 있다면 좋겠습니다. 아직 말은 못 하지만 "강력하게mighty" 훌륭한 사인을 보낼 줄 알고, 남의 말도 이해를 잘 합니다. 예를 들면 "가서 문 닫아라"하는 말을 알아듣습니다. 아이가 똑똑하고, 활발하고, 쉬지 않고 움직여 대서 골치 아플 때가 많지만, 제가 본 어린 아이들 중에 가장 말을 잘 듣는 아이입니다. 지금 너무 좋아 보이니, 곧 마음에 들게 사진을 찍어서 어머니께 보내드리고 싶습니다.

저희는 아직 미스 잉골드, 드루 의사 부인 그리고 그 자녀들과 함께 지냅니다. 그들 여럿이 저희와 함께 있는 것이 제게는 더욱 더 고향의 집에서 사는 것 같아서 즐겁습니다. 손님이 많은 것이 어떻게 보면 살림하는 사람에게는 고향에서보다 더 힘이 듭니다. 특히 지난 번 샌프란시스코에 식료품 주문할 때 손님들 몫을 계산에 넣지 않았기 때문인데, 그래도 로티는 매번 훌륭한 식탁을 준비하고 또 다른 여러 면에서도 훌륭한 살림꾼입니다.

어머니께서 지금 저희 집을 보실 수 있으면 얼마나 좋을까요? 월동 준비 차 저희는 침실을 집 중앙 가까이 옮겼습니다. 그래서 더 아늑하고 좋습니다. 거실과 식당은 접이식 문을 통하여 서로 통해서 두 방 다 난로 하나로 덥히고, 로티는 방마다 아늑하고 예쁘게 꾸미는 재주가 있습니다. 짧은 기간 내에 저희는 침실, 거실, 식당, 서재, 부엌 등에 필요한 가구들을 마련했을 뿐 아니라, 서서히 이곳이 집처럼 느껴지도록 작고 편리한 소품들을 많이 마련하였습니다.

저희는 봄이 되기 전에는 나주로 이사할 수 없는 사정인데, 그렇게 지연이 되는 것을 보면, 어쩌면 내년 가을 전에는 안 될지도 모릅니다. 일이 돌아가는 것이 약간 실망스럽지만 제가 아직도 한국말에 꽤 모자라는 면이 많으니, 기다리는 시간을 한국말을 더욱 익히는 데에 유용하게 쓰고, 정기적으론 아니더라도 설교도 할 수 있도록 하겠습니다.

죄송하게도 셀러리가 올해는 성공적이지 못했습니다. 이유는 모르겠는데, 겨울 동안 먹을 셀러리를 거둔다 하더라도 아주 조금 밖에 안 될 것입니다. 늦 양배추도 거의 실패했는데, 이곳 중국인 농부에게서 사려면 꽤 비싸서, 아주 조그만 양배추 하나에 (은화) 20센트를 주어야 합니다.

날씨가 많이 싸늘해졌습니다. 얼마 전엔 난로를 설치하는 일을 아주 즐겁게 했습니다. 2피트짜리 이을 수 있는 연통 한 개가 (은화) 60센트입니다.

농작물 가격이, 특히 밀 가격이, 올랐다고 하는 기사를 신문에서 읽고 기쁩니다. 그러나 늘 그렇듯이 대부분의 밀이 이미 농부의 손에서 떠난 후에나 가격이 올랐을까 봐 걱정됩니다.

한국의 왕이 최근에 황제라는 호칭을 얻게 되었습니다. 한국인들은 그럼으로써 나라가 더 독립적이 될 것으로 생각하는 듯하지만, "문제의 핵심을 내려다 볼 수 있는 사람에게는" 지금 형편 돌아가는 것이, 영국이 나서서 개입하지 않는 한 러시아가 서서히 한국을 집어 삼킬 계획을 실행에 옮기고 있는 것 같아 보입니다. 영국이 개입할 가능성은 보이지 않습니다. 러시아는 한국의 모든 일에 적극적으로 관여하고 있는 듯하고, 그들이 원하는 방향으로 일이 되어가고 있는 것 같습니다. 일본이 러시아를 견제하려 할 것입니다. 사람들의 대체적인 의견이, 일본이 중국으로부터 받은 전쟁배상금으로 지금 유럽과 미국에서 건조하고 있는 전함들이 완성되는 대로, 일본과 러시아 간에 전쟁이 일어나리라는 것[52]입니다. 일본은 중국을 완패시켰지만, 러시아는 다른 종류의 상대이고, 제 생각에는 일본이 영국이나 다른 나라의 도움을 받지 않는 한 유감스럽게도 패배할 것입

---

52 실제로 1905년에 러일전쟁이 일어났다. 청일전쟁 때처럼 한국의 지배권을 둘러싸고 한국을 전쟁터로 삼았다. 유진의 예견과는 달리 일본이 러시아를 이기고, 5년 후인 1910년 일본은 한국을 지배, 한일합병이 이루어진다.

니다. 어쨌든, 제 소견으로는 한국이 러시아의 손에 넘어가는 날은 슬픈 날일 것입니다. "그 사람의 나중 형편이 전보다 더욱 심하게 되느니라."[53] 벌써, 러시아가 미국 선교사들을 한국의 내륙에서 쫓아내려고 조치를 취하고 있다는 말과, 그 외에도 비슷한 여러 말들이 들려옵니다.

저는 지난 며칠 동안 "약간 아픈" 상태였으나, 특별히 무슨 문제가 있는 것 같지는 않으니 곧 나아지면 좋겠습니다. 그것 빼고는 저희 모두 다 잘 있습니다. 아버님의 류머티즘이 지금쯤엔 좋아지셨기를 바랍니다. 더 드릴 특별한 소식이 없으니 이만 마치겠습니다.

모두에게 사랑을 보내며
사랑하는 당신의 아들
유진 벨

추신. 나주에서 제 선생님이 보낸 편지를 여기 동봉합니다.[54]

---

53 마태복음 12:45에서 인용했다.
54 나주에 남아 있던 유진의 선생님이 서울에 있는 유진에게 보낸 편지일 것으로 추정되나 자료로는 남아 있지 않다.

1897년 11월 7일, 일요일
한국, 제물포

사랑하는 어머니

어머니께 편지를 드린 지가 너무 오래되어서 죄송합니다. 저는 내륙 지방으로 3주간 떠나 있었는데, 그곳에 있는 동안은 편지를 보낼 기회가 없기도 했고, 아주 바빠서 편지 쓸 시간도 없었습니다. 체스터 박사가 제물포에 10월 18일 월요일 밤에 도착했는데, 그때는 제가 그와 함께 타고 남쪽으로 가려고 했던 증기선이 떠난 지 한 시간 후였습니다. 결과적으로 저는 그를 서울로 모시고 가서, 거기서 육로로 전주와 군산까지 6일 걸려서 갔습니다. 그 여행을 그는 결코 쉽게 잊을 수 없을 것입니다.

군산에서 열린 5일 동안의 연차회의를 지난 월요일에 마치고, 운좋게 증기선 편이 있어서 그것을 타고 오늘 아침 밝을 때에 이곳 제물포에 도착했습니다. 저희들 모두 체스터 박사의 방문을 매우 기꺼워했습니다. 이번 연차회의는 저희가 가져 본 연차회의 중 가장 훌륭한 회의였습니다.

이번 회의에서 이루어진 가장 주요한 선교 계획의 변경은, 선교회가 저를 나주가 아닌 목포로 가서 정착하게 하기로 한 사항입니다. 목포는 어머니가 아시듯이 새로 개방된 조약 항구입니다. 증기선이 정기적으로 오갈 것이며, 저희가 우편과 물품 공급을 받는 데 아무 문제가 없을 것입니다. 이를 위해 저희 선교부에서 금화 1,500불을 요청했는데, 저에게 될 수 있는 한 빨리 목포에 집을 짓고 이사할 것을 지시했습니다.

씨. 씨. 오웬 의사가 이번 겨울 내로 한국에 도착할 것이기 때문에 저희는 함께 갈 의사가 생겼습니다. 어머니는 아주 훌륭한 집 설계 자이시니까 어머니께서 간편하게 적당한 설계도를 그리셔서 제게 보내 주시면 고맙겠습니다. 침실, 식당, 거실, 서재, 부엌, 옷장 등 과 여분의 방 하나를 포함시켜 주십시오. 지붕은 기와 종류로 해야 하고, 벽돌로 된 벽에 창문과 문, 그리고 집의 모든 것은 서양식이어 야 합니다.

저는 집을 떠난 후 로티로부터 한 번밖에 소식을 듣지 못했습니 다. 제가 오늘 아침에 전보로 내일 집에 도착할 것이라고 알렸습니 다. 저는 제물포에 오늘 아침이 밝아올 때 도착했습니다만, 일요일 에는 여행을 하고 싶지 않아서 하루를 기다립니다. 진실을 말하자 면, 2~3주나 한 달 동안 아내와 아이의 소식을 듣지 못한 사람에게 는 일요일에라도 여행하고 싶은 것이 아주 큰 유혹입니다. 한마디의 소식도 들을 수 없는 채 오랜 기간 식구들과 떨어져 있어야 하는 것 이 이때까지 이곳에서의 삶에서 가장 힘든 부분이었습니다.

집에 돌아가면 우편물이 많이 와 있기를 바라고, 집에서 온 편지 도 많이 있기를 바랍니다. 근래 저는 자주 집을 떠나 있었는데, 지난 마지막 여행에서 집에 돌아왔을 때 집에서 온 편지가 하나나 둘뿐이 었기에, 고향 소식을 거의 두세 달 못 들은 것처럼 느껴집니다. 식구 들이 모두 안녕하기를 빕니다. 저는 지난 한 달 동안은 여느 때만큼 건강하지 못했는데, 지금은 거의 회복된 것 같습니다. 저희 선교부 의 전킨 씨가 이질로 두 달 동안 몸져누워 있었는데, 지금은 많이 좋아졌습니다.

선교회에서 저를 내년 일 년 동안 서기 겸 회계로 임명했고, 서기 업무에 사용하도록 타자기를 사 주겠다고 했습니다. 그래서 어머니는 몇 달 내로 지금 이 편지보다 읽기 쉬운 편지를 받으시게 될지도 모릅니다. 타자기가 생겨서 쉽고 빠르게 타자를 칠 수 있게 되고 제가 그것을 좋아하게 되면, 저는 제 개인용으로 타자기를 하나 마련할 생각입니다. 제가 타자 치기에 능숙해지면 식구들이 좀 더 자주, 그리고 좀 더 긴 편지를 받게 될 것입니다. 타자기로 친 편지가 읽기도 쉽고 만족스러울 것은 말할 것도 없겠습니다.

10월 호 『미셔너리』가 제가 군산을 떠나기 전에 배달되었습니다. 저는 저희들의 사진들이 실린 것과, 그 사진들 가운데 로티와 헨리 사진 외에는 사진들이 너무 좋지 않게 나와서 놀랐습니다. 어머니께서는 거기 실린 제 글에 대해 어떻게 생각하시는지요? 제가 드리는 편지들보다 그 글이 이곳 상황을 더 잘 알려주는 것 같은지요? 어떤 때는 무엇에 대해 쓴다는 것이 너무 피곤해질 때가 있어서, 출판을 위한 글을 쓸 수 있게 될 때까지 제 자신을 북돋우지 않으면, 저희들에겐 아주 일상화된 일들을 구태여 묘사할 기분이 썩 나지 않습니다. 사진에서 보는 짐 싣는 말에 체스터 박사를 태워서 제가 남쪽으로 데려갔습니다.

저희가 묵고 있는 호텔(중국인이 운영하는)에서 길 건너편에 일본인이 운영하는 커다란 3층짜리 호텔이 있습니다. 거기에 미 해군 장교의 부인들이 묵고 있는데, 그들이 방금 피아노를 치기 시작했습니다. 이 버려진 땅에서 피아노 소리만큼 향수에 빠져들도록 고안된 것도 없을 것입니다. 선교사들의 삶이 따분할 거라뇨! 저는 이들 해군 장교의 부인들이 어떻게 그들의 삶을 견디는지 모르겠습니다.

저희는 여기에 우리의 식구와 우리의 집이 있습니다. 이들 부인들은 남편을 따라 주둔지에서 주둔지로 옮겨 다니며, 다른 사람들을 도와 주는 일을 하려 하지 않는 한 흥미를 끌만한 일이 아무것도 없는 이런 3급 호텔에서 지냅니다.

지금 이곳 항구에 정박해 있는 미국 군함의 의사를 제가 알고 있습니다. 한번은 그가 저를 저녁에 초대했습니다. 그때 저는 어느 때보다 좀 더 많이 그들의 삶을 보게 되었습니다. 그때 배 위에 크고 살이 찐 장교가 30여 명 있었습니다. 그들 중 어떤 이들은 서너 달씩 육지로 나가지 않습니다. 그런 삶을 그들이 어떻게 견딜 수 있는지 저는 이해가 안 됩니다. 그들은 저와 제 삶이 더 신기하다고 생각하고 있겠지요.

거기 있던 장교 한 사람은, 제 기억에 중위였는데, 켄터키주 렉싱턴 출신입니다. 그가 지금은 셸비빌에 있는 리올랜드 프래트 의사와 함께 자랐다고 합니다. 제가 그에게 프래트 의사가 저희들의 의사였다고 말했고, 그가 프래트 의사에게 안부 전해 주기를 부탁했습니다. 어머니께서 기억하신다면, 다음에 프래트 의사를 보시게 되면, 현재 먼 나라 조선의 서쪽 해안 제물포항에 주둔하고 있는 미국 군함 보스턴호에서 복무하고 있는 그의 어릴 적 친구 루시안 영이 안부 전한다고 말씀 전해 주십시오.

내일 증기선이 일본으로 떠나고, 체스터 박사는 그 배를 타고 갈 것입니다. 그러니 어머니께서 이 편지를 빠른 시일 내에 받으시면 좋겠습니다.

(사인이 없지만 유진 벨이 쓴 것임.)

1897년 11월 9일
한국, 서울

사랑하는 어머니

저는 지금 어머니께 보내는 짧은 편지를 타자기로 써보려고 합니다. 아마도 제가 실수를 많이 할 텐데, 타자기가 제 손에 들어온 지몇 분 되지 않았으니 어머니께서는 이해해 주실 것으로 압니다. 오늘아침 『독립신문』 사무실에 갔는데 제이슨 의사에게 제가 타자기를구하려고 한다고 말했더니, 그가 타자기 한 대가 있다고, 그걸 내게팔 수 있다고 했습니다. 그래서 제가 집에 가지고 가서 한번 시험해보고, 마음에 들면 가격을 제시하겠다고 했습니다. 이 타자기는 컬리그래프 2번입니다. 어떤 회사의 제품이 어떻게 좋고 안 좋은지 제가전혀 알지 못하지만, 미국 정부가 컬리그래프 타자기를 쓴다고 하니, 그 자체가 이 타자기에 대한 좋은 추천이 되는 것으로 생각됩니다. 어머니 생각에는 어떠신지요?

제이슨 의사는 이 타자기를 전 영국 공사였던 밀러 씨에게서 샀다고 합니다. 제이슨의 말로는, 밀러 씨가 새 것을 금화 100불을 주고샀는데, 조금밖에 쓰지 않고 자기에게 팔았답니다. 그리고 제이슨의사는 이 타자기를 자기가 거의 쓰지 않았다고, 제가 타자기가 필요하면 은화 100불에 팔겠다고 합니다. 이 타자기가 일을 잘 하면 이것을 구입하는 것이 아주 좋을 것 같습니다. 주문 절차의 번거로움은차치하고라도, 만일 제가 미국으로 새 타자기를 주문하면 이곳으로배달되는데 3~4개월이 걸리고, 거기에다 운송비와 관세로 물건 값의

$33\frac{1}{3}$%를 추가로 지불해야 합니다.

전에 말씀드린 것 같은데, 제가 내년 일 년 동안 우리 선교회의 비서 겸 회계로 임명되었습니다. 그래서 그 일을 하기 위해 타자기를 사는 것입니다. 선교회는 이를 위한 예산을 신청했습니다. 보고서를 작성하고 복사를 해야 할 것이 많은데, 타자기를 사용하면 시간을 절약할 수 있고, 곧 타자기를 사느라고 들어간 돈 이상으로 절약이 될 것입니다.

선교 보고서들은 여러 번 복사되어야 하는데, 타자기를 사용하면, 대여섯 장을 한 번에 복사할 수 있습니다. 제가 타자 치기에 익숙해져서 원하는 만큼 빨리 치게 되면, 제 개인용 타자기를 하나 소유하고 싶습니다. 그렇게 되면 제가 같은 내용의 서신을 이곳저곳의 여선교회에 보낼 때 한 번에 하나 이상을 타자기로 쳐낼 수 있을 것입니다. 그것이 제게 매우 편리할 뿐만 아니라, 제 편지를 받는 사람들에게도 타자로 친 것이 읽기에 훨씬 더 수월할 것 같습니다. 전에는 개인적 편지를 타자로 쳐서 보내는 것이 예의에 어긋나는 것으로 간주되었던 것으로 알고 있었으나, 이제는 타자기가 보편화되어서 더 이상 그렇게 생각하는 사람은 없습니다.

어쨌든 식구들이 저의 타자로 친 편지를 싫어하지 않기를 바랍니다. 어머니께서 보듯이 실수가 많습니다. 그래도 생전 타자를 쳐 보지 않은 사람으로서 이만큼 잘하는 것이 스스로도 놀랍습니다. 처음 시작할 땐 벌써 이만큼 빠르게 칠 수 있으리라곤 생각지 못했습니다.

제물포에서 어머니께 짧은 편지를 보냈습니다. 체스터 박사를 태우고 일본으로 가는 증기선이 일요일 떠났으니, 그 편지가 어머니께 제때에 배달되었기를 바랍니다. 저는 월요일에 집에 도착했습니다.

로티와 아기가 모두 잘 있었고, 제가 없는 동안에 온 우편물이 많이 있었습니다. 어머니 편지 두 통에 더해서 애니와 마샬에게서 온 편지들이 있었습니다. 신문과 잡지도 많이 있었습니다. 외지에 나갔다가 집으로 돌아올 때의 즐거움 가운데 하나가 그렇게 우편물이 쌓여 있다는 것입니다. 아버님의 류머티즘이 호전되지 않는다니 아주 마음이 아픕니다. 저는 집에서 오는 다음 편지에는 아버님의 류머티즘이 다 나았든지, 아니면 적어도 꽤 좋아졌다는 소식이 있기를 간절히 바라고 있습니다. 로티는 계속해서 "아버님이 한번 일렉트로포이즈를 시험해 보셨으면 좋겠다"고 말합니다. 저는 믿을만한 무엇이 그 기계에 있는지 없는지 모르지만, 시험 삼아 한번 써 볼 가치는 있을지도 모르겠습니다.

메리 벨 할리가 사귄 지 일 년도 안 된 남자와 약혼한 지 6주밖에 안되어서 결혼하는 것이 매우 모험적인 일로 들립니다. 그래도 짧은 시간 내에 사람됨을 잘 알 수 있는 사람도 있지요. 이번이 그런 경우이기를 바라고, 그가 메리 벨에게 좋은 남편이 되기를 바랍니다. 애니 말로는 남자가 꽤 부유한 사람이라고 알려져 있고, 신혼여행을 동부로 간다는데, 저는 애니가 보스턴이나 뉴욕으로 갈 것이라고 말할 것으로 생각했었지만, 켄터키주 포드[55]로 가서 살 것이라고 합니다. 포드는 부자들의 마을이라고는 말할 수 없지요. 그 동네는 강가에 있는 아주 작은 마을이고, 기차역 하나를 빼고는, 어디에라도 닿으려면 10마일은 가야 하는 곳입니다. 제재소 하나가 거의 유일한

---

55 포드(Ford): 루이빌의 서쪽, 렉싱턴 남동쪽에 있는 작은 도시. 유진 벨의 가족이 사는 셸비빌은 루이빌과 렉싱턴 사이에 있는데, 셸비빌에서 포드까지는 70마일 정도이다.

사업체이고, 주민 대부분이 그곳에서 일합니다. 그들이 자기네 집을 처리하지 않기를 바랍니다. 왜냐하면 포드에는 3류급의 하숙집들 말고는 집이라곤 없었기 때문입니다.

마샬이 내시빌에서 있었던 박람회에 갈 수 있었기를 바랍니다. 제가 접한 기사에 의하면 훌륭한 박람회였나 봅니다. 남부에 황열병이 돈다니 정말 안타깝습니다. 언론에서는 전염병이 심각한 것으로 보는 것 같은데, 실제는 그렇지 않으면 좋겠습니다.

남부의 수난은 끊이지 않는 것 같습니다. 아버님이 몇 주 동안 집을 떠나서 인디애나에 혼자 가 계시는 것에 대해 식구들이 그렇게 걱정하는 것이 저와 로티에게는 놀랍습니다. 아버님이 우편이나 전보도 없고, 기차도 닿지 않는 곳에 한 달 남짓 혼자 가 계셔야 한다면 어떻게 생각하시겠습니까? 물론 아버님은 편찮으셨으니까 경우가 다를 테지만, 저라면 매일 편지를 받을 수 있고 어느 시간에라도 전보를 칠 수 있는 곳이라면 한동안 집을 떠나 있는 것을 마다하지 않을 것입니다.

로티가 어머니께 말씀드렸는지 모르지만, 체스터 박사께서 10월 18일 월요일에 제시간에 도착하지 못해서, 그가 도착하는 즉시로 저희는 조랑말을 타고 육로로 전주를 향해 떠났습니다. 그가 타고 온 증기선이 저희가 타야 했을 군산행 증기선이 떠난 지 한 시간 정도 후에 도착했습니다. 저는 그 일이 매우 유감스러웠습니다. 그와 제가 힘든 육로 여행을 해야 했기 때문입니다. 그러나 한편으로는 잘된 일이라고 생각했습니다. 한국에서 조랑말을 타고 닷새 동안 여행하는 것이 어떤 지를 그가 직접 경험하게 되었기 때문입니다.

체스터 박사도 여행이 끝나고 나서는 그 경험이 좋았다고 했습니다만, 목적지에 도달할 때가지는 몹시 불만스러워 했습니다. 그러한 여행길에서 우리 모두 겪게 되는 어려움에 더해서, 그는 말을 타고 가기에 아주 불편한 바로 그 자리에 종기가 생겼습니다. 그 때문에 저는 그의 처지를 매우 안쓰러워했지만, 그 외에는 그와 함께 여행할 수 있어서 기뻤습니다.

전체적으로 그도 그 여행을 매우 즐거워했던 것 같습니다. 선교지로서의 한국에 만족하는 듯했고[56], 중국이나 일본에 비해 이로운 점이 많다고 했습니다. 그가 이곳 선교지와 선교 사역의 상황에 대해 더 상세히 이해하게 됨으로써 생겨날 많은 좋은 일들은 차치하더라도, 저는 그와 함께 여행했던 일이 참으로 즐거웠습니다.

그는 셸비빌에 한 번도 가 본 적이 없다고 합니다. 그러나 언젠가 가서 설교도 하고 한국 여행담도 이야기해 주겠다고 했습니다. 제가 어머니 주소를 그에게 주었더니, 그가 루이빌에 가게 되면 셸비빌에도 들려서 저희 식구들과 일요일을 함께 보낼 수 있도록 어머니께 편지를 하겠다고 했습니다. 그러나 제 생각에는 어머니께서 먼저 그에게 편지를 보내서, 그가 언제라도 루이빌을 지나게 되면 꼭 들리라고 초청하는 것이 더 좋겠습니다.

선교회 연차 모임은 아주 좋았습니다. 이때까지의 모임 중에서 가장 좋았습니다. 그 회의에서 이루어진 변경사항 중 가장 중요한 것이, 저에게 나주 대신 목포로 가라고 한 것입니다. 그런 결정을 하게 된 이유 가운데 하나는 목포가 최근에 조약항(條約港)으로 개항된 일입니다. 조약항에서는 저희 선교사들에게, 논란의 여지없이, 거주

---

56 원문의 반 줄 정도가 해독이 아주 힘들다. 역자의 최선의 추정이다.

와 재산 소유의 권리가 보장됩니다. 조약이 그러한 특권을 보장합니다. 그러나 전주나 군산 같은 곳에서 저희 선교사들이 살 권리가 생긴 것은 단지 다른 외국인들이 내륙 지방에 먼저 살기 시작했기 때문입니다.

미국과의 조약에 따라, 미국 시민들은 ----------------

----------------------- 한국의 내륙에 여러 해
------[57], 그러므로 저희들에게도 같은 권리를 줍니다. 그러나 최근에 내륙으로 간 프랑스, 일본, 중국 상인들은 언젠가는 거기서 떠나도록 조치될지도 모릅니다. 그럴 경우엔 저희도 조약항으로 옮겨야 할 것입니다. 그래서 체스터 박사와의 회의 끝에 적어도 선교 지부 하나는 조약항에 두어야 한다고 결정한 것입니다. 목포에 지부를 두는 또 하나의 이유는 경험을 통해서, 적어도 ---------- 절대적으로 필요하다는 것입니다.[58]

---

57 원문에 세 줄 정도는 해독이 불가하다.
58 원문이 여기서 끊겼다.

1897년 11월 12일
한국, 서울

사랑하는 누이

나는 아직 타자 연습을 하고 있다. 타자기 다루는 일에 능숙해지려고 노력하면서 너와의 대화를 이어가겠다. 네가 나의 실수를 개의치 않는다면 말이다. 지금 치는 이 편지와 며칠 전에 어머니께 타자로 처음 쳐서 보낸 편지를 비교하면, 내 타자 솜씨가 늘고 있다는 것에 동의할 것이다, 그렇지 않니? 내 생각에는 속도도 빨라졌지만 타자를 쳐 논 모양새도 진전된 것 같다.

나는 점점 더 타자기로 글 쓰는 것이 좋아져 간다. 새 것에 대한 신기함이 사라진 후에도 계속해서 그럴 것 같다. 지금 이 편지의 타자 글자가 훨씬 나아 보이는 이유는 내가 타자기를 비누와 더운 물로 씻었기 때문이다. 또 줄과 줄 사이의 간격을 어머니께 보낸 편지에서보다 더 넓게 띄면 더 낳아 보인다는 사실도 알게 되었다. 바로 지금 내가 깨달은 점인데, 언제나 단어와 단어 사이를 띄어 놓아야 한다는 것을 기억하기가 제일 힘들다. 네가 보듯이, 단어 사이를 띄어 놓는 것을 잊어버리고 계속 붙여서 치게 된다. 지금 이 경우는 내가 줄과 줄 사이에 칸을 떼어 놓는 것을 잊어버린 경우이다.[59] 식구들 모두가

---

59 바로 앞의 어머니께 쓴 편지와 이 편지, 그리고 11월 19일 자 아버님께 쓴 편지는 유진 벨이 직접 타자로 친 원 자료가 사진본으로 보관되어 있다. 실제 이 문장의 줄은 앞줄과 칸 띄기가 되어 있지 않다. 이 편지 다음부터는 본래의 방식대로, 즉 유진 벨이 손으로 쓴 것을 후에 다른 사람이 타자로 정리한 것이, 적어도 1897년 말까지는, 사진본으로 보관되어 있다.

타자로 친 내 편지를 받는 것을 마다하지 않으면 좋겠다.

로티는 지금 식당에서 꽃꽂이를 하고 있다. 이번 겨울에 로티에게 꽃이 많이 생겼고, 그 꽃들을 놓아 둘 좋은 창문이 있다.

11월 17일

지난번에 편지를 쓰다가 다른 할 일이 있어서 중단하고는, 아직까지 편지를 끝낼 기회가 없었다. 며칠 전에 약간의 우편물을 받았는데, 집에서 온 편지는 없었다. 내가 여행에서 집에 돌아왔을 때 받은 편지는 네가 9월 29일에 쓴 것, 어머니께서 8월 30일과 9월 26일에 쓰신 것, 그리고 마샬이 10월 3일 쓴 것들이었다. 그 편지들을 모두 즐겁게 읽었다. 그런 편지들이 조금 더 빨리 왔으면 좋겠다.

일본 정부가 최근에 우표 값을 두 배로 올렸다. 로티는 집에 두 주에 한 번씩만 쓰겠다고 한다. 그러나 나는 집에 머물 때는 매주 하나씩 편지를 쓰도록 노력할 것이다. 내년에는 내가 많은 시간을 지방에서 보낼 것 같고, 그렇게 되면 정기적으로 편지를 보내는 것이 가능하지 않을 것이다.

내가 우리 선교회의 서기 겸 회계로 임명되어서 집에 편지할 시간이 많이 줄어들 것 같은데, 그래도 이제 내게 타자기가 생겼으니 편지쓰기가 좀 더 쉽고 또 빠르게 되기를 바란다. 이 편지를 처음엔 제이슨 의사에게서 빌려 온 타자기로 시작했는데, 내가 그 타자기를 시험해 보고 있는 중에 언더우드 박사가 최근에 특허를 받은 좀 더 신식인 타자기가 있어서 그것보다 더 싼 값으로 팔겠다고 하는 사실을 알게 되었다. 그래서 나는 그 타자기를 제이슨 의사에게 되돌려 주고, 지금 언더우드 박사의 타자기를 시험해 보고 있다.[60]

언더우드 박사의 타자기가 훨씬 좋고, 내 생각에, 글씨 모양도 더 낫다. 어떻게 생각하니? 행간을 더 붙여 놓았는데도 지난번 편지보다 더 잘, 아니면 적어도 지난번 편지와 같은 정도로 보인다.

네가 지금의 헨리를 볼 수 있으면 얼마나 좋을까. 아이는 많이 자라서, 뛰어 놀면서 장난치고, 아빠와 함께 거칠게 또 구르기도 하면서 논다. 지금은 다른 음식들을 정기적으로 먹고, 우유에만 의존하지 않는다. 그래서 아이의 음식 값이 그렇게 많이 들지 않고, 아이도 아주 빠르게 커간다. 아이와 엄마가 모두에게 많은 사랑을 전한다. 우리는 지금 막 스미스 상점으로부터 7월 1일에 주문한 물건들을 받았다. 집에서 곧 소식이 오기를 바라며,

사랑하는 너의 형제,
유진 벨

---

60 실제로 타자로 친 이 편지 중간에 타자 글씨체가 바뀐다. 언더우드 박사의 타자기로 친 것이 훨씬 읽기가 쉽다.

1897년 11월 19일, 금요일
한국, 서울

사랑하는 아버님

일본행 증기선이 이번 월요일에 제물포에서 떠난다고 해서, 그 배 편으로 아버님께 소식을 드리려고 이 편지를 씁니다. 아버님께 편지를 드린 지 한동안 되었지만, 제가 식구들 누구에게라도 편지를 쓸 때는 항상 식구 모두를 위하여 씁니다.

시골에서 집으로 돌아온 지 한 열흘 되었고, 다음 증기선 편으로 다시 목포로 갈 계획인데, 오늘 듣기로는 열흘쯤 후에 목포행 증기선 편이 있다고 합니다. 저희 모두가 봄에 이사 갈 수 있도록 그곳에 작은 집을 하나 마련하려고 합니다. 그렇게 하면 저희가 일단 목포 현장에서 새 집 짓는 것을 감독할 수 있습니다. 고향에서도 무슨 일을 제대로 하려면 그것을 직접 감독해야 하지만, 이곳에선 더더욱 하나부터 열까지 작은 일도 일일이 감독해야 합니다. 그러지 않으면 일이 잘못됩니다.

레이놀즈 씨가 전주에 집을 지을 때 한동안 감독하지 못했는데, 그 사이 일꾼들이 주춧돌을 무른 땅에다 박고 그것을 덮어서 제대로 된 주춧돌처럼 보이게 만들고 그 위에다 짓기 시작했다고 합니다. 저는 집을 짓는 일이 너무 힘들고 싫지만, 그래도 좋은 집을 하나 짓기 위해 공사를 수행할 의향이 있습니다.

저희 선교 사역은 계속 고무적으로 진행되고 있습니다만, 저희들 모두 지금 이 나라의 정치적인 상황에 대해 마음이 편하지 않습니다.

한국의 왕후가 시해당한 후에 왕이 러시아 공사관으로 피신을 갔던 뒤부터 지금까지 러시아는 이곳에서의 영향력을 늘려 왔습니다. 이제는 저희들을 불안하게 만들 만큼 이 나라를 지배하고 있는 듯 느껴집니다. 이곳의 전임 러시아 영사는 좋은 사람 같았는데, 한 달 전에 부임한 새 영사는 꼭 망나니처럼 행동합니다. 그는 이곳의 다른 외국인들을 영국 깡패들, 미국 바보들, 일본 오랑캐들이라고 부른다고 들었습니다. 그가 『독립신문』, 『코리안 리포지터리』 등 모든 출판을 금지하려는 시도도 했다고 합니다.

러시아가 한국의 군부를 완전히 장악한 것 같고, 이제는 재정권도 넘어간 듯합니다. 그래서 한국 정부의 회계를 돌보던 영국인을 내몰았습니다. 일본이 이 정도까지 러시아가 한국 정부에 관해서 마음대로 권력행사를 하도록 놓아두는 것이 놀랍습니다. 일본은 중국과 싸워서 얻은 권리의 상당 부분을 포기하고 있는 것입니다. 금명간에 일본과 러시아 사이에 전쟁이 일어난다 해도 저는 놀라지 않을 것입니다. 다만 프랑스가 일본을 돕기로 조약을 맺고 있는 터에, 일본이 단독으로 러시아를 상대하려 하지는 않을 것입니다.

한국은 홀로 설 힘이 없습니다. 그러나 러시아가 한국에서 전권을 장악하게 되면 선교사들과 선교 사역은 타격을 받게 될 것입니다. 러시아는 희랍정교 외에 다른 종교를 관용하지 않으며, 유대인을 매우 심하게 박해했습니다. 저희 선교사들이 내륙 지방으로 가는 것을 금지할 것이라는 말이 벌써부터 들려옵니다. 자기들의 원하는 바를 그대로 수행해 줄 한국인들을 관리로 둠으로써 그런 일을 할 수 있게 됩니다.

저는 아버님께서 한국의 상황을 그때그때 알게 하시도록 하기 위해 『독립신문』을 보내 드리기를 원했는데, 아직 그렇게 하지 못했습니다. 한국은 지구상에 아주 작은 나라이고 다른 나라들에 비해 영향력이 미미해서, 보통 신문들은 한국에 대한 기사를 내지 않습니다. 그러나 저는 영국과 러시아가 이 지역의 통제권을 놓고 대립해서 싸울게 될 때, 세계의 결정적인 전투가 바로 이 작은 나라를 두고 일어날 것이 두렵습니다.

이 편지와 함께 『독립신문』 지난 호 몇 부를 첨부해서 보내드리겠습니다. 아버님께서 흥미롭게 보시기를 바라고, 아버님께서 이곳의 최근 사정을 이해하시는 데 도움이 되기를 바랍니다. 11월 18일 자와 11월 16일 자 신문에 최근 정세에 관한 기사가 많이 실려 있습니다.

이 편지가 아버님께 도착할 때는 크리스마스 즈음이 되겠고, 조금 있으면 저희가 한국에 온 지 3년이 됩니다. 아버님의 손자는 이제 19개월이 되어 가고, 저는 매일같이 아버님과 식구들이 저희 아이를 볼 수 있으면 하고 점점 더 바라게 됩니다. 크리스마스 전에 도착할 수 있도록 아이의 사진을 잘 찍어서 보내드리려고 노력했는데, 시간이 지났습니다. 크리스마스가 훨씬 지나서야 사진이 도착할 것으로 생각됩니다. 헨리가 아주 빠르게 성장하므로, 아이가 자라는 모습을 제때 보실 수 있게 하려면 저희가 아이의 사진을 자주 보내드려야 할 것입니다.

제가 잊어버릴 뻔했는데, 한국 왕후가 이제야 무덤에 묻히게 되었습니다. 장례와 추모절차가 내일, 일요일과 월요일에 걸쳐서 있을 것입니다. 장지는 서울에서 3~4마일 떨어진 곳에 있습니다. 왕이 이곳의 외국인들에게 왕후 장례식에 참석해주기를 바란다고 전해 왔습니다. 많은 외국인들이 일요일 밤에 가서 밤샘을 하다가 월요일 새벽 4시에 있을 발인에 참석할 것입니다. 저도 매우 가보고 싶지만 일요일에 거기에 간다는 일이 탐탁지 않고, 월요일 동이 트기도 전에 일찍 일어나서 가는 것도 너무 번거로운 일입니다. 하니 왕후께서는 저의 입회 없이 묻히셔야 될 것으로 생각합니다.

집에서 편지가 올 때마다 아버님의 류머티즘이 좋아지고 있다는 소식이 있기를 고대했지만 아직까지 실망만 했습니다. 어떤 방식으로든 고통에서 벗어나게 해줄 치료법을 곧 발견하실 수 있으시게 되기를 바랍니다. 저라면 일렉트로포이즈를 한번 시도해 볼 것 같습니다. 지금은 값이 많이 내렸고, 사용해 본다고 해로울 일은 없으실 것 같습니다. 많은 사람들이 그것을 사용해서 도움을 얻는다고 하니, 아버님께도 그것이 도움이 될지도 모르겠습니다. 그것을 시험해 보시든 아니 하시든 간에 도움이 되는 무엇을 곧 찾으시게 되기를 바랍니다.

타자로 친 이 편지가 어떠신지요? 타자치는 것이 펜으로 쓰는 것보다 훨씬 쉽습니다.

로티와 헨리가 저와 함께 많은 사랑을 보냅니다. 고향의 식구들 모두가 행복한 크리스마스를 맞으시기를 바랍니다.

사랑하는 당신의 아들
유진 벨

1897년 11월 27일
한국, 목포 근처, 창령호

사랑하는 어머니

제가 생각했던 것보다 빨리 목포행 증기선이 떠난다기에 저는 서둘러서 목요일에 떠났고, 이제 목포항에 거의 다 왔습니다. 이 증기선이 목포에 들렀다가 일본으로 가기 때문에, 선장에게 이 편지를 고베에서 부쳐달라고 부탁하려고 합니다.

로티와 헨리가 잘 지내는 것을 보고 떠나 왔습니다. 헨리의 사진이 잘 나오지 않고 그냥 보통으로 나왔기 때문에, 저희들의 마음에 들게 현상하는 것은 어려울 것 같습니다. 몇 장은 며칠 내에 나오기로 되어 있어서, 로티가 어머니께 보내 드릴 것입니다. 어윈에게도 한 장을 보내겠습니다. 어윈에게 제가 서울을 떠나왔는데, 그에게 쓰고 있던 편지를 끝내지 못한 채 떠났다고, 며칠 내로 마쳐서 우송할 수 있기를 바란다고 말씀해 주십시오.

어머니의 손자 사진들이 크리스마스나 새해 선물로 시간 내에 들어가기를 바라고, 어머니와 식구들 모두 기쁜 성탄과 행복한 새해를 맞게 되시기를 바랍니다. 저는 크리스마스 전에는 서울로 돌아가고 싶은데, 목포에서 떠나는 증기선편이 아직까지는 매우 불규칙해서 그렇게 될 것 같지 않습니다. 8일 내지 9일 걸리는 육로 여행을 이 춥고 여행하기 힘든 계절에 하고 싶지도 않습니다.

군산에서 오랫동안 이질로 고생했던 전킨 씨가 지난 연차회의 이후에 다시 재발이 되어 아직 침상에 누워 있고, 한 달 안으로는 일어날 전망이 거의 없는 상태라는 소식을 전해드리게 되어서 유감입니다. 그 일 외에는 모든 선교사들이 다 평소처럼 잘 지냅니다. 드루 의사는 몸이 썩 좋지 않은데, 전킨 씨 치료에서 자유로워지는 대로 짧은 여행을 하겠다고 합니다.

식구들이 모두 잘 지내기를 바랍니다. 아버님도 이제는 어느 정도 류머티즘의 고통으로부터 좀 놓여나셨기를 바랍니다.

목포에 가면 정기적으로 집에 편지를 드릴 수가 없을는지도 모릅니다. 그러니 한동안 저에게서 소식을 못 들으셔도 염려하지 마십시오. 그리고 저에 대해서는 조금도 걱정하지 마십시오. 지금 목포에는 외국인들이 여러 명 있습니다. 필요한 약은 제가 충분히 지참해가고, 훌륭한 조리사와 건강에 좋은 음식들이 충분히 있습니다.

식구 모두에게 많은 사랑을 보내며
어머니의 사랑하는 아들
유진 벨

1897년 12월 2일
한국, 목포

사랑하는 어머니

일본으로 가는 증기선이 오늘이나 내일 이곳에 들른다는 소식이 있어서 어머니께 짧은 편지라도 써서 그 배 편으로 보낼 준비를 해 두려고 합니다.

제가 지금 머물고 있는 방의 크기와 상태를 어머니께서는 아마 상상하기도 힘드실 것으로 생각됩니다. 이 방은 8피트 정방형에 천장의 (지붕) 평균 높이가 5.5피트입니다. 방에는 2.5피트 넓이에 3피트 높이의 문이 두 개 있고, 창문은 없습니다. 문은 그냥 나무틀에 종이를 바른 것입니다. 그 종이를 통해 어느 정도는 빛이 들어옵니다. 벽은 먼지와 연기로 검게 된 아주 오래된 벽지로 발라져 있습니다. 실제로는 실내 전체가 연기로 검게 그을려 있는데, 방 밑에다 불을 땔 때 연기가 스며들기 때문입니다. 흑인의 오두막이라도 이보다 더 더러운 것은 어머니께서 목격하지 못하셨을 것이라고 제가 확신합니다. 이 방이 제 침실이고 부엌입니다.

이 방에 제 간이침대, 식료품 상자 3개, 여행가방 등등이 집 주인 소유의 궤짝 두세 개와 여러 잡다한 물건들과 함께 있습니다. 그러나 저의 간이침대는 아주 편안하고, 먹을 것도 충분히 있어서 잘 지내고 있습니다. 벼룩만 빼고는 말입니다. 제가 잊어버렸는데, 이 방을 제 하인과 같이 쓰고 있습니다.

선교 지부 건물을 짓기에 알맞은 땅을 구할 전망에 대해선 고무적이지 않습니다. 조약항으로 개항된 지 두 달이 지났는데, 바람직한 땅들은 벌써 거의 다 팔렸습니다. 제가 원했던 자리를 가톨릭교회의 신부가 먼저 샀습니다. 이곳에 6일째 머무는 중인데, 아직 이룬 것이 아무것도 없습니다.

며칠 후면 저는 일 주일 잡고 내륙으로 나주까지 여행할 계획입니다. 그리곤 다시 목포로 와서, 바라기는 증기선 편으로 크리스마스에 맞춰 서울로 돌아갈 예정입니다.

더 이상 드릴 다른 소식이 없으니 이만 쓰겠습니다. 모두에게 많은 사랑을 보냅니다.

사랑하는 당신의 아들
유진 벨

1897년 12월 27일
한국, 서울

사랑하는 누이

나는 일주일 전 토요일에 목포에서 집으로 돌아왔다. 집에 돌아오면 항상 당장 처리해야 할 일들이 있다. 그래서 너에게 답장 쓰는 일이 늦어졌다. 10월 24일 자 너의 편지와 어머니의 편지가 나를 기다리고 있었고, 둘 다 매우 즐겁게 읽었다. 아버님의 류머티즘이 전혀 차도를 보이지 않는다는 소식에 다시 한번 실망했지만 말이다. 온천욕이 혹시 도움이 될지 한번 시험해 보셨으면 하고 생각해 본다.

----------아주 아름다운 결혼을--------.[61] 나는 그녀가 결혼한 사람이 <u>좋은</u> 남편이며 부유한 사람이기를 바란다. 돈은, 그 돈을 가진 사람이 그것을 올바르게 사용할 수 있는 마음과 정신의 자질을 <u>가지고 있는 경우라면</u>, 이 세상에서 그것으로 이룰 수 있는 일이 많다. 결혼식을 아주 세련되게 꾸민 것 같더구나. 결혼식이 아름다웠던 것처럼 그들의 결혼생활도 행복하기를 바란다.

밥 삼촌이 식구들을 찾아보았을 때 나도 함께 삼촌을 볼 수 있었다면 얼마나 좋았을까. 내가 삼촌을 뵌 지가 꽤 오래됐다. 삼촌이 드디어 돈을 좀 버셨다니 기쁘다. 삼촌이 그렇게 돈을 벌게 되기까지 정말 오랜 시간 힘겨운 노력을 하셨다. 삼촌께서, 돈과 함께 책임도 증가한다는 것을 아시고, 그 돈을 최대한 유용하게 쓰시게 되기

---

61 원문에 점선이 있고, "복사 과정에서 한 줄이 빠졌다"고 언급되어 있다.

를 또한 바란다.

마샬의 내시빌 여행이 그토록 즐거웠다니 기쁘다. 나는 식구들 가운데 아무도 모펫 씨를 만나지 못한 것이 실망스럽다. 그러나 식구들이 체스터 박사를 언제 프리어슨 씨를 대신해 설교를 할 수 있을 때를 택해서 초청한다면 그는 반드시 올 것으로 생각한다. 그에게 루이빌에서 오는 기차편에 대해서 상세히 알려 주어라. 그렇게 하면 그가 우리 식구 모두와 함께 일요일에 교회에 갈 수 있게 될 것이다.

그런데 무슨 일로 스콧 형이 농장을 그만두어야겠다는 생각을 그렇게 갑자기 한 거니? 형의 여자가 집으로 돌아가겠다고 위협을 했니? 우리에게는 스콧츠 스테이션으로부터 5마일 떨어져서 산다는 것이 먼 거리 같기는 해도, 그래도 다른 모든 것이 잘 되었었다면 그런대로 거리가 문제가 되지는 않았을 것 같다.

서리가 내리고 가뭄과 황열병이 지나갔다고 하니 기쁘다. 목포에서는 날씨가 그리 춥지는 않았으나 바람이 많이 불고 날씨의 변덕이 심했다. 이곳 서울은 여느 겨울처럼 좋은, 쌀쌀하고 건조한 겨울 날씨이다. 너무 춥지는 않아서 한낮에는 많이 풀어진다.

나는 드디어 목포에 집을 지을 아주 좋은 곳을 구했다. 정원 자리도 좋다. 아직 등기를 끝내지는 못했는데, 그곳의 관리들이, 내 생각에는, 나에게서 더 얻어내려고 하는 것 같고, 다른 것으로는 문제를 야기하지 않았다.

로티와 내가 합의한 집 설계도를 너에게 보내는데[62], 식구들의 좋은

---

62 유진이 목포집 설계도를 4개 보낸다. 하나는 전체 도면, 나머지 셋은 전체 도면을 셋으로 나누어 각 도면을 확대한 것이다.

생각이 있으면 바꿀 수도 있다. 설계도를 네게 보내는 이유는 그 때문이다. 내년 3월이나 4월에는 건축을 시작할 수 있기를 희망한다. 설계도를 자세히 보고 식구 가운데 누구라도 제안이 있으면 알려다오.

문과 창문들은 그 방에 들어갈 우리가 현재 소유하고 있는 가구들을 고려해서 설계했다. 예를 들면, 손님방에는 침대가 뒷벽 가운데로 놓일 것을 생각해서, 창문을 옆면 한쪽으로 내기로 했다. 네 생각에는 화장실과 뒤 현관이 편리한 곳에 배치된 것 같지 않니? 사실, 전체 설계가 아주 훌륭하게 된 것 같지 않니?

건축 비용으로 금화 1,500불까지 허용되는데, 그 예산으로 가능할 것 같다. 아직까지는 "이론일 뿐"이지만, 봄에 공사를 시작해서 가을에는 완공하고 싶다. 우리 계획은 <u>완전히 서양식</u> 벽돌집을 짓는 것이다. 철물은 시카고에서 가져오고, 벽돌은 아마도 현장에서 구어 낼 것 같다. 돈이 남으면 마루와 창문을 이중으로 하고, 창과 문에 여름용 방충망을 할 것이다. 거주 공간의 마루는 전부 이중으로 할 것이 확실하다. 연료가 너무 비싸서 보온을 용이하게 하는 것도 큰 절약이 된다. 로티는 침실 창문과 거실 퇴창 사이에 작은 온실을 만들 생각을 한다. 난방은 난로로 하고, 아마 거실에 벽난로 하나를 추가할 것이다.

크리스마스가 왔다가 지나갔다. 모두에게 즐거운 크리스마스였다. 로티가 내게 침실에 있는 내 서랍장 위에 놓을 커다란 거울과 손수건 열두 개, 털모자, 캔디 한 상자 등을 주었다. 나는 로티에게 사진액자와 은화 15불, 그리고 일 년치 『하퍼』 정기구독권을 주었다.

산타클로스가 헨리의 스타킹을 캔디, 견과류, 오렌지, 건포도, 무화과, 공, 인형 등등으로 채웠다. 헨리는 모든 것을 다 좋아했다.

로티는 훌륭한 크리스마스 만찬을 준비했다. 스프, 야생 거위, 순무, 슬로, 샐러드, 사과 소스, 감자, 호두와 건포도가 들어간 초콜릿 아이스크림, 초콜릿 케이크, 과일 케이크, 일본 오렌지, 건포도, 견과류 및 손수 만든 땅콩 초콜릿 캔디, 캐러멜 등등이었다. 양껏 이 모든 것을 즐겼지만, 식구들이 그날은 더욱 그리웠다. 피에터 씨를 저녁에 초대했으나 올 수 없었고, 대신 거위요리를 보냈는데 매우 맛이 있었다.

종이가 거의 다 채워져 가니, 여기서 마쳐야 되겠다.

많은 사랑을 식구들에게 전하며
사랑하는 형제
유진 벨

추신. 어제 이곳 장로교회에서 42명이 세례를 받았다. 그들 중에는 우리의 조리사와 부승이도 있었다.

[목포 집 전체 설계도면]

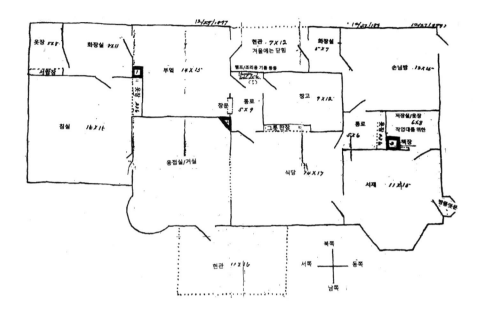

목포 집 전체 설계도면 설명
* 척도: 1미터=4피트
* 굴뚝:
  (#1. 화장실과 침실, #2. 거실과 식당
  #3. 서재와 손님방)
* 붉은 선: 닫힘, 붉은 점선: 열림(문을 뜻함)
* 점선: 미닫이 문
* 지하실: 방이 4개, 각 방은 15피트 정방형.
          (빨래방, 창고 등을 위함)
* 지붕: 10피트 높이

[목포 집 부분 도면 1]

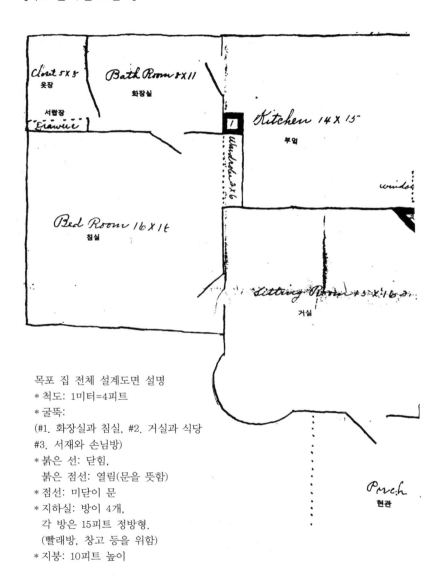

목포 집 전체 설계도면 설명
* 척도: 1미터=4피트
* 굴뚝:
(#1. 화장실과 침실, #2. 거실과 식당
#3. 서재와 손님방)
* 붉은 선: 닫힘,
  붉은 점선: 열림(문을 뜻함)
* 점선: 미닫이 문
* 지하실: 방이 4개,
  각 방은 15피트 정방형.
  (빨래방, 창고 등을 위함)
* 지붕: 10피트 높이

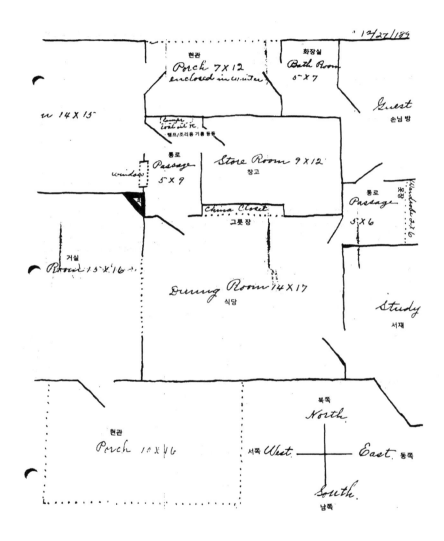

[목포 집 부분 도면 3]

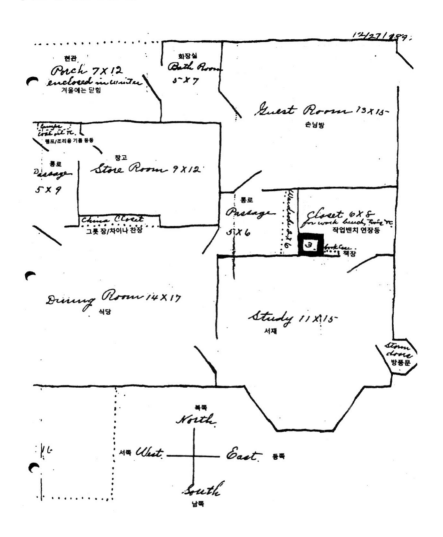

옮긴이 소개

고영자

서울에서 태어나서 인천에서 자라고 인천의 인일여고를 졸업했다. 서울대학교 의대 간호학과를 졸업 후, 인천기독병원에서 간호사로 근무하던 중 미국으로 이민하여 육아와 가사, 일을 병행하는 전형적인 이민자의 삶을 살면서 덴버의 아일리프 신학대학에 진학, 신학석사(Master of Divinity)와 "종교와 사회변혁" 부문의 박사학위(Joint Ph.D. Iliff School of Theology and Denver University)를 받았다. 1994년 미국 연합감리교회에서 목사 안수를 받고 콜로라도 주와 유타 주에서 영어권 목회를 하다가 2018년에 은퇴하였다.

이은상

인천에서 태어나고 자랐으며 인천의 제물포고등학교를 졸업했다. 서울대학교에서 국어국문학을 공부하던 중 1978년 미국으로 이민하여, 일과 학업을 병행하는 전형적인 이민자의 삶을 살았다. 콜로라도 주립대학에서 역사학으로 문학사 학위, 덴버의 아일리프 신학대학에서 신학석사 학위를 받고, 1993년에 미 연합감리교회의 목사로 안수를 받은 후, 콜로라도 주와 유타 주에서 영어권 목회를 해왔다. 지금은 몬태나 주, 레이크사이드라는 작은 시골 동네에서 목회하고 있다.

내한선교사편지번역총서 2

유진 벨 선교 편지(1895~1897)

2022년 6월 10일 초판 1쇄 펴냄

지은이 유진 벨
옮긴이 고영자·이은상
펴낸이 김흥국
펴낸곳 도서출판 보고사

책임편집 이순민
표지디자인 김규범

등록 1990년 12월 13일 제6-0429호
주소 경기도 파주시 회동길 337-15 2층
전화 031-955-9797(대표)
    02-922-5120~1(편집), 02-922-2246(영업)
팩스 02-922-6990
메일 kanapub3@naver.com / bogosabooks@naver.com
http://www.bogosabooks.co.kr

ISBN 979-11-6587-320-2
    979-11-6587-265-6 94910 (세트)
ⓒ 고영자·이은상, 2022

정가 28,000원

〈이 번역서는 2020년 대한민국 교육부와 한국연구재단의 지원을 받아 수행된 연구임
(NRF-2020S1A5C2A02092965)〉